ASTROLOGIE

Geschichte, Tierkreiszeichen, Horoskop
... und Wissenschaft

Für Géraldine
Für Georges

© Editions de La Martinière, 1994 (Paris, France)
Conception et réalisation: Rampazzo & Associés
Recherche des illustrations: Mathilde Rieussec
et Nathalie Bréaud

Originaltitel: L'Astrologie. L'histoire, les signes,
le thème ... et la science

© 1995 für die deutsche Ausgabe
Könemann Verlagsgesellschaft mbH
Bonner Str. 126, D–50968 Köln
Satz der deutschen Ausgabe:
Königsdorfer Verlagsbüro, Frechen
Redaktion: Anna Loll, Köln
Übersetzung aus dem Französischen:
Ulrike Bischoff, Schwalmtal
Druck und Bindung: Partenaires Fabrication
Printed in France

ISBN 3–89508–161–2

Solange de Mailly-Nesle

ASTROLOGIE
Geschichte, Tierkreiszeichen, Horoskop
... und Wissenschaft

KÖNEMANN

Einleitung

Die Sprache der Astrologie ist die des Gefühls und der Sinnenwelt. Die Erde von Roland Cat.

Seit mindestens zwei Jahrzehnten gewinnt die Astrologie in der Alltagswelt des abendländischen Menschen immer mehr an Bedeutung: Sie überflutet die Medien, sie beeinflußt das Erscheinungsbild von Handelsmarken, dringt in die Welt des Handels und der Wirtschaft und in den Bereich der Medizin vor und drängt sich sogar in politische Vorgänge. Ist die Logik des modernen Menschen in ihren Grundfesten erschüttert, daß er wie in der Blütezeit der Renaissance Zuflucht zu dieser Pseudowissenschaft sucht, diesem »archaischen Überbleibsel« des menschlichen Denkens?

Anders als in ihrem Entstehungsland Sumer und in Ägypten wurde die Astrologie im Abendland, wo sie unzählige Kulturen beeinflußte, zum Gegenstand von Auseinandersetzungen, die bis heute andauern: Soll man der Astrologie am Ende Glauben schenken?

Selbst in der Renaissance, als die Astrologie an den Höfen Europas herrschte, an den Universitäten verbreitet war und für Ackerbauprognosen und Medizin unverzichtbar war, wurde sie bereits mit zunehmender Schärfe angegriffen. Und dennoch erklärte Johannes Kepler (1571–1630): »Zwanzig Jahre praktischen Studiums haben meinen rebellischen Verstand von der Wahrhaftigkeit der Astrologie überzeugt.«

Und Sir Isaac Newton (1642–1727) antwortete später einem Astronomen auf seine Schmähungen: »Der Unterschied zwischen Ihnen, Herr Halley, und mir ist, daß ich den Gegenstand studiert habe, Sie nicht!«

Wie konnten Menschen wie Kepler, Newton und viele andere bedeutende Naturwissenschaftler, deren Werke zu Eckpfeilern der modernen Welt geworden sind, diese verrückte Disziplin in ihren Mauern aufnehmen – das heißt, sie schützen und nähren?

Seit 2 000 Jahren gibt es im Abendland Befürworter und Gegner der Astrologie; ob nun in Athen, Rom, Paris oder London; kein Ort, keine Epoche hat dieses Thema erschöpfend behandeln können. Nachdem der Kartesianismus der Astrologie im 17. Jahrhundert in Europa anscheinend einen tödlichen Stoß versetzt hatte, stieg sie drei Jahrhunderte später wie ein Phönix aus der Asche. Obwohl sie im 20. Jahrhundert beispiellosen Kampagnen der Verunglimpfung ausgesetzt ist, erstrahlt sie dennoch erneut in vollem Glanz. Heute wie gestern wiederholt sich die Geschichte. Die Schärfe der Auseinandersetzung, die um die Astrologie seit der Entwicklung der griechischen Logik geführt wird, spiegelt nur die Spaltung der abendländischen Psyche wider, nämlich die strikte Trennung zwischen der intuitiven und der rationalen Welt, zwischen Subjektivem und Objektivem, zwischen Heiligem und Profanem. Seit zwei Jahrtausenden haben diese beiden Wege der Erkenntnis im Abendland nicht harmonisch nebeneinander existieren können, es sei denn in so begnadeten Genies wie Kepler und Newton. Im Orient dagegen, wo man den Rationalismus als Doktrin des Denkens nie auf Kosten der symbolischen oder religiösen Sprache vorgezogen hat, ließ man die Astrologie friedlich existieren.

Die Gegner der Astrologie fechten ihre Vorgehensweise an, die sie als irrational einstufen, weil sie sie nicht für wissenschaftlich halten. Tatsächlich gelten in der Astrologie nicht die Prinzipien der sogenannten klassischen Wissenschaft: Unterscheidbarkeit, Objektivität, Determinismus, Kausalität und der Satz vom ausgeschlossenen Dritten. Sie stützt sich auf eine andere Denkweise, auf die Analogie, die der symbolischen Methode eigen ist.

Die Sprache der Astrologie ist die des Gefühls und der Sinnenwelt, es ist eine musikalische Sprache, in der die Mythen die Partitur und die Symbole die Tonleiter bilden. Es sollte deshalb auch nicht verwundern, daß weder die Wissenschaft noch die Technologie der modernen Welt die Anziehungskraft der Astrologie zu verringern vermögen. Und es ist durchaus kein Zufall, daß ihre Symbole sich im Alltagsleben ausbreiten wie

Unkraut, das die schönsten Blüten des Rationalismus zu ersticken droht. Die einseitige Forcierung eines einzigen Systems, wie sie heute der Rationalismus erfährt, führt immer auch zu entgegengesetzten Erscheinungsformen. Die Verfechter dieser Doktrin können noch so heftige Diskurse führen und die Astrologie scharf attackieren – der Logik ihrer Argumente zum Trotz wächst das Interesse an der Astrologie unaufhörlich. Das Angebot an astrologischen Büchern vergrößert sich, die Auflagen vervielfachen sich mit den Jahren. Und es gibt unter den Zeitungen, Zeitschriften, Rundfunk- oder Fernsehsendern nicht einen, der nicht mindestens einmal im Jahr dieser Pseudowissenschaft eine Kolumne oder eine Sendung widmete.

Die Astrologie erlaubte es dem Urmenschen, die ersten Schritte im Universum zu tun; dem Griechen, seine religiösen Überzeugungen in die Logik einzubinden, die er entwickelt hatte; dem mittelalterlichen Menschen, seinen Dialog mit den heidnischen Göttern fortzuführen; und dem Menschen der Renaissance, an die hellenistischen Mythen anzuknüpfen. Wir werden sehen, daß sie wahrscheinlich dem abendländischen Menschen half, nicht mit seinem mythologischen und symbolischen Erbe endgültig zu brechen – und das heißt schlicht, mit seiner grundlegenden Natur.

Die Vernunft wird die Astrologie nicht verdrängen können. Das Symbol beruft sich auf die ewige Kraft der Seele, auf die das rationalistische und positivistische Dogma nur oberflächlichen Einfluß hat. Die Mythen und Symbole haben die Funktion, dem Menschen Ideen zu vermitteln, die seiner Vernunft eben nicht zugänglich sind. Wie C. G. Jung sagt, stellt das Symbol eine unbekannte Größe dar, die schwer zu erfassen und letztlich niemals vollständig definierbar ist.[1] Das astrologische Symbol ist als ewige Verbindung des Menschen zu einer transhumanen, exemplarischen und mythischen Welt zu verstehen. Der Prozeß der Symbolisierung verweist immer auf eine Orientierung zur Transzendenz. Gegenüber der logischen Vernunft, die das Sein in mannigfache Bedeutungen zersplittert, ist das Symbol ein Vektor der Einigung. Es gehörte übrigens immer zur »Sprache der Götter«. Die Grundlagen der Astrologie beruhen auf einer symbolischen Darstellung von Zeit und Raum, deren Phasen und Bereiche von vitalen Kräften belebt sind, die dem Befehl der Götter gehorchen. Indem die Astrologie Zeit und Raum symbolisch darstellt, ermöglicht sie es uns, unserer *conditio humana* eine vertikale Ausrichtung zu geben: Raum und Zeit sind nicht mehr reduziert auf physikalische und mathematische Begriffe, sie erhalten eine spirituelle Dimension, die es dem Menschen erlaubt, einen Lebenssinn zu finden. Doch die Archetypen, die Götter, die in den Planeten und Sternzeichen symbolisiert sind, sind zugleich auch die Gottheiten, die der menschlichen Seele innewohnen. Gemäß der Philosophie des Ganzen und des Einen, die sich auf die Wechselbeziehung zwischen Himmel und Erde stützt, entspricht der menschliche Mikrokosmos dem himmlischen Makrokosmos. So ermöglichen die astrologischen Symbole dem modernen Menschen, der Gefangener einer wissenschaftlichen und technologischen Welt ist, die die Seele außen vor läßt, einen Zugang zum Tempel seines Inneren und zu den Göttern, die ihn bewohnen. In diesem Sinne bilden sie eine moderne, weil ewige Sprache. Als die Wissenschaft das grandiose Werk der Moderne errichtete, schob sie das Seelenleben gänzlich beiseite, weil es für sie nicht erfaßbar war. Alle Symbolsprachen, und mit ihnen auch die der Astrologie, sind somit die Muttersprache des Seelenlebens. Unter dem Einfluß der Wissenschaft

Der Mensch, der fasziniert ist vom Schauspiel des Universums, setzt seine ganze Seele ein, um sein Geheimnis zu ergründen. – Betender von Tell Asmar, Tempel des Gottes Abu, *um 2750 v. Chr.*

---

1. Carl Gustav Jung, *L'Homme à la découverte de son âme*, S. 265

Bevor die Planeten auf physikalische Begriffe reduziert wurden, galten sie den Menschen der Antike als Götterboten. – Vollmond, aufgenommen von der Apollo II.

hat der moderne Mensch sein Denken auf das Materielle gerichtet. Er hat sein Bewußtsein einseitig entwickelt, und zwar in Richtung Rationalismus. Deshalb finden viele auch schwer Zugang zum Symbolismus. Zudem verstellt die Fülle pseudo-astrologischer Literatur, die von Vereinfachung und dem Materialismus unserer Zeit beseelt ist, jeden Zugang zum wahren symbolischen Wissen. Sie übersetzt die astrologischen Symbole so dürftig und platt, daß der eigentliche Inhalt des Symbols verlorengeht.
Während die symbolische Darstellung den Menschen von der gegenständlichen Welt befreien will, pervertiert diese Literatur die Seele, indem sie sie von der materiellen Welt abhängig macht. Sie schneidet somit den Menschen von seiner inneren Welt ab.
Es gilt, den wahren Sinn der astrologischen Symbole fern von den Tempelkrämern zu suchen, die Beziehung zwischen der äußeren und der inneren Welt zu erhellen und den Weg zur Transzendenz zu öffnen. Ziel ist es, das ewige Band zwischen dem Menschen und der Poesie von Welt und Natur wiederzuentdecken, das die astrologischen Symbole widerspiegeln.
Lassen wir uns für eine Weile von kindlichem Staunen ergreifen, und lauschen wir unserer wahren Muttersprache. Vielleicht gestehen wir dann der Astrologie zu, die Wissenschaft der Seele zu sein.

Nächste Seite: Das christliche Mittelalter konnte das alte Wissen nur zur Kenntnis nehmen, weil die Araber die ersten Manuskripte Ptolemäus' aus dem 2. Jahrhundert kopiert und uns überliefert haben. Darstellung einer ptolemäischen Planisphäre aus dem 4. bis 5. Jahrhundert.

KAPITEL I

Die Symbolik der Astrologie

Die Ursprünge: Die Welt der Muttergottheiten

Nur wenige Traditionen haben in so unterschiedliche Kulturen eindringen können wie die Astrologie. Das eigentliche Geheimnis der Astrologie liegt in ihrer Beständigkeit: Sie behauptet sich bereits seit 5 000 Jahren. Wie ein unterirdischer Strom hat sie zahlreiche Kulturen und mannigfache Religionen gespeist – von Chaldäa, Ägypten, Griechenland bis hin zu China und Arabien. Über das Mittelalter und die Renaissance findet sie Eingang in unsere Kultur. Sie zeugt von einer Anpassung an die Welt, deren Ursprünge bis zum Anbeginn der Zeit zurückreichen und die es den Menschen ermöglicht, ihrem Leben eine Richtung zu geben. Wir sind nicht nur das Produkt des 20. Jahrhunderts, sondern die Kinder all der Generationen, die uns vorausgegangen sind. In uns existiert noch jene Art, die Welt zu sehen, sie zu lieben und sich an sie anzupassen, die manche als primitiv einstufen.

Als die Astrologie um 3000 vor Christus in Sumer entstand, war das Universum noch nicht von einem männlichen Gott beherrscht, sondern von der »großen Göttin«, die dem Kult der Muttergottheiten vorausging. Für den frühzeitlichen Menschen waren der Kosmos und die Erde, von denen er vollständig abhängig war, die Manifestation der großen Göttin. Sie hieß Tiamat, Innana, Ischtar, Astarte in Mesopotamien, Kybele in Phrygien, Isis in Ägypten und Demeter in Griechenland. Sie verkörperte das Geheimnis der Geburt, des Todes und der Wiedergeburt, herrschte über den Himmel, die Erde und die Unterwelt und war die unbestrittene Herrscherin des Universums.

Lange Zeit behielt die große Göttin die Vorrangstellung vor den anderen Göttern, die das sumerische Pantheon bewohnten. Und diese Götter zu befragen, deren Boten die Planeten gleichen Namens waren, bedeutete lange Zeit, die ewige Mutter zu befragen, die am Anfang jeglicher Kraft stand; sie war der Uratem, der Leben einhauchte.

3 000 Jahre später, als das Patriarchat mit der Thronbesteigung des Zeus-Apollon in Griechenland oder Abrahams in Chaldäa das Matriarchat (bis 2000 v. Chr.) schon lange abgelöst hatte, hatten sich die Geisteshaltung sowie die Sicht und das Verständnis der Welt nicht sonderlich gewandelt: Zu Beginn unserer Ära, zur Blütezeit Athens und Roms, gab es nach wie vor Rituale zu Ehren der großen Göttin. Die Planetengötter und ihre Symbolik, die ein Geburtshoroskop bezeichnen, sind ausnahmslos Söhne der großen Göttin Natur. Sie sind lediglich Ausdrucksformen ihrer mannigfaltigen Gestalt. Die Sterne zu befragen hieß früher (und auch heute noch), die Mutter zu befragen, die Mutter Natur, die die Wurzeln unseres Seins beherrscht (unsere Paläopsyche).

Das gesamte Streben des Urmenschen richtete sich darauf, das Übernatürliche zu deuten, das in der nahen Natur und im Kosmos verborgen ist, um die Absichten der großen Mutter oder ihrer Sinnbilder zu erkennen. In Sumer bilden das *Enuma elish*, ein kosmogonisches Gedicht, und die Einleitung zum Gilgamesch-Epos die Grundlagen der Astrologie. Dort steht, daß Himmel und Erde aus dem Körper Tiamats, der Urmutter, geschaffen wurden. Bei ihrer Trennung wurden die Bindungen zwischen beiden verstärkt und die Regeln und Gesetze festgesetzt, »um sie für immer zu bewahren«. Die Mission der astrologischen Priester ist es, den Himmel zu entschlüsseln und die Bande zu finden, die ihn mit der Erde verbinden. Als Deuter des mütterlichen Archetyps sind die Priester die Weisen, die das grundlegende Wissen weitergeben sollen, das in das sternenbesetzte Himmelsgewölbe eingeschrieben ist, um seine Manifestationen auf der Erde zu entdecken. Die Astrologie ist das erste Modell einer Organisation der Erkenntnis, sie drückt das Logos der großen Mutter aus. Das macht begreiflich, wie der Himmel zum Spiegel von Welt und Mensch geworden ist, dessen Spiegelbild die Astrologen studieren. Die Erkenntnis himmlischer Ordnung soll der Schlüssel zur irdischen Ordnung sein. Die Methode der Astrologie entspricht nicht den Prinzipien der materialistischen Wissenschaft (Unterscheidbarkeit, Kausalität, Satz vom ausgeschlossenen Dritten), die aus der Welt der Vatergötter hervorgegangen ist und noch heute unsere Kultur und ihre Interpretation des Universums bestimmt.[1] Sie entspricht vielmehr den Prinzipien einer echten »Wissenschaft des Göttlichen«, wie sie von den Menschen matriarchalischer Kulturen praktiziert wurde. Eine Wissenschaft, die nicht die Ursachenkette in einer Welt zu begreifen sucht, in der der Mensch keinen Platz hat, sondern die Zweckbestimmung, die die Götter dem Menschen zuweisen, damit er sein Leben ordne und ihm einem Sinn gebe.

Die Kosmogonie lehrte den Menschen, daß er geschaffen wurde, um den Göttern zu dienen und so die Ordnung der Welt zu verbessern. Die Sumerer glaubten nicht an das ewige Leben. Ihr Kult bestand im wesentlichen darin, dem göttlichen Zorn zu entgehen, indem sie auf Erden die Weisungen des Himmels umsetzten. Der astrologische Priester hatte die Aufgabe, die vielfältigen Übereinstimmungen und Beziehungen zwischen Himmel und Erde zu suchen, die die Verbindung zwischen Göttlichem und Profanem ausmachen. Er mußte den Augenblick vorhersehen, in dem die Gottheit sich in den Menschen manifestierte, damit diese ihr durch geheiligte Handlungen antworteten. Bei einem wichtigen Vorhaben auf Erden (dem Bau eines Tempels oder einer Stadt und vor einem Kriegszug) war es der Priester, der den günstigsten Zeitpunkt oder Ort auf irdischer Ebene bestimmte, weil es ein himmlisches Äquivalent gab. Eines der besten Beispiele für die Frömmigkeit der Sumerer ist vielleicht der Bau des irdischen Babylon, ein Abbild des himmlischen Babylon mittels astrologischer Hinweise.

Die astrologischen Priester trugen also große Verantwortung, da es ihnen oblag, die Himmelsbotschaften zu deuten. Der kleinste Irrtum drohte fatale Folgen zu haben: Er konnte nicht nur den himmlischen Zorn erregen, sondern auch dem irdischen Geschick der Menschen ernstlich schaden.

Diese Sicht bedarf allerdings einer genaueren Betrachtung: Das Geschick ist nicht gleichbedeutend mit dem Determinismus, wie man ihn heute versteht, denn die Götter lassen sich kaum dazu herab, Ereignisse von geringer Bedeutung im einzelnen zu bestimmen. Sie legen lediglich eine recht allgemeine Ordnung fest, innerhalb derer eine große Freiheit besteht; und letzten Endes ist der Mensch für sein Schicksal selbst verantwortlich, ob er es nun auf einer gewöhnlichen Ebene oder – wie Gilgamesch – mit exemplarischen Folgen erfüllt.

Je mehr er dem Verhalten der Götter, seiner Vorbilder, nacheifert und sich ihnen in seinen Werken und seinem alltäglichen Leben angleicht, um so mehr transzendiert er seine *conditio humana*. Die Götter zeigen, welche Wege einzuschlagen sind, und es liegt beim Menschen, ihre Botschaft zu entschlüsseln und sich den Weg auszusuchen, den er nehmen will.

Die Wissenschaft vom Göttlichen

Die Wissenschaft vom Göttlichen ist die Kunst, die Sprache der Götter zu entschlüsseln. Das gesamte Universum ist ein Buch der Zeichen, durch welche das Göttliche, das jedes Leben beseelt, zu den Menschen spricht; daher rührt die Bedeutung der Sternzeichen.[2] Die Sumerer konnten uns als Erfinder der Keilschrift, die in Tontafeln geritzt wurde, die jahrhundertealte Überlieferung ihrer Beobachtungen weitergeben, die sie von den Höhen ihrer Zikkurats gemacht hatten, je-

Linke Seite: Noch lange beherrschten die Muttergottheiten die Tiefen unserer Seele. – Alabasterstatuette der Göttin Ischtar, Babylon, 3. Jahrhundert v. Chr.

Oben: Die Archetypen sind ewig, sie transzendieren das Bewußtsein; so symbolisierte die Sonne in Gestalt Apollons in Griechenland und später in Rom im 1. Jahrhundert (folgende Seite) die Gerechtigkeit, das Ideal und die Wahrheit. Und elf Jahrhunderte später findet man die Assoziation der Sonne mit Gott, wie es diese Tapisserie (Abbildung oben) aus dem 12. Jahrhundert zeigt, die die Kathedrale von Gerona in Spanien schmückt.

---

1. S. de Mailly-Nesle, *L'Etre cosmique*, Flammarion, 1985
2. Bevor die Astrologie zur reinen Weissagungspraxis wurde, überlieferte sie eine Metaphysik der Welt. Philon von Alexandrien, einer der Philosophen, die die Chaldäer am besten verstanden haben, sagte: »Sie war wie eine Musik des Denkens, die absolute Symphonie, die vollkommene Harmonie.«

13

ner »Himmelshügel« oder »Türme zwischen Himmel und Erde«, die es in Babylon, Ur, Erech und Lagasch gab. Das waren siebenstöckige Pyramiden aus groben Ziegeln, die eine Höhe bis zu 90 Metern erreichten und als Speicher und Beobachtungstempel dienten.

Von der Spitze der Zikkurats beobachteten die Priester, die zugleich Astronomen und Astrologen waren, Nacht für Nacht den Himmel mittels einer Wasseruhr und eines Gnomons (einer Sonnenuhr, von den Sumerern erfunden und von Anaximander von Milet perfektioniert). In der fast unüberschaubaren Fülle der Gestirne am Himmel entdeckten sie mit der Zeit fünf besondere Sterne, die im Gegensatz zu den anderen nicht ortsfest waren, sondern sich bewegten, wanderten; sie nannten sie die fünf Wild- oder Wanderziegen, die fünf Planeten.

Im Laufe der Jahrhunderte klassifizierten die Priester minutiös ihre Unterscheidungsmerkmale und ritzten sie sorgfältig in Tontafeln. Sie stellten ihre jeweiligen Bahnen fest, berechneten ihre Entfernung zur Erde, beschrieben ihre Leuchtkraft, Farbe und Form.

Nach und nach setzten sie die äußeren Eigenschaften der Planeten mit jenen der existierenden Götter gleich, der Söhne der Muttergöttin, die die Welt in der Kosmogonie geformt hatten und die sie seit grauer Vorzeit verehrten.

Die Grundeigenschaften von Ischtar (Venus), Schamash (Sonne), Sin (Mond), Nabou (Merkur), Nergal (Mars) und so fort waren die ewigen Eigenschaften des Menschengeschlechts. Und wenn sie in der Kulturgeschichte den Bewohnern des Himmelstempels zugeschrieben wurden, dann deshalb, weil sie ihren Ursprung im Herzen des Menschen hatten. Die Götter sind der symbolische Ausdruck des inneren Dramas des Menschen, wie der Züricher Psychologe C. G. Jung (1875–1961) sagt. Die Götter repräsentieren die Urbilder des Seins, sind Archetypen oder Grundmodelle der Psyche. Diese inneren Götter haben sich durch Projektion im Kultus herausgebildet und Konturen angenommen. So verknüpfte der Mensch die verborgenen Bereiche seiner Seele und den Inhalt seines Unbewußten mit dem äußerlich Sichtbaren auf mystische Art und Weise.

Die Wissenschaft vom Göttlichen ist die Kunst, die unsichtbaren Fäden zu finden, die die inneren-äußeren Götter in das Universum gesponnen haben. Stück für Stück erkennen die astrologischen Priester die Grundelemente des Lebens, die sich als Sonne, Mond und die übrigen Planeten manifestieren. Diese sehr unterschiedlichen Elemente, deren einzige Gemeinsamkeit ein gleichartiger Zusammenhang ist und deren Verbindungen untereinander eine Logik innewohnt (zu der ein allzu rationaler Geist nur schwer Zugang findet), vereinen sich zu einem Symbol.

Die Tonleiter der Symbole

Für den frühgeschichtlichen Menschen hat das, was beispielsweise wie der Mond ist, was ihm also ähnlich ist, teil an den gleichen Kräften wie er und besitzt den gleichen göttlichen oder archetypischen Erlebnishintergrund. Er sucht die Analogien, die Korrespondenzen, die Merkmalsähnlichkeiten, die die »Signaturen« (Paracelsus, 1493–1541) der gleichen Urkraft sind. So steht die Symbolkraft des Mondes ebenso in Zusammenhang mit der Nacht, dem Wasser, der Fruchtbarkeit, der Frau, der Mutter, der periodischen Erneuerung und der Geburt wie mit dem Traum, der Mobilität, dem Zufall und dem Tod. Und die unterschiedlichen Noten der Mondtonleiter sind die verschiedenen Ausdrucksweisen, mit denen der Gott Sin (der Mond) sich äußert.

Was den Tierkreis angeht, so ist er in erster Linie nicht eine raum-zeitliche Richtschnur für die Planeten, sondern repräsentiert zwölf Antworten der menschlichen Seele auf den Jahreszyklus der Natur.

Die zwölf Tierkreiszeichen, denen ebenso wie den Planeten mythische Sinnbilder zugeordnet wurden, drücken zwölf grundlegende, also archetypische Muster des menschlichen Seins aus.

Obwohl das Symbol hervorgegangen ist aus einer subjektiven, intuitiven Wahrnehmung nach einer analogen Erkenntnismethode, die für die objektive Wissenschaft ohne Bedeutung ist, hat sie doch gerade dieser Wissenschaft einige wesentliche Grundlagen geliefert: Das Studium des matriarchalischen Logos erlaubte es den Babyloniern, Zeit und Raum, ausgehend von den Bewegungen des Mondes, zu geometrisieren. Sie strukturierten die Zeit, indem sie das Jahr in 360 Tage aufteilten (zwölf Mondumläufe) und den Kreis in 360 Grad. Das Sonnenjahr wurde anfangs berechnet, indem man die fehlenden fünfeinviertel Tage periodisch hinzufügte (die Epagomenai).

Eine weitere Darstellung der Sonne als Sinnbild für das erleuchtete Bewußtsein. Der Wagen steht für ihre Himmelsbahn und das Ideal, das anzustreben ist. – Manuskript aus dem 13. Jahrhundert.

Die Einheit der Symbole

Man hat im Laufe der Jahrhunderte an unterschiedlichen Orten der Welt den gleichen Planeten die gleichen Symbole zugeordnet. So ist es beispielsweise auch bei den Sinnbildern der Venus: Ob es sich nun um die Göttin Innana der Amoriter handelt, um Astarte bei den Phöniziern, Ischtar bei den Assyrern, Aphrodite bei den Griechen oder um hinduistische oder buddhistische Darstellungen – überall auf der Welt symbolisiert der Abendstern die Liebe, die Anziehung zwischen den Lebewesen, die Schönheit.

Schamasch und Apollon sind die Sonnengötter, die man anruft, um das Bewußtsein zu erhellen. Den griechischen Apollon, den Gott des Lichts, dessen Pfeil und Bogen die Sonne mit ihren Strahlen symbolisieren, rief Platon an, um die grundlegenden Gesetze der Republik zu erkennen: »Apollon steht es zu, die wichtigsten, besten, obersten Gesetze zu diktieren [...], denn dieser Gott ist der traditionelle Deuter der Religion [...] um die Menschheit zu lenken.« (*Der Staat*)

In Mesopotamien besang man Schamasch mit einer Hymne: »Deine Strahlen durchdringen unablässig Geheimnisse mit dem Glanz des Lichts, ihr Wandel kommt an den Tag [...] Du lenkst ausnahmslos alles, was atmet, du bist sein Beschützer in Höhen und Tiefen [...]«

Merkur oder der griechische Hermes, der Götterbote, das Sinnbild der Kommunikation, war kein anderer als Nabou, der göttliche Schreiber, der Meister der Natur- und Geisteswissenschaften in Mesopotamien.

Der griechische Mars und Nergal waren beide Kriegsgötter. Saturn und Ninib hatten die Gestalt eines klugen Greises, bei dem die geistigen Fähigkeiten Vorrang vor der körperlichen Konstitution besaßen. Saturn stand am höchsten am Himmel und war den obersten Sphären, dem Aufenthaltsort der Götter, am nächsten. Er erweiterte das Bewußtsein durch Entsagung irdischer Begierden.

Es ist nicht verwunderlich, daß sich im 3. Jahrhundert vor Christus, zur Zeit der Eroberungen Alexanders des Großen in Asien, planetarische Götter Mesopotamiens und mythologische Götter Griechenlands so leicht verschmolzen. Sie hatten die gleiche Grundbedeutung, nämlich die einer gleichen Erfahrung: Die Urerfahrung, die der Sumerer vom Leben hatte, war geprägt von planetarischen Symbolen; die griechische Urerfahrung des Lebens nahm in den Göttern Gestalt an. Es handelte sich um die gleiche Geschichte, nämlich die der menschlichen Seele, um eine gleichartige Erinnerung, die man heute nach C. G. Jung[3] das »kollektive Unbewußte« nennt.

Das kollektive Unbewußte

»Die Astrologie besteht aus symbolischen Konfigurationen, ebenso wie das kollektive Unbewußte, mit welchem sich die Psychologie befaßt: Die Planeten sind die ›Götter‹, Symbole der Mächte des Unbewußten.«[4] Das kollektive Unbewußte sammelt die identischen Inhalte und Verhaltensweisen, die die Menschen angesichts des identischen natürlichen Umfelds haben. Diese Inhalte kristallisieren sich in dem, was Jung die Archetypen nennt; die folgenden Ausführungen hierzu stützen sich auf die des berühmten Psychologen. Die Archetypen fassen die weit zurückliegenden Erfahrungen der Menschen in universellen Urbildern zusammen. Man nimmt an, daß der Archetypus angeboren ist und seine Ausprägungen in unserer Psyche dargestellt sind, in primitivster Form eingraviert in unser Gehirn, entsprechend der Stärke der ersten Erfahrungen; so werden sie an jeden Menschen, der auf die Welt kommt, durch Vererbung weitergegeben. Wie ein Sediment, das sich vor Urzeiten ablagerte, ruhen in uns unbewußte Inhalte, von unseren Vorfahren an uns vererbt. Diese ursprüngliche Art, die Welt zu erfassen, bleibt erhalten, weil wir nicht mit einem Gehirn geboren werden, das frei von jeglichen Eindrükken ist. Wir werden geboren mit einer jahrhundertealten Aufzeichnung, die sich aus Erfahrungen unserer Ahnen zusammensetzt. Wir werden mit jenem kollektiven Gedächtnis geboren, das man das »kollektive Unbewußte« nennt. Dieses tief in uns eingegrabene Unbewußte blitzt in unseren Träumen manchmal wieder auf: Die Bilder von Sonne und Mond, die heute in den Träumen eines jeden vorhanden sind, haben nach wie vor die gleiche Bedeutung wie in der Antike. Die Traumanalyse zeigt, daß das Bild der Sonne im allgemeinen als Symbol für den Vater, das Bewußtsein, die Gesellschaft, also das Ideal, steht. Und das sind genau die Bedeutungen, die die astrologische Tradition nach dem Mythos Apollons der Sonne zugeschrieben hat.

---

3. Carl Gustav Jung (1875–1961), Schweizer Psychiater und Psychologe, Begründer der »Tiefenpsychologie«. Er befaßte sich vor allem mit dem »kollektiven Unbewußten« (von Archetypen strukturiert) und mit dem Prinzip der Synchronizität.
4. Siehe: C. G. Jung, *Briefe*, Bd. 2, 1972, S. 400

Die Träume zeigen die mannigfachen Faktoren auf, die vor Urzeiten im Leben der Menschheit eine Rolle gespielt haben. Sie bringen uns in Verbindung mit dem Kosmos und beweisen, daß die Identität von Mensch-Mikrokosmos und Universum-Makrokosmos nach wie vor existiert – wenn auch unbewußt. Der Traum eröffnet den Zugang zur kosmischen Urnacht und erlaubt es dem Menschen, wieder eine Verbindung zur ewigen Welt herzustellen. Die astrologischen Symbole sind wie die Träume, aber auch wie Kunstwerke, Volksmärchen, Volkskunde, Religionen und Mythen Ausdruck ewiger Muster menschlicher Erfahrung.

In der Mythologie sind die Ausdrucksformen von Archetypen am besten strukturiert. Sie erzählt die Geschichte der menschlichen Psyche und des Wesens der Seele. Aus diesem Grunde berufen sich Psychologen zum Beispiel auf die griechische Mythologie, um unsere Grundverhaltensweisen zu erklären. Die zwölf großen griechischen Götter sind in der Tat exemplarische Sinnbilder, die die ewigen Charaktere verkörpern, die grundlegenden menschlichen Urtypen, die großen Tendenzen des menschlichen Unbewußten. Und neben anderen mythischen Gestalten beseelen sie größtenteils die Symbole der Sternkunde. Die Sprache der Astrologie ist unmittelbar aus der Sprache der Götter hervorgegangen, sie läßt den »Polytheismus der Seele«, der in jedem von uns schlummert, wieder aufleben und bringt ihn ans Licht. Deshalb greifen wir ganz selbstverständlich auf die Mythologie zurück, um die astrologischen Symbole zu entschlüsseln. Die Planeten des Kosmos bringen die mannigfaltigen Absichten der Götter oder der Archetypen zum Ausdruck, die der menschliche Seele innewohnen.

Der innere Himmel

Für den Urmenschen ist das Universum ein großer, lebendiger Organismus, der aufgrund des Zusammenwirkens seiner verschiedenen Teile lebt und sich entwickelt. Und der Mensch ist als Teil der Natur von den gleichen Kräften beseelt: Er ist ein Mikrouniversum. Indem der Urmensch die Gesetze fand, die in Natur und Kosmos herrschten, erahnte er auch jene, die das scheinbare Chaos seines Lebens bestimmten. Das Universum und seine Planeten wurden zum Spiegel des Menschen. Er konnte sich in dem Bild begreifen, das die natürliche Ordnung ihm widerspiegelte. Für ihn reflektierten diese Bilder gleichermaßen den Einfluß der Götter auf die Ordnung der Dinge wie auch ihre Macht über das menschliche Schicksal. Heute sind jedoch Mars, Jupiter, Saturn und ihresgleichen entthront. Sie wurden von der Vernunft jeder übernatürlichen Macht beraubt. Das Universum ist von etwas Spirituellem zu etwas Physikalischem, Quantifizierbarem, Logischem geworden. Wie läßt sich demnach die Faszination begreifen, die dieser seelenlose Himmel für manche immer noch besitzt – und das auch für durchaus rationale Menschen? Bietet die Astrologie den Überbleibseln des Aberglaubens beim sogenannten *Homo sapiens* Asyl?

Wenn die Symbole der Astrologie – Planeten, Tierkreiszeichen – immer noch so viel Macht über den Menschen von heute haben, so liegt das an der Tatsache, daß sie auf einen Teil von uns wirken, der sich der Vernunft verschließt: auf das Unbewußte. Freud hat belegt, daß man immer abhängiger von einem Gefühl wird, je mehr man es zu verdrängen versucht.

Seit ewigen Zeiten lebt der Mensch mit dem Kosmos in einer Verbindung, die Claude Lévi-Strauss eine »mystische Partizipation« genannt hat. Die Urenergien, die Archetypen und die Verhaltensmuster (*patterns of behaviour*), die die menschliche Seele bewegen, wurden auf den Sternenhimmel projiziert. Und auch wenn es einer 1000jährigen Geschichte bedurfte, die Projektionen der Menschen des Altertums aus dem Himmelsraum zurückzuholen, so bleiben die Archetypen davon unberührt.

Ganz im Gegenteil, unser Unbewußtes ist vielleicht mehr denn je geprägt von ihrem Eindruck. Die Götter des Olymp sind in uns, wie sie es immer waren, auch wenn wir sie heute anders nennen (siehe zum Beispiel die modernen Begriffe der Psychoanalyse). Der Sternenhimmel unserer Zeit ist jedoch nicht mehr das Reich »äußerer Götter«, deren Sklaven wir wären, er repräsentiert vielmehr unseren inneren Himmel, in dem die Fähigkeiten unserer Seele ruhen, mit der der Mensch zu allen Zeiten versucht hat, in einen Dialog zu treten. Der Dichter Friedrich Schiller (1754–1805) begriff dies sehr wohl, als er Wallenstein sagen ließ: »In deiner Brust sind deines Schicksals Sterne« (Piccolomini 963). Während der Urmensch gleichsam in Einheit und Verwirrung mit dem Kosmos lebte, was seine Willensfreiheit einschränkte, distanziert sich der moderne Mensch zunehmend vom Kosmos, indem er sich dessen Projektionen entzieht. So kann ein echter Prozeß der Symbolbildung der himmlischen Mächte beginnen, das heißt, ein Austauschprozeß, der Freiräume eröffnet. Der Zodiakus, die Tierkreiszeichen und die Planeten sind Symbole, die es erlauben, aktuelle Situationen daraufhin zu befragen, was sie über uns selbst aussagen. Eine »moderne Astrologie« ist weniger eine Astrologie, die durch neue Techniken oder psychoanalytische Deutungen verbessert wäre, als eher eine anders erlebte Astrologie: Sie steht nicht mehr wie früher für einen Tempel der Antworten, sondern für »den Altar der Fragen«.

Wenn ein Neuling das Astralsymbol entdeckt, ist er überrascht, darin immer mehrere Bedeutungen vereint zu sehen, die scheinbar bunt zusammengewürfelt sind. Denn das Symbol integriert die verschiedenen Modalitäten des Seins und die verschiedenen Ausdrucksformen, die ein Ganzes annehmen kann. Es drückt ein Bündel mannigfaltiger Tendenzen aus, die vom Konkreten bis zum Abstrakten reichen. Die Teilaspekte stehen jedoch in einer Beziehung zueinander, die der Logik selten sofort zugänglich sind. Um sich dem Astralsymbol zu nähern und die inneren Verbindungsstränge aufzudecken, genügt es heute, intuitiv dem Spiel seiner Analogien zu folgen und in uns die Bilder seiner verborgenen Harmonie erstehen zu lassen. Die Sonne zum Beispiel repräsentiert in Analogie zur Dialektik, die sie mit dem Mond bildet und die auch zwischen Mann und Frau besteht, den männlichen Pol. Durch die Rolle, die die Sonne in der Bewegung der Planeten einnimmt, steht sie zugleich für den Vater, der dem Kind, das sich der Welt zuwendet, den Weg weist. Durch die gleiche Entsprechung steht sie für die Rolle, die man in der Gesellschaft einnehmen will. Ebenso wie sie das Gravitationszentrum unseres Universums ist, läßt sich ihr Symbol als das Gravitationszentrum deuten, das ein Lebewesen erreichen

Der Mensch im Universum: Der Mensch ist nicht losgelöst vom Universum. Er ist aus der gleichen Materie und entspricht ihm in allen Teilen; er ist ein reduziertes Abbild der Welt: ein Mikrokosmos.

will. Schließlich symbolisiert sie, gerade so, wie sie den Mond erhellt, das Bewußtseinszentrum, aber auch das Ideal oder den Sinn, den man dem Leben immer geben möchte.

Betrachtet man Mars, den Archetyp des Kriegers, so bringt er alle Formen des Einsatzes kämpferischer, aggressiver, triebhafter oder abwehrender Energie zum Ausdruck: von der Energie des Kindes, das seine instinktive Präsenz in der Welt zum Ausdruck bringt, über den militärischen Befehlshaber, der für die Verteidigung oder Eroberung eines Landes kämpft, bis hin zum Mediziner, der darum ringt, dem Tod sein Terrain streitig zu machen, und dem Sportler, der kämpft, um die Grenzen des körperlichen Leistungsvermögens auszuweiten, wie André Barbault[5] es so treffend gesagt hat. Die martialische Symbolik bemächtigt sich des Lebens und zeigt sich konkret in unterschiedlicher Weise, ausgehend von immer demselben Bündel von Entsprechungen. Es ist vorstellbar, daß sie noch keineswegs ausgeschöpft ist und daß sich die vitale Energie, die Kraft zur Eroberung der Welt, für die Mars steht, in kommenden Jahren in einem anderen Stadium unserer Zivilisation auf völlig andere Art und Weise ausdrücken könnte. Der Instinkt des Überlebenskampfes, der in diesen Ausdrucksformen weniger Platz einnehmen dürfte, als es bisher der Fall war, wird sich in einem anderen Kampf äußern: Die Verteidigung des Lebensraumes könnte sich zum Beispiel als Ringen eines Geistes gegen einen anderen gestalten in einem »parapsychologischen« Krieg, in dem die Energie des Mars sich symbolisch in einen »Hirnmuskel« verlagert hätte. Jedes Symbol, für das die Planeten stehen, besitzt also verschiedene Manifestationsebenen und unterschiedliche Ausdrucksmittel, die miteinander nichts anderes gemein haben als ein Gesetz analoger Wirkungsweisen. Diese grundlegenden Gesetzmäßigkeiten lassen sich nur mit jenem Scharfsinn erfassen, der sich von der Logik unterscheidet und den man »Poesie« im griechischen Sinne des Wortes nennen könnte: das Tun, die Schaffenskraft.

Oupensky, der Biograph Gurdjieffs, sagt: »Ein Symbol läßt sich niemals in einem endgültigen oder ausschließlichen Sinn erfassen. Insofern, als ein Symbol die Gesetze der Einheit in der unendlichen Vielfalt zum Ausdruck bringt, besitzt es selbst eine unendliche Zahl von Aspekten, unter denen es zu betrachten ist.« Jeder Planet ist in erster Linie das Symbol eines Eigenschaftenkollektivs, das jedem menschlichen Wesen innewohnt, das aber von jedem auf persönliche Weise erlebt wird, entsprechend seinem Bewußtseinsgrad und gewiß auch entsprechend der Position, die dieser Planet im Augenblick seiner Geburt am Himmel eingenommen hat.

Der Planet stellt eine Energiequelle dar, die gemäß seines Symbolgehalts die verschiedenen Seinsebenen des Lebens beeinflußt, nämlich das Psychische oder Spirituelle, das Biologische und den Bereich des Erlebens.

Die Astrologie zu studieren bedeutet, die Verbindungen wiederzufinden, die diese verschiedenen Ebenen vereinen und die wir durch die atomistische Analyse der Phänomene aus den Augen verloren haben. In Kapitel 5, das sich mit der Interpretation befaßt, wird beschrieben, wie man sich den Symbolen in der Astrologie nähern kann. Allerdings ist »Gegenüberstellung« dem Begriff der Interpretation vorzuziehen: »Interpretation« deutet auf eine passive Haltung des Ratsuchenden hin, die seine Abhängigkeit verdeutlicht, das heißt, seine Entfremdung gegenüber den Ausführungen des Astrologen, während »Gegenüberstellung« die aktive Beteiligung des Ratsuchenden impliziert und die Astrologie als mögliche Hilfe zur Selbstfindung erscheinen läßt.

Die Astrologie – eine Religion?

Ursprünglich war die sumerische Astrologie eine religiöse Wissenschaft, die es ermöglichte, die Botschaften der Götter, der Schöpfer allen Seins, zu erkennen, vorauszusehen und auszulegen, um das Leben auf Erden nach göttlichem Plan zu führen. Mit ihrer Hilfe wurde der Zeitpunkt der Feier der immer wiederkehrenden »Vermählung« von Himmel und Erde, von Makrokosmos und Mikrokosmos, bestimmt, um danach einen kultischen Kalender aufzustellen. Als die Astrologie jedoch im 3. Jahrhundert vor Christus in Griechenland fest etabliert war, verlor sie ihre religiösen Wurzeln, um sich mehr der rationalen Logik zu bedienen. »Die Astologie ist eine orientalische Religion, die, nach Griechenland verpflanzt, in ein Land der ›Physiker‹ und Denker, dort die Allüren einer Wissenschaft annahm. War sie als Religion noch verständlich, so entlieh sie sich nun bei der Astronomie Prinzipien, Maße, arithmetische und geometrische Spekulationen, die für sich genommen ebenfalls verständlich waren, aber der reinen Vernunft entsprangen und nicht mehr der komplexen Mischung aus Gefühlen und Ideen. Diese Mischung hat die praktische Vernunft von Religionen ausgemacht«, erklärt A. Bouché-Leclerq in seiner umfangreichen Geschichte der griechischen Astrologie, die er in Pamphletform schrieb.[6]

Losgelöst von ihren (sumerisch religiösen) Wurzeln, wurde die Astrologie vielgestaltig und verband sich mit der Denkweise der verschiedenen Kulturen, in die sie Einzug hielt.

Heute wird die Astrologie im Abendland, beeinflußt von unserem materialistischen Jahrhundert, das sich einer Welt der Gegenständlichkeit und Äußerlichkeit

---

5. André Barbault, *Connaissance de l'astrologie*, Seuil, 1975
6. A. Bouché-Leclercq, *L'Astrologie grecque*, Culture et Civilisation, Paris, 1899–1963

verschrieben hat, nur noch bemüht, um zukünftige Ereignisse vorherzusagen. Sie hat jede transzendentale Konnotation verloren und dient nicht mehr der Erhebung der menschlichen Seele.

Indem sie den Lebensweg grob vorzeichnet, ist sie auf die simpelste Art ihrer Möglichkeiten reduziert worden. Von den Medien in ihrer gewöhnlichsten Form dargestellt, ist sie zu einer Art Opium fürs Volk geworden, um es mit einem Ausdruck von Karl Marx über die Religion zu sagen. Und da sie nicht auf den Prinzipien der heutigen Wissenschaft beruht, stellen sie tatsächlich viele Rationalisten auf eine Stufe mit Religion. Das heißt allerdings, Religion und Glauben zu verwechseln. Auch wenn das fehlende wissenschaftliche Vorgehen der Astrologie einen echten Glaubensakt erfordert, so kann man sie deswegen noch nicht als Religion ansehen. Eine Religion setzt voraus, daß es einen ursprünglichen Mythos gibt, der für den Zusammenhalt einer Gruppe sorgt und in einem periodischen Ritus sein Bestehen erneuert und bekräftigt, und ein Dogma, das die Wahrheit postuliert, sowie im allgemeinen auch Kleriker, die die Menschen anleiten, nach dem Dogma zu leben. Trotz des Einflusses der Astrologie und selbst, wenn sie für manche Ähnlichkeit mit einem Dogma haben mag, entspricht sie seit den Sumerern nicht den Definitionen für eine Religion. Die oben skizzierten Merkmale, sind indes die einer extravertierten Religion. Es gibt demnach eine andere Art, sich mit dem Göttlichen in Verbindung zu setzen, ebenso wie es eine andere Art gibt, Astrologie zu praktizieren, nämlich den esoterischen Weg. Antoine Faivre sagt: »Der enge Sinn des Wortes ›Esoterik‹ gründet sich ethymologisch auf das griechische ›esothodos‹, was soviel heißt wie Methode oder Weg ins Innere. Es handelt sich um einen ›Zugang zu sich selbst‹. Deshalb nennt man sie gelegentlich auch eine ›Verinnerlichung‹, die auf dem Weg über eine Gnosis erfolgt, eine Erkenntnis, um zu einer Form der Erleuchtung und des individuellen Heils zu gelangen. Eine Erkenntnis der Beziehungen, die uns mit Gott oder der göttlichen Welt verbinden [...].«[7] Bezieht sich die Astrologie in ihrer extravertierten Form nur auf äußere Ereignisse, so sind die Ereignisse in ihrer introvertierten Form immer der Spiegel oder das Mittel eines Zugangs zu den spirituellen Kräften, die uns beseelen. Weit davon entfernt, lediglich den Takt unserer Begegnung mit einem wie auch immer gearteten unausweichlichen Schicksal anzugeben, gestalten die Planeten auch den Rhythmus unseres Seelenantriebs: Der Überlieferung nach ist jemandes Bestimmung eng mit seinem Innenleben verbunden. Praktiziert man die Astrologie nach einem esoterischen Weg, so bringt sie

uns in Verbindung mit den Energien innerhalb der Psyche. Diese Energien waren für frühere Kulturen »der Stoff, aus dem sie die Götter gemacht haben«, indem sie auf die Planeten projiziert wurden. Auf diesem Weg begibt sie sich möglicherweise in Opposition zum Christentum, und zwar aus zwei Hauptgründen: Zum einen führt sie wieder einen Polytheismus ein, der der Universalität eines einzigen Gottes widerspricht, und zum anderen tritt sie mit der Annahme der Möglichkeit, auf Erden »die Form höchsten Seins« zu erreichen, in die Fußstapfen der Alchimie, die vom Vatikan nicht gebilligt wurde. Allerdings steht es nicht zwangsläufig dem offiziellen Christentum entgegen, Esoterik auf astrologischem, alchimistischem oder kabbalistischem Wege zu praktizieren. Haben seit Anbeginn unserer Zeitrechnung Esoterik und Christentum nicht immer schon nebeneinander existiert?

Sind wir nicht heute an einem Wendepunkt angelangt, an dem der extreme Druck extravertierter Kräfte nach introvertierten Gegenkräften verlangt, um ein Gleichgewicht wiederherzustellen? Auf höchstem esoterischem Niveau gelebt, wo sie als Gnosis nicht auf ihren Weissagungsaspekt reduziert ist, kann die Astrologie den äußeren Menschen mit dem inneren versöhnen, das Subjekt mit dem Objekt, die in der modernen Welt voneinander getrennt wurden. Da sie keinerlei Dogma vertritt – die Planeten haben mehr als eine feste Bedeutung –, befreit sie das Individuum, damit es aus sich heraus den Zugang zu seiner eigenen Innerlichkeit findet. Während die etablierten Religionen von Klerikern geführt werden, die meist den Menschen entfremden, indem sie ihm sagen, was er glauben und nicht glauben, tun und lassen soll, liefert die Astrologie keinerlei Moral, es sei denn jene, die die Natur uns lehrt und die vielleicht die Richtung für eine individualisierte spirituelle Suche weist, in der der Mensch der Schöpfer seines eigenen spirituellen Weges ist.

Das setzt verantwortungsbewußte Astrologen voraus, die nicht die Vision eines unaufhaltsamen Schicksals predigen und das Leben der Ratsuchenden auf eine horizontale Abfolge von Ereignissen ohne jede vertikale Dimension reduzieren. Da viele ideelle Werte gegenwärtig in Auflösung begriffen sind und das offizielle Christentum seine Kirchen nicht mehr zu füllen vermag, läuft das 20. Jahrhundert Gefahr, einerseits im Abendland kein anderes Erbe zu hinterlassen als ein spirituelles Vakuum und andererseits nicht imstande zu sein, das Aufkommen von Integralismen zu verhindern. Dieser doppelten Gefahr kann allein die Wendung nach innen einen Schutzwall entgegensetzen, einen Schutzwall aus Selbstbeherrschung und moralischer Festigkeit. Wenn dieser Weg sich abzeichnet, kann die Astrologie, nicht als Religion, sondern als Unterstützung einer Esoterik, vielleicht den Platz wieder einnehmen, der ihr gebührt. Diesen Wunsch möchten wir jedenfalls äußern.

7. Antoine Faivre, *Accès de l'ésoterisme occidental*, Sammlung »Bibliothèque des sciences humaines«, Gallimard-NRF, 1986, S. 14

Nächste Seite: Manche Menschen scheinen besondere Resonanzen mit einem Planeten zu haben: Durch seine Position bei der Geburt und die Aspekte, die er einnimmt, kann ein Planet einen stärkeren Wert bekommen als die anderen und an Bedeutung gewinnen. Hier einige berühmte Männer und ihre zugeordneten Planeten.

KAPITEL II

Der Aufbau

Die Astralreligion

Die Astrologie, wie wir sie heute praktizieren, ist das Ergebnis der babylonischen Astralreligion und der griechischen Logik. Die Sumerer haben alte Beobachtungen der Planeten von über tausend Jahren hinterlassen, die von den griechischen Philosophen systematisch erfaßt wurden. Diese überführten die intuitive Wahrnehmung des Kosmos ihrer Vorläufer in ein Ordnungssystem der Welt, eine Sprache, die die zunehmende »Defusion« des Menschen von seinen Göttern ausdrückte.

War die Astrologie in Mesopotamien eine Religion, so erfuhr sie im Kontakt mit der griechischen Kultur des 3. Jahrhunderts vor Christus eine Rationalisierung und Laisierung. Bereits seit 2000 v. Chr. löste die Welt der Vatergötter die der Muttergöttinnen ab: Das lineare, diskursive und kausalistische Denken trat an Stelle des zirkulären, analogen und symbolischen Denkens. Der starke intellektuelle Schub der Griechen, der die Erkenntnis des Mythos in Richtung auf den Logos weiterentwickelte, veränderte die Astrologie in ihren Grundlagen ebenso wie in ihrer Zielsetzung.

Einer der seltenen babylonischen Siegelzylinder, auf dem ein Priester und eine Zikkurat zu sehen sind. – Zweite Hälfte des 4. Jahrtausends v. Chr.

Die Planetengötter

Das Leben besaß für den Sumerer nur Bedeutung, Sinn und Realität, wenn es mit einem Archetyp, einem Gott, in Zusammenhang stand. Dies zeigt sich deutlich in den Planetenzyklen. Das gesamte Streben des Menschen der Frühzeit richtete sich darauf, den Weisungen der Götter zu folgen, indem er – vor allem durch den Bau von Tempeln – archetypische Akte oder Vorbilder nachvollzog oder imitierte, wie sie am Himmel zum Ausdruck kamen oder sich abzeichneten. Die Sprache der Sterne war die erste artikulierte Sprache des Göttlichen, das erste Regelwerk, das Zeit und Raum des frühgeschichtlichen Menschen strukturierte. Es war zunächst kollektiv ausgerichtet und wandte sich an die Gesamtheit der Menschen: Die Bewegungen der Planeten waren Botschaften an den König, der aus ihnen Anweisungen für das Verhalten seines Volkes las; in dem Maße, wie die Götter zunehmend persönlicher wurden, wandelte sich die Sprache der Planeten in eine individuelle, vermittelt durch das Geburtshoroskop, das für den einzelnen gesondert berechnet wurde (entwickelt vor allem von Griechenland aus).

Für den Menschen archaischer Gesellschaften war die äußere und die innere Zeit lediglich ein einziger Fluß, der die modernen Begriffe des Quantitativen und Qualitativen, des Objektiven und Subjektiven in sich trug. Es gab keine Unterscheidung zwischen Materie und Geist: Beide waren Teil desselben Universums und standen miteinander in Wechselbeziehung. In unserer Zeit wirkt diese Art, sich in die Welt einzufügen, überkommen, und dennoch sind wir es erst seit drei Jahrhunderten gewöhnt, Geist und Materie zu trennen, um letztere analysieren zu können. Und erst seit 200 Jahren gilt das Kausalitätsprinzip als ausschließliches Erklärungsprinzip der Naturwissenschaften.

Dieses Verständnis, diese Ausrichtung auf die Welt über Bezüge der affektiven Bedeutung und nicht über

Ein Siegelzylinder und zugehöriger Abdruck (links). Epoche der Uruk um 3500 bis 3200 v. Chr.

Kausalität ist indes trotz unseres Wunsches nach einem objektiven Bewußtsein nicht vergessen: Es ist der schöpferische Stoff unserer Paläopsyche, die lebenspendende Quelle unseres Unbewußten, die Matrix unserer hochheiligen Objektivität, die denkende Vernunft. »Unsere gesamte Paläopsyche und ein Großteil unserer Neopsyche arbeiten auf diese Weise (analog, affektiv, symbolisch, mystisch), ob man es erkennt oder nicht«, erklärt der Analytiker Pierre Solié.[1]

Das Zeiterleben des Sumerers war anders als unseres: Es war eng »mit dem inneren Rhythmus des Seelenkerns oder Selbst verknüpft.«[2] Das Zeiterleben war verknüpft mit der Wahrnehmung des Archetyps, der in den Planetenzyklen zum Ausdruck kommt.

Erst seit kurzem ist die Zeit gestaffelt in eine geordnete und determinierende Vergangenheit, Gegenwart und Zukunft. Die Sicht der Zeit hat sich von den Religionen der großen Mutter zu jenen des Vatergottes erheblich verändert; es handelt sich um den Übergang von einer uterinen Zeit zu einer phallischen Zeit, von einer ewigen Zeit zu einer begrenzten Zeit; von einer Zeit der Wiedergeburt zu einer Zeit der Geburt und des Todes, von einer heiligen Zeit zu einer profanen.

Der Sumerer registrierte die Unumkehrbarkeit der Zeitentwicklung nicht, er fürchtete sich nicht wie wir vor den Ereignissen, die sie interpunktieren. Jedes Jahr erneuert sich die Zeit; ebenso wie sich die Mondphasen entwickeln, läuft auch ein Jahr ab, vergeht und endet es, um wiederzuerstehen und von neuem zu beginnen, als sei es insgesamt wiedererweckt. In den zwölf Tagen zwischen der Wintersonnenwende und Epiphanias lagen die Neujahrsfeiern – Akitu in Babylonien, in deren Verlauf man die Vorzeichen für die kommenden zwölf Monate bestimmte. Es ging darum, den Willen der Götter vor allem durch die Astrologie zu erkennen, um ihm zu entsprechen.

Für den Menschen von heute, der sich als Schöpfer der Geschichte sieht und versucht, die Zukunft zu beherrschen, ist das Schicksal, zumal wenn es sich zum Negativen wendet, bar jeden spirituellen Sinnes. Für den Sumerer dagegen, der durch und durch mystisch war, bedeutete jedes Ereignis den Ausdruck göttlichen Willens. Aus diesem Grund konnte die Astrologie, die praktiziert wurde, um die Absichten der Götter zu ergründen, nur von Priestern ausgeübt werden: Es war ein religiöser Akt par excellence.

Während der moderne Mensch sich nicht mehr für das Unheil verantwortlich fühlt, das ihm zustößt, trug der Sumerer für seine Leiden die Verantwortung: Sie entsprangen den Sünden, die er begangen hatte, indem er sich von dem Plan entfernte, der ihm durch die himmlische Konstellation zugedacht war. Heutzutage sind wir weit von der ursprünglichen Aufgabe der Astrologie entfernt. Wir haben sie auf ein gewöhnliches Werkzeug der Vorhersage reduziert, in der der Ablauf der Ereignisse unumkehrbar ist, und haben damit den antiken Sinn des Schicksals entstellt und jeden religiösen Bezug ausgeschaltet. Es ist allerdings möglich, eine Astrologie zu praktizieren, die die Entwicklung des menschlichen Bewußtseins berücksichtigt und zugleich ihre ursprüngliche spirituelle Dimension bewahrt, ohne deshalb dem Fatum des Urmenschen zu erliegen – eine Astrologie, die dem Individuum Verantwortung überträgt. Allerdings gilt es zu begreifen, was dieses Fatum bedeutet; auch hier haben Jahrhunderte linearer und deterministischer Sichtweise den Sinn entstellt. Für den Sumerer waren das Unglück ebenso wie der Tod nicht ewig oder definitiv, sondern ähnlich den Zyklen der Planeten oder der Vegetation waren sie zeitlich befristet und lebensnotwendig. Das Dasein des Menschen war aufs engste verbunden mit dem Sinn des Zyklus: Geburt, Entwicklung, Reife, Verfall, Tod, Wiedergeburt. Auch die Leiden und Sünden wurden durch besondere Rituale mit jedem Neujahrsbeginn beseitigt. Dieser Anfang eines neuen Zyklus regenerierte den Kosmos und den Menschen. Was den Tod des Menschen anging, so erlebte man ihn, weit entfernt von jeder Dramatisierung, als ebenso lebensnotwendig wie das Absterben der Vegetation. Gleiches galt auch für die drei Tage der Finsternis bei der »Wiedergeburt« des Mondes. Die Vegetation, das Leben des Menschen, die Geschichte der Menschheit

---

1. Pierre Solié, *La Femme essentielle*, Seghers, 1980
2. Marie-Louise von Franz, *Zeit. Strömen und Stille*, Kempten, 1992, S. 22

Gilgamesch zwischen zwei Halbgöttern, die die Sonnenscheibe (Enkidu) tragen. Syrisch-hetitische Stele aus dem 9. Jahrhundert v. Chr.

Rechte Seite: Das astrologische Symbol ist die ewige Verbindung, die der Mensch zu einer transhumanen, exemplarischen oder mythischen Welt herstellt. Gemälde von Zao Wouki

und die Entwicklung des Kosmos waren verbunden durch die Zyklen der Planetengötter, denn: »In jedem Augenblick beginnt alles wieder von vorne. Die Vergangenheit ist nichts als die Vorwegnahme der Zukunft. Kein Ereignis ist unumstößlich, und keine Verwandlung ist endgültig.«[3] Weit entfernt von dem Pessimismus, den man dem Sumerer gemeinhin nachsagt, ist seine Sicht des Lebens eher optimistisch geprägt. Man darf jedoch nicht annehmen, diese zyklische Sicht des Daseins enthebe den Menschen jeder Moral und mache jede Anstrengung vergebens. Ganz im Gegenteil sind manchmal übermenschliche Anstrengungen nötig, dem göttlichen Willen zu folgen, wie er am Sternenhimmel eingeschrieben ist, etwa um himmlische Städte auf Erden nachzubauen (Babylon). Allgemein verlangt der göttliche Wille im täglichen Leben »Güte und Wahrhaftigkeit, Recht und Ordnung, Gerechtigkeit und Freiheit, Rechtschaffenheit und Aufrichtigkeit, Erbarmen und Mitleid.« Wie aus den Chroniken auf den Tontafeln hervorgeht, die in Mesopotamien gefunden wurden, verabscheuten die Sumerer »Böses und Lüge, Anarchie und Unordnung, Ungerechtigkeit und Unterdrückung, sündhaftes Tun und Verderbtheit, Grausamkeit und Gefühllosigkeit.«[4]

Und heute sollte die Astrologie dem Menschen helfen, unser »inneres Babylon« zu errichten. Es geht nicht mehr darum, Göttern zu dienen, die sich am Himmel ausdrücken, sondern darum, unsere inneren Götter zu erkennen und die Eigenschaften in uns zu entwickeln, die ihnen symbolisch entsprechen, um höhere Bewußtseinsebenen zu erreichen. Das könnte ein Weg des Zugangs zu sich selbst sein.

Die Planetenbahnen

Die astrologischen Priester stellten bei ihren Himmelsbeobachtungen 3 000 Jahre vor Christus fest, daß die Planeten ihre Position vor einem Hintergrund aus Fixsternen veränderten. Nach und nach faßten sie die Fixsterne zu scheinbar feststehenden Gruppen zusammen, den Konstellationen. Diese dienten als Hintergrund, als eine Art geographische Himmelskarte, um die Bewegungen von Sonne, Mond und Planeten zu bestimmen.

Der nächstgelegene Himmelskörper zur Erde, der Mond, war Hauptgegenstand ihrer Betrachtung. Auch die Konstellationen entsprachen in der Anfangszeit

---

3. Mircea Eliade, *Der Mythos der ewigen Wiederkehr*, Düsseldorf, 1953, S. 132
4. Samuel Noah Kramer, *L'Histoire commence à Sumer*, Arthaud, 1975

Die Ägypter trugen zur Entwicklung des Zodiakus bei. Eines der ältesten bekannten Beispiele ist der Tierkreis von Denderah, der bei einem Feldzug Napoleons entdeckt wurde.

den 28 Etappen seiner Bahn. Die ersten Tierkreise, die in Babylon, Indien und China gefunden wurden, orientierten sich am Mond.

Als man feststellte, daß die Sonne der Hauptregulator unseres Lebens ist, kamen ihre zwölf Etappen hinzu, die später nach und nach die des Mondes ersetzten. Ab der Zeit Hammurabis ist auf chaldäischen Schrifttafeln aus dem 12. Jahrhundert vor Christus bereits die Benennung der zwölf Sonnensektoren zu finden. Allerdings gaben ihnen erst die Griechen ihre endgültigen Namen, als ihre Wissenschaft sich mit der der Chaldäer verband.

Der Widder hieß Ku und war gekennzeichnet mit dem Ausdruck »der Lohnarbeiter«. Der Stier nannte sich »der Rinderkiefer«. Die Zwillinge hießen »die beiden großen Zwillinge«. Der Krebs, dargestellt durch einen Landkrebs, nannte sich Nangar, was »Holzarbeiter oder Zimmermann« bedeutet. Der Löwe hieß bereits Löwe oder »edler Hund« oder »König«. Die Jungfrau trug die Bezeichnung Mi, was Ähre bedeutet. Die Waage war dargestellt durch zwei Sterne, von einer nördlichen und einer südlichen Schale symbolisiert, und hieß »Waagschale«. Der Skorpion hieß Gir. Der Schütze war Pal-Bigh-Sag, hatte allerdings noch nicht die Bedeutung, die man ihm heute zuschreibt. Der Steinbock war der springende Ziegenbock, wie er auch heute noch dargestellt wird. Der Wassermann hieß Gu, was dem Ausdruck »sanfter Wasserlauf« entspricht. Die Fische trugen den Namen Zib-Me, was »Schwänze« bedeutet und wahrscheinlich ein Symbol für Euphrat und Tigris war.

Man hat oft vermutet, die Ursprünge des Tierkreises und sogar der Astrologie lägen in Ägypten. Alte Dokumente belegen, daß Ägypten bereits seit dem 15. Jahrhundert vor Christus lebhafte Beziehungen zu Chaldäa unterhielt. Vergleicht man jedoch die gesamten mathematischen Schriften der Chaldäer mit jenen der Ägypter, so wird deutlich, daß sie den Ägyptern diesbezüglich überlegen waren; das erklärt ihre Fortschritte in der Astronomie und läßt vermuten, daß die Ägypter einen Großteil ihres Wissens von den Chaldäern übernommen haben.

Die Überlegenheit und kulturelle Bedeutung Ägyptens wurde merkwürdigerweise von den Griechen selbst propagiert, vermutlich, weil sie mit ihnen vom 7. bis 4. Jahrhundert vor Christus Handel trieben und sogar militärische Beziehungen unterhielten, während sie mit den Persern verfeindet waren. Zudem stellten sie die Ägypter als ihre Väter auf dem Bereich der Metaphysik, Arithmetik und Geometrie dar, in der Absicht, ihnen zu schmeicheln und vielleicht auch sich selbst dieser Beziehungen zu rühmen, aber sicher auch weil sie wenig über die mesopotamische Kultur wußten.

Die Ägypter hatten nur geringes Interesse, die Planetenbahnen zu beobachten. Sie befaßten sich vor allem mit der Erfassung der Äquatorialkonstellationen, um das Hochwasser des Nils zu bestimmen. Hier handelt es sich um stellare Astronomie, und man kann eigentlich nicht von echter Astrologie sprechen, es sei denn, sie ist nur den Eingeweihten, Herrschern und Priestern vorbehalten geblieben, und wir hätten bislang noch keine Kenntnis davon erhalten.[5]

Im 3. Jahrhundert vor Christus, nach den spektakulären Eroberungen Alexanders des Großen, trugen die Griechen die Früchte ihrer Erkenntnisse nach Ägypten, und ab dieser Zeit erfreute sich die Astrologie dort großer Beliebtheit.

Bleibt der berühmte Tierkreis von Denderah, den Napoeleon von seinen Feldzügen mitbrachte und der zu zahlreichen historischen Hypothesen Anlaß gegeben hat. Anfangs hieß es, er stamme aus dem 5. Jahrtausend vor unserer Zeit, dann, er sei erst aus der Römerzeit. Mittlerweile hat sich aufgrund von Karbonuntersuchungen die zweite Hypothese bestätigt.

Wenn die Ägypter an der Entstehung der Astrologie auch nur einen eher geringen Anteil hatten, weil sie sich offenbar wenig für die Planeten interessierten, so haben sie doch gewiß zur Entwicklung des Tierkreises beigetragen, wie die meisten Mittelmeervölker und anderen Kulturen, die den energetischen Raum des Kosmos erforschten.

Der Tierkreis, der im 2. Jahrhundert vor Christus in Griechenland entstand, ist ein Auffangbecken, das die symbolischen Traditionen Mesopotamiens, Griechen-

---

5. Diese letztgenannte These muß relativiert werden: Es gab in Ägypten sicher eine astrologische Praxis, allerdings war sie mystischer Art, profanen Menschen unbekannt und lediglich Eingeweihten offenbart, die einen Weg zum Heil und zur höchsten Freiheit des Seins suchten. Es war eine esoterische Wissenschaft, und keine exoterische, wie später in Griechenland. Sie war eine Geheimwissenschaft, die Pythagoras gekannt haben muß, der den Boden für die Verbreitung der chaldäischen Astrologie bereitet hat.

lands und Ägyptens zusammenfaßt. Er zeigt die scheinbare Bahn der Sonne auf dem Sternenband, das die Erde umgibt, und ermöglicht es, die Position der Planeten zu bestimmen.

Die Tierkreissymbolik

Zodiakus geht auf den griechischen Ausdruck *Zodiacos cuclos* zurück, was sich mit »Lebensrad« übersetzen läßt. Im übrigen steckt in der Ethymologie des Wortes *zoe* auch *zoon*, was Tier bedeutet; daher wird der Zodiakus auch Tierkreis genannt. In der Tat stellen acht von den zwölf Zeichen Tiere dar. Welchen Sinn sie haben, ist uns noch verborgen. Sie bleiben voll und ganz »Symbole«.

Die Wissenschaften der Ontogenese (der Ursprünge) und der Mythologie, die sich mit ihren Hieroglyphen und ihrer Etymologie befaßt haben, sagen uns über ihre altüberlieferte Bedeutung, sie könnten die Synthese universeller Gesetze sein, die die Menschen des Altertums entwickelt haben.

Ihre Namen sind nicht zufällig gewählt worden, sondern entstanden durch langwierige Erarbeitung über den Zeitraum vieler Generationen hinweg, während dessen der Himmel beobachtet wurde und der Mensch seinen Platz im Universum zu verstehen versuchte.

Den Menschen des Altertums war die Energie etwas, das, vielen Wandlungen unterworfen, zur Vielfalt der Materie gelangt (Involution). Am tiefsten Punkt ihres Zyklus kehrt sie zu immer subtileren Formen zurück, in denen die Vielfalt wieder zur Einheit wird (Evolution). So könnte der Zodiakus in seinem Kreis die wichtigsten Schwingungsstadien des Universums, das heißt, die verschiedenen Bewußtseinsstadien in symbolischer Form zum Ausdruck bringen. Anders gesagt, der Zodiakus stellt zwölf Reaktionen der Seele auf die Bahn der Sonne dar.

Aus esoterischer Sicht steht der Tierkreis für den Initiationsweg der Seele gegenüber den Dämonen, die sie bedrängen. Er erhellt den Weg des Menschen, wenn er sich einem Schicksal ausgesetzt sieht, das ihm unbegreiflich erscheint.

Vom Widder bis zu den Fischen repräsentiert der Tierkreis die zwölf Etappen, die der Mensch durchläuft, um zu allumfassendem Bewußtsein zu gelangen.

In der Mythologie finden wir das gleiche Motiv: Der Sieg des Helden steht für den Aufstieg zu einem Höchstmaß an Selbstbeherrschung, also zum absoluten Bewußtsein.

Aufgrund der Tatsache, daß jedes Tierkreiszeichen der Regentschaft eines Planeten unterstellt ist, also eines Gottes der Mythologie, bringt jedes von ihnen die Etappen zum Ausdruck, die das Bewußtsein erreichen muß, um Vollkommenheit zu erlangen.

Einer der ältesten Mythen ist das Gilgamesch-Epos (3000 v. Chr.), das chaldäischen Ursprungs ist. Obwohl es damals noch keinerlei Kennzeichnung der Tierkreiskonstellationen gab, scheinen die zwölf Gesänge des Gilgamesch-Epos die zwölf Etappen des Zodiakus zu beschreiben.

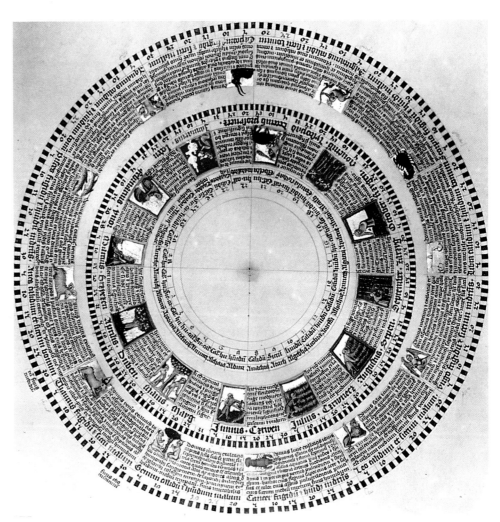

Im Zeitalter des Stieres herrschte Gilgamesch, Sohn einer Göttin und eines Sterblichen, als Despot in Zuruk. Er vergewaltigte Frauen und junge Mädchen und führte ein ausschweifendes Leben in seinem Palast. Um ihn zu stürzen, schickt man ihm Enkidu, der der Beschreibung nach dem Widder gleicht. Gilgamesch geht siegreich aus dem Kampf hervor, und die beiden Männer werden zu Freunden (Symbol für die Zwillingsbrüder im Sternzeichen Zwillinge). Sie gehen in einen Zedernwald, wo sie ein Ungeheuer töten, einen Monddämon (Dämon des Unbewußten, der wohl für die Etappe der Krebssymbolik steht).

Nach diesem Sieg nimmt Gilgamesch die Gestalt eines Sonnenhelden (Zeichen des Löwen) an. Später, im achten Gesang, sieht man ihn entsprechend dem achten Zeichen im Kampf mit Skorpionmenschen, als er in die Unterwelt eindringen will. Das Gilgamesch-Epos ist die Geschichte eines Menschen auf der Suche nach Unsterblichkeit, dessen Legende mehreren Mythen zugrunde liegt, vor allem den Arbeiten Herakles' (in denen die zwölf Tierkreiszeichen ebenfalls erkennbar sind). Sie schildert die verschiedenen Prüfungen

Astronomisch betrachtet sind die Tierkreiszeichen abhängig von der relativen Position der Erde zur Sonne und stehen demnach in Zusammenhang mit den Jahreszeiten. Aus esoterischer Sicht symbolisieren die Sternzeichen die zwölf Etappen der Seele in ihrem Streben nach dem Sonnenideal. Hier ein Zodiakus aus dem 14. Jahrhundert, der die jahreszeitlichen Tätigkeiten in jedem Sternzeichen aufzeigt.

Siegelzylinder aus Mesopotamien (um 3200 v. Chr.) der einen König-Priester, gefolgt von einem Ährenträger zeigt.
Unten: Der mystische Aufstieg: Illustration der planetaren Energien.
Rechte Seite: Die Planetengötter als Personen, die die Tierkreiszeichen beherrschen. Oben regiert Saturn den Wassermann und den Steinbock; Jupiter herrscht über die Fische und den Schützen; Mars steht in Zusammenhang mit dem Widder und dem Skorpion, Venus mit dem Stier und der Waage, Merkur mit den Zwillingen und der Jungfrau; der Mond beherrscht den Krebs, und die Sonne den Löwen. – Französisches Stundenbuch (15. Jahrhundert).

mit Bezug auf die zwölf Sonnenphasen, die der Mensch durchlaufen muß, um sich selbst zu erkennen. Selbsterkenntnis hieß für den Menschen der Antike, einzutreten in ein inneres Labyrinth und siegreich daraus hervorzugehen. Der Sieg über sich selbst führt zu jenem Zustand, der sich zwar nicht vermitteln, aber leben läßt: der Weisheit.

Die Sternbilder

Bereits zu Zeiten der Stoiker erkannte Aristarchos von Samos (ca. 310–230 v. Chr.), daß die Erde sich um die Sonne dreht und nicht umgekehrt. Es bedurfte 20 Jahrhunderte und eines Nikolaus Kopernikus', um seine Behauptungen zu bestätigen. Das ändert indes nichts an der Anwendbarkeit des Tierkreises, da er lediglich einen Hintergrund liefert, mit dessen Hilfe die relative Position der Sonne und der Planeten zur Erde festzustellen sind.

Dagegen entspricht die Bezeichnung, die man den Konstellationen damals gab, nicht mehr ihrer astronomischen Position. Die Frühjahrs-Tagundnachtgleiche, der Augenblick, in dem die Sonne den Schnittpunkt von Ekliptik[6] und Himmelsäquator erreicht, befindet sich nicht mehr im Sternbild des Widders, sondern in dem der Fische und wird bald in das des Wassermanns eintreten.

Die Ursache dafür sind leichte Achsenverschiebungen der Erde durch die Gravitationswirkung der Sonne und des Mondes. Folglich ändern die Himmelspole und der Himmelsäquator leicht die Ausrichtung: Der Frühlingspunkt, der sich zum vermutlichen Zeitpunkt der Aufstellung des Tierkreises bei 0° im Sternbild des Widders befand, verlagert sich gegen den Uhrzeigersinn, und das führt zum Vorrücken der Tagundnachtgleichen.

---

6. Die Ekliptik ist die scheinbare Bahn der Sonne, von der Erde aus gesehen.

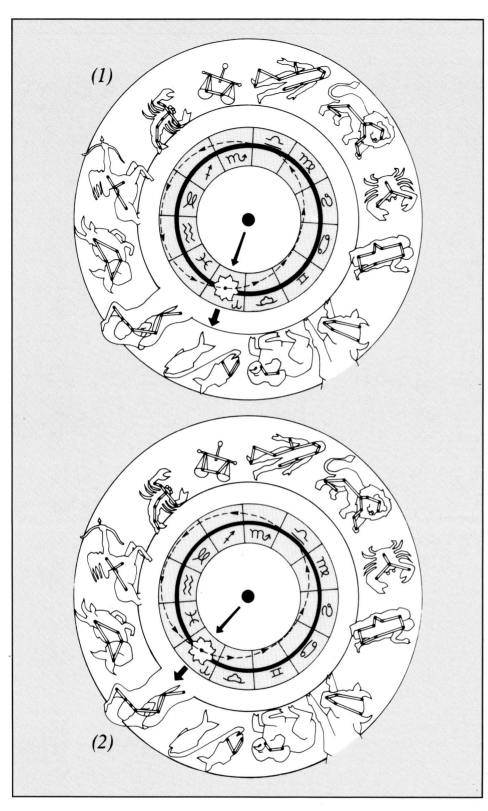

Der Frühlingspunkt (Schnittpunkt der Ekliptik mit dem Himmelsäquator) verlagert sich vor, gemessen an dem scheinbaren Lauf der Sonne. So wird der Frühlingspunkt um das Jahr 2000 im Sternbild der Fische (1) liegen und um das Jahr 4000 im Sternbild des Wassermanns (2), er liegt aber immer im Sternzeichen des Widders (1 und 2).

- ● Erde im Zentrum des Schaubildes
- ○ Sonne
- ╱ Ekliptik oder Sonnenbahn
- ╱ Himmelsäquator (oder Projektion des Erdäquators)
- • Frühlingspunkt (in den Tierkreiszeichen weiß)

Grauer Ring: Tierkreis der Sternzeichen – Weißer Ring: Tierkreis der Sternbilder

Darstellung der Symbolik des Sternzeichens Krebs: Der Krebs, der sich manchmal rückwärts bewegt, symbolisiert die Sommersonnenwende (20.–21. Juni), den Zeitpunkt, zu dem die Sonne, ihren Zenit erreicht hat, scheinbar stehenbleibt und dann – von der Erde aus gesehen – wieder sinkt und die Tage kürzer werden.

Es heißt, die Babylonier hätten dieses Phänomen gekannt und ihm in der Festlegung des Jahresanfangs Rechnung getragen. Da jedoch damals die Sternbilder und Tierkreiszeichen fast deckungsgleich waren – es war das Zeitalter des Widders (bis 2000 v. Chr.) –, ließen sie den Jahresanfang auf 15°, 10°, 8° und schließlich 2° im Sternbild des Widders vorrücken.

Das Verdienst, das Vorrücken der Tagundnachtgleichen entdeckt und genau berechnet zu haben, kommt jedoch Hipparchos im 2. Jahrhundert vor Christus zu. Das hat aber keine Auswirkungen auf die astrologische Interpretation, da die Tierkreiszeichen in der Überlieferung immer als Orientierungspunkte für die *relative* Position von Erde und Sonne gegolten haben. Das heißt, daß heute wie damals die Himmelszone, in der die Sonne zwischen dem 21. März und dem 21. April (Frühjahrs-Tagundnachtgleiche) erscheint, immer für das Kraftfeld steht, das durch das Sternzeichen des Widders zum Ausdruck gebracht wird. In dieser Zeit werden Nord- und Südpol der Erde immer den gleichen Abstand zur Sonne haben; der Schwingungszustand, der zwischen Sonne und Erde besteht, wird immer der gleiche sein. Und dieser Zustand wird symbolisiert durch das Tierkreiszeichen des Widders.[7] Man sollte also den Tierkreis der Stern*zeichen* nicht mit dem Tierkreis der Stern*bilder* verwechseln, auch wenn beide im Zeitalter des Widders übereingestimmt haben. Die ersteren drücken wohlgemerkt die relative Position von Erde und Sonne aus, die zweiten stellen das Sternenband dar, das unseren Planeten umgibt. Diese Vermengung im Denken hat zu einem der hartnäckigsten Vorurteile gegen die Astrologie geführt. Die Sternzeichen sind eine Orientierungshilfe am Himmel und regen an zur Reflexion und Meditation über die Gesetze des Universums, die die Menschen des Altertums aufgestellt haben – Gesetze, die die heutige Wissenschaft wiederentdecken könnte.

---

7. Im 2. Jh. n. Chr. erklärte Ptolemäus, der die Astrologie in seinem *Viererbuch* endgültig systematisierte, die Zuordnung der Sternzeichen, etwa der Waage zur siebten Phase, weil zur Herbst-Tagundnachtgleiche »die Länge von Tag und Nacht auf der ganzen Erde gleich ist«; der Krebs gehörte zur vierten Phase, »weil die Sonne beim Eintritt in dieses Sternzeichen wieder sinkt und ihren Lauf umkehrt«, »der Krebs den Sommer mit sich bringt und die allgemeine Eigenschaft der Sternzeichen ihrer jeweiligen Zeit entspricht«. Hieran zeigt sich, daß die Bezeichnungen nicht aufgrund der Figuren gewählt wurden, die die Konstellationen der Sterne bilden, sondern nach den relativen Beziehungen zwischen Erde und Sonne.

31

Die Logik der Sterne

Als die Vatergötter in Erscheinung traten, veränderte sich die Zeit. Sie bekam einen Anfang und verläuft seitdem linear: »Im Anfang schuf Gott den Himmel und die Erde«, heißt es in der Genesis. Und sie hat ein Ende, das ist in der hebräischen Religion die Ankunft des Messias zur Rettung der Welt und in der christlichen Religion die Apokalypse vor dem jüngsten Gericht.

Seite aus dem »Hirtenkalender« (Renaissance). Hier ist die Symbolik der Sternzeichen Fische und Widder auf die jahreszeitliche Bedeutung reduziert.

Rechte Seite: Der »mathematische« Astrologe studiert die Gesetze des Tierkreises.

Die Vereinigung mit dem Göttlichen – der *Hieros Gamos*, die »heilige Hochzeit« zwischen den Göttern und den Menschen – vollzieht sich nicht mehr in ewiger Wiederkehr in einem Kreislauf, sondern wird erst für das Ende der Zeiten erwartet. Die Geschichte hat mit der Genesis begonnen und wird mit der endgültigen Erlösung enden.

Zwischen diesen beiden einmaligen Zeitpunkten kann die Welt sich nicht mehr regenerieren und in einer Vereinigung mit den Göttern erlöst werden. In den Kulturen der großen Mutter konnte der Mensch sich periodisch mit den Göttern vereinen und an ihrer Existenz teilhaben; in der Kultur der Vatergötter lenkt Gott das Leben der Menschen, wird zur historischen Wahrheit – verkörpert in der Gestalt Christi – und verfolgt den linearen Ablauf der Zeit.

Die Geschichte der Menschen, eingeleitet durch Adam, Noah, Abraham, Moses und Christus, erhält nunmehr einen göttlichen Sinn. Die Geschichte ordnet und artikuliert sich in einer Abfolge von Ereignissen, die sich aneinanderreihen und aufeinander folgen: Sie wiederholt sich nicht.

Seit Anbeginn der Welt wird jedes Ereignis von einer Ursache ausgelöst und wird selbst zur Ursache eines nächsten Ereignisses. »Die Zeitlichkeit hat einen unumkehrbaren Verlauf genommen, der nur noch Raum für das kausale Denken läßt.«[8] Und die Astrologie nimmt nach und nach das Gebaren eines patriarchalischen Logos an und eignet sich eine kausale, deterministische Logik an.

So bezieht sich die Vorhersage in der Astrologie wesentlich stärker auf die Folge von Ereignissen als auf Zyklen. Man interessiert sich mehr für den objektiven Verlauf der Planetenbewegungen als für die Entfaltung der Archetypen, deren Spiegelbild sie sind.

8. Pierre Solié, »Aion – Temps cyclique – Temps linéaire«, *Le Temps, Cahiers de psychologie jungienne*, Nr. 18, Sept. 1978

Der Planet scheint am Anfang eines linearen Zeitverlaufs zu stehen, in dessen Bahn das Individuum gefangen ist, und erscheint eher als unumkehrbare Ursache seines momentanen Schicksals denn als Ausdruck der unbewußten Evolution seiner Psyche. Daher konzentriert sich die Interpretation stärker auf den ereignisbezogenen oder materiellen Aspekt als auf die drei archetypischen Ebenen, die spirituelle, die biologische und die ereignisbezogene oder materielle, die dem Individuum bei der Bewußtwerdung helfen. Auf diesen Punkt wird Bezug genommen.

Der Beitrag der Griechen

Endgültigen Einzug in Griechenland hielt die Astrologie im 3. Jahrhundert vor Christus, als Berossos, ein chaldäischer Astrologe, nach den Eroberungszügen Alexanders des Großen (356–323 v. Chr.) auf der Insel Kos 280 vor Christus eine Schule der Astrologie gründete, von der aus sich die chaldäische Wissenschaft verbreitete.

Laut Seneca übersetzte Berossos wahrscheinlich das Werk Sargon des Älteren (2350–2295 v. Chr.), des Königs von Akkad, das auf 70 Schrifttafeln das gesamte astrologische Wissen seiner Zeit zusammenfaßte, ins Griechische. Während in Chaldäa bekannt war, daß sich dieses Wissen auf die Mythologie stützte, löste sich in Griechenland unter dem Einfluß zahlreicher Philosophen das Reale nach und nach vom Göttlichen. Im wesentlichen erfolgte dies wohl erst mit Aristoteles (384–322 v. Chr.), denn bei Sokrates (468–399 v. Chr.) hatte dieser Übergang noch nicht wirklich stattgefunden. Die Vorsokratiker waren noch Weise der großen Mutter, deren großes Werk sie vollendeten, und Platon setzte ihr Schaffen fort. Indes fand Berossos bei seiner Ankunft in Griechenland noch zahlreiche Übereinstimmungen mit seiner eigenen Kultur vor, auch wenn das aus der Kosmologie und Mythologie hervorgegangene Wissen bereits in objektive Prinzipien überführt zu sein schien. Hatte nicht Anaximenes, der letzte Vertreter der Schule von Milet, in überaus klaren, prägnanten Worten die Verbindung von Mensch und Kosmos dargelegt: »Der Mensch gleicht der Welt wie der Teil dem Ganzen.« Pythagoras (572–490 v. Chr.), der sein Wissen bei den Persern und Indern erworben haben soll, entlieh seine Theorie über die Harmonie des Universums wahrscheinlich unmittelbar den chaldäischen Astrologen. Pythagoras stellte eine Theorie der Welt auf, die auf der Zahlenharmonie fußte und die er in zwei Sätzen zusammenfaßte: »Was gibt es Weiseres? – Die Zahl. Was gibt es Schöneres? – Die Harmonie.« Pythagoras schrieb gewissen Zahlen und bestimmten geometrischen Figuren besondere Eigenschaften zu. Damit legte seine Philosophie in Griechenland den Grundstein zu einer Theorie der Aspekte zwischen den Planeten (harmonische und widerstreitende Aspekte), die sich in der Astrologie durchsetzte. Auch in der Theorie der vier Elemente (Feuer, Erde, Luft und Wasser) des Empedokles von Agrigent (490–420 v. Chr.) finden sich große Übereinstimmungen zu den vier chaldäischen Göttern An (dem Himmel), Ki (der Erde), En Lil (der Atmosphäre) und Nammu (dem Urwasser). Die Theorie der vier Elemente sollte zu einer der Interpretationsgrundlagen der Astrologie werden, als diese zu Beginn des ersten Jahrtausends präzise formuliert wurde. Zudem stellte Empedokles die Gesetze der Veränderung auf, indem er erklärte, wie sich Körper in der Entfernung zueinander verhalten, entsprechend den Gesetzen der Anpassung oder Affinität. Das ist die Theorie vom Gleichen zum Gleichen: »Die Teile, die am ehesten geeignet sind, sich miteinander zu vermischen, lieben einander.« Die Bewegung von einem zum anderen vollzieht sich nach Empedokles »aufgrund von Anziehungskräften, die von den Bestandteilen oder Elementarmassen ausgehen und in unsichtbare Poren oder Gänge eindringen. Es besteht eine Anziehungskraft von Körpern, zwischen denen es ein gemeinsames Maß an Strahlungsaustausch des einen mit den Poren des anderen gibt, ohne das sie sich, wie Öl und Wasser, nicht vermischen können.«[9] Solche Erklärungen tendieren dazu, etwas in Lehrsätze zu überführen, das bislang nur intuitives und symbolisches Wissen war. Und eben diese Überführung symbolischen Wissens in Gesetze stand am Anfang der atomistischen Ideen des Leukipp von Milet (5. Jh. v. Chr.) und Demokrit (460–370 v. Chr.). Letzterer konkretisierte die Theorie der Elemente, indem er an ihre Stelle den bereits bekannten Begriff der Atome setzte. In der Überlieferung des Mediziners Hippokrates von Kos (460–377 v. Chr.) entdeckte Berossos die Prinzipien einer medizinischen Praxis wieder, die bereits in Chaldäa grob skizziert, bei Hippokrates jedoch präzisiert war: Er studierte den Verlauf von Krankheiten und ihre Behandlung in Abhängigkeit von den Planetenzyklen. Zudem hatte der Jünger des Asklepios vier Temperamente – in bezug auf die vier Elemente des Empedokles – unterschieden, die die Astrologie weitgehend übernahm, als sie die Planeten und die Tierkreiszeichen den Elementen zuordnete.

Platon (423–348 oder 347 v. Chr.) hatte durch sein Werk *Timaios* großen Einfluß auf die Astrologie und ihre Anwendung. »Er zeigt, daß der Mythos weder eine Allegorie noch eine Fabel ist, sondern die erste Sprache der Wissenschaft. Er stellt eine wahrscheinliche Ordnung der Abfolge und Zusammenstellung der in der Erfahrung gegebenen Dinge dar. [...] Das war ein notwendiges Stadium der Erkenntnis, das sich weder von der durchschnittlichen oder diskursiven Wissenschaft noch von der reinen Kenntnis der Dialektik trennen läßt.«[10] »Man muß den Mythos als wahrscheinlich akzeptieren, ohne etwas dahinter zu suchen«[11], sagt er. In *Timaios* legte Platon seine Kosmologie dar, die in vielen Punkten eine Synthese aus früheren philosophischen Theorien ist. Dieses Resümee hatte jedoch eine eigene platonische Grundlage: die Theorie der Formen und Ideen. In *Timaios* stellte er die Frage: »Worin besteht das, was immer existiert, ohne je einen Anfang gehabt zu haben? Und worin besteht das, was immer im Werden begriffen ist, ohne je zu sein? Das erstere ist begreifbar als die von der Überlegung unterstützte Vernunft, weil es immer gleich bleibt, während das zweite auf Vermutungen der Anschauung beruht, gepaart mit der verstandesmäßig nicht kontrollierten Sinneswahrnehmung, weil es entsteht und vergeht, aber niemals wirklich existiert.« Für Platon sind die Ideen das einzig Reale, das für den Verstand einzig Greifbare, weil sie ewig und unwandelbar sind, während das Universum, das sich ständig verändert, nur durch Mutmaßung zu erfassen ist. Daher ist es unmöglich, eine exakte Naturwissenschaft aufzustellen; sie bleibt immer nur eine Annäherung.

Die Ideen, die man mit dem Begriff des Archetyps bei Jung in Zusammenhang bringen kann, sind die Vorbilder, nach denen Gott die Welt geschaffen hat, indem er sie vom Chaos in Ordnung überführt hat. Die Welt ist ein »lebendiges Tier« (Tiamat), und darin schließt Platon sich der babylonischen Kosmogonie an, die mit einer Seele ausgestattet ist, der auch die Intelligenz angehört: »Er [Gott] legte die Intelligenz in die Seele und die Seele in den Körper.« Diese Welt ist aus vier Elementen zusammengesetzt: Feuer, Erde, Luft und Wasser. Hier nimmt Platon die gängige Lehre seiner Epoche auf. Der Mensch ist nach dem Abbild der Welt geschaffen, er ist ein Universum im Kleinen, ein Mikrokosmos. Vor dem Hintergrund der offensichtlichen Veränderung der Welt, die eine Aufstellung fester Gesetzmäßigkeiten nicht erlaubt, ist es unmöglich, uns den unveränderlichen und ewigen Ideen anzunähern, die die Welt regieren und so auch den Menschen, weil der Mensch selbst wie die Welt beschaffen ist.

Die Welt ist von einer Seele in einer aus drei Komponenten bestehenden Bewegung erfüllt, nämlich jenen der drei grundlegenden Modalitäten der Energie. Das ist eine Theorie, die auch auf die Entwicklung der Sternzeichen und ihrer Wechselbeziehung Anwendung findet. Sie erklärt zudem, daß die Sterne das nützlichste Instrument zur Messung der Zeit sind. Platon erwähnt den unterschiedlichen Umlauf der Planeten um die Ekliptik und noch einige andere Konzepte, die die Astrologie zu Hilfe genommen hat.

Um die Entwicklung des astrologischen Denkens in unserer Kultur der Vatergötter zu verstehen, muß man sich kurz mit dem Einfluß von Aristoteles (384–322 v. Chr.) befassen, auch wenn er daran keinen unmittel-

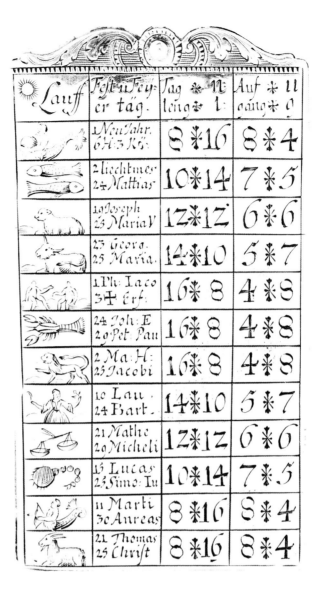

Oben: Abweichung der alltäglichen und der astrologischen Zeit. Ewiger Kalender mit Angabe der Tierkreiszeichen.

Unten: Ewiger Kalender mit zwei beweglichen Scheiben, der das Datum der Wochentage angibt. Im Zentrum zeigt die zweite Scheibe die jeweilige Mondphase an. Auf der Rückseite des Instruments befindet sich ein Kalender der beweglichen Feiertage mit Angaben zur Position der Sonne im Zodiakus, zur Tageslänge, zu Sonnenauf- und -untergang und zur Länge der Nacht.

---

9. Léon Robin, *La Pensée grecque*, Albin Michel, 1923
10. (s. Fn. 9)
11. Platon, *Timaios*

Rechte Seite: Die astrologische Symbolik ist vielschichtig. Sie hat den Kulturen, in die sie eingedrungen ist, die geeignete Sprache geliefert und hat ihre Religionen beeinflußt. Während die sumerischen Planetengötter in Griechenland mit den Göttern der griechischen Mythologie verschmolzen, verbanden sich in der christlichen Welt die astrologischen Symbole häufig mit denen der Christen. Hier ist die Sonne in Gestalt »unseres Herrn Jesus Christus« umgeben von den Tierkreiszeichen dargestellt (9. Jahrhundert).

baren Anteil hatte. Er entwickelte die Theorie der grundlegenden Eigenschaften von Materie, auf die die Astrologie Bezug nahm, um die Tierkreiszeichen und Planeten zu beschreiben. Er griff die Elemente des Empedokles auf und erklärte:

- Das Feuer ist die Verbindung von Trockenem und Warmem.
- Die Erde ist die Verbindung von Trockenem und Kaltem.
- Die Luft ist die Verbindung von Feuchtem und Warmem.
- Das Wasser ist die Verbindung von Feuchtem und Kaltem.

Vor allem aber wollen wir hier auf den entscheidenden Einfluß hinweisen, den die aristotelische Logik auf die Astrologie ebenso wie auf das Denken und die Philosophie jener Zeit hatte. Diese Periode läßt sich als Übergangsphase bezeichnen, in der die chaldäische Astralreligion in Prinzipien, Regeln und Gesetze überführt und in den Dienst einer Kultur der Vatergötter gestellt wurde.

Aristoteles ersetzte den analogen oder symbolischen Ansatz endgültig durch eine ausschließlich formale Logik.[12] Während bis dahin Erkenntnis mit Hilfe von Harmonie, Symmetrien, Vergleichen, Mitwirkung und so fort entstand, verknüpft durch die Rhythmen der Natur, mit denen der Mensch verbunden war, und während das Wissen es dem Menschen ermöglichte, sich in das Leben im Diesseits und Jenseits einzuordnen, durchtrennte die aristotelische Logik die Verbindungen, welche die verschiedenen Ganzheiten vereinten. Dazu wurden zunächst die Wissenschaften in verschiedene Disziplinen unterteilt: in die poetischen, praktischen und theoretischen Wissenschaften, die die Mathematik, die Physik und die Theologie umfaßten. Es lag auf der Hand, daß die sumerische Astrologie recht wenig mit einer exakten Wissenschaft im aristotelischen Sinne gemein hatte, und um nicht völlig verdrängt zu werden, mußte sie sich verändern. Sie wurde kausalistisch und deterministisch. Was bis dahin intuitiv erfaßt wurde und einen synthetischen Charakter hatte, erklärte man nun kausal und separat. An die Stelle von Begriffen wie »auf die gleiche Weise« und »wie« traten die Begriffe »weil« und »damit«.

Nach einem symbolischen Ansatz hat die Vegetation und die Fruchtbarkeit die Eigenschaften des Mondes, und demnach ist die gesamte Natur »wie« der Mond. Nach einem kausalistischen Ansatz sind dagegen die Bewegungen der Natur klar von jenen des Mondes verschieden und getrennt. Sie sind von seinem Einfluß *verursacht*. Und eben diese Vorstellung veranlaßte einen Gutteil von Astrologen, die Ursache verschiedener Arten planetarer Einflüsse in Strahlen und Wellen zu suchen und zu beweisen.

Die Astrologie verdankt ihren kausalistischen Aufbau zwar Aristoteles, aber es waren die Stoiker, die für die

Verbreitung in der griechischen Welt sorgten. Auf sie ist auch der astrologische Fatalismus zurückzuführen, der die Grundlage ihrer Lehre bildete. Sie hielten zwar vollständig an der Theorie des Menschen als Mikrokosmos fest, der nach dem Abbild des Makrokosmos geschaffen ist, aber sie sehen sie als mechanistische Konsequenz aus der Beziehung zwischen dem Ganzen und seinen Teilen. Die Welt bildete für sie ein Ganzes, in dem alle Phänomene zwangsläufig miteinander verknüpft sind. Alles war nur noch eine Folge vorhergehender Ereignisse, die vom Schicksal »gewollt« waren. Die Entscheidungsfreiheit des Menschen ist dabei bestimmt durch eine ihm überlegene Vernunft, die Ursache aller Ursachen: Gott oder die universelle Seele. Sie bestimmt im voraus die speziellen Ursachen in einer vollkommenen Harmonie, selbst wenn diese für den Menschen nicht immer erkennbar ist.

Die Stoiker erhoben die Kausalität in den Rang eines Dogmas und legten sie für viele Jahrhundert dem astrologischen Denken zugrunde. Die Verbindung von Astrologie und Stoizismus kam auf ganz natürliche Weise zustande, da Berossos ein Zeitgenosse von Zenon war, dem Begründer der stoischen Schule (300 v. Chr.). Indem die mesopotamische Religion sich die Doktrin des Fatalismus zu eigen machte, verlor sie definitiv das, was ihr ursprüngliches Wesen ausmachte. Von nun an entwickelte sich das astrologische System weiter, wurde ständig perfekter, um schließlich zum »höchsten Ausdruck der hellenistischen Wissenschaft« zu werden.[13]

Die Astrologie ist eine Wissenschaft des Symbols, die sich in eine Wissenschaft der Zeichen verwandelt hat; eine Wissenschaft der Seele und der Dinge (insofern, als Materie und Geist aneinander teilhaben), die sich zu einer fast ausschließlich materialistischen Wissenschaft entwickelte; eine ursprünglich intuitive und induktive Wissenschaft, hervorgegangen aus den Tiefen des Seins, die sich verwandelt hat in eine deduktive Wissenschaft, allein auf den Gesetzen des Rationalismus begründet.

Der Symbolismus richtet sich an die menschliche Psyche, die der schärfste Rationalismus nicht anzugreifen vermag. Der Rationalismus richtet sich an einen anderen Bereich: Hier eröffnet sich die Möglichkeit zur Organisation, Strukturierung und Präzision, mit der der subtilste Symbolismus nicht konkurrieren kann. Die Vorrangstellung des Rationalismus als ausschließlichem Weg zur Erklärung der Phänomene des Lebens hat den Symbolismus jedoch nicht nur überlagert, sondern ihn auch entstellt, indem er ihn auf ein archaisches Niveau erniedrigt, dem jede Vernunft fehlte.

---

12. Siehe S. de Mailly-Nesle, *L'Etre cosmique*, Flammarion, 1985

13. Franz Cumont, *Les Religions orientales dans le Paganisme romain*, Payot, 1937

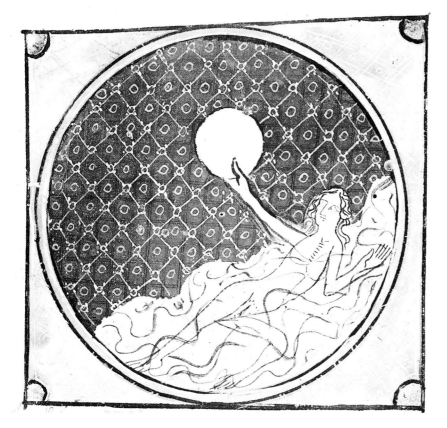

Aristoteles diese Intelligibilität so verwandelt, daß sie nachfolgenden Generationen als überholt erschien.

Die griechischen Konzepte verbanden sich zunächst mit den Symbolen des Tierkreises, dem Lebensrad, um die Grundlagen ihrer Charakterlehre zu bilden, und anschließend mit dem gesamten astrologischen System, was die genaue Konstruktion des Geburtshoroskops ermöglichte.

Die Charakterlehre des Tierkreises und der Planeten

Die Zuordnung zu den vier Elementen

Die von Empedokles unterschiedenen vier Elemente – Feuer, Erde, Luft und Wasser – werden mit den zwölf Sternzeichen in Verbindung gesetzt:
- Die Sternzeichen des Feuers sind: Widder, Löwe und Schütze.
- Die Sternzeichen der Erde sind: Stier, Jungfrau und Steinbock.
- Die Sternzeichen der Luft sind: Zwillinge, Waage und Wassermann.
- Die Sternzeichen des Wassers sind: Krebs, Skorpion und Fische.

Diese Zuordnung birgt eine Fülle von Korrespondenzen, da die vier Elemente gleichermaßen psychische wie physische Bedeutungen in sich vereinen.
- Dem Feuer entsprechen Energie, Lebendigkeit, Dynamik, Herrschsucht, Schöpferkraft, Drang zur Veränderung etc.
- Der Erde entsprechen Solidität, Strenge, Beständigkeit, Konzentration, Widerstandskraft, Entschlossenheit etc.
- Der Luft entsprechen Expansion, Bindungsfähigkeit, Austausch, Drang zur Erneuerung, Mobilität, Verbreitung etc.
- Dem Wasser entsprechen Instinkt, Unbewußtes, Erinnerung, Erregbarkeit, Entspannung, Aufnahmefähigkeit, Formbarkeit, Verfügbarkeit.

Dann wurden die Temperamente des Hippokrates mit den Elementen in Übereinstimmung gebracht:
- Das Feuer steht für das gallige Temperament.
- Die Erde steht für das nervöse Temperament.
- Die Luft steht für das sanguinische Temperament.
- Das Wasser steht für das lymphatische Temperament.

Schließlich wurde der Zusammenhang zwischen den vier Elementen und den aristotelischen Prinzipien hergestellt, um die Eigenschaften der Tierkreiszeichen genauer zu bestimmen.

Der Widder etwa, ein Sternzeichen des Feuers, wird »warm und trocken« genannt, das heißt, daß er die Eigenschaften des Warmen (Intensität, aufbrausende Art und Lebhaftigkeit) mit jenen des Trockenen verbindet (also mit Präzision, Unnachgiebigkeit und Spannung).

Man darf jedoch nicht glauben, daß die frühgeschichtlichen Gesellschaften, die Kulturen der großen Mutter, bar jeder Vernunft gewesen seien; ihre religiöse Erfahrung und der astrologische Ansatz, der aus ihr hervorging, waren nicht unvereinbar mit Intelligibilität. Vielmehr hat die Ausrichtung des Denkens seit

Oben: Entsprechend der Affinitäten zwischen den Planeten und den Sternzeichen wurden die Domänen der Planeten eingeteilt. Hier eine Darstellung der Venus, die als Regentin der Waage gilt: Beide haben den Sinn für Ästhetik, die Gefallsucht und die Lust an der Verführung gemeinsam.

Unten: Das Studium der Astrologie folgt präzisen astronomischen und mathematischen Regeln.

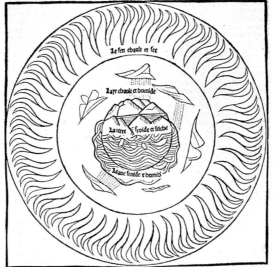

Oben links: Die Sternzeichen und ihre Zuordnung zu den vier Elementen.

Oben rechts: Auf dieser Seite des Hirtenkalenders sind die Temperamente den vier Elementen zugeordnet.

Unten: Ebenso wie man Entsprechungen zwischen den Planeten und der Schrift finden kann, läßt sich auch in der Physiognomie eines Lebewesens das Sonnenzeichen oder der Aszendent erkennen.

Der Stier, ein Sternzeichen der Erde, wird »kalt und trocken« genannt, das heißt, er verbindet die Eigenschaften des Kalten (Reflexion, Vorsicht und Kontrolle) mit jenen des Trockenen.
Die Zwillinge, ein Sternzeichen der Luft, sind »warm und feucht«, verbinden die Eigenschaften des Feuchten (Leichtigkeit, Wohlwollen, Anpassungsfähigkeit und Sinn für Harmonie) mit jenen des Warmen.

Der Krebs, ein Sternzeichen des Wassers, gilt als »kalt und feucht«, verbindet somit die Eigenschaften des Kalten mit jenen des Feuchten.

Diese Zuordnung zu den vier Elementen und ihre jeweiligen Entsprechungen bei den Temperamenten fanden dann auch Anwendung auf die Symbolik der Planeten:

– Die Planeten des Feuers mit galligen Tendenzen sind Sonne und Mars.
– Die Planeten der Erde mit nervösen Tendenzen sind Merkur und Saturn.
– Die Planeten der Luft mit sanguinischen Tendenzen sind Venus und Jupiter.
– Der Planet des Wassers mit lymphatischen Tendenzen ist der Mond. (Der Mond galt lange Zeit als Planet. *Anm. d. Red.*)

Nach der Entdeckung weiterer Planeten ordneten die Astrologen den Uranus dem Element Feuer zu und stuften ihn als gallig-nervöses Temperament ein; Neptun entsprach dem Wasser und einem lymphatischen Temperament und Pluto dem Feuer und einem galligen Temperament.

Die Zuordnung zu den drei Bewegungsformen

Die Prinzipien der drei Kraftformen – kardinale, fixe und veränderliche – werden den zwölf Tierkreiszeichen zugeordnet je nachdem, ob sie eine Jahreszeit einleiten, entfalten oder vollenden. Jedem Tierkreiszeichen ist so eine bestimmte Dynamik gegeben.

– Kardinale Zeichen sind Widder, Krebs, Waage und Steinbock, die eine Jahreszeit einleiten; sie deuten auf einen Wunsch zur Veränderung hin.
– Fixe oder beständige Zeichen sind Stier, Löwe, Skorpion und Wassermann, die eine Jahreszeit zur Entfaltung bringen. Ihr Zeichen steht für den Wunsch nach Verwirklichung und Ausgeglichenheit.
– Veränderliche Zeichen sind Zwillinge, Jungfrau, Schütze und Fische, die den Übergang zur nächsten Jahreszeit vorbereiten. Sie drücken den Wunsch nach Veränderung aus.

Die Zuordnung zu den beiden Geschlechtern

Auch die Prinzipien des Männlichen und Weiblichen werden den zwölf Tierkreiszeichen zugeordnet. Das nennt man die Zweiteilung.

– Männliche Zeichen sind Widder, Zwillinge, Löwe, Waage, Schütze und Wassermann – also die Zeichen des Feuers und der Luft.
– Weibliche Zeichen sind Stier, Krebs, Jungfrau, Skorpion, Steinbock und Fische – also die Zeichen der Erde und des Wassers.

Die Symbolik des Männlichen und Weiblichen ist im Sinne des Yang und Yin zu verstehen, das heißt der aktiven Verausgabung und der Empfänglichkeit.

Die Domizile der Planeten

Die Griechen griffen die den Menschen analogen Eigenschaften der Planetengötter auf, die sich in jahrhundertelangen Beobachtungen der Sumerer ergeben hatten, und entwickelten sie weiter (vgl. Kapitel 5). Später ordnete man sie den Tierkreiszeichen zu. Das nennt man die Domänen der Planeten oder ihre Domizile. Die Ursprünge dieser Zuordnung sind in Mesopotamien zu suchen; endgültig erfolgte sie jedoch in Griechenland.

Die zwölf Arbeiten des Herkules greifen die zwölf Etappen des Gilgamesch-Epos auf. Die griechische Legende ist vermutlich aus dem mesopotamischen Mythos hervorgegangen. In beiden drückt der Sieg des Helden die Erlangung einer höheren Stufe der Selbstbeherrschung aus. Hier: Herakles enthauptet die Hydra von Lerna; griechische Keramik aus dem ersten Viertel des 6. Jahrhunderts v. Chr.

Diese Zuordnung von Planeten und Tierkreiszeichen hat sich auf eine alte Theorie des »Mondhoroskops« und auf geometrische Gesetze gestützt, nach der gilt:
– Mars regiert den Widder,
– Venus regiert den Stier,
– Merkur regiert die Zwillinge,
– der Mond regiert den Krebs,
– die Sonne regiert den Löwen,
– Merkur regiert die Jungfrau,
– Mars regiert den Skorpion (später gemeinsam mit Pluto),
– Jupiter regiert den Schützen,
– Saturn regiert den Steinbock,
– Saturn regiert den Wassermann (später gemeinsam mit Uranus),
– Jupiter regiert die Fische (später gemeinsam mit Neptun).

Die Griechen verbanden nunmehr die mesopotamische Planetenastrologie mit den zwölf Tierkreiszeichen. Im letzten Kapitel dieses Buches werden die Entsprechungen zwischen den Planetenmythen und der Symbolik der Tierkreiszeichen behandelt.

Das Temperament des Widders entspricht demnach dem Frühlingsanfang, dem Feuer (dem Warmen und Trockenen, dem galligen Temperament), dem kardinalen Bewegungsprinzip (Elan, Aufschwung), dem männlichen Prinzip und dem Planeten Mars: Das ist eine ganze Kette von Entsprechungen, verknüpft durch Analogien, die jedes Tierkreiszeichen und jedes Temperament im Tierkreis anschaulich umreißt. Vielfältige Entsprechungen, die eine Fülle von Interpretationen liefern, die sich an das Gefühl, an die Empfindung, an die Intuition und die Logik wenden – und zwar nicht an die aristotelische, sondern an die symbolische!

Illustration zur Initiationssymbolik der Planetensphären, die Dante sich anschickt zu durchqueren, um das Empyreum zu erreichen, den Himmel des reinen Lichts. Dantes Universum, Gemälde von Domenico Michelino, 1465; zu sehen in Santa Maria del Fiore, Florenz.

Das Geburtshoroskop

Von den vier Eckpunkten des Himmels zu den zwölf Häusern

In Analogie zu den zwölf Etappen der Sonne, stellt der Tierkreis die zwölf objektiven Ausformungen der Existenz dar. Es sind zwölf Pulse des Universums, die jeweils eine Seinsweise zum Ausdruck bringen.

Die Chaldäer und die Griechen haben studiert, wie die Planeten diese Energiefelder passieren. Sie haben einen Überblick über die Eigenschaften der Planeten gemäß den Tierkreiszeichen gegeben, die von ihnen regiert werden: Die Wirkungsweise eines Planeten harmoniert je nach seiner Natur mehr oder weniger gut mit den Schwingungen des Kosmos.

Der Mars etwa scheint im Widder oder im Skorpion Menschen und Nationen zu Taten anzuregen, in den Fischen tut er dies allerdings nicht. Jupiter behauptet im Schützen seine Autorität und in den Fischen seine Großzügigkeit – in den beiden Tierkreiszeichen also, die er regiert, weil er sich dort ganz entfalten kann.

Die chaldäischen Priester beobachteten jedoch von den Höhen ihrer Zikkurats, daß die Planeten in den vier Eckpunkten des Himmels eine ganz besondere Kraft verstömten. Ihre Wirkungsweise tritt deutlich zutage: Sie ist abhängig von der Rotation der Erde um ihre Achse innerhalb von 24 Stunden. Die Dynamik eines Planeten wird nicht an jedem Ort der Erdoberfläche gleich intensiv erlebt, sondern ist abhängig von der genauen Ausrichtung dieses Punktes zum Sonnensystem; je nach Ausrichtung der Erde differiert auch der »planetare Influxus«. Diese Ausrichtung berechnet sich aus der Projektion der Erdkoordinaten (Horizont und Meridian des Ortes) auf das Himmelsgewölbe (später »Eckpunkte des Himmels« genannt).

Damit hatten die Chaldäer eine neue Realität in das Verhältnis von Erde und Kosmos eingeführt: die des lokalen Raumes, den sie in den Himmelsraum projizierten, um seine Resonanzen zu erkennen. Wenn sie über den Bau eines Tempels oder einer Stadt, eine religiöse Gedenkfeier oder eine Kriegserklärung zu entscheiden hatten, wählten sie einen Zeitpunkt des Aufgangs oder der Kulmination eines Planeten, der für den Beginn oder die Entwicklung des entsprechenden Unternehmens günstig war. Die Chaldäer praktizierten vor allem eine kollektive Astrologie; durch die Wahl eines irdischen Datums, dem der Beginn einer Planetenphase entsprach, war immer ein ganzes Volk betroffen. Es finden sich zwar auch in Chaldäa einige Geburtshoroskope, allerdings in äußerst rudimentärer Form,[14] von denen das älteste aus dem Jahr 410 vor Christus stammt. Die individuelle Astrologie im eigentlichen Sinne ist jedoch das Werk der Griechen. Sie griffen die chaldäischen Studien auf, präzisierten sie auf astronomischer und mathematischer Ebene und wandten sie systematisch auf Einzelpersonen an. Ebenso wie die Chaldäer die »Geburt« eines Ereignisses festlegten, projizierten die Griechen die irdischen Koordinaten der Geburt (Ort und genauer Zeitpunkt) auf den Tierkreis, um die vier Eckpunkte zu bestimmen, von denen aus die von den Planeten symbolisierte Energie intensiver empfangen wird.

Von diesen vier Punkten wurde als erstes der *Aszendent* ausgemacht, der sich am Schnittpunkt des irdischen Horizonts mit der Ekliptik befindet, die damals noch Sonnenumlaufbahn hieß; er bildet den Brennpunkt, der die intensivste Beziehung zu den kosmischen Kräften herstellt. Es ist der Punkt des Himmels, der bei Sonnenaufgang am Horizont erscheint, und wird auch *Horoskop* (»Stundenseher«) genannt, was sich bis heute als Bezeichnung für die Beschreibung des Geburtshimmels erhalten hat.

---

14. Sie beschränkten sich auf die vier Himmelsrichtungen und die Position der Planeten im Sternzeichen.

Der Aszendent bezeichnet den Augenblick, in dem man die scheinbare Bahn der Sonne von der Erde aus sieht. Es ist der erste Punkt des Tierkreises, für den man empfänglich ist: der Moment des Eintritts in das kosmische Universum, die erste Wahrnehmung der Welt, die erste Resonanz des Sternenhimmels.

Der Aszendent symbolisiert auch die Bewußtwerdung des Subjekts seiner selbst, sein tiefes Ich, wie er es empfindet und erlebt. Er kann sich, je nach Geburtsort und -zeit, in jedem Tierkreiszeichen befinden (Widder, Zwillinge etc.). Das Tierkreiszeichen, in das der Mensch hineingeboren wird, verrät seinen Energietyp und die Art, wie das Ich die Welt wahrnimmt.

Wenn ein Stern im Augenblick der Geburt eines Kindes aufgeht, befindet er sich in der Nähe des Aszendenten und wirkt mit ihm zusammen; daher kommt der Ausdruck »unter einem guten Stern geboren werden«. Nach dem Aszendenten zeigte sich als nächstes die Bedeutung des Punktes, an dem die Planeten kulminieren: die *Himmelsmitte*. Das ist der Punkt, der genau über dem Geburtsort im Schnittpunkt des örtlichen Meridians mit der Ekliptik liegt.

In der Symbolik des örtlichen Raumes steht die Himmelsmitte für das Energiezentrum, woraus der Mensch schöpfen muß, um sich zu verwirklichen. Sie symbolisiert die Beziehungen eines Menschen zu seinem Schicksal, das er intuitiv zu erfüllen strebt. Dieser Himmelsbereich kann sich ebenfalls, je nach Geburtsort und -zeit, in jedem Tierkreiszeichen befinden. Es bringt den Brennpunkt der Energien zum Ausdruck, nach dem sich alles menschliche Streben richten wird. Wenn die Himmelsmitte sich zum Beispiel im Steinbock befindet, ist anzunehmen, daß der Betreffende ehrgeizig und auf Erfolg aus ist, und ihn aufgrund seiner Beständigkeit auch finden kann.

Lange Zeit war es strittig, wer die Bedeutung der sich dort befindlichen Planeten mehr verstärkt – der Aszendent oder die Himmelsmitte. Aufgrund der Erfahrungen wurde schließlich dem Aszendenten die Vorrangstellung eingeräumt, da er offensichtlich in der Psyche tiefgreifender erlebt wird. Das Ich wird von frühester Kindheit an wahrgenommen, während das Ziel der Selbstverwirklichung erst nach und nach offenkundig wird. Über Jahrhunderte hinweg machten die Astrologen-Priester ihre Vorhersagen, indem sie am östlichen Horizont die aufgehenden Planeten bestimmten, und jene, die genau über ihnen am Himmel kulminierten. Die beiden anderen wichtigen Himmelspunkte wurden im Verhältnis zu den beiden ersten Eckpunkten bestimmt und bildeten ihre jeweiligen Gegenpole. Gegenüber dem Aszendenten liegt der Punkt, an dem die Planeten untergehen und vom sichtbaren Himmel verschwinden, *der Deszendent*.

Er liegt am entgegengesetzten Pol des Ich, vervollständigt es aber in der Dialektik von Tag und Nacht. Er symbolisiert die Art und Weise, wie der Mensch sich

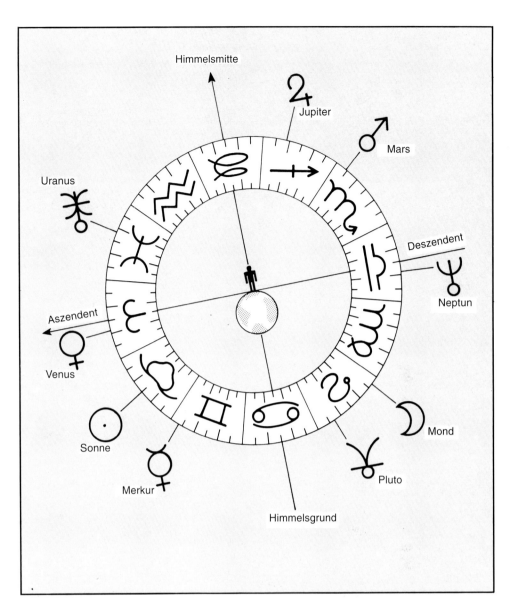

Oben: Der Mensch, umgeben von seiner Planetenkonfiguration, mit den irdischen Koordinaten, die auf den Tierkreis projiziert sind. Das Beispiel zeigt einen Menschen, der im Zeichen des Stiers mit dem Aszendenten Widder geboren ist, jedoch beeinflußt von den Eigenschaften der Venus und Neptuns, die durch den Horizont (Linie vom Aszendenten zum Deszendenten) in Konjunktion stehen.

Unten: Anordnung der Häuser oder Lebenssektoren im Tierkreis. Das erste Haus befindet sich unterhalb der linken Hand des abgebildeten Menschen; die Arme stellen die Ebene des Horizonts dar.

Zeigt uns J. J. Grandville nicht ungewollt eine der guten Arten des Dialogs mit den Sternen? Humor schadet der ernsthaften Anwendung der Astrologie nicht. Die Sternschnuppe, *Illustration von J. J. Grandville zu seinem Buch* Les Etoiles, Féeries, Paris, 1849.

in der Welt ausnimmt, wie er sie empfindet und mit ihr umgeht. Das drückt sich gleichermaßen in seinen Bindungen (Verträge, Heirat) wie in seinen Auseinandersetzungen (Brüche, Scheidung, Prozesse) aus. Der Deszendent nimmt ein Tierkreiszeichen ein, das dem des Aszendenten entgegengesetzt ist, und drückt die Spannung aus, die zwischen zugleich widersprüchlichen und komplementären Energien herrscht. So mag ein »Widder-Ich« den Eindruck haben, an die Welt der anderen heranzugehen, wie es eigentlich für die Waage (sein entgegengesetztes Tierkreiszeichen) charakteristisch sei, bei der Harmonie und Ausgeglichenheit vorherrschen; aufgrund des lebhaften Widder-Temperaments dürfte es allerdings zu unerwarteten Reaktionen kommen, die den Widder in Erstaunen versetzen.

Als viertes bestimmte man den *Himmelsgrund*, der der Himmelsmitte gegenüberliegt, unter unseren Füßen sozusagen, dort, wo die Planeten unsichtbar am Himmelsgewölbe vorüberziehen. Dieser Punkt steht in Opposition zu dem Tierkreiszeichen, das die Ambitionen symbolisiert. Es bringt die komplementären Kräfte zum Ausdruck, die der Mensch braucht, um sein Schicksal zu meistern, seine tiefsten Wurzeln, den Ursprung, aus dem er nach eigenem Empfinden hervorgegangen ist. Ganz konkret handelt es sich um die Einstellung zu seiner Familie, zu seinem Vaterland und seine Erwartungshaltung ihnen gegenüber; im weiteren Sinne kann sich der Himmelsgrund auch auf materiellen Besitz beziehen (Häuser, Land und Güter).

Steht etwa der Steinbock an der Himmelsmitte, so finden wir am entgegengesetzten Pol am Himmelsgrund den Krebs. Der Betroffene könnte also, um die innere Kraft aus dem Steinbock-Zeichen zu finden, auch den Trost und die intime Wärme nötig haben, also Energien, die der Krebs symbolisiert.

Der Aszendent mit seinem Pendant, dem Deszendenten, und die Himmelsmitte mit ihrem Pendant, dem Himmelsgrund, symbolisieren die Eckpunkte der individuellen Existenz. Verbunden bilden sie ein Kreuz, das einen bestimmten Ort mit seinen irdischen Koordinaten auf den Tierkreis projiziert. Dieses Kreuz öffnet dem menschlichen Wesen in Verbindung mit einem irdischen Raum das Universum; der Mensch erfährt die Welt in bezug auf sich selbst (Aszendent), in bezug auf andere (Deszendent), in bezug auf sein Schicksal (Himmelsmitte) und schließlich in bezug auf seine Wurzeln (Himmelsgrund). Und jeder Planet, der sich an einem dieser Punkte befindet, wird erlebt in einer Verschmelzung seiner eigenen Symbolik mit jener des Eckpunktes, an dem er steht. Dieses Kreuz bildet die vier Kardinalpunkte eines Menschen. Es steht für das System, mit dem er seinen Lebensbereich polarisiert. Auf diese Art und Weise tritt ein durch Zeit und irdische Koordinaten spezifiziertes Bewußtsein in Kontakt mit dem universellen Bewußtsein. Der Mensch erfährt sich so innerhalb einer universellen Struktur in seiner besonderen Eigenart. Während diese Struktur aus zwölf Teilen besteht, ist der Mensch nur durch vier Eckpunkte determiniert. Analog dazu teilten die Griechen, die »Vermesser der menschlichen Psyche«, den Ortsabschnitt in zwölf Lebensabschnitte, die sie in die vier Quadranten des Himmelsgewölbes projizierten. Der Symbolik der zwölf Tierkreiszeichen, die die Etappen der Sonne markieren, entspricht nun eine Symbolik der zwölf Bereiche des Daseins, die ausgehend vom Aszendenten berechnet werden.

Diese Bereiche heißen die *zwölf Häuser der Welt*:
– Sechs liegen oberhalb des Horizonts und unterteilen den sichtbaren Himmel über uns.
– Sechs liegen unterhalb des Horizonts und unterteilen den unsichtbaren Himmel unter uns.

Dem himmlischen Tierkreis entspricht demnach ein persönlicher Tierkreis, der den lokalen Raum in zwölf gleiche Sektoren von je 30° Grad teilt (es gab an die sieben Methoden, die Häuser zu berechnen; dies ist die von Placidius, die heute die gebräuchlichste ist). Während die Tierkreiszeichen am Himmel um die Erde zu wandern scheinen wie die Zeiger einer Uhr, sind die zwölf Häuser feststehende Unterteilungen des Himmels – wie die zwölf Abschnitte auf dem Zifferblatt einer Uhr.

So durchwandern die zwölf Himmelssektoren (Tierkreiszeichen) jeden Tag ein Haus nach dem anderen: Die Eigenschaften der Tierkreiszeichen und der Planeten drücken sich nacheinander im Verhältnis zu den Häusern aus, in denen sie sich gerade befinden.

Gegen den Uhrzeigersinn gelesen entsprechen die zwölf Bereiche des Daseins den Tierkreiszeichen.

Das I. Haus entspricht dem Widder, dem Zeichen der Lebenskraft. Es beginnt unterhalb des Aszendenten und steht für die Welt des Ich, sein physisches Kraftpotential und seine latenten Möglichkeiten. Es ist die Persönlichkeit im Allerinnersten der Person, die sich ihrer selbst bewußt wird und im Laufe des Lebens zutage tritt.

Das II. Haus entspricht dem Stier, dem Zeichen der Stabilität und des Sinns für Besitz. Es symbolisiert die Wertschätzung der Welt des Materiellen. Die Ebene der Gewinne und Profite ist hier unerläßlich für die Selbstverwirklichung. Wichtiger als die Quantität der erworbenen Güter ist allerdings vor allem die Genugtuung, die es aus ihnen zieht, das Maß der materiellen Unabhängigkeit. Das II. Haus ist offenbar mit dem persönlichen Selbstwertgefühl verknüpft.

Das III. Haus entspricht den Zwillingen, dem Zeichen des Geistes und der Anpassung. Es symbolisiert die lebensnotwendigen und verschiedenen Formen des Ausdrucks: Das sind das Lernen in der Schule und der Austausch zwischen Geschwistern und im weiteren Sinne auch die Geschwister selbst, wie auch die Ergebnisse geistiger Tätigkeit (Schriften, Publikationen oder einfach Briefwechsel). Es ist die Welt des konkreten Denkens, aus der der Pinselstrich des Malers, die Partitur des Musikers oder der literarische Ausdruck des Schriftstellers hervorgeht. Das III. Haus steht für das Bedürfnis, sich mitzuteilen und für die Form des Ausdrucks. Es ermöglicht die Bewußtwerdung unserer inneren Anlagen.

Das IV. Haus entspricht dem Krebs, dem Zeichen des Entstehens, der Sensibilität und des inneren Lebens. (Es ist das Zeichen der Mutter und des Heimes.) Es repräsentiert das moralische und materielle Erbe der Person: sowohl das körperliche, familiäre Erbgut, als auch das materielle Erbe, wie Land, Immobilien und so weiter. Dieses Zeichen steht auch für die Art und Weise, wie die Person sich in ihrem Heim entfaltet und sich verhält.

Das V. Haus entspricht dem Löwen, dem Zeichen der Ausstrahlung und Autonomie. Es symbolisiert Kinder, Liebe, intime Zuneigung und die Verwirklichung angeborener Wünsche. Die Person hat viel Freude an ihren Schöpfungen.

Das VI. Haus entspricht der Jungfrau, dem Zeichen der Vernunft und Selbstbeherrschung. Es symbolisiert das Bewußtsein für die eigenen Grenzen. Dieser Bereich bereitet den Menschen durch tägliche Arbeit, durch Beziehungen zu Vorgesetzten, berufliche und private Aufgaben und Pflichten und kleinere Krankheiten auf das Leben vor. Das Zeichen der Jungfrau steht für die Art, Alltagshemmnisse zu ertragen.

Das VII. Haus entspricht der Waage, dem Zeichen der Harmonie und Gerechtigkeit. Es liegt unmittelbar hin-

Reise eines Kometen, *Illustration von J. J. Grandville zu seinem Buch* Les Etoiles, Féeries, *Paris, 1849.*

In Frankreich überführte der Ingenieur Paul Choisnard zu Beginn unseres Jahrhunderts die Darstellung des Geburtshoroskops in eine runde Form. Bis dahin wurde es als Rechteck abgebildet, wie dieser Stich mit dem Geburtshoroskop Heinrich II. zeigt.

Rechte Seite: Diese Himmelskarte stammt von Dürer und zeigt den Tierkreis und die Sterne mit ihren Nummern und Gradangaben.

ter dem Deszendenten und symbolisiert die Person im Kontakt mit anderen und die Reaktionen, die sie provoziert. Das können ebensogut Bündnisse und Verbindungen des Herzens und der Interessen sein wie auch Auseinandersetzungen. Es steht für die Art, wie der Mensch dem Leben und der Außenwelt begegnet.

Das VIII. Haus entspricht dem Skorpion, dem Zeichen der Veränderung und der Klarheit. Es symbolisiert die Einstellung des Subjekts zu Sexualität, Tod, Psyche, den Geheimnissen des Jenseits und auf konkreter Ebene: Wie verhält sich die Person bei mangelnder materieller Unabhängigkeit? Das VIII. Haus drückt die Fähigkeit zur Veränderung und Unabhängigkeit aus und die Begabung, die Bedürfnisse anderer und auch die eigenen zu erkennen und zu diffenrenzieren. Es ist also ein Sektor, der häufig im Sexualleben eine Rolle spielt, aber auch bei Tod (dem eigenen oder dem anderer), bei eventuellen physischen Verlusten (Unfälle, Operationen), finanziellen und moralischen Verlusten (Depressionen, Trauer, Traurigkeit).

Das IX. Haus entspricht dem Schützen, dem Zeichen der Expansion und Einigung. Es symbolisiert seine Fähigkeit einzuschätzen, was für seine eigene spirituelle und moralische Entwicklung notwendig ist. Es ist das Haus der Bestrebungen oder der ideologischen, philosophischen und politischen Aktivitäten, aber auch das der Träume. Im weiteren Sinne steht es für die Versetzung in die Fremde und für die Fremde selbst.

Das X. Haus entspricht dem Steinbock, dem Zeichen der Herrschaft und des Ehrgeizes. Es steht unmittelbar hinter der Himmelsmitte. Es steht für die Fähigkeit, moralische Werte praktisch umzusetzen, und die Art und Weise, in der man sein soziokulturelles, moralisches und affektives Erbe (IV. Haus) bereichert. Im erweiterten Sinne steht es in Zusammenhang mit dem Ansehen der Person und eventuell mit seinem Tun und seiner Stellung in der Gesellschaft.

Das XI. Haus entspricht dem Wassermann, dem Zeichen des Altruismus und der Vorwegnahme eines bestimmten Ziels. Es symbolisiert die Fähigkeit zur Interaktion mit der Gruppe, um Ideen zu verwirklichen, oder das Bedürfnis, Teil einer anerkannten und anerkennenden Gruppe zu sein. Das elfte Haus steht für Hoffnungen und Pläne. Es wird etwas ausgesagt über seine Art der Eingliederung in kulturelle und soziale Gruppierungen.

Das XII. Haus entspricht den Fischen, dem Zeichen des Zusammenschlusses mit anderen Menschen und des Opfers. Es symbolisiert das tiefe Bestreben des Menschen, sich von der Materie und der inneren Entwicklung zu befreien. Es steht in Zusammenhang mit schweren physischen oder moralischen Leiden, die es jemandem ermöglichen, über sich hinauszuwachsen und zu einer neuen Seinsdimension zu gelangen. Das zwölfte Haus steht für die Opfer, die es zu akzeptieren gilt, für die Beschränkungen des Körpers und des Geistes (Krankheiten, Kummer) und im weiteren Sinne für Gefangenschaft, Exil und Krankenhaus.

Kannte man so zum Beispiel zuerst die Eigenschaften der Extravertiertheit, der Entfaltung und des Optimismus, die Jupiter entsprechen, so neigte die von diesem Planeten beeinflußte Person zu Selbstvertrauen und zu Großzügigkeit. Entdeckte man dann, daß die Eigenschaften Jupiters sich mit jenen des Schützen verbanden, so strahlte die Person Wärme aus und behauptete dabei doch seine Autorität im engen persönlichen Umfeld. Aufgrund der Häuser weiß man nun, in welchem Lebensbereich die Tendenzen des Betreffenden zum Ausdruck kommen: Wenn Jupiter das Sternzeichen Schütze belegt und gleichzeitig im zehnten Haus steht, neigt der Betreffende dazu, die Rangstufen des gesellschaftlichen und beruflichen Erfolges zu betonen, um so seinen Ehrgeiz und seine Autorität unter Beweis zu stellen. Während die Planeten die Tendenzen unserer Psyche repräsentieren, wirken die Tierkreiszeichen wie Farbfilter, und die Häuser sind die Bereiche, in denen sie zum Ausdruck kommen. Die Häuser erlangen erst Bedeutung, wenn sie einen Planeten beherbergen.

Mikrokosmos und Makrokosmos

Die Begriffe Mikrokosmos und Makrokosmos kommen aus dem Griechischen. Ihr Ursprung liegt allerdings in Chaldäa und Ägypten.

Die Menschen des Altertums stellten bereits wissenschaftliche Experimente zu Übereinstimmungen zwischen dem unendlich Kleinen und dem unendlich Großen an. Die Chaldäer wählten aufgrund des Gesetzes der Wechselbeziehung zwischen Himmel und Erde die Daten für ihre chemischen Versuche in Übereinstimmung mit einem Himmelsereignis. Alchimie und Astrologie ergänzten sich gegenseitig, da Himmel und Erde durch eine Art Netz vitaler Einflüsse verknüpft sind. Später studierten die Epikuräer diese Wechselbeziehungen, die sie als Strömungen bezeichneten.

Wie wir wissen, faßten vor ihnen bereits Thales, Anaximenes, Empedokles, Platon und Aristoteles, um nur die wichtigsten zu nennen, die Verbindung zwischen Himmel und Erde in Begriffe.

Nach ihnen entwickelten die Stoiker vor allem den Begriff der Verbundenheit zwischen den Planeten und der Erde, die sich ihrer Ansicht nach realisiert durch einen »unaufhörlichen Austausch von Molekülen und sich ausbreitender Bewegungen«. Die Griechen verliehen dem vorwissenschaftlichen Denken der Chaldäer und dem ägyptischen Beitrag Gestalt, der seinerseits stark von Mesopotamien inspiriert war. Diese Konzeption der Welt, die sich in der griechischen Antike herauskristallisierte, breitete sich bis nach Indien aus, wo sie zur Grundlage der Medizin wurde (jeder Teil des menschlichen Körpers wurde in Beziehung zu einem Teil des Himmels gesetzt). Die Konzeption beruhte auf drei grundlegenden Postulaten, die es uns ermöglichen, die Bedeutung des Horoskops oder Geburtshoroskops zu erfassen.

Die Welt ist eins: Die Welt ist ein einmaliges, lebendiges Wesen. Wie die Erde, die im Universum lebt, ist auch der Mensch, der die Erde bewohnt, ein winziger Teil des Universums. Er ist ein Mikrokosmos.

Der Teil gleicht dem Ganzen: Die Welt ist beseelt von ein und derselben Energie, und der Mensch, getränkt und geprägt von der unaufhörlichen Einwirkung dieser kosmischen Energie, gleicht der Welt. Als Teil des Universums trägt er alle Eigenschaften des Universums in komprimierter Form in sich, wie die Zelle alle Eigenschaften des Organismus enthält. Der Mensch ist ein reduzierter Kosmos, ein Mikrokosmos, der dem großen Kosmos oder Makrokosmos vergleichbar ist. Wenn der Teil dem Ganzen gleicht, können wir durch das Studium des Teils Erkenntnisse über das Ganze erlangen. Auf diese Überlegung stützen sich heute noch die Wissenschaften der Physiognomik (Studium des Gesichts), der Iridologie (Studium des Auges), Chirologie (Studium der Handformen) und der Graphologie (Studium der graphischen Projektionen oder Schrift) sowie ein Großteil psychologischer Testverfahren (nach Rorschach, Szondi, Murray, Jung, etc.), die auf der Theorie basieren, daß ein Mensch unbewußt seine psychische Struktur in die Symbolik eines Tintenflecks, einer Zeichnung, eines Satzes und so fort projiziert. Während diese verschiedenen Wissenschaften sich mit einem Teil der Morphologie oder einer Projektion der reduzierten Psyche befassen, nutzt die Astrologie zum Verständnis des Menschen eine kosmische Maßeinheit. Alle gehen indes von dem Prinzip einer strukturellen Übereinstimmung zwischen dem Teil und dem Ganzen aus, und es ließe sich hinzufügen, daß sie sich lediglich durch ihre Untersuchungsebene unterscheiden oder den Maßstab, den sie anlegen: Die Astrologie geht vom Makrokosmos-Universum aus zum Mikrokosmos-Mensch, während für die anderen Wissenschaften der Mensch ein Makrokosmos ist im Verhältnis zu dem Mikrokosmos, den sie beobachten.

Der Teil ist mit dem Ganzen verbunden: »Gleiche Dinge, die nicht aneinandergrenzen, sondern durch einen Abstand getrennt sind, sympathisieren aufgrund ihrer Ähnlichkeit; ohne miteinander in Berührung zu stehen, agieren die Dinge und haben zwangsläufig eine Wirkung aus der Ferne.« Mit dieser Aussage bestätigt Plotin (203–270 n. Chr.) in seinen *Enneaden* die Übereinstimmung, die zwischen gleichen Naturelementen

Es gibt keine »guten« oder »schlechten« Planeten, keine guten oder schlechten Horoskope ... Es gibt nur gut oder schlecht gelebte Horoskope! – Spiel mit den Welten, Stich von J. J. Grandville.

besteht; eine Übereinstimmung, die vergleichbar ist mit dem sogenannten Prinzip der Synchronizität.[15] Sie ermöglicht es, die astrologische Wirklichkeit zu begreifen, denn die Beziehung zwischen den Sternen und den Menschen läßt sich nicht auf ein Ursache-Wirkungs-Prinzip reduzieren. Da der Mensch aus dem Stoff des Universums gemacht ist, lebt und schwingt er von Natur aus mit ihm; der Teil und das Ganze sind einbezogen in eine umfassende Gleichzeitigkeit, und es besteht eine Konkomitanz eines Zyklus, einer gleichen Schwingung im Himmel und im Menschen, die beide ein einmaliges Wesen bilden: das Universum.

Vom Mikrokosmos zum Geburtshoroskop

Planetare Beziehungen und psychisches Klischee

Wenn der Mensch an sich die Welt ist, trägt er in sich Mond, Sonne und die Planeten. Und die Astrologie begreift die menschliche Psyche als Himmel des Inneren, an dem es die Sonne gibt, unser Ideal, um die unsere planetaren Eigenarten kreisen: der Mond (Emotion, Imagination, Sensibilität etc.), Merkur (Intelligenz, die Fähigkeit zur Herstellung konkreter und abstrakter Bezüge etc.), Venus (Prinzip der Vereinigung, Liebesfähigkeit etc.), Mars (Prinzip des Handelns und der Männlichkeit etc.), Jupiter (Prinzip der Expansion, der Großzügigkeit etc.), Saturn (Prinzip des Zusammenhalts, des Bewußtseins, der Bindung etc.). Je nach ihrer Stellung im Tierkreis stehen die Sterne zueinander in Winkelbeziehungen, die es zu analysieren gilt, um die Gleichung unserer Psyche zu lösen.

Die Chaldäer studierten schon die Aspekte der Konjunktion und Opposition. Mit den pythagoräischen Theorien ermöglichen die Griechen die Interpretation der räumlichen Geometrie. Im Kreis (360°), der als Bezug galt, waren vier Zahlen von Bedeutung:
– 1, der Punkt, der die Konjunktion ergibt: 0°;
– 2, die Linie, die die Opposition ergibt: 180°;
– 3, das Dreieck, das das Trigon ergibt: 120°;
– 4, das Tetraeder, das die Quadratur ergibt: 90°.

Die Planeten bilden diese Winkelaspekte, aus denen sich ein Energieaustausch ergibt, der harmonisch oder disharmonisch sein kann: Von einer *Konjunktion* spricht man, wenn zwei (oder mehr) Planeten sich auf demselben Grad des Tierkreises befinden (mit einer zugelassenen Abweichung von bis zu 10°); sie stehen in der gleichen Beziehung zueinander wie Sonne und Mond bei Neumond. Das ist die je nach ihrem Wesen mehr oder weniger glückliche Verschmelzung zweier Energietendenzen. Eine Konjunktion Venus-Jupiter könnte zum Beispiel zu Einklang und Verstärkung führen, die mit einer gefühlsmäßigen Entfaltung ein-

---
15. Dieser Gedanke wird in Kapitel 4 ausführlicher behandelt.

hergeht; und im Fall einer Konjunktion Saturn-Mars, in der eine hemmende und eine aktive Energie aufeinanderstoßen, könnte es zum Konflikt kommen.

Eine *Opposition* ergibt sich, wenn zwei Planeten in einem Winkel von 180° Grad zueinander stehen (also einander genau gegenüber stehen wie Sonne und Mond bei Vollmond). Das ergibt Spannung und Konfrontation, die sich je nach den beteiligten Sternen und eventuell durch die Beziehungen zu anderen Himmelskörpern lösen kann.

Zwischen Konjunktion und Opposition liegt das *Trigon* mit einem Winkelabstand von 120°, eine Beziehung die der Überlieferung nach den planetaren Energiefluß erleichtert.

Als nächstes kommt die *Quadratur* mit 90°, die Halbierung der Opposition, die an sich einen Spannungszustand darstellt; allerdings handelt es sich um einen dynamischeren und eindeutigeren Konflikt; er drängt auf das gleichzeitige Zutagetreten von Energien, während die vorhandenen Kräfte bei der Opposition wie bei einer Wippe immer abwechselnd wirken.

Und schließlich gibt es noch den Sextil-Schein, mit 60° die Hälfte eines Trigons, der ebenso wie dieses das Spiel der Energien unterstützt, allerdings noch schneller und effizienter.

Konjunktion, Opposition, Trigon, Quadratur und Sextil-Schein bilden eine planetare Geometrie, die zur

Man kann ein Geburtshoroskop nicht »was soll's« sagen lassen. – Spaziergang am Himmel, *Zeichnung von J. J. Grandville, Stich von Soyer.*

Geometrie unserer Psyche führt, indem sie unsere inneren Fähigkeiten und Widersprüche zum Ausdruck bringt. Die Kunst der Astrologie ist es nun, diese Astralfigur zu interpretieren, die der innere Himmel des Menschen im Augenblick seiner Geburt bildet.

Das Klischee der Psyche im Geburtshoroskop

Es hat lange Debatten darüber gegeben, ob der Himmel zum Zeitpunkt der Empfängnis oder zum Zeitpunkt der Geburt die Psyche eines Individuums bestimmt. Da aber das Horoskop der Empfängnis lediglich die Energien eines Keims anzeigt, trug das Geburtshoroskop in diesem Streit den Sieg davon, weil es Auskunft über die Energien gibt, die einem bereits gebildeten und atmenden Lebewesen innewohnen.

Das Geburtshoroskop ist die besondere Konfiguration der Psyche, die in Übereinstimmung mit der besonderen Astralkonfiguration im Augenblick der Geburt entsteht. Um es zu erstellen oder zu bestimmen, hält man die Himmelskarte zum Zeitpunkt der Geburt in Abhängigkeit vom Geburtsort fest (Projektion der irdischen Koordinaten und Stellung der Planeten sowohl zueinander als auch in bezug auf den Geburtsort). So befindet sich das Neugeborene im Mittelpunkt der Welt, ist umgeben von seiner Astralkonfiguration. Wie erfaßt man jedoch die Bedeutung dieser Karte? Wenn ein Mensch auf die Welt kommt, wird er durch eine bestimmte Anordnung der Planeten geprägt: Der äußere Himmel der Geburtszeit wird zu seinem inneren Himmel. Er nimmt das Schema des kollektiven Unbewußten in sich auf, die großen Symbole der Menschheit lagern sich in seinem Innersten ab.

»Es scheint, als entspräche das Horoskop einem bestimmten Augenblick im Gespräch der Götter, das heißt der psychischen Archetypen«, sagt Jung.[16] Ein Horoskop zeigt uns, wie ein Lebewesen durch die Archetypen, die der ganzen Menschheit gemeinsam sind, »ergriffen« wurde und von daher, wie es diese Archetypen leben wird, um seinerseits von der Welt »Besitz zu ergreifen«. Es individualisiert die Sprache des kollektiven Unbewußten und bringt die ganz persönliche Art und Weise zum Ausdruck, in der ein Mensch eine altüberlieferte Symbolik leben wird.

Das Geburtshoroskop vermittelt die symbolische Beziehung zwischen einem Menschen, der auf die Welt kommt, und dem Universum. Das ist eine unbewußte Übereinstimmung, die die Astrologie mit Hilfe der Überlieferung dechiffriert und interpretiert.

Das Symbol der Sonne zum Beispiel könnte sich durch eine Quadratur oder Opposition mit dem Symbol des Mars (Prinzip der Aggressivität) konfrontiert sehen und zur Konfliktquelle werden. Diesem Menschen dürfte es schwerfallen, den Archetyp der Sonne mit all seiner Klarheit zu leben. Er müßte sich anstren-

gen und gewisse Spannungen inkaufnehmen, um das Ideal, das er in sich trägt, positiv zu leben. Ein anderer Mensch dagegen, der unter einem Trigon von Sonne und Mars geboren wäre, könnte die Marsenergien ohne Probleme zur Verwirklichung seiner inneren Einheit einsetzen.

Das Bild der affektiven, empfänglichen, nährenden Mutter, für das der Mond steht, kann jedoch durch eine Dissonanz des Saturn eingeschränkt werden, der Entzug und Frustration ausdrückt. Und das Kind, das in sich nicht das archetypische Ideal der Mutter trägt, kann entweder nur eine gedämpfte, sprich: blockierte Emotionalität zum Ausdruck bringen oder im Gegenteil unersättlich auf der Suche nach einer Liebe sein, die ihm möglicherweise gefehlt hat.

So entwirft der Astrologe nach und nach die astrologischen Faktoren: Er bestimmt die Stellung jedes Planeten im Tierkreiszeichen, in dem er sich befindet, die Winkel, den er mit den anderen Planeten bildet, und die Hauptpunkte des Geburtshoroskops (Aszendent, Himmelsmitte) und schließlich das Haus, in dem er sich befindet. Er untersucht die verschiedenen Komponenten in ihrer Wechselbeziehung, um die Psyche des Individuums in ihrer Ganzheitlichkeit zu beschreiben.

Der Astrologe wird sich hüten, ein Astralhoroskop als Determinismus anzusehen, dem man nicht entrinnen kann, denn es handelt sich um eine *psychische* Gegebenheit; überdies betrachtet er das Horoskop auch nicht von außen, sondern von innen.

Jeder Planet steht für ein besonderes Symbol, das bei der Geburt zugeordnet wird. Das gesamte Leben des Individuums kann als Geschichte angesehen werden, die manchmal positiv und manchmal negativ verläuft, abhängig vom Bewußtwerdungsprozeß der betreffenden Person. Grundsätzlich ist das Verhältnis des Menschen zu den Planeten unbewußt; wenn er es erkennt, kann er es anders leben.

So könnte zum Beispiel ein Mars (Prinzip aggressiver Energie) in einer ungünstigen Konstellation eine Person in jungen Jahren zu unüberlegten Handlungen verleiten, nämlich zu unkontrollierten Überreaktionen, die ihn zahlreichen Gefahren oder Unfällen aussetzen. Solange diese Energie unbewußt und unbeherrscht bleibt, kann der Astrologe aus der Umlaufbahn des Mars in den Ephemeriden (Tabellen der Position der Planeten) vielfältige *impedimenta* (Hindernisse) voraussehen. Kommt es jedoch zu einer Bewußtwerdung dieser mannigfaltigen Auswirkungen des Mars, so kann der Betroffene seiner Marsenergien Herr werden und wird nicht mehr durch sie »determiniert«. Er kann sie nun kontrolliert einsetzen.

Das Geburtshoroskop ist eine individuelle symbolische Struktur, die sich in der Psyche ausdrückt und einen bestimmten Verhaltenstypus und somit bestimmte Arten von Ereignissen impliziert. Wie das Symbol,

Rechte Seite: Der Kosmos liegt nicht außerhalb des Menschen. Er lebt in seinem Inneren. Die Romantiker hatten begriffen, daß der Mensch nicht von der Welt losgelöst ist: Er lebt und schwingt mit ihr, und die äußeren Stürme sind Widerspiegelungen seines inneren Himmels. – Der Sturm von Ritter Féréol de Bonnemaison

---

16. C. G. Jung, *Briefe*, Bd. II, 1972, S. 401

so richtet sich auch das Geburtshoroskop an die Gesamtheit des menschlichen Wesens und kann ebenso den Weg zum eigenen Ich eröffnen wie auch lediglich als Grundlage für die Vorhersage äußerer Ereignisse dienen. Man kann aus diesem Grund sagen, es drückt die symbolische Grammatik der Psyche eines Menschen aus; und darin das Verb, die Ergänzungen und die besonderen Regeln zu erkennen heißt, den individuellen Satz zu lesen, wie er sich in das große Buch des kollektiven Unbewußten einschreibt. All diese Begriffe, die wir hier in moderner Sprache umrissen haben, wurden bereits von Ptolemäus in Alexandrien systematisch erfaßt.

Die astrologische Bibel: Das Werk des Ptolemäus

Es ist kein Zufall, daß die astrologische Überlieferung in Alexandria aufgeschrieben wurde. Im 2. Jahrhundert nach Christus war die afrikanische Hauptstadt nicht nur Brennpunkt der hellenistischen Astrologie, sondern das kulturelle Zentrum der gesamten Mittelmeerländer: der Schmelztiegel der mesopotamischen, griechischen und ägyptischen Kultur. Der griechische Weise Claudius Ptolemäus (ca. 90–168 n. Chr.) faßte im Jahre 140 die astrologischen Prinzipien in der *Tetrabiblos* (dt.: *Viererbuch*) zusammen.

Ptolemäus lebte und starb in Alexandria. Als Astrologe, vor allem aber als berühmter Mathematiker und Astronom, hinterließ er dem Abendland die astronomischen Kenntnisse der Griechen, die sich in Europa bis zum 12. Jahrhundert durchsetzen sollte.

Sein astrologisches Werk ist in zweifacher Hinsicht bemerkenswert:

Zunächst ist es ein didaktisches Werk. Die Form des astrologischen Ausdrucks ändert sich. War er bis dahin fragmentarisch und wortkarg (wie auf den Schrifttafeln das Zeugnis der mesopotamischen Auguren) oder poetisch (wie in den Dichtungen des Manilius in Rom), so erfährt er durch die klaren Definitionen des Ptolemäus eine Rationalisierung. Und zudem ist es ein allumfassendes Werk. Ptolemäus erfaßt die sukzessiven, vereinzelten Strömungen des astrologischen Wissens, die sich in der Überlieferung verwandelten. Er legt die Lehre von den vier Elementen dar (Luft, Erde, Feuer, Wasser), innerhalb derer ein Kreislauf des Austauschs besteht, und die aus ihr erwachsende Klassifizierung der vier Grundeigenschaften (des Warmen, Kalten, Trockenen und Feuchten). Vor allem jedoch gibt er an, welchem Weg die Interpretation eines Horoskops zu folgen hat. Das allererste Horoskop (419 v. Chr.) mag zwar babylonischen Ursprungs gewesen sein, aber es war noch äußerst rudimentär: Erst die griechische Wissenschaft gelangte durch Ptolemäus zum Schlüssel seiner Übersetzung.

Das *Viererbuch* wurde zur astrologischen Bibel und diente als Nachschlagewerk für die arabischen und abendländischen Astrologen, die bis ins 17. Jahrhundert das Werk des Ptolemäus lediglich kommentierten und in ihm das 3 000jährige Schaffen der Astrologie von den Sumerern bis zu den Anfängen christlicher Zeit respektierten.

Linke Seite: Der Sphärenharmonie entspricht eine Harmonie der menschlichen Seele. Wenn der Mensch nicht mehr der »Spielball des Schicksals« sein will, so liegt es an ihm, den Sinn der Fragen zu erfassen, die die Symbole seines Horoskops aufwerfen. Illustration zum Buch Hiob von William Blake.

Oben: Ptolemäus projiziert die irdischen Koordinaten auf den Himmel. – Manuskript aus dem 16. Jahrhundert.

Kapitel III

Die geschichtliche Entwicklung

Viele Kulturen haben sich für die Bewegungen am Firmament interessiert. Eingekerbte Knochen aus der Eiszeit deuten darauf hin, daß dem Menschen bereits vor 32 000 Jahren die Periodizität des Mondes bewußt war. Uns zeitlich näher, beweisen Stonehenge (2750–1870 v. Chr.) und Carnac durch ihre Observatorien, daß die Kelten Sonnen- und Mondfinsternisse, die Deklinationen der Gestirne und die verschiedenen Bewegungsphasen von Sonne und Mond vorhersagen konnten. Allerdings ist nur wenig über die religiöse und praktische Bedeutung bekannt, die sie diesen Dingen beimaßen, weil sie ihr Wissen nicht schriftlich fixieren konnten.

Nach unserem gegenwärtigen Kenntnisstand war Mesopotamien die erste Kultur, die aus ihren Beobachtungen eine umfassende Lehre entwickelte und anwandte und sie uns mit Hilfe der Keilschrift übermittelte.

Diese Denkweise hielt bei vielen Völkern Einzug. Wenn »die Geschichte in Sumer angefangen hat«, so war sie geprägt von astraler Metaphysik. Aus der Region von Euphrat und Tigris gelangte die Astrologie im 6. Jahrhundert vor Christus nach Ägypten und breitete sich im 4. Jahrhundert vor Christus durch die Eroberungszüge Alexander des Großen in Indien und China aus. Die Vorstellung, die die Astrologie vom Universum vermittelte, verbreitete sich über die Kontinente, wo jede Kultur ihr einen eigenen Inhalt gab, indem sie die Astrologie ihren bestehenden Lehren einverleibte, und jedes Volk sie gemäß seiner Lebensweise und seiner Einstellung zum Schicksal zu Rate zog.

Die Feindseligkeit, die die Astrologie im Laufe der Jahrhunderte auf sich zog, ist hauptsächlich auf ihre zweifelhaften Praktiken zurückzuführen: Sei es nun in Griechenland oder Rom, im Mittelalter oder in der Renaissance, durchweg ist erkennbar, daß sich die Argumente ihrer Gegner weniger auf die Theorie über die Sterne als vielmehr auf den Determinismus bezogen, den die Astrologen ihr zuschrieben.

Drei aufeinanderfolgende Strömungen haben die Astrologie mit diesem Determinismus durchtränkt: Der Stoizismus, der sie in der Welt der Antike verbreitete, der islamische Fatalismus, der sie in das Europa der Gotik eindringen ließ, und das wissenschaftliche Denken des 19. Jahrhunderts, dem die Astrologie die rationalistische Argumentation entlehnte.

Aus diesem Grund gab es immer zwei Arten von Astrologie: die esoterische (nur Eingeweihten verständliche) Astrologie, die gelegentlich auch als die gelehrte bezeichnet wurde, und die exoterische (allgemeinverständliche) Astrologie, aus der das hervorging, was man in der Renaissance die judiziäre (richtende) oder volkstümliche Astrologie nannte.

Unter der esoterischen Astrologie ist jede symbolische Auslegung zu verstehen, die den Sinn hinter dem Buchstäblichen zu entdecken sucht, oder anders gesagt, die sich nicht mit einer buchstäblichen und eindeutigen Lesart zufriedengibt, wie sie der exoterischen genügt, sondern eine Interpretation sucht, die Teil der Ganzheit ist, die dem Symbol einen transzendenten Sinn verleiht. Wie bereits dargelegt, gibt es für jedes Symbol verschiedene Ebenen der Auslegung oder unterschiedliche Realitätsebenen. Die Esoterik wurde immer mit etwas Geheimem in Verbindung gebracht und mit einem Schleier des Mysteriösen umgeben, da der Zugang zu ihr eine Arbeit an sich selbst erfordert, die Worte nicht zu erfassen vermögen. Die Esoterik lehrt eine andere Sicht der Welt. Ebenso wie das eifrigste Musikstudium aus einem Menschen ohne musikalisches Gehör keinen Musiker macht, verwandelt auch die ernsthafteste Beschäftigung mit Mythen und Symbolen einen Menschen, der nicht mit der Seele hört und sieht, nicht in einen Esoteriker. Die Esoterik erfordert eine besondere Sensibilität, die unsere Kultur aus ihren allgemein akzeptierten Werten ausgeschlossen hat. Die esoterische Astrologie hat sich vornehmlich in Geheimzirkeln entwickelt, die die dort

Seite 54: Nur wenige Kulturen blieben der Astrologie gegenüber gleichgültig.
Venus und Adonis *von Tizian, Palazzo Barberini, Rom.*

vermittelten Lehren unterstützte und bereicherte. Es ist unwahrscheinlich, daß es sich um ein objektives Wissen handelte, das unentdeckt bleiben sollte: Der astrologische Korpus ist mit Sicherheit in seiner Gesamtheit bekannt. Allerdings haben wir die Schlüssel verloren, die es uns ermöglichen, die Türen zu dem spirituellen Sinn der Symbole zu öffnen. Die Entwicklung unseres Geistes hin zur Eroberung des Objekts und zur Beherrschung unseres materiellen Schicksals hat die Fähigkeit zur Interpretation eines höheren Sinns verkümmern lassen.

Seit den Griechen ist in der Geschichte lediglich die exoterische Tendenz der Astrologie erhalten. Diese Entwicklung ist rasch skizziert. Auch wenn der Einfluß der Astrologie schwer einzuschätzen ist, hat sie doch ihren Platz in der Geschichte der Völker und des Geistes. Manchmal entscheidend, gelegentlich verschwommen an den wichtigen Entscheidungen beteiligt, die sich auf den Gang der Ereignisse auswirkten, initiierte sie zahlreiche philosophische und religiöse Bewegungen oder schloß sich ihnen an.

Mesopotamien: Eine Astralreligion

Über welchen Zeitraum erstreckten sich die chaldäischen Beobachtungen? Berossos sprach von etwa 490 000 Jahren, Plinius und Cicero von 480 000 Jahren, Diodorus Siculus (1. Jh. v. Chr.) von 473 000 Jahren. Es ist schwierig, diese Zahlen heute zu belegen; wir begnügen uns damit, die Geschichte der Astrologie *in illo tempore* auszumalen und sie mit Orten und Texten beginnen zu lassen, die uns überliefert sind.

Der okkulte Sinn jener Texte wurde lediglich mündlich überliefert, und nur für manche sind die entsprechenden Rituale bekannt, da die Mysterien des sakralen Symbolismus in Babylonien nur Eingeweihten vorbehalten waren. »Die Riten, die du vollziehst, darf der Novize sehen; der Fremde, der dem Meister des Orakels nicht verbunden ist, darf sie nicht sehen: Wenn seine Tage nicht gezählt sind, darf der Uneingeweihte sie nicht kennen, das wäre ein Greuel für Anu, Enlil und Ea, die großen Götter.«[1]

Wenn ein Pythagoräer oder Platoniker noch wissen konnte, daß die von Berossos übersetzten Texte auf eine Vielzahl von Lesarten hindeuteten, so erinnerte sich die offizielle Geschichte der Astrologie nach Aristoteles leider nur noch ihrer wörtlichen Bedeutung.

Die ersten Zikkurats stammten aus dem 4. Jahrtausend vor Christus. Sie ermöglichten es den Priestern, mit dem Übersinnlichen in Verbindung zu treten und eins zu werden mit der geheiligten Manifestation des himmlischen Raumes, der allein dem menschlichen Dasein einen Sinn verlieh. Sie übermittelten ihre Beobachtungen dem König, dem Empfänger göttlicher Macht auf Erden, damit er das Geschick seines Volkes

Eine Szene, die Neujahrsriten darstellen könnte, in der man den Sonnengott Schamasch zwischen zwei Bergen auftauchen sieht, umgeben von anderen mesopotamischen Göttern. – Siegel des Schreibers Adda um 2250 v. Chr.

---

1. G. Conteneau, *La Divination chez les Assyriens et les Babyloniens*, Paris, Payot, 1940

lenke. Denn jedes Tun vom wichtigsten bis zum alltäglichsten setzte eine Mission des kosmischen Universums voraus: Die Wahl des Wohnortes, die Art sich einzurichten oder schlicht zu leben war nur in dem Maße sinnvoll, wie sie dem Willen der Götter entsprachen und somit geheiligt waren.

In jeder Stadt in Chaldäa und Assyrien gab es mehrere Observatorien, die zum Tempel oder zum Königspalast gehörten. Die Priester führten darin ein zurückgezogenes Leben wie in einem Kloster. Sie zeichneten die Sonnenflecken auf, die Mondphasen, die Bewegung der Sterne und die Windrichtungen und fingen an, Sonnen- und Mondfinsternisse vorherzusagen. Die Schrifttafeln des Sargon von Akkad (2350–2295 v. Chr.) zeigen, daß Sonnenfinsternisse vorhergesagt wurden. Geschickter waren sie jedoch noch in der Vorhersage von Mondfinsternissen. Die heutigen astronomischen Verifikationen beweisen, daß ihre Berechnungen zum Teil bis auf wenige Minuten korrekt sind. In Ninive hat man Scherben gefunden, die von einer riesigen gläsernen Linse stammen könnten. Möglicherweise bedienten sie sich schon optischer Instrumente. Sie entwickelten einen landwirtschaftlichen Kalender, der die Saatzeiten festlegte. Nachdem sie die Ekliptik in Verbindung mit den zwölf Mondphasen in zwölf gleiche Teile zerlegt hatten, unterteilten sie sie in 360°, die den 360 Tagen des Jahres entsprachen; jeder Tag umfaßte wiederum zwölf gleiche Teile oder zwölf Doppelstunden, die »babylonischen Stunden«, wie die Griechen sie nannten, und jede Stunde war unterteilt in 60 Minuten, jede Minute in 60 Sekunden und jede Sekunde wiederum in 60 Teile. Da ihnen aber klar war, daß ihr Jahr mit 360 Tagen nicht dem tatsächlichen Sonnenjahr entsprach, fügten sie alle sechs Jahre einen 13ten Monat ein.

Ihre Zählweise ermöglichte es uns, die wichtigen Daten ihrer Geschichte zu kennen und zu verifizieren. Ihr Jahr begann mit dem Monat Nizan, der den Frühlingsanfang markierte, wie es im größten Teil der christlichen Welt im Mittelalter ebenfalls der Fall war. Der Monat teilte sich in vier gleiche Teile, nach denen wir die festen Ruhetage kennen, den 7., 14., 21. und 28. eines Monats. Dieser Kalender erlaubte ihnen eine genaue Regelung des privaten und öffentlichen Lebens nach den himmlischen Weisungen. Entsprechend den Vorhersagen der Priester aus den Sternzeichen, entschied der König über alle Unternehmungen, die für Volk und Stadt von Bedeutung waren. Die profane Zeit existierte nur insoweit, wie sie sich nach der religiösen, kosmischen Zeit richtete. Ein Tempel, der den Menschen als Verbindung und Öffnung zum Himmel dienen sollte, wurde erst gebaut, nachdem man ausgiebig die Stellung der Planeten studiert und das günstigste Datum ausgemacht hatte. Das gleiche gilt für die Errichtung von Städten; sie wurden auf einer quadratischen Grundfläche gebaut, die der Einteilung des Universums in vier Horizonte oder Himmelsrichtungen entsprach (wie das himmlische Jerusalem). Man begann nichts, ohne die Planeten zu konsultieren, um das irdische Leben von der göttlichen Ausstrahlung profitieren zu lassen. So finden sich auf den archäologischen Überresten von Tempeln Inschriften eingraviert: »Ich, König von Assur und Chaldäa, habe diesen Tempel zu Ehren meines Herrn zur geeigneten Zeit gebaut [...]«

Die mesopotamische Kunst zeigt in all ihren Formen Hinweise auf die Astrologie: Auf Tempeln, Zikkurats, aber auch auf Flachreliefs, Tonkrügen und bemalten Töpferarbeiten vollzieht sich ein Dialog zwischen den Göttern und dem König, hergestellt durch die Planeten. Manche Szenen auf emaillierten Ziegeln erzählen von religiösen Festen, in deren Verlauf die Priester-Astrologen das irdische Leben mit den Zyklen der Sterne verbinden. Ihnen kam große Bedeutung zu, da sie die Himmelsrhythmen auf die Erde bezogen. Das wichtigste Fest fand am Neujahrstag statt (siehe Kapitel 2), wenn die Sonne ihren Lauf von neuem begann. Man beging den Neuanfang, indem man dem Menschen von seinen Ursprüngen erzählte. Dieses Vorgehen ist heutigen psychoanalytischen Therapien sehr ähnlich, in denen unbewußte »Dramen« aus der Kindheit bewußt gemacht und abreagiert werden sollen.

Wenn der bäuerliche Alltag und das Leben der Tempel und Städte das große heilige Buch ausmachten, dann bildeten die Kriege, die ganze Kulturen schaffen und zerstören konnten, die Kapitel. Und die Kämpfe waren den Aspekten der Sterne und den Orakeln unterworfen. Der Überlieferung nach wagte es Assurbanipal (668 v. Chr.), als er einen Krieg gegen Teumman, den König von Susa, führte, drei Tage lang nicht zu kämpfen, da gerade erst eine Sonnenfinsternis stattgefunden hatte. Zudem ließ er ein Horoskop der Schlacht erstellen, das ihm den Sieg voraussagte. Assurbanipal bestätigte die Voraussagen, indem er seine Feinde in die Flucht schlug.

Berossos, der von den Kenntnissen der Chaldäer begeistert war, gab seine Studien an die Griechen weiter: genaue Beobachtungen und Gegenüberstellungen der Astralsprache sowie der irdischen Wirklichkeit aus 2 500 Jahren oder mehr.

Griechenland: Von der Astralreligion zur Logik der Sterne

Wie wir wissen, fand Berossos in Griechenland eine Kultur vor, die der seinen ähnlich war. Schon lange vor den Eroberungen Alexanders des Großen standen Chaldäer und Griechen bereits durch die Reisen mancher griechischer Philosophen in Kontakt. Zahlreiche Vorstellungen, die diese entwickelt hatten, stammten ursprünglich aus Mesopotamien. Berossos fand eine

Rechte Seite: Neubabylonisches Rollsiegel mit einem Priester, der zur symbolischen Darstellung von Sonne und Mond betet.

Philosophie vor, die sich seit dem 6. Jahrhundert vor Christus auf das Gesetz der Analogie zwischen Mikrokosmos und Makrokosmos stützte, und bereits ab dem 5. Jahrhundert vor Christus die Beziehung zwischen der Bewegung der Sterne und den Menschen erklärte. Neben dieser Analogie gab es in Griechenland eine Reihe von Lehren, von denen einige persischen Ursprungs waren, wie zum Beispiel der Mithraskult, demgemäß die Seele sieben Stufen der Initiation oder sieben planetare Etappen durchlaufen muß. Während dieser Initiationsriten trugen die Gläubigen Masken, die die Tierkreissymbole darstellten.

Die Initiationslegende des Herkules war spezifisch griechisch, obwohl sie vermutlich eine Hellenisierung des Gilgamesch-Epos war. In den zwölf Arbeiten des Herkules ist die symbolische Darstellung der zwölf Etappen der Sonne oder des Menschen in seinem Streben nach Freiheit wiederzuerkennen. Die beiden Säulen deuten auf die Zwillinge hin, die Hydra von Lerna auf den Krebs, die Amazonen auf die Jungfrau, die Kentauren auf den Schützen und die windschnelle Hirschkuh auf den Steinbock.

Schon lange bevor die Tierkreiszeichen im Zodiakus festgehalten wurden, prägten sie die griechische Kunst; allen voran der Löwe, wie am Löwentor in Mykene, auf der Löwenterrasse in Delos, bei den Grablöwen auf Korfu und an manch anderem Ort, aber auch Widder und Stiere sind auf Tempelfriesen zu finden.

Es ließen sich noch viele weitere Beispiele anführen. Im 3. Jahrhundert vor Christus paßte sich die Astrologie zudem problemlos dem jeweils bestehenden Glauben und der Philosophie an; sie fügte sich in die jeweiligen Lehren ein, verband sich mit dem religiösen Gefühl und weckte das Interesse von Ungläubigen.

Die Eroberungen Alexanders des Großen führten zu einer Verschmelzung der mesopotamischen und der griechischen Kultur; während sich in Mesopotamien griechische Schulen ausbreiteten, gründete Berossos seine Schule auf Kos. Dort vermittelte er die chaldäischen Kenntnisse, die von der griechischen Philosophie beeinflußt wurden. Die Astrologie löste sich somit von einer gewissen religiösen Basis, erfuhr eine Individualisierung und bediente sich der Logik. In Chaldäa war die Astrologie nicht nur religiös, sondern auch kollektiv; da sie dem Herrscher vorbehalten war, betraf sie über seine Entscheidung das ganze Volk. Nachdem die Astrologie in Griechenland Fuß gefaßt hatte, hielt sie Einzug in den verschiedenen Religionen, verlor ihren offiziellen Charakter und richtete sich nunmehr aufgrund der Verbreitung des Geburtshoroskops an das Individuum. Sie wurde populärer und wurde fast nur noch für alltägliche Ereignisse von geringer Bedeutung zu Rate gezogen.

Ab dem 2. Jahrhundert vor Christus wurden mit Hilfe des griechischen Denkens – hervorgegangen aus dem patriarchalischen Logos – die arithmetischen und geo-

metrischen Prinzipien der Chaldäer weiterentwickelt und präzisiert.

In der Astronomie vervollständigte vor allem Hipparchos (2. Jh. v. Chr.) die Grundlagen seiner Vorgänger. Mittels Rektaszensionen und Deklinationen konnte er nun die genauen Himmelskoordinaten errechnen und so die Position eines Sterns bestimmen; er konstruierte ein Astrolabium, anhand dessen sich die Bewegungen der Himmelssphäre verfolgen ließen; und schließlich konnte er aufgrund seiner Kenntnisse der Trigonometrie die Dauer des Tages anhand der Deklination der Sonne und des Breitengrades des Ortes berechnen. Hipparchos stand am Beginn zahlreicher astronomischer Prinzipien, die es Ptolemäus (140 n. Chr.) ermöglichten, die Astrologie mit unerschütterlichen Grundlagen für die Erstellung eines Horoskops auszustatten und sie in den Rang einer intelligiblen Wissenschaft zu erheben. Mit dem *Viererbuch* des Ptolemäus veränderte sich die Astrologie entscheidend; aus den himmlischen Voraussagungen babylonischer Auguren wurde die auf logischen Sätzen gründende Auslegung eines Horoskops. Und sicher erfuhr auch die Stellung des Astrologen eine Wandlung: Waren sie in Babylonien noch Priester – ein Kettenglied in einer Hierarchie, die das Wissen monopolisierte –, so waren sie in Athen Gelehrte, die einen angesehenen Beruf ausübten (statt Astrologen nannte man sie »Chaldäer«, was ihnen eine überlegene Autorität verlieh, da ihr Wissen aus dem Orient stammte).

In seinem Werk *The Basis of the Astrology of Fixed Stars* sagt Dr. Hans Pietschenous: »Zur Zeit des Ptolemäus, der um 140 in Alexandria lebte, war die Astrologie vor allem als Horoskopwissenschaft populär, die sich auf die Vorstellung von der Fatalität des Schicksals gründete. Die Astrologen jener Zeit scheinen die spirituelle Sicht des Firmaments völlig aus den Augen verloren zu haben, die eben die Macht jener Wissenschaft ausmachte, und die anfangs durch die Chaldäer und die Ägypter ausgeübt wurde.«

Das populärwissenschaftliche Bestreben und die religiöse Neutralität der Astrologie in Griechenland hat ihre Botschaft tiefgreifend verändert: Was ist von dem zu halten, was Ptolemäus uns mindestens 3 000 Jahre nach der Entstehung der Astrologie in Sumer und 500 Jahre nach Berossos' Ankunft auf Kos überliefert? Hat der zivilisierte und rationale Mensch nicht heute, fast zwei Jahrtausende später (Ptolemäus starb 168 n. Chr.), den ursprünglichen Sinn der Symbole vergessen und sich vor ihren Aussagen verschlossen? Die symbolische Sprache der Astrologie sollte der Ausdruck der Urenergie auf den unterschiedlichen Ebenen der Schöpfung sein. Sie stellt in komprimierter Form die ontologischen und kosmologischen Erkenntnisse der Menschen des Altertums dar.

Ich bin nach wie vor zutiefst davon überzeugt, daß die heutige Astrologie nur noch Ausdruck ihres Niedergangs ist. Das heißt nicht, daß ihre Grundlagen falsch wären, sondern daß wir sie vertiefen müssen, um ihre ganze Bedeutung wiederzufinden. Nicht die Konzepte der vier Elemente, der drei Kraftformen und der beiden Geschlechter, die Ptolemäus in die Astrologie eingebunden hat, gilt es in Frage zu stellen, sondern den kausalistischen und deterministischen Geist, in dem diese Konzepte in der Folgezeit verstanden und angewandt wurden, und mit ihnen das gesamte astrologische Gebäude.

Die Einteilung in vier Elemente, drei Kraftformen und zwei Geschlechter gründet sich auf eine symbolische Sicht des Universums, der Natur und des Menschen, die sich nur in vertikaler Dimension begreifen läßt.

Die Trennung der Astrologie von der Religion in Griechenland war indes eher oberflächlich als tiefgreifend. Obwohl sie den Charakter der kollektiven Religion verlor, den sie in Chaldäa gehabt hatte, um eine vollwertige Wissenschaft zu werden, bewahrte sie sich trotz allem ein sakrales Substrat, das sich in der Kunst niederschlug. Die Attribute der Planeten waren nach wie vor die der Götter des Olymp, die man auf bemalten Keramiken, Mosaiken sowie in Skulpturen und in der gesamten Architektur wiederfindet. Zwar handelte es sich um eine Logik der Sterne, ihre Interpretation fügte sich jedoch ein in die künstlerische und religiöse Landschaft Griechenlands, in der die Götter des Olymp den symbolischen Charakter der Planeten zum Ausdruck brachten. Man kann sagen, daß die Astrologie die Ambiguität der griechischen Kultur auflöste. Sie vereint in ihrer horoskopischen Interpretation das religiöse Denken und den Fortschritt der Wissenschaften, die sich ansonsten voneinander lösten; obwohl sie in der Darlegung ihrer Methode überaus rational geworden ist, hat sie doch für einen Großteil ihrer Anhänger die Form eines echten Kults angenommen. Betete nicht der Gläubige, der dem Appollon von Delphi die Ehre erwies, gleichzeitig zu einer Sonne, die in seinem Horoskop in einem schlechten Aspekt stand (und dissonante Aspekte anderer Planeten erfuhr)?

Während ihrer gesamten Entwicklung in Griechenland veränderte sich die Astrologie mit den jeweiligen Strömungen des Denkens. Ptolemäus vertrat die Ansicht, daß die astrologischen Berechnungen sich nur erfüllen konnten, wenn andere natürliche Kräfte nicht intervenierten. Und viele, die heute die Astrologie praktizieren, sollten die Ratschläge des *Viererbuches* beherzigen: »Man darf nicht glauben, alles geschähe den Menschen, als sei jeder Fall durch göttliches Dekret geregelt. Und man darf nicht denken, daß die Ereignisse mit einer Fatalität eintreten, der man nicht entrinnen könne und die der Wechselwirkung mit jedem anderen Faktor entginge. Eine solche Ansicht wäre völlig unhaltbar.«

Er meinte, man solle zunächst die allgemeinen Ursachen studieren, die von himmlischen Konstellationen

abhängen, wie die Pest, den Krieg und jedes andere kollektive Unheil, um anschließend herauszufinden, ob es im individuellen Horoskop nicht mögliche Einflüsse gebe, die deren Auswirkungen neutralisieren könnten. Ptolemäus schrieb dem Menschen einen Teil der Verantwortung zu und bezeichnete die Astrologie als zweckdienliche Wissenschaft. Sie bringt zwar den Willen göttlicher Mächte zum Ausdruck, aber dem Menschen obliegt es, »interkurrierende« Kräfte ins Spiel zu bringen – Kräfte, die in seinem Horoskop vorhanden sind – und so sein Schicksal abzuwandeln. Trotz der Ratschläge Ptolemäus' wird die Auslegung eines Horoskops meist eher als Diktat verstanden denn als eine Quelle der Selbsterkenntnis, die eine geistige Öffnung ermöglicht. Mit dem Stoizismus entwickelte sich dann ein rechter Fatalismus: Sein Los zu kennen, ermögliche es dem Menschen, sich in Ruhe und mit Würde auf den Schock vorzubereiten, erklärten sie. Für das stoische Denken galt lediglich der Weise als frei, weil er aus freien Stücken will, was die himmlische Intelligenz für ihn vorsieht.

Der Sonnengott Appollon, hier dargestellt mit Diana, war eines der schönsten Symbole für den menschlichen Aufstieg. Seine Devise lautet: »Erkenne dich selbst und du erkennst das Universum und seine Götter«.

»Heil dir, oh Scheibe, die du am Himmel erstehst [...]« Diese Hymne wurde zu Ehren der Sonne gesungen, hier dargestellt durch den Gott Aton, dem der Pharao Akhnaton ein Opfer darbringt.

Das ägyptische Totenbuch.
Neues Reich.

Aber nicht alle griechischen Denker wandten sich der Astrologie zu. Im 2. Jahrhundert erhob sich zum Beispiel Karneades (ca. 215–130 v. Chr.) gegen den astrologischen Determinismus gewisser Astrologen mit Argumenten, die lange Zeit die Gültigkeit der Astrologie überaus wirkungsvoll in Frage stellten: Wie läßt sich erklären, daß Zwillinge, die zur gleichen Zeit auf die Welt kommen, unterschiedliche Schicksale haben? Wie ist zu verstehen, daß die Soldaten, die bei derselben Schlacht getötet werden, nicht mit dem gleichen Horoskop geboren sind?

In vielen Fällen machte die griechische Logik Schluß mit den leicht mißbräuchlichen Ausweitungen astrologischer Deutungen und oft auch mit den Prinzipien, für die man sie verantwortlich machte. Auch wenn die Debatte auf dem Gipfel der intellektuellen Hierarchie gelegentlich Formen eines Rechtsstreits annahm, so änderte das doch nichts am Lauf der Dinge. Die Astrologie hatte in den griechischen Sitten und Gebräuchen Fuß gefaßt und breitete sich von Griechenland über die ganze Welt aus.

Ägypten: Esoterisches Wissen

Die Astrologie erlebte in Ägypten zwei entscheidende Epochen. In der ersten Epoche im 6. Jahrhundert vor Christus verbreitete sie sich offenbar im ganzen Land während der persischen Feldzüge und drang in die bestehende Religion ein. Sie dürfte daraufhin Bestandteil einer Initiationslehre geworden sein, die einzig ihren Gläubigen vorbehalten war, dem König, den Priestern und einigen Auserwählten. Später, zwischen 150 und 50 vor Christus, trat sie in der *Hermesvision* zutage, die dem Hermes Trismegistos zugeschrieben wurde, dem göttlichen Schreiber in der Mythologie. Parallel zu dieser Priester-Astrologie wurde auch eine dem Volk vertraute stellare Astrologie praktiziert. Sie gründete sich auf den heliaktischen Aufgang des Sirius, der den Kalender bestimmte und eine Vorhersage der Überflutungen des Nils ermöglichte.

Die zweite astrologische Epoche in Ägypten fand zur Zeit der Eroberungen Alexanders des Großen statt, der die griechische Wissenschaft ins Land brachte, und zur Zeit des *Viererbuches* von Ptolemäus, das zur Übernahme wissenschaftlicher Grundlagen und der griechischen Logik in das mystische Denken Ägyptens führte. Der Einfluß Griechenlands hat vermutlich allen Gesellschaftsschichten die (planetare) Priester-Astrologie, wie wir sie kennen, zugänglich gemacht. Die Ägypter hatten einen Tierkreis entwickelt, der sie bekannt machte und in dem jedes Zeichen in drei Dekaden – von je zehn Grad – unterteilt war, die von einem Planeten regiert wurden. Darüber hinaus enthielt er den Falken als Symbol des Äquators, den Ibis als Symbol der Ekliptik und den Hundskopfaffen als Symbol der beiden Tagundnachtgleichen.

Doch bis zur Ankunft der Griechen verband sich die esoterische Religion in Ägypten mit dem Kult des Nil: »Ägypten ist ein Geschenk des Nil.« Und entsprechend der gleichförmigen Bewegungen dieses Flusses galt die Beständigkeit als ägyptisches Ideal. Da seine Überschwemmungen zu festen Zeiten kamen, bestand für die Ägypter keine Notwendigkeit, die Himmelsbewegungen sonderlich genau vorherzubestimmen.

Erst mit der griechischen Vorherrschaft tauchten in ägyptischen Schriften Vorhersagen der Eklipsen auf.

Die Chaldäer hatten sich schon seit langem diesem Studium gewidmet und eine symbolische Deutung der Astralbewegungen hervorgebracht. Die Religion der Ägypter war im wesentlichen dominiert von der Sonne, und die Lehre, die daraus hervorging, symbolisierte den Tod und die Wiedergeburt des Gestirns, wenn es von der Nacht in den Tag überging, ebenso symbolisierte sie den Tod und die Wiedergeburt der Pflanze und den Tod und auch den anschließenden Eintritt in die Unsterblichkeit der Herrscher Ra und Osiris.

Diese Skizze der ägyptischen Religion ist sehr knapp, aber sie auszuführen fiele nicht in den Rahmen der Geschichte der Astrologie, da Ägypten eher zu den Erben der Astrologie als zu ihren Begründern gehört. Die Archetypen, die ursprünglich identisch waren in Chaldäa und Ägypten, entsprangen dem Erfahrungsbereich des jeweiligen Landes. Sicher hat sich ein symbolisches Denken in Chaldäa aus einer Art der Fragestellung heraus entwickelt, die wiederum durch solche Lebensbedingungen bestimmt ist, denen die Ägypter nicht ausgesetzt waren. Dieses symbolische Denken stand jedoch am Anfang der bekannten wissenschaftlichen Entwicklungen.

Rom:
Der Einsatz politischer Macht

Während die Astrologie in Ägypten Fuß faßte, drang sie im 2. Jahrhundert vor Christus infolge der punischen Kriege auch nach Rom vor. Es waren die Griechen, damals Sklaven der Römer, die ihre Herren in die Himmelskunde einführten.

Über sechs Jahrhunderte hinweg (2. Jh. v. Chr. – 4. Jh. n. Chr.), vor allem aber unter der Herrschaft Augustus', fand die Astrologie Eingang in die römischen

Oft war die Astrologie mit den Künsten der Weissagung verbunden. Ein solches Instrument (3. Jh.) hätte beiden Wissenschaften dienen können. Dieses wurde Anfang unseres Jahrhunderts in Pergamon gefunden.

Sitten und die römische Mentalität, erlebte allerdings periodische Versuche der Unterdrückung.

Sie verlor dort ihren religiösen, metaphysischen und initiatorischen Charakter, den sie in Chaldäa und anfangs in Griechenland und Ägypten hatte, und war nur noch eine divinatorische Wissenschaft, die einmal mit den anderen »Weissagungskünsten« konkurrierte, und sie ein andermal verdrängte. Sie stieß jedoch auf ein Feld, das schon von allerlei doktrinären Pflugscharen mit vielfältigen Glaubensrichtungen beackert war, und nun bereit war, eine wie auch immer geartete neue Saat aufzunehmen.

In prähistorischer Zeit glaubte man in Rom an die Omnipräsenz mysteriöser Kräfte: an gute und böse Geister, an die Beseeltheit aller Dinge. Der Römer der Frühzeit kannte keinerlei Theologie, keine Moralgesetze und keine dem Menschen ähnliche Darstellung der Göttlichkeit. Er versuchte nicht, das Geheimnis der Natur zu durchdringen, wie etwa in Chaldäa und Griechenland. Die Römer beschäftigten sich lediglich mit dem Versuch, jene Mächte, die ihnen unbegreiflich waren, mit Zeremonien zu befrieden und besänftigen, in denen Beschwörungen rezitiert wurden. Unter dem Einfluß der Etrusker erhielten diese Mächte (die *numina*) nach und nach Gesichter und Namen: Jupiter, Janus, Mars, Juno, Vesta. Unter deren oberster Leitung begannen sich Weissagungspraktiken herauszubilden wie die Haruspizes (Eingeweideschau), wobei besonders die Leber heiliger Tiere untersucht wurde. Es entstanden Priesterkollegien, die die Einhaltung der Riten überwachten.

Als die Römer zwischen dem 4. und 3. Jahrhundert vor Christus mit den Griechen, Afrikanern und Asiaten in Kontakt kamen, stellten sie fest, daß die Symbolik der eigenen Götter mit denen der fremden Gottheiten übereinstimmte. In Poseidon erkannten sie Neptun, in Hermes Merkur, in Venus Aphrodite. Das griechische Pantheon trat an die Stelle des römischen. Dieser instinktive und scheinbar natürliche Synkretismus brachte jedoch eine religiöse Krise mit sich: Es bestand noch eine gewaltige Kluft zwischen den ganz auf Beschwörungsgesten und -formeln beruhenden Praktiken, die das Wohlwollen der römischen Götter bewirken sollten, und der mystischen Beziehung der Griechen zu ihren Gottheiten. Die griechische Religion war hervorgegangen aus einer ganzen Schule säkularen Denkens mit einem Moralcodex und einer Disziplin, wie sie die Römer nicht entwickelt hatten. Der Römer fühlte sich überfordert und verlor das Vertrauen in die vertrauten Riten, die seine Anwesenheit auf Erden mit den übernatürlichen Mächten versöhnt.

Neben den griechischen Göttern erlebten im 3. Jahrhundert vor Christus zahlreiche aus Kleinasien stammende Glaubensrichtungen eine Blüte: Der persische Mithraskult war ebenso zu finden wie der ägyptische Isis- und Osiriskult. Die Einwohner Roms sahen sich

64

Römischer Altar mit zwölf Göttern. Von den zwölf Göttern des römischen Pantheon regierten einige die Tierkreiszeichen.

mit diversen Weltanschauungen konfrontiert, was allerdings kein Gefühl der Einheit aufkommen ließ und dem einzelnen keine Sicherheit bieten konnte.

Es kommt häufig vor, daß ein mit Waffengewalt besiegtes Volk auf der Ebene der Ideen eine Bereicherung erfährt. Die Chaldäer lehrten die Griechen, die sie besiegt hatten, die Grundlagen der astrologischen Wissenschaft und waren auf zahlreichen Gebieten bahnbrechend. Dieses Phänomen ist noch leichter zu verstehen in den Wirren Roms des 3. und 2. Jahrhunderts vor Christus: Die Griechen nahmen dort eine Art intellektueller Vorrangstellung auf dem Gebiet der Literatur, der Kunst und der Astrologie ein. Und man bezeichnete hier ebenso wie in Athen die griechischen Astrologen, die in babylonischen Schulen studiert hatten, als Mathematiker oder Chaldäer.

Die Astrologie gewann in Rom überaus großen Einfluß auf künstlerischem, politischem wie auch auf religiösem Gebiet, obwohl sie bei den Philosophen nicht immer einhellige Zustimmung fand. Schon Cicero wandte sich im 1. Jahrhundert vor Christus gegen die Horoskopsteller: »Wie vieles haben, meines Wissens nach, die Chaldäer Pompeius, Crassus und sogar Cae-

sar vorausgesagt: daß keiner von ihnen sterben werde, es sei denn in hohem Alter, in Frieden und im Ruhm! Was mich wundert, ist die Tatsache, daß sich immer noch jemand findet, der diesen Leuten glaubt, deren Weissagungen sich jeden Tag durch die wirklichen Ereignisse Lügen gestraft sehen.« (*De Divinatione*)

Alle Kaiser von Augustus über Tiberius, Nero, Vespasian bis hin zu Marc Aurel hatten ihre eigenen Astrologen; auch wenn ihnen manchmal das Vertrauen entzogen und sie anschließend aus Rom vertrieben wurden, weil sie allzu sehr in politische Ränkespiele verstrickt waren, gehörten sie doch zu den Ratgebern, die am meisten Gehör fanden.

Der erste Astrologe, dessen Name uns überliefert ist, war ein Gelehrter namens Nigisius Figulus (99–45 v. Chr.). Als der Vater des zukünftigen Augustus wegen der Geburt seines Sohnes zu spät im Senat eintraf, sagte er ihm voraus, daß »das Kind aufgrund der Stellung der Planeten einmal ein Führer« werde.

Schon damals trugen die Legionen Caesars den Stier als Emblem, und als ein Astrologe Julius Caesar warnte, daß ihm während der Iden des März (44 v. Chr.) Todesgefahr drohe, traf er keinerlei Vorsichtsmaßnahmen, da seiner Meinung nach das, was kommen sollte, unausweichlich kommen würde.

In der Regierungszeit Augustus' (27 v. Chr. bis 14 n. Chr.) durchdrang das astrologische Denken die Sitten, Gebräuche und das Alltagsleben. Das lateinische *Fatum* beherrschte die Lebenseinstellung, und die Astrologie entwickelte sich zum führenden Aberglauben. In jener Zeit schrieb Manilius seine Dichtung *Astronomica* (9 v. Chr. bis 14 n. Chr.), das Hauptwerk der römischen Astrologie. »Das Schicksal regiert die Welt, das Universum ist von einem unbeugbaren Gesetz beherrscht.«

Obwohl Augustus noch sehr jung war, beeindruckte ihn die glorreiche Zukunft, die ihm Theagenes vorausgesagt hatte; er ließ sein Horoskop veröffentlichen und eine Silbermünze mit dem Sternzeichen Steinbock prägen, unter dem er geboren war.

Nachdem die Sterne die politische Szene beherrschten, indem sie die Macht legitimierten, hielten sie auch Einzug in das Theaterdrama und nahmen eine herausragende Stellung in der Literatur ein.

Horaz (68–8 v. Chr.) brüstete sich, zu den Männern Merkurs zu gehören, Properz stellte in seinen Elegien einen Astrologen dar, und die Tragödien Senecas (4. v. Chr. – 65 n. Chr.) waren voller astrologischer Tiraden: In *Thyestes* zählt der Chor die zwölf Tierkreiszeichen vom Widder bis zu den *ultima sidera pisces* – den Fischen – auf und schildert die Welt, die verdirbt, weil die Sonne kehrtmacht. Und Vergils (70–19 v. Chr.) *Georgica* bilden einen der ersten astrologischen Almanache. Als Augustus sein Ende nahen spürte, verbannte er alle Astrologen, damit sie seinen Tod nicht vorhersagen konnten.

Römischer astrologischer Globus.

Sein Nachfolger Tiberius (Kaiser in der Zeit 14–37 n. Chr.) ließ jeden umbringen, dem per Geburtshoroskop ein großes Schicksal vorausgesagt wurde. Nach Tacitus (um 55–120 n. Chr.) wurde Agrippa geweissagt, ihr Sohn werde das Reich besitzen und seine Mutter töten; es handelte sich um Nero, der einen »von den Chaldäern als günstig angezeigten Augenblick« abwartete, um sich zum Kaiser zu proklamieren.

Petronius (gest. 67 n. Chr.) schrieb den *Satyricon* unter Neros Herrschaft. In einer Szene besteht ein Festmahl aus einer Folge von zwölf Gerichten, die den zwölf Tierkreiszeichen entsprachen und es den Gästen ermöglichte, sich nach dem Sternzeichen zu ernähren, unter dem sie geboren waren.

Es gibt zahlreiche Anekdoten über Astrologen, die in ihren Weissagungen allzu unvorsichtig waren:

So wurde Asceletarion, nachdem man ihn eingekerkert hatte, weil er den bevorstehenden Tod des Kaisers geweissagt hatte, von Dolmitian gefragt, »wie nun sein eigenes Ende aussehe«. Asceletarion sagte, er werde bald von Hunden in Stücke gerissen. Domitian ließ ihn verbrennen, und um die Ungenauigkeit seiner Kunst zu demonstrieren, »sollte er mit größter Sorgfalt bestattet werden. Als man seine Anweisungen ausführte, geschah es, daß ein plötzlicher Sturm den Scheiterhaufen umwarf und Hunde den halb verbrannten Leichnam in Stücke rissen.« (Suetonius)

Septimius Severus (er herrschte von 193 bis 211) ging, als er noch Legat war, prosaischer vor und ließ das Horoskop mehrerer junger Mädchen stellen, um jene zu heiraten, deren Zukunft sie als Kaiserin auswiese. So geschah es auch. Der damalige Herrscher Commodus wollte sich für diese Kühnheit rächen. Doch kurz bevor er seine Pläne in die Tat umsetzen konnte, wurde er ermordet, und Severius wurde Kaiser.

Diese römischen Schriften zeigen das Bild, das die Menschen sich von der Astrologie machten: Man wußte nicht, ob man mit der Allmacht, die Zukunft vorauszusagen und der Beschränkung allein auf die Interpretation der Ereignisebene nicht das symbolische Verständnis verloren hatte. Die Götter waren zu »Konsumgütern« geworden, und um die Astrologie besser verkaufen zu können, überschätzte man ihre Möglichkeiten. Es steht fest, daß die Astrologie das grauenvolle Ende Asceletarions, der von Hunden zerrissen wurde, nicht so detailliert hätte vorhersagen können. Dazu bedurfte es der Konkurrenz mit anderen divinatorischen Wissenschaften wie der Eingeweideschau, die damals sehr in Mode war. Es ist allerdings wahrscheinlich, daß jene, die Suetonius davon erzählt haben, eifrige Verfechter der Sternkunde waren und der Astrologie zu mehr Ansehen und historischer Anerkennung verhelfen wollten, indem sie die Erfüllung seiner Weissagung allein Asceletarions Fähigkeiten zuschrieben. In Wahrheit haben solche Übertreibungen eher das Gegenteil bewirkt.

Severus Alexander (Regierungszeit: 222–235) bemühte sich, die Astrologie zu einer jedermann zugänglichen Wissenschaft zu machen; er gründete astrologische Lehrstühle, die vom Staat bezahlt wurden. Man wandte die Astrologie auf die Medizin an, die zu einer Iatromathematik wurde, zur Anwendung astrologischer Gesetze auf die Medizin (*iatros*, griech.: Medizin), um die Diagnostik und Prognostik von Krankheiten zu bereichern.

Auf dem Gebiet der Kunst verband sich die Astrologie mit dem Götterkult, und es entstanden Tempel zu Ehren von Saturn, Venus, Jupiter, Apollo und anderen. Vor allem Mars wurde verehrt; der Mythos machte ihn zum Vater von Romulus und Remus, das Marsfeld diente zu militärischen Aufmärschen, und sein Abbild ist in Skulpturen, den Wandmalereien in Pompei, den Mosaiken des Herkulaneums und so weiter zu finden. Die Astrologen erforschten das astrologische Horoskop, das der Gründung Roms durch Romulus entsprach (753 v. Chr.), um etwas vom Schicksal der ewigen Stadt zu erfahren.

Im 3. Jahrhundert vor Christus wurden die *Septizonia* errichtet, deren sieben Stockwerke mit den sieben Planeten in Beziehung standen. Sie erinnern an die Zikkurats Chaldäas. Der Grundriß der römischen Theater ist von den Unterteilungen des Tierkreises inspiriert. Die Astrologie herrschte unumschränkt, auch wenn Augustus, Tiberius oder Claudius in ihren Edikten die Astrologen gelegentlich verdammten. Diese Maßnahmen riefen häufig die gegenteilige Wirkung hervor: Gerade wenn die Astrologie ein Schattendasein fristete, löste sie leidenschaftliche Debatten unter den Intellektuellen aus.

Als der Gnostizismus im 1. Jahrhundert nach Christus in Rom Fuß faßte, hatte er die Astrologie bereits aufgesogen. Der Gnostizismus stützte sich als Lehre auf eine höhere Erkenntnis (*gnosis*, griech.: Wissen) göttlicher Realitäten und vertrat den Dualismus. Diese Lehre war mehreren Sekten gemeinsam, die dieses grundlegende Wissen auf unterschiedliche Weise zu erlangen suchten, die aber alle Anhänger einer gemeinsamen Kosmologie und Theologie waren, die von astrologischen Überzeugungen beeinflußt war.

In einer der bekanntesten Schriften, den *Pistis Sophia*, ist zu lesen, wie Jesus seinen Jüngern die Stellung der Planeten durch den Schöpfer erklärt: »Er ernannte 1 800 Statthalter pro Äon[2], denen wiederum 360 weitere Statthalter (die 360° des Tierkreises) vorstanden; und um all diese Statthalter zu lenken, ernannte er fünf große Herrscher, die in der Welt der Menschen unter folgenden Namen bekannt sind: Der erste heißt Kronos, der zweite Ares, der dritte Hermes, die vierte Aphrodite, der fünfte Zeus.«[3]

Das gnostische Denken war stark durchdrungen vom astrologischen Symbolismus, blieb aber den Weissagungspraktiken gegenüber feindlich eingestellt. Hätte das orthodoxe Christentum die Gnosis nicht verworfen, hätte die Astrologie vielleicht auch in der christlichen Religion eine Rolle gespielt. Wir dürfen allerdings nicht vergessen, daß zu jener Zeit die Grundlagen ihrer metaphysischen Weisheit schon lange in sich zusammengebrochen waren; man verleugnete die freie Willensentscheidung, was meist eine große Passivität gegenüber den Fügungen des Schicksals zur Folge hatte.

Im 3. Jahrhundert erhoben sich Theologen und Neuplatoniker gegen diesen Fatalismus, weil er die Moralgesetze untergrub. »Der Fatalismus ist gottlos, weil er

---

2. Im gnostischen System sind die Äonen Emanationen des Ewigen, Vermittler zwischen Gott und der materiellen Welt.
3. Zitiert nach Christopher McIntosh, *L'Astrologie dévoilée*, Fayard, 1974, S. 66

Römische Bronze (1. Jh.), die die Königin der Nacht oder Mondgöttin in ihrem Sternenmantel darstellt.

den Menschen der Verantwortung enthebt und der Mensch Gott die Verantwortung überträgt, der zum Urheber des Bösen wie des Guten wird.« Der Neuplatonismus entwickelte sich im 3. Jahrhundert mit Plotin (um 205–270) in Alexandria und später in Rom. Er blieb der pythagoräischen Überlieferung treu, die den Kult der Harmonie, der Proportion und der Verbundenheit des Universums lehrte und die Auffassung vertrat, daß jedes Wesen sich mit den anderen Teilen des Universums in Verbindung setzen könne. Plotin legte dar, »der Lauf der Sterne kündet jedem Ding die Zukunft, aber er macht sie nicht [...] Die Himmelsbewegungen sind die Zeichen, nicht die Ursachen.« Viele Theoretiker übernahmen Plotins Lehre, die an die Tradition der vollkommenen Harmonie anknüpfte und die Verirrungen und deterministischen Mißbräuche der römischen Welt beseitigte. So konnte die christliche Welt die Astrologie dulden.

Die Anfänge der christlichen Welt: Zeichen oder Ursachen

Zwischen dem 3. und 4. Jahrhundert nach Christus war die Astrologie für die einen eine Wissenschaft, für die anderen eine Religion. Für das entstehende Christentum war sie die Frucht eines heidnischen Aberglaubens, die schwer zu verdrängen war. In den Henochbüchern ist von sieben Himmeln die Rede, in denen sieben Planeten kreisen, und es wird bestätigt, daß der Mensch durch die Weisheit von sieben Substanzen nach dem Bild der Welt geschaffen wurde; schließlich heißt es dort, daß der Name Adam das griechische Anagramm der vier Kardinalpunkte ist. Selbst die Bibel verweist auf astrale Glaubensinhalte: der Stern, der die chaldäischen Astrologen oder die Weisen aus dem Morgenland nach Bethlehem führte; die Sonnenfinsternis an Christi Todestag. Die zwölf Söhne Jakobs können wie die zwölf Apostel an die zwölf Tierkreiszeichen erinnern. Und schließlich fällt die Geburt Christi auf die Wintersonnenwende, und in vielen unserer Kirchen ist festzustellen, daß die Mittelrosette von zwölf Aposteln in leuchtendem Buntglas umgeben ist, während dasselbe Portal von außen mit Skulpturen der zwölf Tierkreiszeichen verziert ist. Häufiger findet man jedoch die vier Evangelisten symbolisiert durch einen Engel (Wassermann) für den heiligen Matthäus, einen Stier für den heiligen Lukas, einen Löwen für den heiligen Markus und einen Adler (Skorpion) für den heiligen Johannes. Im übrigen stellte Konstantin in seinem Diskurs zur Eröffnung des Konzils von Nicäa symbolisch die Sonne mit Christus gleich und die zwölf Apostel, die Säulen der Kirche, mit den zwölf Tierkreiszeichen.[4] Es gab unzählige Diskussionen, vor allem über die drei Weisen aus dem Morgenland. Wenn man den Stern als Ursache für die Geburt Gottes ansah, hieße das, die Überlegenheit Gottes leugnen. Origenes verteidigte die Astrologie und griff die platonische und plotinische Tradition wieder auf; er akzeptierte sie als »Entschlüsselung der symbolischen Schrift, deren Buchstaben die Gestirne sind« (Bouché Leclerc), und in diesem Sinne gilt der Morgenstern lediglich als ein Zeichen, daß Jesus auf die Welt gekommen ist.

Mit ihren diversen Gelehrten hat die Kirche die Astrologie vor allem von jeglichem religiösen Charakter reinigen und ihr nur den Anspruch einer Wissenschaft lassen wollen. Der heilige Augustinus (354–439) praktizierte die Astrologie selbst und schloß sich nach einigen Meinungsumschwüngen Plotin und Origenes an (siehe *Über den Gottesstaat*). Die Kirche erließ nie kanonische Verbote gegen die Astrologie als solche, höchstens gegen ihre fatalistische und deterministische Ausprägung.

Ab dem 4. Jahrhundert war die christliche Lehre so dominant, daß die Astrologie verschwand; sie war mit den Vorstellungen der Gläubigen nicht mehr in Einklang zu bringen. Erst im Mittelalter tauchte sie in Europa erneut auf, wiedereingeführt durch die Araber.

Die arabische Welt: Eine sehr genaue und fatalistische Astrologie

Die Araber sind eines der Völker, die sich am stärksten für Astrologie interessiert haben. Als sie sich rund um das Mittelmeer ausbreiteten, entdeckten sie sie in den griechischen und chaldäischen Kulturen, übersetzten die Schriften und vervollkommneten die Techniken zur Horoskopstellung und der Auslegung. Dieses Wissen brachten sie nach dem Jahr 1000 ins christliche Europa. Berichten zufolge ist eines ihrer astrologischen Lehrbücher, *Das Buch der Geheimnisse von Sonne und Mond*, die Übersetzung von Schriften aus dem 13. Jahrhundert vor Christus, die ein babylonischer Flüchtling (er wurde lakonisch »der Chaldäer« genannt) im Irak um 900 unserer Zeit in den Archiven seiner Familie wiederentdeckte.

Das Interesse der Araber an der Astrologie reichte jedoch bis 750 nach Christus zurück, als sie Kenntnis von dem *Viererbuch* des Ptolemäus und den Werken des Firmicus Maternus erhielten, eines hervorragenden römischen Astrologen aus dem 4. Jahrhundert nach Christus.

---

4. Für alle, die sich für Übereinstimmungen zwischen der Bibel und der Astrologie interessieren, bietet Andrée Petibon mit seinem Buch *Christ et zodiaque*, La Colombe ed., einen guten Überblick über die esoterische Sicht. Und selbst in der Bibel sind astrologische Verweise zu finden: Deut., 13.14; Richter, 5.20; Ps.; 19.3; Dan. 4.26; Dan., 5.4; Mt., 2.2; Mt., 24.29; und Apok.; passim.

Linke Seite: Lateinisches Manuskript, das Christus zeigt, umgeben von Sonne und Mond und den vier Evangelisten, symbolisiert durch die vier festen Zeichen des Tierkreises.

Arabisches Astrolabium aus dem 10. Jahrhundert, das die Berechnung der Planetenposition ermöglichte.

Nächste Seite: Das Sternzeichen des Widders aus der Abhandlung zu den Geburtskonstellationen, *die Albumazar zugeschrieben wird.*

Diese beiden Männer stellten für die Araber die höchsten klassischen Autoritäten auf dem Gebiet der Astrologie dar. Sie bemühten sich, die Genauigkeit der Arbeiten Ptolemäus' noch zu vervollkommnen, indem sie die arabischen Ziffern und die Null auf sie anwandten. Sie betrieben eine überaus konkrete Astrologie, die große Präzision verlangte. Sie widmeten sich der Lehre der allgemeinen oder individuellen »Opportunitäten«, die auf dem Prinzip beruhte, den Himmel zu einer präzisen Fragestellung zu betrachten – die finanzieller oder affektiver Art sein und allgemein alle Bereiche des täglichen Lebens betreffen konnte –, indem sie das Horoskop für den Zeitpunkt stellten, an dem man sich die Frage stellte. Sie meinten, aus dieser Karte die entsprechenden Ereignisse oder Umstände ableiten zu können. Sie bedienten sich dieses Verfahrens, um den günstigsten Zeitpunkt für die Umsetzung bestimmter Vorhaben und sogar gewisser häuslicher Aufgaben zu bestimmen. Sie befragten den Himmel auch anhand präziser Regeln, um einen Dieb zu fangen oder verlorene Gegenstände wiederzufinden und so fort.

Obwohl der Koran jegliche Form der Anbetung von Sonne und Mond verbietet, war die Astrologie, wie sie von den Moslems praktiziert wurde, durchaus vereinbar mit dem Glauben an die Vorbestimmung; sie entwickelte sich über 800 Jahre hinweg von 750 bis 1550 in einer blühenden Kultur.

Zunächst breitete sie sich in den Hauptstädten der Kalifate zwischen Nil und Euphrat aus, vor allem in Damaskus und Bagdad, wo eine berühmte Schule der Astrologie gegründet wurde, und sie im 9. Jahrhundert in Kairo unter der Protektion des glanzvollen Harun Al Raschid, eines Zeitgenossen Karls des Großen, stand. Mit der Ausbreitung des Islam fand die nunmehr arabisierte griechisch-babylonische Astrologie Verbreitung in einem riesigen Territorium, das von Indien bis zum Mittelmeer reichte: in Turkestan, in Persien, in der Türkei, in Ägypten und Nordafrika bis hin zum eroberten Spanien.

Die Araber bauten zahlreiche Observatorien und festigten die astronomischen Grundlagen der Astrologie. Sie unterschieden und benannten die Sterne Rigel, Beteigeuze und andere und definierten genau Zenit und Nadir. Sie entwickelten einen eigenen Zodiakus und gaben den zwölf Tierkreiszeichen die Namen von Waffen: Messer, Dolch, Lanze, Schleuder und so weiter, deren Wesen mit dem der Jungfrau, des Widders, des Steinbocks, des Wassermanns und so fort jeweils übereinstimmte.

Mit ihrem Geschick in der Metallbearbeitung stellten sie die feinsten Astrolabien her, die es ermöglichten, die Höhe der Sterne über dem Horizont sowie Stunde und Breite zu bestimmen. Vor allem aber achteten sie darauf, die Unterteilung des Zodiakus mit der Frühjahrs-Tagundnachtgleiche zu beginnen, indem sie das Vorrücken der Tagundnachtgleichen berücksichtigten. Meist gibt ihr Zodiakus zudem nicht die Anordnung der Sterne wieder, sondern drückt die rein astrologische Darstellung des Zeichens aus. Zum Beispiel sieht man für das Zeichen des Löwen Helios-Apollon auf dem Sonnentier reiten (Helios-Apollon symbolisiert die Sonne, den Regenten des Sternzeichens Löwe).

Sie entwickelten die Alchimie in Zusammenhang mit der Astrologie erheblich weiter und zogen daraus zahlreiche therapeutische Konsequenzen. Bei vielen Autoren ist die Astrologie auch eng mit dem Sufismus der islamische Mystik verbunden.

Doch ebenso wie in anderen Ländern, fand die Astrologie nicht immer die einhellige Zustimmung arabischer Philosophen, vor allem in ihrer streng deterministischen Anwendung. Allerdings gab es keine offizielle Verurteilung der Astrologie, wie es in Rom der Fall war. Sie blieb ein Kulturelement, das es den Arabern erlaubte, ihre Weltsicht zu bereichern und ihr Tun besser zu lenken.

Diese Harmonie findet sich in der Kunst wieder, die sich viel mit Astrologie befaßt hat, vor allem in der Miniatur, die zwischen dem 12. und 14. Jahrhundert einen außergewöhnlichen Entwicklungsschub erfuhr. Sie illustriert die berühmtesten astrologischen Abhandlungen von Albategnus, Abu Maschar und die bekannteste – *Die Blumen der Astrologie* von Albumazar (796–873) –, eines der ersten Werke, das Gutenberg in lateinischer Übersetzung drucken sollte.

Eingeschränkt durch das islamische Verbot, die Natur zu imitieren, entwickelten die astrologischen Miniaturen eine »geschlossene« Ästhetik, die der modernen Kunst nahekommt. Mosaiken und bemalte Keramiken zeugen von der Gründlichkeit, mit der sie die Astrologie betrachteten und die das Europa des Mittelalters übernehmen sollte.

Das Mittelalter: »Astra inclinant, non necessitant«[5]

Wenn die Astrologie im Mittelalter eine Wiederbelebung erfuhr, so nicht, weil ihre Götter wie durch ein Wunder im Herzen der Menschen plötzlich wiederauferstanden wären, sondern weil sie nie wirklich aus ihrer Erinnerung verschwunden waren. Das Urchristentum hatte die Astrologie allein wegen des Fatalismus verworfen und wegen der Anwendung, die sie bei den Römern hauptsächlich erfahren hatte. Der Fatalismus leugnete die freie Willensentscheidung und die Verantwortung des einzelnen und erlaubte Gott keinerlei Eingriffe. Nach dem Jahr 1000 genügte dem nach Erkenntnis lechzenden christlichen Europa die eine Offenbarung nicht mehr. Sehr bald entwickelte sich eine geistige Elite, die sich zum Erben der griechisch-römischen Kultur erklärte und deren Mitglieder Gelehrte waren; die Autorität des Wissens erwarben sie in den Legenden Homers und bei Platon und Aristoteles. Christ zu sein, bedeutete nicht, ungebildet zu sein, im Gegenteil: Hatte nicht der heilige Augustinus selbst erklärt, daß man die Naturgeschichte und Astronomie kennen müsse, um die heilige Schrift zu lesen und die Wissenschaft der göttlichen Dinge zu erlernen? So verschafften die Kirchenlehrer sich durch zahlreiche Schriften, die damals ins Lateinische übersetzt wurden, Zugang zu den griechischen Lehren und der arabischen Wissenschaft.[6]

Durch die Kreuzzüge kamen viele Kulturen miteinander in Kontakt. Ausgehend von den kulturellen Zentren der spanischen Moslems (Cordoba, Toledo) knüpfte der Mensch des Mittelalters wieder an die astrologische Wissenschaft an. Es zeigte sich, daß die aristotelische Vorstellung vom Universum sich mit der der christlichen Welt in Einklang bringen ließ. Papst Sylvester II. wurde im 10. Jahrhundert zum Pionier dieser Harmonisierung. Er war der Überzeugung, die Erde stehe im Zentrum des Universums, umgeben von neun konzentrischen Sphären: sieben Sphären der Planeten, einer Sphäre der Fixsterne und dem *primum mobile* (»dem ersten Bewegenden«), dem aristotelischen Prinzip, in dem die Christen Gott wiedererkannten.

Auf diese Weise lieferte die griechische Astrologie der traditionellen christlichen Erkenntnis eine streng wissenschaftliche Beweisführung und wurde damit der Spiritualität und den intellektuellen Ansprüchen der Scholastiker gerecht. Im Mittelalter sah man in der Tat keinen Zwiespalt zwischen Religion und Wissenschaften, zu denen auch die Astrologie und die Alchimie gehörten.

Möglicherweise war das eine der Perioden des Abendlandes, in denen das innere Erleben des Menschen aufs engste mit dem äußeren Leben der Welt verbunden war: die Erfahrung des Innen, konkretisiert durch die Erfahrung des Außen. »Der Mensch trägt Himmel und Erde in sich«, erklärte die große rheinische Mystikerin Hildegard von Bingen (1098–1179) Anfang des 12. Jahrhunderts in ihrem Buch *Scivias*. Ebenso, wie wir uns die Entwicklung des symbolischen Denkens in Chaldäa erschlossen haben, können wir sie auch auf die christliche Welt des Mittelalters übertragen, wenn wir den Übergang vom Polytheismus zum Monotheismus und eine deutlich umfangreichere Kenntnis der Welt berücksichtigen: Im Mittelalter erfährt die Astrologie eine Christianisierung.

Thomas von Aquin (1226–1274) integrierte die Astrologie endgültig in die christliche Gedankenwelt. Er wandte sich gegen den astralen Fatalismus, den besonders die populäre arabische Astrologie entwickelt hatte. Ferner konstatierte er im Menschen zwei Aspekte: einen physischen – unseren Körper, der wie die Pflanzen und Tiere von den Planeten beherrscht wird – und eine höhere Sphäre, die Seele, die in unmittelbarer Beziehung zu Gott steht und einen freien Willen besitzt. In seiner *Summa theologica* führte er genauer aus: »Daß die Sterndeuter aus der Sternschau häufig Wahres verkünden, tritt in doppelter Weise ein. In der einen nämlich, weil zahlreiche Menschen den leiblichen Bewegungen folgen und somit ihre Handlungen allermeist gemäß der Hinbiegung durch die Himmelskörper eine Zurüste erfahren; es gibt aber wenige, das heißt allein die Weisen, die mit der Vernunft derartige Hinbiegungen im Zaume halten. Somit melden die Sterndeuter in vielem das Wahre voraus.«[7]

Astra inclinant, non necessitant, diese berühmte thomistische Weisheit sollte die des Mittelalters werden und bis heute die unserer weisesten Astrologen.

Albertus Magnus (ca. 1193–1280), Lehrer von Thomas von Aquin, war einer der großen dominikanischen Theologen des 13. Jahrhunderts. Er ordnete die Heilwirkungen der Pflanzen den Einflüssen der Planeten und Tierkreiszeichen zu. In *Naturalia* erklärte er, daß die Türkenbundlilie in »Sympathie« mit Saturn stehe, der den Steinbock und den Wassermann regiert, während die Zichorie mit der Sonne verbunden sei, die den Löwen regiert.

Die berühmten Weissagungen von 1186, die schwere Wetterkatastrophen (Stürme, Unwetter) aufgrund einer Konjunktion von sieben Planeten in der Waage vorhersagten und von denen man annimmt, daß sie auf einer fehlerhaften Auslegung beruhten (vielleicht wurden sie durch die Invasion Saladins im Heiligen Land oder Dschingis Khans in Asien Wirklichkeit), änderten nichts am intellektuellen Ansehen der Astrologie.

---

5. »Die Gestirne machen geneigt, aber sie zwingen nicht.«
6. Viele Texte wurden von Johannes von Toledo übersetzt, genannt »Johannes vom Mond«, der zwischen 1135 und 1163 die ersten astrologischen Manuskripte verbreitete.
7. Thomas von Aquin, *Die Summe der Theologie*, 95/5, Stuttgart 1938, S. 411

Nachdem sie Eingang in die Kirchenlehre gefunden hatte, drang sie auch bis zu den Universitäten vor. An der Medizinschule in Bologna, an der es ebenso wie in Padua und Mailand einen Lehrstuhl für Astrologie gab, kursierte folgendes Sprichwort: »Ein Arzt ohne Astrologie ist wie ein Auge, das nicht sehen kann.« Manche Ärzte behandelten ihre Patienten bereits nach dem griechischen Prinzip der astrologischen Melothesie,[8] der zufolge jedes Tierkreiszeichen ein Körperteil und jeder Planet ein Organ regiert. Chirurgen entschieden über die Operation eines kranken Körperteils nach der Stellung der Planeten in dem Tierkreiszeichen, das diesem Körperteil zugeordnet war.

In Paris und Oxford lehrte man wie in der Antike, allerdings aus christlicher Sicht, daß der Mensch ein Mikrokosmos analog zum Makrokosmos sei. Die Astrologie wurde gesellschaftsfähig, und die Herrscher umgaben sich mit Astrologen.

Michael Scotus beriet den römischen Kaiser Friedrich II. (1194–1246, Kaiser seit 1220), der am Hof von Palermo in Sizilien residierte. Piero d'Abano (1257–1315) oder Peter von Padua gehörte zu den Vertrauten Philipps des Schönen. Seine Theorien entwickelten allerdings den astralen Determinismus weiter, und sein Bildnis wurde nach seinem Tode verbrannt. Dennoch gravierte man in den Sockel seiner Statue in Padua die Inschrift: »Er war so geschickt in der Astrologie, daß man ihn der Magie verdächtigte. Vom fälschlich erhobenen Vorwurf der Häresie wurde er freigesprochen.«

Andere Astrologen mußten die Inquisition über sich ergehen lassen wie Florentin Cecco d'Ascoli, der der Häresie beschuldigt wurde, weil er versucht hatte, das Geburtsdatum Christi zu errechnen. Er wurde 1327 bei ledendigem Leibe verbrannt; doch sein Fall war eher eine Ausnahme. In der gleichen Zeit erlangte Guido Bonutti (gest. um 1300) Berühmtheit, weil er dem Führer der Ghibbelinen, Guido de Montefeltro, half; Berichten zufolge studierte er aufs genaueste Tag und Stunde für den Beginn seiner Schlachten und stieg auf einen Glockenturm, um sie einzuläuten. Seine Abhandlung *Liber astronomicus* wurde 1676 vom Astrologen William Lilly ins Englische übersetzt.

In Spanien veröffentlichte Alfons X., genannt der Weise (1221–1284), astrologische Manuskripte, darunter auch die berühmten astrologischen Tafeln, die er 1262 zusammenstellen ließ und die nach ihm *Alfonsinische Tafeln* heißen. Ihm zufolge wurde das Jahr in 365 Tage, 5 Stunden, 49 Minuten und 16 Sekunden geteilt, womit die Berechnungen Ptolemäus' erheblich präzisiert wurden. Für diese Berechnung versammelte er die berühmtesten christlichen, arabischen und jüdischen Astrologen um sich, die vier Jahre lang daran arbeiteten.

---

8. Dieser Zweig befaßt sich mit den Beziehungen der Tierkreiszeichen und Planeten zum menschlichen Körper.

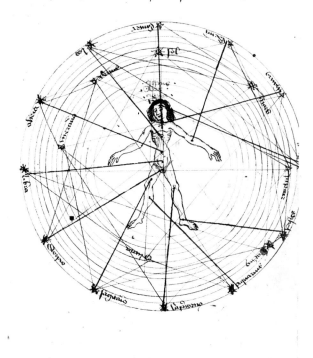

Während manche sich als Gefangene himmlischer Mächte empfinden, führt der Weise einen Dialog mit seinen inneren Sternen. – Der Mensch und die Himmel, Holzschnitt aus dem 16. Jahrhundert.

In Frankreich war Karl V. (1338–1380) selbst Astrologe, und Jacques Coeur (ca. 1395–1456), der Finanzminister Karls VII., praktizierte Astrologie und Alchimie. Er ließ sich in seinem Haus in Bourges ein drehbares Astrologentürmchen bauen; ebenso Papst Sylvester II. (999–1003), der einen der Türme des Lateran zum Observatorium umbauen ließ, um die Sterne zu beobachten.

In Frankreich und England gab es im 14. und 15. Jahrhundert Stundenbücher, die »Adelsfürsten« gewidmet waren. Stundenbücher wie die der Brüder von Limburg (Paul, Herman und Jan) stellen einen wahren Schatz astrologischer Ikonographie dar. In prächtigen Miniaturen zeigen sie die Feldarbeiten des Monats. Die bekannteste Miniatur der Brüder von Limburg (zwischen 1375 und 1385–1416) ist *Les Très Riches Heures du Duc de Berry*, die im Museum Condé in Chantilly zu sehen ist; außerdem gibt es noch die *Livres d'Heures d'Etienne Chevalier* (illustriert von Jean Fouquet), sowie die Stundenbücher der Herzogin von Burgund, des Duc de Rohan, des Jean d'Achey und in England die des Herzogs von Bedford.

Gerade an den Orten seiner Gebete findet der Mensch des Mittelalters die Symbole des Tierkreises wieder; in den Reliefs der Kathedrale von Amiens sind die Tierkreiszeichen und die ihnen verwandten Berufe dargestellt. Die Basilika von Vézelay, die Kathedralen von Senlis und Laon weisen in ihren Bas-Reliefs oder ihren Buntglasfenstern stilisierte Darstellungen astrologischer Symbole auf, und die Kathedrale von Chartres hat einen Sonnenturm und einen Mondturm. In Italien erlangten astrologische Darstellungen in den Sa-

Oben: 1377 übergab Nikolaus von Oresme Karl V. den von ihm in Auftrag gegebenen französischen Kommentar zu dem Buch De Caelo *von Aristoteles, eine Abhandlung zur Astronomie und Astrologie, die den Titel* Das Buch des Himmels und der Welt *erhielt.*

Unten: Das Buch des Himmels und der Welt: *Nikolaus von Oresme bei der Arbeit mit der Armillarsphäre.*

Rechte Seite: In diesem Manuskript von Lambert de Saint-Omer (um 1260) ist Christus zur »Sol Salutis« (Heilssonne) oder »Sol Justitiae« (Sonne der Gerechtigkeit) geworden. Er regiert den Tierkreis.

kralbauten und Palästen eine noch größere Bedeutung. In Padua ist einer der Säle des Palazzo della Ragione mit einem riesigen Fresko geschmückt, das horizontal unterteilt ist: Es enthält die Planeten und »ihre Kinder«, die Tierkreiszeichen mit den zwölf Aposteln und die Arbeiten der zwölf Monate. Wenn die Sonne aufgeht, fallen ihre Strahlen auf das Tierkreiszeichen, in dem sie sich im jeweilgen Monat befindet. Dieses Fresko markiert allerdings schon den Anfang der Renaissance in Italien.

Im Mittelalter kann sich nur der als kultiviert bezeichnen, der die Geheimnisse der Astrologie kennt. Im Prolog zu seinen berühmten *Canterburyschen Erzählungen* erwähnt Geoffrey Chaucer (ca. 1340–1400) unmittelbar nach den Kenntnissen der Medizin die der Astrologie. In einer seiner Erzählungen erklärt die Frau aus Bath ihr Temperament folgendermaßen:

»Denn Venus gab mir Lust und Üppigkeit
Und Mars hartnäckige Verwegenheit;
Mars in dem Stiere war mein Aszendent ...«[9]

Doch Chaucer besaß einen illustren Vorgänger in Dante (1265–1321). *Die göttliche Komödie* und einige andere seiner Werke veranschaulichen den Einfluß der Sterne. Seine Dichtung bringt das thomistische Universum und die orthodoxe mittelalterliche Vorstellung so umfassend zum Ausdruck, daß die Beschreibung

---

9. Geoffrey Chaucer, *Canterburysche Erzählungen*, Frankfurt, 1987, S. 228 (611–613)

In der Renaissance ist die Welt, die Atlas auf den Schultern trägt, eine astrologische. Holzschnitt von 1559.

des Mittelalters hier mit seinen Worten abgeschlossen werden soll: Im 16. Gesang fragt Dante im »Fegefeuer« eine leidende Seele nach den Ursachen des Bösen, und die Seele antwortet: »Den Antrieb eurer Regungen gibt der Himmel [...], aber gäb er jeden, so habt ihr doch das Licht für Gut und Böse, habt freies Wollen, das nur mühsam zwar den ersten Kampf mit den Gestirnen aushält, doch dann bei guter Pflege immer siegt. Der höhern Macht, der besseren Natur folgt ihr dann frei, und damit wächst in euch der Geist, der keinen Sternen untersteht.«[10]

Die Renaissance: Die Astrologie an der Macht

Die Renaissance ist eine »Wiederbelebung« der Antike, die sie in ihrem majestätischen Glanz erstrahlen läßt, die aber schon das Mittelalter im Kerzenschein zu erstem Leben erweckt hat. Es ist schwierig, sie zeitlich einzugrenzen: In Italien steht sie von Ende des 14. Jahrhunderts bis Mitte des 16. Jahrhunderts in Blüte; in anderen Teilen Europas erstrahlt sie erst Mitte des 15. Jahrhunderts zu vollem Glanz und reicht bis über das 16. Jahrhundert hinaus, vor allem in England. Die geistige Elite, die ihre »Bildung« im Mittelalter aus der Religion und der griechisch-römischen Antike schöpfte, kommt in der Renaissance an die Macht.

---

10. Dante Alighieri, *Die göttliche Komödie*, Gütersloh, o. J., S. 270

Doch während sie im Mittelalter noch moralische Stärkung unter der Ägide des Christentums und vor allem die Akzeptanz der Kirche anstrebte, lechzt er in der Renaissance nach höherer Erkenntnis, aber auch nach ästhetischem und sinnlichem Genuß. In seinem Streben nach Erkenntnis befreit der Humanismus sich von allen religiösen Skrupeln. »Vielleicht zieht man mehr Gewinn daraus, diese Fabel zu lesen und ihren allegorischen Sinn zu suchen als aus der Heiligen Schrift, wenn man sich an den buchstäblichen Sinn hält«, sagt Erasmus über die Dichtung des Homer.
Man studiert erneut die Mythen und vergleicht sie mit den Lehren der Bibel: Es scheint sich um ein ewiges Wissen in unterschiedlicher Interpretation zu handeln. Mit den großen Entdeckungen (etwa Amerika im Jahre 1492) und den wirtschaftlichen und politischen Umwälzungen (etwa Eroberung Konstantinopels durch die Türken 1453) will der Humanist an seine Vergangenheit anknüpfen. Er stillt seinen Durst an der Quelle der antiken Weisheit, und die Götter, die die Weisheit verkörpern, halten Einzug in das Pantheon der Kultur. Der mittelalterliche Mensch, ein Objekt des göttlichen Willens, eine zu vernachlässigende Größe, wird in der Renaissance zum Subjekt seines Handelns, verantwortlich für sich selbst und das Universum. Die Theorie von Mikrokosmos und Makrokosmos durchdringt die Geister. Und so gelangt auch die Astrologie, die den Ansprüchen des neuen Menschen entspricht, zu neuer Herrschaft.
Dank der Erfindung der Buchdruckerkunst und der erhöhten Mobilität der Menschen verbreiten sich die astrologischen Archive und Manuskripte, die in Klöstern, Bibliotheken und Fürstenhäusern verstreut sind, in ganz Europa. War die in Manuskripten festgehaltene astrologische Überlieferung bislang nur einigen Gelehrten vorbehalten, so wird sie nun in Handbüchern zugänglich und an der Universität gelehrt. Nach Bologna, Paris, Padua, Mailand und Oxford gibt es jetzt auch Universitäten in Florenz, Parma, Pavia, Neapel, Mainz, Erfurt, Krakau und Prag, an denen astrologische Studien betrieben werden.

Esoterische und exoterische Astrologie
Zwei Arten von Astrologie gab es in der Renaissance: die populäre, auch judiziäre genannt, die typisch exoterische Form, und die gelehrte, die zu der esoterischen Richtung gehörte.
Die erste befaßte sich mit der Weissagung von Ereignissen, die auf das tägliche Leben und die Gesundheit Bezug nahmen; die zweite interessierte sich für die Beziehungen zwischen den Sternen und dem Menschen: Wirken die Sterne sich lediglich auf unseren Körper, unsere Seele oder unseren Verstand aus oder auf alle drei zugleich? Wie groß ist die Freiheit des Menschen im planetarischen Spiel? Drückt Gott sich durch die Planeten aus, sind sie die Werkzeuge seines

Willens? Diese Fragen stellten sich, wie sich leicht vorstellen läßt, die esoterischen Denker jener Zeit, vor allem Nikolaus von Kues (1401–1464), Marsilio Ficino (1433–1499) und selbst Pico della Mirandola (1463–1494), die sich allesamt leidenschaftlich gegen den astralen Determinismus der judiziären Astrologie wandten. In der Renaissance entwickelte sich die Esoterik zu einer Lebenskunst, einer veritablen Philosophie, und dank der Übersetzung hermetischer Schriften, die dem Mittelalter noch nicht zur Verfügung standen, machte die esoterische Astrologie erhebliche Fortschritte. Gemeinsam mit der Alchimie und vor allem der Kabbala bildete die Astrologie einen der Grundsteine der Esoterik.

Nikolaus von Kues unterscheidet zwei astrologische Praktiken: Die eine ist aus der »Kunst der Deckungsgleichheiten« hervorgegangen – die esoterische Kunst, die andere ist die der »Kunst der Mutmaßungen«, die Kunst der exoterischen Wissenschaft.

Die Esoterik wurde in der Renaissance meist mit der Magie in Zusammenhang gebracht, die sich auf die Astrologie stützte, sei es nun die Naturmagie des Ficino, die Himmelsmagie des Agrippa von Nettesheim (1486–1535) oder auch die kabbalistische Magie des Pico della Mirandola.[11]

Für Marsilio Ficino zum Beispiel[12] war der Mensch in dreifacher Hinsicht mit dem Kosmos verbunden: Durch seinen Geist steht er in Verbindung mit der höheren Welt des Intellekts; durch seine Seele ist er verbunden mit der Seele der Welt; und durch seinen Körper ist er der Notwendigkeit der Natur unterworfen. Ficino versuchte, die Welt der Ideen und des Intellekts mittels Bildern und Beschwörungen in materieller Form zu verkörpern. Wollte man sich etwa die Einflußmöglichkeiten Merkurs zunutze machen, so schuf man einen Talisman mit dem Bild des Merkur und seinen Attributen. Um lange zu leben, mußte man ein Bild des Saturn zeichnen. Für Glück mußte man sich folglich an Venus wenden. Die Astralmagie Ficinos bestand darin, den einzelnen Menschen dem Determinismus der Gestirne zu entziehen und ihre Einflüsse gezielt einzusetzen. Diese Praxis sollte den Zugang zum eigentlichen Mysterium der Göttlichkeit schaffen.

Der Magier besaß in der Renaissance höchste Autorität, da er half, die Natur zu beherrschen. »[...] so vermählt der Magier die Erde mit dem Himmel, das heißt das Untere mit den Gaben und Kräften der Oberwelt.«[13] Obwohl Pico della Mirandola ein Anhänger hermetischer Lehren war, scheint er, wie auch sein Freund Savonarola, ein scharfer Gegner der Astrologie gewesen zu sein.

Wenn er jedoch ein Werk gegen die Sternkunde verfaßte[14], so geschah es, um ihre deterministische Ausrichtung zu bekämpfen, denn in Wahrheit stand er Ficino nahe. Die gelehrte Astrologie, beseelt von den

Nostradamus, dargestellt auf einem Epinal-Bilderbogen aus dem 19. Jahrhundert.

---

11. Er intergrierte die Naturmagie Ficinos, die auf den Sternen beruhte. Siehe Frances A. Yates, *Giordano Bruno et la Tradition hermétique*, Dervy Livres, 1988

12. S. de Mailly-Nesle, »L'Astrologie de la Renaissance à nos jours«, in: *Dictionnaire Universel de l'Esotérisme*, PUF, erscheint in Kürze

13. Pico della Mirandola, *Über die Würde des Menschen*, Zürich, 1988, S. 53

14. Pico della Mirandola, *Disputationes adversus astrologiam divinatricem*

Die Welt aus der Sicht des Menschen: Die Erde ist von den sieben Sphären und dem Tierkreis umgeben. – Manuskript aus dem 16. Jahrhundert.

verschiedenen esoterischen Strömungen, interessierte viele Könige, Königinnen, Päpste, Philosophen und Künstler in ganz Europa. Meist erlagen jedoch die einen wie die anderen den Trugbildern der Weissagungen, die ihr Leben lenken sollten. Die metaphysische Reflexion über die Gesetze des Kosmos hinderte sie nicht daran, ihr unmittelbares Schicksal in die Hand der Prognosen judiziärer Astrologie zu legen.

Die offizielle Haltung der Kirche stützte sich *a priori* auf Thomas von Aquin, der die Astrologie in die natürliche und die judiziäre unterteilte: »Das Wahrschauen des natürlichen Zukünftigen, das aus der Zurüste der Himmelskörper mit Notwendigkeit eintritt, ist nicht unstatthaft, sondern ehrenmäßlich.«

Die natürliche Astrologie konnte demnach in den Bereichen Navigation und Ackerbau genutzt werden. Thomas von Aquin fuhr jedoch fort: »Zweierlei Wirkungen entziehen sich aber der Verursachung durch die Himmelskörper. Zuerst einmal alle Wirkungen, die beischaftlich freifällig sind, gebe es sie nun in menschlichen Dingen oder in den natürlichen Dingen [...] Zweitens aber sind der Verursachung durch die Himmelskörper die Wirkheiten des freien Wahlentscheides entzogen, der ein Vermögen des Willens und der Vernunft ist.«

Die judiziäre Astrologie war demnach eindeutig verdammt, sofern sie nicht medizinischen Zwecken diente. Trotz dieses unzählige Male wiederholten Verbots

stellte die Kirche sich nur der Form halber gegen Astrologen, die die judiziäre Astrologie praktizierten, und sogar Päpste protegierten diese Astrologen und hörten auf ihren Rat.[15]

Die Herrscher und ihre Astrologen
An den Höfen Frankreichs, Böhmens, Österreichs und Italiens bildeten sich ebenso astrologische Zirkel wie an den Höfen der Visconti und Sforza in Mailand und der Medicis in Florenz. Die weltlichen und geistlichen Fürsten trafen oftmals ihre wichtigen Entscheidungen nur noch nach Konsultation der Sterne: Lucas Gauricus (1476–1558) war der Protegé der Päpste Julius II., Leo X., Clemens VII. und Paul III., bevor er Berater von Katharina von Medici wurde. Sein Ansehen erwarb er, als er Alessandro Farnese (1468–1549) weissagte, er werde Papst unter dem Namen Paul III. Angeblich hielt dieser kein Konsistorium ab, ohne vorher das Horoskop stellen zu lassen; man sagt auch, daß Julius II. den Tag seiner Papstweihe von einem Astrologen bestimmen ließ. Mit Leo X. bediente sich auch der Vatikan der astrologischen Mittel zur Forschung und Lehre. Der Papst gründete einen Lehrstuhl für Astrologie, von dem er wünschte, daß er mit denen in Bologna, Padua und Paris wetteifere.

Die Welt aus der Sicht Gottes: Jede Planetenbahn dient dem göttlichen Plan. – Manuskript aus dem 15. Jahrhundert.

---
15. S. de Mailly-Nesle, »L'Astrologie de la Renaissance à nos jours« (s. Fn. 12)

Zu dieser Zeit war insbesondere das Stundenhoroskop oder Katarchenhoroskop populär, das die Araber vervollkommnet hatten. Welcher Augenblick war der günstigste für ein neues Unternehmen? Zu dieser Frage stellte der Astrologe das Horoskop für das angestrebte Ziel. So wurde der beste Tag für die Krönung eines Königs oder die Papstweihe festgelegt, aber auch für die Gründung einer Stadt. Auf diese Weise setzte man eine antike Tradition fort, da schon Alexander diese Methode bei der Gründung seiner Hauptstadt Alexandria (16. April 333 v. Chr. um 16 Uhr 30) angewandt hatte, ebenso wie Konstantin, der Konstantinopel am 3. November 324 gründete. Auch die Grundsteinlegung eines Gebäudes erfolgte nicht zufällig, der Zeitpunkt wurde nach der künftigen Funktion des Gebäudes bestimmt: Der günstigste Zeitpunkt für die Grundsteinlegung einer Festung ist, wenn die Sonne im Widder steht, für einen Königspalast, wenn sie im Löwen steht, für ein Gericht, wenn sie im Steinbock steht und so weiter. Das Horoskop für den Escorial bei Madrid wurde danach ausgewählt, wann Sonne und Mond im Widder und im zehnten Haus standen.

Und schließlich richteten sich viele Generäle nach den Ratschlägen der Astrologen, ehe sie in die Schlacht zogen, und in der Renaissance dürfte wohl kein Friedensvertrag unterzeichnet worden sein, wenn der Mond im Zeichen des Widders stand, da der Widder in einer solchen Position den befriedenden Charakter des Mondes nicht verstärkt.

In Frankreich ließ Ludwig XI. (1423–1483) sich von dem Astrologen Galeotti beraten; Katharina von Medici (1519–1589) regierte mit Hilfe der Astrologen Lucas Gauricus und Cosme Ruggieri und des berühmten Michel de Notre Dame, genannt Nostradamus (1503–1566). Zur gleichen Zeit ließ sich in England Elisabeth I. von John Dee beraten. Sie war in der Anwendung der Astrologie ebenso pragmatisch wie die Königin von Frankreich abergläubisch war.

Nostradamus war ein Arzt jüdischer Herkunft, der in Montpellier studiert hatte. Nach dem Tod seiner Frau und seiner beiden Kinder reiste er durch das Languedoc, das Roussillon und Italien. Er wurde berühmt durch seine Fähigkeiten als Arzt wie auch durch seine Weissagungskräfte. 1555 veröffentlichte er ein Buch der Prophezeiungen, die sieben *Centurien*, die großen Erfolg hatten. Katharina von Medici, die sich nicht nur für Astrologie, sondern auch für okkulte Wissenschaften interessierte, holte ihn an ihren Hof. Er sagte in einem berühmt gewordenen Vierzeiler den Tod Heinrichs II., des Ehemannes von Katharina, voraus:

»Der junge Löwe wird den alten überwinden
auf dem Kampfplatz in einem Einzelturnier.
In einem goldenen Käfig wird er ihm
die Augen auskratzen:
Von den beiden Kampfklassen ist es die eine, die ein grausames Sterben nach sich zieht.«[16] Man erkannte darin den Kampf, der 1559 zwischen Heinrich II. und dem Grafen Montgomery stattfand, in dessen Verlauf der König den Tod fand. Der »Löwe« war das Emblem von beiden. Der goldene Käfig stand für das vergoldete Visier des Königs, das der Graf mit seiner Lanze durchbohrte. »Von beiden Kampfklassen eine« bedeutete, daß der Schlag gegen das Haus Valois nur der erste von zweien war, die vorausgesagt waren.[17]

Obwohl Nostradamus ein angesehener Astrologe war, fällt es schwer, in seinen *Centurien* zu unterscheiden, was rein prophetischer Natur ist und was auf astrologischen Grundlagen beruht. Sie entsprangen wohl eigentlich den Erleuchtungen des »Magiers«, der sie anschließend, auf Genauigkeit bedacht, mit den astrologischen Zyklen abgestimmt haben dürfte.

Nostradamus dürfte ein Eingeweihter gewesen sein, der sich am Hofe der Valois aufhielt, um an den traditionell geheimen Rädern der Macht zu drehen. Seine Kenntnisse interessierten Katharina von Medici, die magische Praktiken selbst für ihre Regierungsgeschäfte nutzte. Katharina hatte im Kornspeicher ein Observatorium bauen lassen und stieg mit Nostradamus und nach seinem Tod mit Ruggieri dort hinauf, um die Sterne zu beobachten. Ihr Schützling verstarb an dem von ihm vorhergesagten Tag: dem 2. Juli 1566. Daraufhin verpflichtete sie Augier Ferrier und interessierte sich für die Arbeiten des berühmten Astronomen

Astronomisches Kompendium (Deutschland, 16. Jahrhundert), das es ermöglichte, die Himmelskoordinaten von 30 spanischen und italienischen Städten zu bestimmen; neben einem Kompaß und einem Zifferblatt enthält der zweite Deckel eine Liste mit den Breitengraden von 30 Städten.

---

16. Michel Nostradamus, *Die großen Weissagungen des Nostradamus*, München, 1995, S. 136:
   »Le Lyon jeune le surmontera;
   En champ bellique par singulier duelle:
   Dans le cage d'or les yeux lui crèvera
   Deux classes une, pour mourir, mort cruelle.«

17. Tatsächlich wurde der Sohn des Königs, Heinrich III., erdolcht, und der Thron fiel an das Haus Navarra.

Johann Müller, genannt Regiomontanus (geboren 1436 in Franken, gestorben 1476 in London), der die *Alfonsinischen Tafeln* korrigierte und eine neue Einteilung der astrologischen Häuser vornahm.

Auch nach der Herrschaft Katharinas von Medici regierte der französische Hof weiter nach dem Rat der berühmtesten Astrologen. Sie erhielten den Titel »Arzt und Astrologe des Königs«.

Morin de Villefranche (1583–1656), einer der größten Astrologen seiner Zeit, trat in die Dienste Richelieus. Der Kardinal versteckte ihn im Brautgemach von Ludwig XIII. und Anna von Österreich; er sollte dem Vollzug der Ehe beiwohnen, um das Horoskop der Empfängnis für den künftigen Dauphin zu stellen. Morin weissagte Anna von Österreich das glanzvolle Schicksal ihres Sohnes, Ludwig XIV.

Morin de Villefranche sagte auf zehn Stunden genau den Tod Richelieus voraus und auf fast zehn Tage genau den Tod Ludwigs XIII. Doch damit befinden wir uns bereits im 17. Jahrhundert, in dem wieder eine neue Weltsicht entsteht: Die Erde ist nicht mehr der Mittelpunkt des Universums, sondern dreht sich um die Sonne; eine Vorstellung, die die Einstellung der Menschen zur Astrologie erst im 18. Jahrhundert tatsächlich verändern sollte. Die großen Astronomen Nikolaus Kopernikus, Tycho Brahe, Johannes Kepler und Galileo Galilei waren alle auch Astrologen.

Nikolaus Kopernikus (1473–1543) übertrug seinem Freund, dem Astrologen Rheticus, die Veröffentlichung seiner Abhandlung *De revolutionibus orbis caelestium libri VI*[18], in der er die heliozentrische Theorie darlegte. In der Einleitung seines Buches erklärte er: »Bemäße man die Würde der Künste nach den Stoffen, mit denen sie sich befassen, müßte deshalb das, was manche Astronomie, andere Astrologie und wieder andere, darunter auch die Menschen der Antike schließlich die Errungenschaft der Mathematik nennen, bei weitem als das höchste gelten.«

Die Honorare Galileis (1564–1642) für seine Tätigkeit als Astrologe beliefen sich auf 50 000 Lire. Während er der Meinung war, »die heliozentrische Theorie könne die Grundlagen der Astrologie kaum erschüttern«, erklärte Kepler (1571–1630), der Astrologe des deutschen Kaisers Rudolf II.: »[...] mag ich mich dieser Experienz mit Wahrheit rühmen, daß der Mensch in der ersten Entzündung seines Lebens [...] einen Charakter und Abbildung empfange *totius constellationis caelestis seu forme confluxus radiorum in terra* und denselben bis in sein Grabe hinein behalte.«[19]

Kepler schrieb viel über Astrologie, deren Methoden er erneuern wollte. In einer kleinen Abhandlung, *Über die Verbesserung der Grundlagen der Astrologie*, legte er die Synthese seiner Ideen über den natürlichen Einfluß der Gestirne auf die Erde dar. Er ging davon aus, die »Seele der Erde« und die der Menschen werde von den Bewegungen der Planeten sensibilisiert. Diese Bewegungen sind jedoch Zeichen, nicht Ursachen, und Kepler sprach auch nicht von Weissagungen sondern von Vorhersehungen. Obwohl er das heliozentrische System – die Position der Planeten mit der Sonne als Bezugspunkt – verteidigte, vertrat er die Ansicht, daß man das Geburtshoroskop aus geozentrischer Sicht darstellen müsse, da die Einflüsse des Sonnensystems auf die Erde untersucht werden. Die Berechnungen der Antike waren demnach nicht zu verwerfen, sondern zu perfektionieren.

Es waren indes keine wissenschaftlichen Entdeckungen, die das Denken der Menschen in der Renaissance verändern sollten: Wenn auch das physische Universum ein galileisches war, so blieb doch das metaphysische Universum ptolemäisch. Die eigentliche Veränderung vollzog sich erst im Humanismus, als man die Natur beherrschen und sich vom Einfluß der Gestirne gänzlich befreien wollte.

Die Astrologie in der Landwirtschaft

Die Verbreitung der Astrologie blieb nicht auf die Elite beschränkt; dank der Buchdruckerkunst erreichte sie alle Gesellschaftsschichten. Es entstanden astrologische Almanache, die sich hauptsächlich mit dem Landleben befaßten; der erste von ihnen, *Le Calendrier et Compost de bergers*, erschien 1493 in Frankreich. Er

---

18. Nikolaus Kopernikus, *Sechs Bücher über die Bewegungen der Himmelskörper*
19. Johannes Kepler, »Tertius interveniens« in: *Gesammelte Werke*, Bd. 4, München, 1941, S. 209. Gérard Simon hat seine Vorstellungen zusammengefaßt in seinem Buch *Kepler astronome-astrologue*, éditions Gallimard, 1979

Man weiß nicht, welchen Anteil die Astrologie an den Prophezeiungen des Michel de Notre Dame, genannt Nostradamus (1503–1566), tatsächlich hatte. Hier sieht man Katharina von Medici wahrscheinlich bei einer magischen Séance, gehalten von dem Astrologen und Magier.

Zwei Seiten aus dem Calendrier et Compost des Bergers *(1520), die die Arbeiten für Juli (oben), symbolisiert durch Krebs und Löwen, und den November (unten), symbolisiert durch Schützen und Steinbock, darstellen.*

hatte solchen Erfolg, daß bald auch in Deutschland, England und Polen ähnliche Werke erschienen. Sie enthielten Tabellen, die den günstigsten Tag und sogar die Stunde für die Aussaat, die Ernte, das Holzfällen und das Decken der Tiere angaben. Sie regelten auch die meisten Tätigkeiten des Alltags: den günstigsten Zeitpunkt zu baden, ein Abführmittel zu nehmen, einen Aderlaß vorzunehmen, sich zu lieben. Für jedes Tun gab es einen günstigen Zeitpunkt, und ehe man ein wie auch immer geartetes Vorhaben in die Tat umsetzte, versicherte man sich der Gunst der Sterne. Die Vorstellung, sein Leben nach den natürlichen Rhythmen auszurichten (ein Prinzip, das man heute in den Biorhythmen wiederfindet), erfuhr eine solche Verbreitung, daß sie bald zu einer exzessiven Bevormundung verkam und den Anfang eines Verfalls der Astrologie bedeutete.

Die medizinische Astrologie

Die Astrologie wurde zur Grundlage der medizinischen Praxis; viele große Astrologen waren ursprünglich Ärzte: Avicenna (980–1037) in Bagdad und, uns zeitlich näher, Geronimo Cardano (1501–1576) in Italien. Geronimo Cardano war einer der größten Astrologen seiner Zeit in Italien. Als Mediziner, Philosoph und vor allem genialer Mathematiker, aber auch als Astrologe bemühte er sich, die Elemente der verschiedenen Lehren zu sammeln und aus ihnen therapeutische Konsequenzen zu ziehen, die großen Erfolg hatten. Er schrieb viel – unter anderem einen Kommentar zum *Viererbuch* des Ptolemäus – und schlug vor, eine »Aristokratie des Wissens« zu schaffen, die die Herrschenden aufgrund von Astrologie, Naturwissenschaften und Technik beraten sollte.

Der berühmteste unter ihnen war jedoch der Schweizer Paracelsus (1493–1541), der sich in Deutschland niederließ. Manche sehen ihn als Vater der Homöopathie, weil er auf universeller Ebene das Gesetz der Ähnlichkeit anwandte, die Grundlage der Homöopathie, nach der Ähnliches gegen Ähnliches wirkt. Er betonte die Analogie zwischen dem äußeren Universum und den verschiedenen Teilen des menschlichen Organismus, zwischen Makrokosmos und Mikrokosmos: »Denn die astra im Leibe haben ihre Eigenschaft, Art, Wesen, Natur, Lauf, Stand, Teil gleich den äußeren, allein in der Form von jenen unterschieden, das ist: in der Substanz. Denn so wie es im Äther ist, so ist es im Mikrokosmos [...] Nämlich im Menschen sind Sonne und Mond und alle Planeten, desgleichen sind in ihm auch alle Sterne und das ganze Chaos [...] der Leib zieht den Himmel an sich [...] das alles ist eine große göttliche Ordnung.« Er war der Ansicht, daß der Mediziner, um einen Kranken zu heilen, vorher sein Horoskop kennen müsse. Man könne die richtige Dosierung der Arzneien nicht bestimmen, wenn man nicht die Verteilung der Sterne berücksichtige. »Denn merket in diesem: was ist die Arznei, die du gibst, für die Mutter der Frau, wenn es dir Venus nit dahin leitet? Was wäre die Arznei fürs Hirn, wenn dirs Luna nit dahin führte? [...] wenn dir der Himmel ungünstig ist und deine Arznei nicht leiden kann, daß du dann nichts ausrichtest.«[20]

Paracelsus dürfte wohl auch das Prinzip psychosomatischer Erkrankungen entdeckt haben, als er konstatierte, der Mensch bestehe aus drei Körpern: dem physischen oder animalischen Körper, dem siderischen oder planetaren Körper und dem Körper des Lichts oder Geistes; er erklärte, daß eine Krankheit aus einer

82

starken Gemütsregung hervorgehen könne (übertragen vom planetaren Körper), die den luminösen Körper lähme, und in vielen Fällen nichts anderes sei als ein Ausdruck des fleischlichen Körpers, der die Gifte der Seele ausscheide.

Nachdem der Arzt das Horoskop des Patienten analysiert hat, in dem die Tierkreiszeichen jeweils mit einem Körperteil in Verbindung stehen – der Kopf ist vom Widder regiert, der Hals vom Stier, das Herz vom Löwen und so weiter –, stellt er seine Diagnose nach der Position der Planeten zueinander und nach den Tierkreiszeichen, die sie besetzen; er kann auch die Prädispositionen des Betroffenen erkennen: Herzkrankheiten sind auf die Anwesenheit des Mars im Löwen zurückzuführen, Hüfterkrankungen auf die Anwesenheit Saturns in der Waage und so fort.

Jean Ganivets 1431 erschienenes Buch *Amicus medicorum*, das 200 Jahre lang zu Rate gezogen wurde, zeigte auf, wie man Krankheiten ausgehend von ihren astrologischen Ursachen heilen und den vom Horoskop aufgezeigten Schwächen vorbeugen konnte.

1437 debattierte man an der Universität Paris über die astrologischen Regeln zur Bestimmung des günstigsten Zeitpunkts für einen Aderlaß; man kam zu dem Schluß, daß er zu einem Zeitpunkt durchzuführen sei,

---

20. Theophrastus Paracelsus, »Paragranum« in: *Werke* Bd. 1, Basel/Stuttgart, 1965, S. 524, 526 u. 547

Was man in der Renaissance die »kopernikanische Revolution« nannte, war ebenso sehr eine Revolution des Denkens wie auch der Astronomie. Planisphäre des Kopernikus, 16. Jahrhundert.

83

Paracelsus (hier auf einem Kupferstich aus dem 16. Jahrhundert) sagte: »Was ist ein Arzt, der die Kosmographie nicht kennt?«

an dem das Sternzeichen des Aszendenten in Korrespondenz zu dem Sternzeichen stünde, in dem sich der Mond befinde. Dazu durften die Ärzte sich nie von ihrem Astrolabium trennen, jenem Instrument, mit dem sie die Höhe der Sterne über dem Horizont bestimmten. Krankheiten, seien es nun körperliche oder seelische, besaßen in der Renaissance tatsächlich eine astrologische Grundlage.

Der Engländer Robert Burton (1576–1640) entwickelte in seinem Werk *Die Anatomie der Melancholie* unter dem Pseudonym Democrite Junior eine Klassifikation seelischer Erkrankungen; er legte dar, daß die Pathologie des Löwen der Größenwahn, die des Krebses die Verweigerung gegenüber der Außenwelt sei und so fort. Er zeigte zum Beispiel auf, daß eine Konjunktion von Mars und Mond in Opposition zu Saturn und Merkur einen wechselhaften manischen Zustand nach sich ziehe. Dieser Zustand ist auf den Trieb des Mars zurückzuführen, die Erregbarkeit Merkurs und die Empfänglichkeit des Mondes, die in Dissonanz zur hemmenden Wirkung Saturns stehen. Für Burton gab es kein gutes oder schlechtes Horoskop, sondern nur gute oder schlechte Entscheidungen. Zwei Menschen, die das gleiche Horoskop haben, können es unterschiedlich leben, je nachdem, wie sie sich entscheiden, ob sie ihr Horoskop erdulden oder aktiv verändern. Deshalb können sich zwei Menschen in einer identischen Situation unterschiedlich verhalten. Das Heilmittel für seelische Störungen ist die Bewußtwerdung. »Die Gesundheit der Seele ist eine Frage der Entscheidung.« Das war indes sicher nur möglich, solange die Erkrankung noch nicht allzu schwerwiegend war. Burton wurde in Christ Church begraben, auf seinem Grabstein gravierte man sein Horoskop ein.

Auf der somatischen Ebene verfolgte Culpeper im 17. Jahrhundert das Werk von Paracelsus weiter, indem er die Pflanzen methodisch klassifizierte – nach dem Sternzeichen, das sie regierte, und nach ihrer Assoziation mit einem Planeten. Anschließend untersuchte er ihre astrologisch-medizinischen Eigenschaften. Er verschrieb ein mit einem bestimmten Planeten assoziiertes Kraut, wenn eine Krankheit von dem in Opposition befindlichen Planeten verursacht worden war. So ließen sich Störungen der Leber (die von Jupiter, dem Regenten des Schützen, bestimmt ist) von den Heilpflanzen des Merkur lindern (dem Regenten des Sternzeichens Zwillinge).

Wahrscheinlich entwickelte die Astrologie auf dem Gebiet der Medizin die meisten praktischen Anwendungen; das belegen zahlreiche Gemälde, die den »Tierkreismann« des Altertums darstellen.

Astrologie und Kunst

Die Astrologie spiegelt sich in allen Ausprägungen der Kunst wider: Ihre grundlegenden Themen wie die Planetengötter, der Tierkreis oder der vier Elemente

oder auch der Tierkreismann sind hier zu finden. Die Renaissance vermählte die himmlischen Künste mit den bildenden und dekorativen Künsten.

Während im Mittelalter lediglich der Tierkreis bei Sakralbauten zugelassen war (außer in Italien), hielten in der Renaissance nicht nur der Zodiakus, sondern auch die Planetengötter Einzug in die sakralen und profanen Monumentalbauten. Jenseits der aufreizenden Anmut der vom Künstler stilisierten Götter und Göttinnen kamen durchaus auch ernsthafte Gedanken zum Ausdruck. Die ewigen Themen der Mythologie und Astrologie erlaubten es der Kunst der Renaissance, die vielschichtigen Facetten eines spirituellen Konflikts symbolisch darzustellen: Zum Beispiel im *Kampf von Ratio und Libido* von Baccio Bandinelli (1483–1520) oder in *Der Triumph der Tugend über die Laster* von Andrea Mantegna (1431–1506); und vor allem ist die Kuppel der Chigi-Kapelle von Raphael (1483–1520) zu erwähnen, in der man den Schöpfer umringt sieht von den Planetengöttern – vielleicht ein Symbol für die Harmonie zwischen der Vorsehung (Gott) und der Zwangsläufigkeit (die planetaren Mächte) oder die Versöhnung zwischen Theologie und Wissenschaft.

Die unbeständige Venus, der Inbegriff der vollkommenen Schönheit, die die Menschen ihre moralischen Tugenden vergessen läßt, wurde bezähmt von Botticelli (1445–1510) in *Die Geburt der Venus* und *Venus und Mars*; von Tizian (1490–1576): *Hommage an Venus*; von Veronese (1528–1588) in *Venus und Adonis, Mars und Venus*; aber auch von Perugino (1445–1523), Bronzino (1503–1572), Simon Vouet (1590–1649) und vielen anderen. Die größten Maler jener

Zeit stellten Jupiter, Saturn und all die anderen Planetengötter in ihren mythologischen Konflikten dar. Das Tierkreisthema der Monate und Jahreszeiten inspirierte Botticelli zu *Der Frühling*, Jan Breughel (1568–1625) zu *Die Heuernte* oder zu *Die Heimkehr der Jäger* aus dem Zyklus der Monatsbilder und auch Arcimboldo (um 1527–1593), der Menschen und Natur vereinte, indem er die Jahreszeiten anhand der Vegetation dieser Zeit in einem Gesicht darstellte. Die jahreszeitlichen Allegorien finden sich ebenfalls auf Wandgemälden und Tapisserien: Die Fresken von Francesco Cossa (1438–1477) im Palazzo Schifanoia de Ferrare beschwören die Stellung eines jeden Monats im Tierkreis herauf, in der Mythologie und Zustand der Natur zusammenfließen; im April zum Beispiel sieht man Mars sich Venus unterwerfen, während die Vegetation triumphiert und Paare sich vereinen. Tribulzio de Benedetto da Milano stellte die Abfolge der Monate auf Wandbehängen dar. Und schließlich finden sich die vier Elemente – Feuer, Erde, Wasser und Luft –, die Grundlage der Astrologie, dargestellt von Arcimboldo oder in den Fresken des Francesco le Poppi im Palazzo Vecchio in Florenz.

Standen die grundlegenden Themen der Astrologie häufig am Anfang der »Renaissancekunst«, so schlugen sich auch ihre methodischen Vorstellungen in unzähligen Gemälden, Stichen und mit Miniaturen bebilderten Handschriften nieder. Da Vinci (1425–1519) verband im Menschen als Mikrokosmos die Strenge der Geometrie mit Formen der Kunst. Bücher schilderten die Eigenschaften aller zwölf Symbole, indem sie die zwölf Tierkreiszeichen mit den Körperteilen im Tierkreismann assoziierten. In den Manuskripten von Sphära illustrierte eine ganze Tafel die planetaren Einflüsse auf das irdische Leben.

In Deutschland hielt Beham (1500–1550) die planetaren Berufe in Kupferstichen fest, und Dürer (1471–1528) schilderte die Symptome von Krankheiten wie der Syphilis, die von den Aspekten der Planeten herrührten; in *Die Melancholie* stellte er das kontemplative Leben der »Kinder des Saturn« symbolisch dar. Doch das ist bereits die Zeit einer neuen Weltsicht, und während Dürer die Himmelskonstellationen zeichnete, illustrierte der deutsche Geograph Cellarius (1638–1707) die unterschiedlichen Darstellungen der Welt von der griechischen Antike bis Kopernikus.

Die astrologischen Motive fanden ihren Niederschlag nicht nur in der bildenden Kunst, sie schmückten sogar die Gegenstände des täglichen Lebens: Benvenuto Cellini (1500–1571) zierte das goldene Salzfäßchen von Franz I. mit einer Skulptur Neptuns und den vier Jahreszeiten; Taschen- und Wanduhren waren verziert mit den zwölf Tierkreiszeichen, und die Turmuhren der Städte schlugen zu den Stunden des Widders, des Löwen und so fort wie die des Doms von Cremona, von Hampton Court in London oder des Rathausturms von Prag. Es hat den Anschein, als sei das Leben astrologisch geworden. So schrieb Ronsard in seiner *Hymne des astres*:

»L'homme par-sur tout eut sa vie sujette
Aux destins que le Ciel par les astres luy jette,
L'homme, qui le premier comprendre les osa
et tels noms qu'il voulut au Ciel leur imposa.«

(Das Leben des Menschen war vor allem den Geschicken unterworfen, die der Himmel ihm durch die Sterne zugedacht hatte, der Mensch wagte als erster, sie zu begreifen und gab ihnen Namen, die nach dem Himmel trachteten.)

In Frankreich, Italien und England beschwören die großen Schriftsteller die Sterne herauf, sei es in ihren Dichtungen oder ihren Theaterstücken. Selbst William Shakespeare setzte in *König Lear* (IV/3) die Überzeugungen seiner Zeit um: »Die Sterne, die Sterne bilden unsre Sinnesart.«

Ebenso wie im antiken Rom ging die Astrologie auch in der Renaissance an ihrem Übermaß zugrunde. Wir befinden uns im Jahr 1686, und bereits 1666 hatte Colbert bei der Gründung der Akademie der Wissenschaften die Astrologie aus den offiziellen Disziplinen ausgeschlossen. Sie wurde nicht einmal mehr als eine Disziplin des Wissens anerkannt, obwohl sie eine der Stützen der Macht bei Katharina von Medici oder Elisabeth von England gebildet hatte. Waren ihre Grundmauern unter dem Gewicht der neuen Entdeckungen ins Wanken geraten, oder handelte es sich vielmehr um den Hochmut der Rationalisten, die sich vom Einfluß der Sterne zu lösen versuchten? Um die Welt zu beherrschen, wollte der Mensch sich von allen Banden befreien, die ihn mit der Natur vereinten, er löste sich innerlich von der Schöpfung, um sie zu einem Feld objektiver Experimente zu machen. Die subjektiven inneren Werte, die bislang im menschlichen Denken mit der äußeren Welt verbunden waren, wurden zugunsten einer objektiven Eroberung der Welt beiseite geschoben. Man verfiel von einem Extrem ins andere, nie erreichte man ein Gleichgewicht zwischen der objektiven Erkenntnis und der Beachtung des Unbewußten. Dieser Bruch zwischen dem 17. und dem 18. Jahrhundert fällt zusammen mit dem modernen Konflikt zwischen Verfechtern und Gegnern der Astrologie.

Das 18. und 19. Jahrhundert: Die Finsternis

»*Ein Astrolog' fiel in den Brunnen einst.
Da sagten sie zu ihm: ›Du armes Wesen,
siehst nicht, was dir zu Füßen ist, und meinst,
du könntest droben hoch am Himmel lesen!‹*«
    La Fontaine (1621–1695)

Über drei Jahrhunderte hinweg wurde die Astrologie ab dem 18. Jahrhundert durch den Glanz der Vernunft verdunkelt. Nicht genug damit, daß sie keine aner-

Der Tierkreismann (Kupferstich aus dem 15. Jh.) zeigt deutlich die Korrespondenzen zwischen den Körperteilen und den Tierkreiszeichen: Der Kopf steht in Beziehung zum Widder, der Hals zum Stier, die Hüften dagegen zur Waage.

kannte Disziplin mehr war, sie galt zudem als Aberglauben, vor dem das Volk geschützt werden mußte. Nachdem Colbert in Frankreich die Astrologie aus der Akademie der Wissenschaften ausgeschlossen hatte (1666), verbot Ludwig XIV. 1682 den Druck und die Verbreitung astrologischer Almanache.

In Italien verdammte die römische Kurie 1688 und 1709 die Veröffentlichung astrologischer Bücher; im gesamten Deutschen Reich wurden Almanache und Weissagungen 1699 verboten. Während diese Edikte insbesondere die judiziäre Astrologie trafen, wog das ab 1710 in Deutschland erlassene Verbot der Herausgabe der Ephemeriden und Tabellen schwerer, weil jene den Astrologen mühselige Berechnungen bei der Erstellung eines Geburtshoroskops ersparten. Die astronomischen Jahrbücher gaben nur noch die Äquatorialkoordinaten der Planetenpositionen an, während die Astrologen die Koordinaten der Ekliptik benutzten. Um von den einen zu den anderen zu gelangen, sind langwierige und solide mathematische Berechnungen durchzuführen. Die Hauptzentren der astrologischen Forschung sahen sich somit ihrer Werkzeuge und Verbreitungsmittel beraubt, was die gelehrte Astrologie erheblich schwächte.

Dieser Verfall hat mehrere Ursachen, und der Fortschritt der Naturwissenschaften ist nicht die entscheidendste, was auch immer man darüber sagen mag.[21] Es war etwa nicht die Erfindung des Teleskops durch Galilei, die das aristotelische System des *Primum mobile* zunichte machte, obwohl viele Astronomen die Astrologie weiter praktizierten. Vielmehr scheint die Trennung zwischen Mensch und Natur, die gegen Ende der Renaissance endgültig vollzogen wurde, der eigentliche Grund zu sein. Dieser Bruch ist zugleich Ursprung und Folge des wissenschaftlichen Fortschritts.

Während der Renaissance war man der Ansicht, daß die verschiedenen Ebenen der Realität vom Makrokosmos zum Mikrokosmos und umgekehrt qualitativ miteinander verbunden sind. Und der Mensch, geleitet von der göttlichen Offenbarung, der Quelle der Wahrheit, konnte die Natur durch eine deduktive Verstandesleistung erkennen und beherrschen. Hauptsächlich inspiriert von den Abhandlungen des Hermes Trismegistos und der Kabbala hatte diese Periode eine Revolution in Gang gesetzt, indem sie das Verhältnis Herr-Untertan zwischen Natur und Mensch umkehrte.

René Descartes (1596–1650) setzte als »Kind« der Renaissance diese Revolution fort, indem er die Natur auf ein mechanistisches und mathematisches Konzept reduzierte.[22] Für ihn war nur das real, was meßbar und quantifizierbar war, und nur jene Ursachen galten als wahr, die man experimentell nachgewiesen hatte. Die Astrologie, die auf einer metaphysischen und qualitativen Konzeption des Universums beruht, konnte einer Kosmologie, die ihrem Wesen nach radikal anders war, nicht auf dem gleichen Terrain die Stirn bieten. Sein *Discours de la Méthode* (*Von der Methode des richtigen Vernunftgebrauchs und der wissenschaftlichen Forschung*) aus dem Jahr 1637 ersetzte zunehmend die Abhandlungen über die göttliche Inspiration. Im 18. und 19. Jahrhundert trug der Fortschritt der Wissenschaft und der Kult um die Vernunft hauptsächlich in Frankreich und Deutschland dazu bei, die Astrologie endgültig zu verdrängen. Die *Encyclopédie ou Dictionnaire des sciences, des arts et des métiers* (35 Bände, 1751–1780), herausgegeben von Jean Le Rond d'Alembert und Denis Diderot, stellte die Astrologie auf äußerst verächtliche Weise dar und verwarf sie mit rationalen Argumenten: »Heute ist die Bezeichnung Astrologe so lächerlich geworden, daß das niedere Volk ihn nur noch gelegentlich auf die Vorhersagen der Almanache anwendet.« Und weiter unten: »Jene, die in derselben Schlacht fallen, sind sie unter der gleichen Konstellation geboren?«

In der Renaissance galt der Astrologe als bedeutende Persönlichkeit auf dem Gebiet der Erkenntnis. – Astrologe oder Astronom von Jan Vermeer (1632–1675).

---
21. S. de Mailly-Nesle (s. Fn. 12)
22. S. de Mailly-Nesle (s. Fn. 12)

Zunehmend beherrschte das wissenschaftliche Vorgehen die verschiedensten Lebensbereiche. Gilbert Durand erklärt: »Das transparente algebraische Zeichen ersetzt das Symbol und seine konstruktive Undurchsichtigkeit. Die Philosophen des 17. Jahrhunderts und 18. Jahrhunderts stärken diese Grundlagen des modernen abendländischen Denkens, indem sie nach und nach das Sakrale auf das Profane reduzieren, die *res cogitans* auf die *res extensa*, und somit eine mechanistische, deterministische Sicht des Universums anerkennen ...«[23]

In diesem Stimmungsklima wurden die Werke der beiden letzten großen Astrologen der Renaissance – J. B. Morin des Villefranche (1583–1650) in Frankreich und Placido (1603–1668) in Italien –, die das System des Kopernikus angriffen, als ›völlig hinter dem Mond‹ abgetan. Nur gewisse Geheimbünde – die Rosenkreuzer, die Freimaurer, der größte Teil der Illuminatenbewegung und einige Geheimzirkel – studierten vor allem in Frankreich im 18. und 19. Jahrhundert weiterhin die astrologischen Symbole trotz des rationalistischen Einflusses der Epoche.

Während die Astrologie auf dem europäischen Kontinent von allen Seiten geschmäht wurde, konnte sie in England selbst im 18. und 19. Jahrhundert überleben und sich auf empirischem Gebiet weiterentwickeln. Dort war die Veröffentlichung von Handbüchern der Astrologie und von Ephemeriden nicht verboten. Die Bücher von William Lilly (1602–1681) und seines Schülers John Gadbury (1627–1692) hatten großen Erfolg. Hier ist auch der berühmte Almanach *Vox*

23. Gilbert Durand, *Science de l'homme et tradition*, L'île verte, Berg International, 1979

Im 18. Jahrhundert inspirieren die Götter des Pantheon den Menschen in seinem moralischen Streben nicht mehr. Aber sie drücken in diesem Gemälde den ewigen Kampf zwischen den Seelenmächten aus. Die Tugend hat die Züge Minervas und ist begleitet von Diana und der Keuschheit; sie schlägt Venus in die Flucht, die Mutter aller Laster: des Müßiggangs, der Faulheit, des Argwohns, des Hasses, des Geizes. – Sieg der Tugend über die Laster von Mantegna (1431–1506).

Der Astrologe, der sich in einen Brunnen fallen läßt. *Stich von 1821 zur Illustration des Gedichts von La Fontaine*

stellarum zu erwähnen, der bis 1896 erschien und in »astronomischer« Auflage gedruckt wurde (560 000 im Jahr 1839!). Die astrologische Forschung bediente sich in England einer Methode, die selbst für Astronomen untadelig war. In viktorianischer Zeit wurden Männer wie James Morison unter dem Pseudonym Zadkiel und W. C. Wright unter dem Pseudonym Raphael berühmt mit der Veröffentlichung von Tabellen der Häuser, von Ephemeriden sowie Logarithmen- und Rechentafeln, die die astrologische Arbeit erleichterten. Die Tabellen der Häuser von Raphael werden heute noch benutzt. Ende des 19. Jahrhunderts beeinflußte die 1875 von H. P. Blavatsky begründete »theosophische« Bewegung die englische Astrologie, namentlich einen ihrer brillantesten Vertreter: Alan Leo, dessen richtiger Name W. F. Allan war (1860–1917). Er gründete 1896 die erste große astrologische Zeitschrift: *Modern Astrology*. Parallel zu seinen kommerziellen Aktivitäten entwickelte Leo jedoch eine sogenannte esoterische Astrologie.

Von England aus gelangte die Astrologie, mit neuen Impulsen versehen, Ende des 19. Jahrhunderts wieder auf den Kontinent. Dort erschien sie in Frankreich erneut auf Betreiben von Albert Faucheux (alias F. C. Barlet, 1838–1921), der 1895 eine *Traité d'Astrologie judiciaire* (Abhandlung über die judiziäre Astrologie) schrieb, sowie von Abbé Niccoulaud (1854–1923), dessen *Manuel d'Astrologie sphérique et judiciaire* (Handbuch der sphärischen und judiziären Astrologie, 1897), das er unter dem Pseudonym Fomalhaud verfaßte, einen gewissen Erfolg hatte.

Durch den Einfluß von Aristoteles und später auch von Descartes erfuhr die Methodik der Astrologie im 18. Jahrhundert eine entscheidende Wende: Das Geburtshoroskop stellte nicht länger das geheime Band dar, das den Menschen mit seinem Schöpfer verband, sondern wurde zu einer Struktur, auf die man das Prinzip von Ursache und Wirkung zwischen den Planeten und den Menschen anwandte, die einzige Vorgehensweise, die derzeit angeblich die Beziehungen zwischen unterschiedlichen Realitäten erklären konnte.

Das 20. Jahrhundert: Eine Renaissance der Astrologie

Nach einer Phase der Verdrängung scheint die Astrologie im 20. Jahrhundert – wie schon einmal in der Renaissance – erneut in vollem Glanz zu erstrahlen. Man hätte meinen sollen, der wissenschaftliche Imperialismus unseres Jahrhunderts würde den symbolischen Ansatz der Sternkunde endgültig überlagern. Doch trotz der leidenschaftlichen Tiraden zahlreicher Verfechter des kartesianischen Denkens, hat die Astrologie nicht nur überlebt, sondern breitet sich kontinuierlich aus. Das Bedürfnis, wieder eine Verbindung zur Natur und ihren Zyklen herzustellen, woran das objektive und materialistische Denken uns hindert, der Hunger, eine Poesie der Welt wiederzufinden, die das verdinglichte Universum nicht zu ersetzen vermag, oder einfach der Wunsch, zu seinen Wurzeln zurückzukehren, deren Träger die Mythen und astrologischen Symbole sind, gelten als nur einige Erklärungen von vielen, die dieses Wiederaufleben begründen.

Diese Ambitionen haben die Astrologie allerdings nicht vor dem wissenschaftsgläubigen Einfluß der Epoche bewahrt. Das 20. Jahrhundert hat die beiden Arten, die Welt zu erforschen – die der Kausalität und die der Analogie – nicht versöhnen können. Wie zur Zeit der Renaissance führt die Vielschichtigkeit der astrologischen Symbole dazu, daß sie von den vorherrschenden Strömungen der Epoche durchtränkt wird. Doch heute ist an Stelle der qualitativen Sicht des Universums, die bis zum 17. Jahrhundert vorherrschte, eine mechanistische Weltsicht getreten. Zudem haben sich fast alle astrologischen Strömungen von solchen Vorstellungen beeinflussen lassen; teilweise entgehen konnten ihnen zu Beginn des Jahrhunderts lediglich die esoterische und gegen Ende des Jahrhunderts die symbolische und psychologische Richtung. Sei es in ihrer Weltsicht, in ihrer Suche nach Beweisen oder in ihrer Auslegung, die Astrologie der Moderne hat sich erheblich von den Prinzipien der Tradition entfernt (siehe Kapitel 4). Kausalität und Determinismus ersetzten die Analogie, um die Beziehung zwischen den Planeten und dem Menschen zu deuten; die Forschung war fast ausschließlich bestrebt, die reale Existenz eines astralen Einflusses zu beweisen. In ihrer Auslegung verdrängt schließlich der analytische Ansatz das symbolische Vorgehen. Diese Reduktion auf eine einzige Realitätsebene auf Kosten einer ganzheitlichen Herangehensweise ist der materialistischen Wissenschaft eigen.

Um die Darstellung der verschiedenen astrologischen Bewegungen in diesem Jahrhundert zu vereinfachen, unterteilen wir sie in sechs große Strömungen, von denen die ersten fünf eine individuelle Astrologie betreiben und die letzte eine mundane, auf die ganze Welt bezogene: 1) die esoterische und spirituelle Astrologie; 2) die wissenschaftliche Astrologie; 3) die empirische oder pragmatische Astrologie; 4) die reformierte Astrologie; 5) die symbolische und psychologische Astrologie; 6) die mundane Astrologie.[24]

Die esoterische und spirituelle Astrologie

Zu Beginn des 20. Jahrhunderts war die Astrologie im englischsprachigen Raum weitgehend beeinflußt von der theosophischen Lehre. In England sind neben Alan Leo zu nennen: Dr. W. Richard Old (alias Sepharial), II. Bailey und E. O. Carter, lange Zeit Präsident der »astrologischen Loge London«, die der theosophischen Gesellschaft angeschlossen war. In den Verei-

nigten Staaten bezogen sich Max Heindel (1865–1919) und Marc Jones (1888–1980), der 1923 die »Sabian Assembly« gründete, ebenfalls auf diese Lehre. In Frankreich dagegen hatte die Theosophie weniger Einfluß, und die sogenannte esoterische Astrologie war durch Astrologen vertreten, die meist geheimen oder hermetischen Gesellschaften angehörten: Gérard d'Encausse (alias Papus), L. C. de Saint-Martin, Abbé Constant (alias Eliphas Levi). In Deutschland sind vor allem F. Hartmann und O. Adler zu nennen.

Die sogenannte esoterische Astrologie knüpft die Interpretation der Symbole an drei hermetische Regeln: »1. Die Lehre von der mystischen Welt- und Menschenentstehung, 2. Die Lehre von der hermetischen Konstitution des Menschen nach 3, 7 oder 9 Teilen, die einen Übergang vom grobstofflichen Leib über feinstoffliche Faktoren (Aura, Astralleib, Ätherleib) bis hin zu rein geistigen Prinzipien (Atma) lehrt, schließlich dann 3. Die Lehre vom Karma und der Reinkarnation.«[25]

Diese Art der Astrologie nennt sich aber zu unrecht esoterische, da jene, die sie entwickeln, zumal in Frankreich, der okkultistischen Strömung angehören, die – im Gegensatz zur esoterischen – ihre Behauptungen beweisen und belegen wollen. Beeinflußt von der Wissenschaftsgläubigkeit zu Beginn des Jahrhunderts, läßt der Geist, der die Werke dieser Vertreter beseelt, wenig Raum für die freie Willensentscheidung. Meist herrscht eine Art »spiritueller Determinismus«, der mit der Esoterik unvereinbar ist. Nur weil die Interpretation der Symbole voller hermetischer Konzepte ist, muß man deshalb noch nicht die suggestive Anwendung der Analogie aufgeben. Die Astrologie, die man zu Beginn unseres Jahrhunderts als esoterische bezeichnet, hat mit der wahren Esoterik oft nur den Namen gemein.

Diese Kritik trifft Dane Rudhyar (1895–1985) nicht, dem eine besondere Stellung in der astrologischen Bewegung des 20. Jahrhunderts zukommt.[26] Zwar sind die Quellen seiner Philosophie esoterisch, aber er hat sie modernisiert, um eine »humanistische Astrologie« zu begründen, deren Ziel es ist, das psychologische Universum des Menschen mit seiner kosmischen Dimension zu verknüpfen. Beeinflußt von Marc Jones, C. G. Jung und der holistischen Theorie Jan Smuts', befaßt Rudhyar sich mit der Neuformulierung der traditionellen Sprache der Astrologie. Seiner Ansicht nach besteht das wesentliche Ziel der Astrologie nicht in der Voraussage zukünftiger Ereignisse, sondern darin, die strukturelle Ganzheit einer menschlichen Per-

---

24. Siehe S. de Mailly-Nesle (Fn. 12)

25. Wilhelm Knappich, *Geschichte der Astrologie*, Frankfurt/M., 1967, S. 310

26. Dane Rudhyar, *Die Astrologie der Persönlichkeit*, München, 1980

Das Symbol verknüpft verschiedene Realitätsebenen (die psychische, biologische, materielle), die miteinander in Wechselbeziehung stehen, während die Wissenschaft sie voneinander trennt. Sonnenuntergang, Pastell von Delacroix.

sönlichkeit aufzuzeigen.[27] Ihm ist vor allem zu verdanken, daß er den Begriff der Zyklen, dem die Astrologen im Laufe der Jahrhunderte eine analytische und deterministische Sicht aufoktroyiert hatten, wieder zur Geltung gebracht hat. Nach Rudhyars Auffassung soll ihre Interpretation dabei helfen, verschiedene Entwicklungsmöglichkeiten zu erkennen und die Ereignisse einzuordnen, die sie markieren. So kann gemäß der transpersonalen Psychologie nach Wertmaßstäben gelebt werden, die den individuellen übergeordnet sind. Auch wenn seine Korrelationen zwischen der astrologischen Symbolik und den Konzepten der Jungschen Psychologie zumindest strittig sind (meist aufgrund einer Konfusion der Begriffe), muß man doch wissen, daß die Astrologie vor und nach Rudhyar nicht mehr dieselbe ist. Er hat ihr einen neuen Aspekt gegeben, was ihm viele Anhänger bescherte, insbesondere in der holistischen Bewegung in den Vereinigten Staaten und Europa. In Frankreich werden seine Ideen dank Alexandre Ruperti und Marief Cavaignac seit etwa 30 Jahren verbreitet.[28]

---

27. Dane Rudhyar, *Der Sonne-Mond-Zyklus*, Wettswil, 1988
28. Alexandre Ruperti und Marief Cavaignac, *Les Multiples Visages de la Lune*, Editions Universitaires, 1984

Die wissenschaftliche Astrologie

Neben der sogenannten esoterischen Astrologie zu Beginn des Jahrhunderts entwickelte sich vor allem in Frankreich eine Forschungsrichtung, die die Grundlagen der Astrologie wissenschaftlich zu beweisen suchte. Paul Choisnard (alias P. Flambard, 1867–1930), Absolvent der Polytechnischen Schule, setzte als erster statistische Methoden ein, um die Zuverlässigkeit der astrologischen Korrelationen zu zeigen. In diese Richtung folgten ihm der Deutsche Kloeckler, der Schweizer K. E. Krafft, und die Franzosen Michel und Françoise Gauquelin. Im nächsten Kapitel wird auf die Nutzung dieser Methode für einen wissenschaftlichen Beweis der Astrologie zurückgegriffen. Parallel hierzu untersuchten einige Forscher – die teils Astrologie praktizierten, teils nicht – verschiedene Hypothesen, um eine physikalische Grundlage zu belegen: Franzosen wie E. Caslant und M. Auphan sowie der Belgier L. Brahy arbeiteten zwischen 1930 und 1960 an der Hypothese, daß sich mit einem elektromagnetischen Feld astrale Einflüsse feststellen lassen. In Rußland listete Professor R. Tomaschek die verschiedenen Kraftfelder auf, die geeignet sind, auf »astrologische Phänomene« zurückgeführt zu werden (*Kosmische Kraftfelder und astrale Einflüsse*, 1958). Keine dieser

Hypothesen ließ sich bisher beweisen, so scheint sich die Astrologie dem Kaudinischen Joch der Wissenschaft zu entziehen. Im nächsten Kapitel werden die epistemologischen Gründe beleuchtet, aus denen es unmöglich erscheint, gegenwärtig eine sogenannte wissenschaftliche Astrologie gemäß den Prinzipien der heutigen Wissenschaft zu konstruierten.

Die empirische und pragmatische Astrologie
Das, was wir die empirische und pragmatische Astrologie nennen, entspricht annähernd der populären Astrologie der Almanache und der Weissagungspraxis der Renaissance. Sie reicht von den Zeitungshoroskopen, die die großen Tendenzen des Tages oder Monats, ausgehend allein von der Position der Sonne, angeben, bis hin zur ausgeklügeltsten Computerastrologie über alle Formen astrologischer Diskurse, die nur eines im Auge haben: die pragmatische Effektivität. Diese Strömung legt den Schwerpunkt auf die Weissagungskräfte der Astrologie. Ob es sich nun in den Vereinigten Staaten um die Gruppe »Astrolabe« von Robert Hand oder die »American Federation of Astrologers« handelt, oder in Kanada um die »Toronto Astrology Association« unter Leitung von Paul Hewitt, die Karriereziele aufgrund der informatischen Interpretation des Geburtshoroskops vorschlägt – sie alle entsprechen vornehmlich den lebensnahen, praktischen Bedürfnissen ihres Klientels.

Es geht nicht darum, diese Form der Dienstleistung abzuqualifizieren, sondern darum, den Geist zu sehen, in dem sie erbracht wird. Wenn das Horoskop scheinbar mit den besten Absichten computermäßig erstellt wird, stehen in Wahrheit kommerzielle Gründe im Vordergrund, Zugänglichkeit für die größtmögliche Benutzerzahl, Schnelligkeit der Ausführung, finanzieller Ertrag. Die Astrologie ist hier deshalb auf ihren simpelsten Ausdruck reduziert, und die erzielte Wirkung läuft Gefahr, in höchstem Maße pervers zu sein, denn: Je stärker die Aussage kollektiviert ist, um so banaler ist sie, und die vertikale Dimension des Symbols geht verloren zugunsten der Linearität der Zeit. So besteht jedoch kaum eine Chance, den Einzelnen weiterzubringen oder ihn zu einer Bewußtwerdung zu führen! Obwohl das anfängliche Ziel darin bestand, ihn von seinen Konditionierungen zu befreien, wird oft das gegenteilige Resultat erzielt: Das Individuum läuft Gefahr, nicht nur von der Astrologie abhängig zu werden, sondern auch und vor allem von dem Schicksal, das sie ihm zuschreibt und gegen das er nichts ausrichten kann.

Diese Art der Astrologie ist mit höchster Vorsicht zu genießen. In Paris bietet die Gesellschaft »Astroflash« ebenfalls computererstellte Interpretationen des Geburtshoroskops an. Obwohl sie überaus seriös ausgeführt sind, muß man wissen, daß diese Bearbeitungen lediglich einige Faktoren des Geburtshoroskops berücksichtigen, während die astrologische Auslegung alle Faktoren in ihrer Gesamtheit zu erfassen versucht. Paul Colombet drückt es so aus: »Der Unterschied zwischen einer Arbeit, die von einem Computer ausgeführt wurde, und der eines Astrologen, ist der gleiche wie der zwischen Konfektionskleidung und der

»Der Unterschied zwischen einer Arbeit, die von einem Computer ausgeführt wurde, und der eines Astrologen, ist der gleiche wie der zwischen Konfektionskleidung und der Haute Couture.« Welche Computersprache könnte wohl diese Abenddämmerung von Victor Hugo beschreiben?

91

Haute Couture.«[29] Mit Sicherheit hängt jedoch alles von der Arbeitsweise des Astrologen ab, denn auch viele unerfahrene Leute nennen sich Astrologen. Aufgrund der Tatsache, daß sie einige Bücher gelesen haben und durch Zeitungsartikel zu etwas Publicity gekommen sind, meinen sie, am Kommerz rund um die Astrologie teilhaben zu können. Doch innerhalb weniger Wochen kann man sich nicht von den geistigen Schemata unserer Kultur lösen und die Geisteshaltung erwerben, die die fundierte Interpretation eines Horoskops verlangt: Die analytische in eine ganzheitliche, synthetische Vorgehensweise zu überführen, die deterministische Verkettung in einen symbolischen Ansatz, die pragmatische Objektivität in eine verantwortungsbewußte Implikation, all das will in jahrelanger Arbeit erlernt werden. Ohne diese unerläßliche Lehrzeit läuft der Astrologe Gefahr, den Ratsuchenden in ein gefängnisähnliches Universum einzusperren, das nicht als ein Abbild seiner eigenen Grenzen und Projektionen ist.

Die reformierte Astrologie

Sie kommt jener Astrologie nahe, die man früher als gelehrte Astrologie bezeichnete. In ihren Reihen versammeln sich Astrologen, die ausgehend von den traditionellen Grundlagen neue Techniken suchen, die Interpretation zu präzisieren. Diese Strömung hat sich vor allem in Deutschland in der zweiten Hälfte des 20. Jahrhunderts herausgebildet, aber auch in Frankreich und England.

Die Entwicklung der Astrologie in Deutschland vor und nach dem Zweiten Weltkrieg ist vermutlich eine der wichtigsten in Europa. Sie wurde zu Beginn des Jahrhunderts durch Karl Brandler-Pracht (1864–1945) vorangetrieben, der zahlreiche Bücher schrieb. Doch schon bald bemühten sich die Deutschen um eine Modernisierung der Interpretation. Ihr wesentlicher Beitrag bestand in der Entdeckung der Halbdistanzpunkte. Diese Punkte befinden sich in gleichem Abstand zwischen zwei horoskopischen Faktoren und liegen einem Verfahren zugrunde, das von Alfred Witte entwickelt wurde, dem Gründer der »Hamburger Astrologenschule«. Es wurde später präzisiert von R. Ebertin, einem der einflußreichsten modernen Astrologen. Es entstanden noch andere Neuerungen wie zum Beispiel das »Spiralhoroskop« von Heinrich Reich, der die traditionellen zwölf Häuser durch ein Schema ersetzte, das auf psychologischen Werten aufbaute, oder das neue Häusersystem von Walter Koch, der den Geburtsort gegenüber den anderen Elementen in der Berechnung der Häuser vorzieht. Es bildeten sich in Deutschland im Laufe dieses Jahrhunderts viele Forschungszentren heraus, die vom Interesse und der Kreativität dieses Volkes auf dem Gebiet der Astrologie zeugen. Manche Studien eröffnen interessante Wege zur Reflexion über die Symbolik des Kosmos.[30]

Einen anderen Reformversuch unternahm in Frankreich J. P. Nicola, der Gründer der sogenannten »konditionalistischen« Bewegung, die es sich zum Ziel setzte, die astrologische Interpretation ausgehend von wissenschaftlichen Grundlagen zu erneuern.[31] Er definierte die Tierkreiszeichen nach ihrer Position in den Jahreszeiten und im Verhältnis zu den Tagundnachtgleichen und den Sonnenwenden und assoziierte sie mit der Typologie Pawlows. Im übrigen lehnte er die symbolische Interpretation ab und reduzierte die Planeten auf »materielle Körper und nicht-psychische Götter«. In England entdeckte man die »Theorie der Harmonien« von John M. Addey (1920–1982), nach der »sich astrologische Wirkungen durch die Harmonien der kosmischen Perioden erklären lassen«.[32]

Die symbolische und psychologische Astrologie

Sie hat sich vor allem in Frankreich in der zweiten Hälfte des 20. Jahrhunderts unter dem Einfluß von André Barbault (geb. 1921) entwickelt. Als die sogenannte esoterische Astrologie an Bedeutung einbüßte und die Forschungen, die auf die Entdeckung einer physikalischen Grundlage des »Astraleinflusses« zielten, ohne Erfolg blieben, wollte Barbault die astrologische Symbolik im Zuge der Entdeckungen der Psychoanalyse wieder aufwerten.

Gewiß, Studien zu Anfang des Jahrhunderts – wie die von Julevno, E. Picard, G. Mucbery oder Dom Neroman, der insbesondere eine neue Methode der Weissagung entwickelte, und vieler anderer – hatten eine Weiterentwicklung der traditionellen Astrologie ermöglicht. Die Arbeiten von Alexandre Volguine, der seit 1938 die *Cahiers astrologiques* (Astrologische Hefte) herausgab, zu denen die größten Persönlichkeiten der Sternkunde Beiträge lieferten, machten zukünftigen Astrologen die besten Quellen zugänglich, doch bis dahin hatte sich die Sprache der Interpretation, abgesehen von Rudhyar, zumindest in Frankreich seit der Renaissance letztendlich nicht sonderlich weiterentwickelt. Man arbeitete nach wie vor auf Basis derselben Abhandlungen, und im Vergleich zu den Humanwissenschaften wirkte die astrologische Terminologie recht veraltet. Barbault führte in Zusammenarbeit mit den Mitgliedern der psychologischen Sektion des Centre international d'astrologie, das er 1948 gegründet hatte, zunächst eine systematische Untersuchung über die verschiedenen Werte durch, die die symbolischen Faktoren der Astrologie abdek-

---

29. Paul Colombet, *Secrets et Techniques de l'astrologie*, Genf, 1979 (Dieses hervorragende Einführungsbüchlein ist leider nicht mehr erhältlich.)

30. Siehe hierzu W. Knappich (Fn. 25)

31. J. P. Nicola, *La Condition solaire*, Editions traditionnelles, 1971 (1. Aufl. 1964)

32. John M. Addey, *Harmonics in Astrology*, 1976 – ein Werk, das neue Wege der Interpretation eröffnet.

ken.³³ Anschließend gab er ihnen einen neuen Ausdruck, indem er die Korrespondenzen untersuchte »zwischen dem, was eine psychoanalytische Untersuchung ans Licht bringt, und dem, was die Analyse eines Horoskops ergibt«.³⁴

Anders als jene, die den Einfluß der Planeten auf den Menschen beweisen wollten, bemühte sich Barbault darum, die astrologische Symbolik zu rehabilitieren, indem er sie mit den neuesten Entdeckungen der Psychoanalyse konfrontierte. Während erstere sich an die Physik wandten, um die Astrologie zu rechtfertigen, zog Barbault die Humanwissenschaften hinzu. »Tatsächlich können wir durch diese Kenntnis des Menschen und besonders seiner Psyche erfahren, ›wie‹ letztlich ›die Sterne in uns wirken‹.« So eröffnete er einen überaus interessanten Forschungsweg, der die Astrologie zur »Wissenschaft der Psyche« macht.

Während der Großteil der astrologischen Handbücher ein Geburtshoroskop analytisch interpretierte, schuf Claire Santagostini die »ganzheitliche Astrologie«, eine Interpretationsmethode mit synthetischer Sicht.³⁵ Und auch viele andere Autoren entwickelten in Frankreich die symbolische Astrologie weiter, unter anderem Joëlle de Gravelaine, gefolgt von Jacqueline Aimé, die die Rolle des schwarzen Mondes aufgezeigt hat (des zweiten Zentrums der elliptischen Umlaufbahn des Mondes).

In den Vereinigten Staaten sah Stephen Arroyo, inspiriert von Dane Rudhyar, die Astrologie als eine ganzheitlich orientierte psychologische Wissenschaft, deren Symbole für veritable Energiezentren stehen, die den Menschen dynamisieren und ihm ein Modell der Ordnung und Einheit liefern, das den psychologischen Schulen fehlt.

Arroyo hat einen großen Beitrag zur Klärung der interpretativen Sprache geleistet. Liz Greene ihrerseits verknüpfte die astrologischen Faktoren auf recht persönliche Weise mit den Jungschen Begriffen,³⁶ während in den Niederlanden Karen Hamaker-Zontag das gleiche Thema systematischer untersuchte.³⁷ In Spanien betreibt das von José Luis San Miguel de Pablos gegründete astrologische Zentrum Ceres mit großer Energie Forschungen über die Zyklen planetarer Archetypen.³⁸ Auch in vielen anderen Ländern entwickelt man die astrologische Symbolik in einer psychologischen und holistischen Perspektive weiter, zum Beispiel Marc Bériault in Quebec, der neue Interpretationsschemata vorschlägt, oder Jacques Vanaise in Belgien, der den Symbolen eine spirituelle Dimension gibt. Andere halten sich dagegen enger an die Tradition wie Janine Bessieres in Belgien oder Liza Morfugo in Italien.

---

33. Im einzelnen waren beteiligt: Armand Barbault, G. L. Brahy, H. Fortin, R. Knabe, W. Knappich, J. P. Nicola, M. Munzinger, D. Rudhyar, A. Ruperti, E. Symours (Präsident des Centre international d'astrologie).

34. André Barbault, *De la psychoanalyse à l'astrologie*, Seuil, 1961

35. Claire Santagostini, *Assimil Astrologique*, Editions traditionnelles, 1976; *Initiation à l'astrologie globale*, Editions traditionnelles, 1976

36. Liz Green, *Un regard nouveau sur un vieux démon*, Dervy Livres, 1989

37. Karen Hamaker-Zontag, *L'Horoscope et l'Energie psychique*, Le Jour éditeur, 1983

38. José Luis San Miguel de Pablos, *Espacio y Simbolo en Astrologia*, Ediciones Obelisco, 1987

Die astrologische Interpretation fällt in den Bereich der Kunst: Es geht darum, die tiefliegende Struktur eines Menschen aufzuzeigen, die sich hinter der äußeren Erscheinung befindet. Zeichnung von Victor Hugo.

93

Die mundane Astrologie

Wir können unseren Überblick über die Astrologie des 20. Jahrhunderts nicht abschließen, ohne die mundane Astrologie zu erwähnen. Sie befaßt sich mit den historischen Strömungen in ihrem politischen, wirtschaftlichen und sozialen Ausdruck sowie in ihrer geographischen, atmosphärischen (Meteorologie, Umweltverschmutzung, Naturkatastrophen) und epidemologischen Umgebung. Sie thematisiert also Faktoren, die die Zukunft von Nationen und Kulturen im weitesten Sinne betreffen: Ein riesiges Forschungsgebiet!

Vor allem die Engländer haben pragmatisch die Mundanastrologie weiterentwickelt, indem sie das Horoskop eines Staates wie das eines Neugeborenen stellten. Eine Frage stellt sich allerdings: Welches Datum legt man zugrunde, wenn ein Land wie zum Beispiel Frankreich seine Verfassung ändert? Ist die Proklamation der Republik von 1792 oder der Beginn der V. Republik von 1958 von größerer Bedeutung? Man ist versucht, das zweite Datum zu wählen. Aber gibt das erstere nicht mehr Auskunft über die grundlegenden Archetypen der »französischen Seele«?

Die meisten Astrologen bedienen sich lediglich des Geburtshoroskops der V. Republik, um ihre Prognosen zu stellen, während manche nach dem Beispiel von André Barbault ein anderes Verfahren entwickelt haben, nämlich das der Planetenzyklen.[39]

Ziel hierbei ist es, die Korrelationen zu finden zwischen den historischen Perioden und der zyklischen Wiederkehr bestimmter Planetenkonstellationen, ausgehend von dem Wissen, daß ein Planetenzyklus die Entwicklung der Beziehungen zwischen zwei Planeten im Tierkreis darstellt. Auf Frankreich bezogen hat Barbault die Korrespondenzen zwischen den Konjunktionen des Zyklus Jupiter-Neptun und dem Beginn der I., III., IV. und V. Republik gezeigt. Er hat die zehn Zyklen der Planeten jeweils in Zweiergruppen von Jupiter bis Pluto untersucht und für sie historische Korrelationen gefunden, die keinen Zweifel mehr daran lassen können, daß ein Studium der Zyklen als Grundlage der Mundanastrologie sinnvoll und unerläßlich ist. Aufgrund der Beobachtung des Planetenpaares Saturn-Neptun, das den Takt für die Entwicklungsphasen der Sowjetunion seit 1917 angibt, konnte er ihren Zusammenbruch 1989 vorhersehen. Die Schwierigkeit bei der Vorhersage der Planetenzyklen liegt ebenso wie bei jeder astrologischen Vorhersage darin, die Fakten zu bestimmen, die ihre symbolischen Tendenzen implizieren.

Andere Forscher haben sich der gleichen Überlegung gewidmet, so José Luis San Miguel de Pablos, der insbesondere den Zyklus Uranus-Neptun untersucht hat.[40] Mit weiteren Beobachtungen der Zyklen zeigte Barbault, daß die Planetenkonzentration von Uranus, Neptun und Pluto, die etwa alle 500 Jahre zustandekommt, den Rhythmus der großen Etappen unserer Zivilisation anzugeben scheint.[41] Tatsächlich ist festzustellen, daß im 6. Jahrhundert vor Christus mit Zarathustra (Persien), Deuterojesaja, Pythagoras (Griechenland), Buddha (Indien) und Konfuzius (China) nahezu gleichzeitig die größten Denkrichtungen der Menschheit entstanden sind; daß 62 vor Christus das Christentum innerhalb der Essenergemeinde entstand. Im 5. Jahrhundert nach Christus verursachte die Invasion der Barbaren (der Hunnen Attilas, der Vandalen und der Goten) den Zusammenbruch des Westreiches. Im 10. Jahrhundert brachen Normannen, Moslems, Madjaren und Wikinger über die Christenheit herein. Und im 15. Jahrhundert fanden die Expeditionen der Renaissance in die neue Welt statt.

Die zehn Hauptzyklen der mundanen Astrologie

Jupiter-Saturn: 20 Jahre
Jupiter-Uranus: 14 Jahre
Jupiter-Neptun: 13 Jahre
Jupiter-Pluto: 12–13 Jahre
Saturn-Uranus: 45 Jahre
Saturn-Neptun: 36 Jahre
Saturn-Pluto: 33 Jahre
Uranus-Neptun: 171 Jahre
Uranus-Pluto: 120/140 Jahre
Neptun-Pluto: 500 Jahre

Um die historischen Phasen weiter zu untermauern, fand Barbault einen zyklischen Index, der den Winkelabstand zwischen den Planeten Jupiter und Pluto mißt. Je niedriger dieser Index, um so stärker ist die planetare Konzentration; je höher der Index, um so weiter sind die Planeten auf dem Tierkreis verteilt. Er stellt die pulsierende Bewegung der Ausdehnung und Retraktion des Sonnensystems fest.

In den aufsteigenden Phasen drückt der Index konstruktive Perioden aus, in den absteigenden Phasen destruktive Perioden; seine niedrigsten Werte stehen in Korrelation zu den Talsohlen »historischer Wellenbewegungen«.

Andere Astrologen wie Claude Ganeau, Pierre Julien, Claude Latremouille und Max Duval haben ähnliche Untersuchungen angestellt und sind zu Ergebnissen gekommen, die im wesentlichen deckungsgleich sind. Ziel dieser Forschungen ist, die genauen Veränderungen vorhersehen zu können, die mit diesen Perioden korrespondieren. Sind es wirtschaftliche, politische oder psychologische Veränderungen, oder beziehen sie sich zum Beispiel auf Vulkanausbrüche? Es ist

---

39. André Barbault, *Le Pronostic expérimental en Astrologie*, Payot, 1973
40. José Luis San Miguel de Pablos, *Le Grand Cycle Uranus-Neptune*, Cedra Astralis, 1991
41. Die Darstellung dieser Forschungen und ihre Ergebnisse sind zusammengestellt in André Barbault, *Astrologie mondiale*, Fayard, 1979

Das Symbol zeigt das »insgeheim Wahrgenommene«. Seine subtilen Wege sind mit modernen Medien nicht mitteilbar. – Seeufer, Gemälde von Hiroshigi.

schwer, den roten Faden auszumachen, der die oben beschriebenen Phasen verbindet. Die »Vorhersage« hängt aber eben von dieser Schwierigkeit ab: Wie ist die zyklische Wiederkehr ein und desselben symbolischen Schemas zu interpretieren? Es gibt viele Irrwege! André Barbault sagte es so: »Diese Vorhersage muß sich auf das Aufspüren der Entwicklungen von Tendenzen [...] von bestimmten historischen Werdegängen beschränken.«[42] Statt Fakten vorherzusagen wie in der individuellen Astrologie, kann man lediglich die »Fragen« aufzeigen, die die Entwicklung des »Astralplans« aufwirft.

Zum Ende dieses Jahrtausends drängen sich zumindest zwei Problemstellungen auf:

Die erste bezieht sich auf den Widerspruch zwischen dem realen Gehalt der Astrologie und ihrem allgemeinen Ansehen. Die Astrologie hat sich im 20. Jahrhundert unbestreitbar weiterentwickelt. Es sind viele Anstrengungen unternommen worden, eine Sprache zu übernehmen, die sich mehr mit den zeitgenössischen Fragen befaßt, und ihrer spirituellen, kulturellen und psychologischen Entwicklung Rechnung trägt. Diese Bestrebungen werden jedoch in den offiziellen Medien nur selten dargestellt. Fernsehen, Rundfunk und Presse vermitteln weiterhin eine Astrologie, deren diskursive Armut nicht einmal die instinktive Neugier auf die Zukunft befriedigt. Man fragt sich, warum gewisse Medien weiterhin solche Vorhersagen verbreiten, obwohl Umfragen ergeben haben, daß nur sehr wenige sie ernst nehmen. Sie sind kaum noch gut genug, um auf Bürofluren einen Scherz darüber zu machen.

Zudem sind unzählige Astrologen, die versucht haben, die Astrologie in anderen Begriffen auszudrücken, fast immer zensiert worden, ganz so, als eigne sich das Wesen der symbolischen Sprache nicht für den Journalismus. Es wird ein eigenartiger kollektiver Konsens heraufbeschworen, der der Astrologie nur das lächerlichste Image zugestehen will: Ist das nicht die beste Art, jenem »Irrationalen«, das sie vermittelt, einen Riegel vorzuschieben und das der Wissenschaftsgläubigkeit seit Anfang des 20. Jahrhunderts so entgegensteht?

Das zweite Problem betrifft die innere Widersprüchlichkeit der Astrologen: Warum suchen sie moralische Unterstützung bei einer experimentellen Wissenschaft, deren Grundlagen sich von den ihren so radikal unterscheiden? Warum versuchen sie, ihre Kunst mit Prinzipien zu verteidigen, die ihnen nicht angemessen sind? Warum akzeptieren sie ihre Andersartigkeit nicht endlich, selbst wenn sie das zu manchen Zeiten gesellschaftlich an den Rand drängt?

Nachdem die Astrologie 300 Jahre unterjocht worden war, ist dieses Bedürfnis nach Anerkennung ganz natürlich. Doch da nun die Grundfesten der Wissenschaftsgläubigkeit endlich ins Wanken geraten sind, wird die Astrologie wieder ihren Platz einnehmen können, ohne Kompromisse schließen zu müssen und ihren Kritikern damit eine Angriffsfläche zu bieten. Die Frage, ob es auch so kommen wird, soll im folgenden Kapitel beantwortet werden.

---

42. André Barbault (s. Fn. 39)

KAPITEL IV

Astrologie und Wissenschaft

Sollte die Astrologie angesichts des unendlichen Universums für den Menschen nicht nur ein Mittel gewesen sein, seine Furcht zu überwinden, indem er sein Abbild dort hineinprojizierte? In diesem Fall gehörte die Astrologie einer vergangenen Epoche an, in der das noch primitive Denken die Welt lediglich durch eine solche Projektion zu »erfassen« vermochte. Kam den Menschen die Erleuchtung an dem Tag, an dem ihnen klar wurde, daß die Welt besser zu begreifen ist, wenn man sich von ihr löst?

Seit drei Jahrhunderten herrscht die objektive Wissenschaft, die sich vom traditionellen Denken unabhängig gemacht hat. Bis ins 17. Jahrhundert hinein war sie abhängig von einem spirituellen Prinzip oder einer Metaphysik, sei sie nun chaldäischer, ägyptischer, griechischer oder scholastischer Herkunft. Es war eine intuitive Interpretation der Welt, die die unterschiedlichen Realitätsebenen koordinierte, und jede Beobachtung verband sich mit einer absoluten, höheren Wahrheit, die sich nicht in Frage stellen ließ.

Das 18. Jahrhundert markierte die Trennung zwischen Essenz und Erkenntnis: Nachdem die Wissenschaft nicht länger die Weiterführung eines höheren Prinzips war, spaltete sie sich in viele Fachgebiete, die meist voneinander nichts mehr wußten.

Weit zurück liegt nun schon die Vorstellung Dantes, der das Wissen als Leiter darstellte, deren Sprossen zugleich den Wissenschaften entsprachen sowie verschiedenen Bewußtseinsebenen des Menschen und ebenso vielen Etappen der Initiation.

Wollte man die Astrologie heute mit der Wissenschaft vergleichen, hieße es, zwei Herangehensweisen an die Welt gegenüberzustellen. Selbst wenn sie von denselben Tatsachen ausgehen, mündet die Art, sie zu sehen und zu begreifen, bei beiden in eine unterschiedliche Sicht des Universums.

Vor kurzem traf ich einen renommierten Biologen. Er erklärte, er interessiere sich für Astrologie und wolle

ihr Ansehen gegenüber seinen Kollegen wiederherstellen.

»Ich stimme in vielen Punkten mit Ihnen überein«, sagte er zu mir, »aber es gibt eine Sache, die mich stört, das ist Ihr ›Symbol‹.«

»Das Symbol ist ein Begriff, der unterschiedliche Ebenen der gleichen Realität miteinander verbindet und der Gedankenassoziationen provozieren soll«, erklärte ich ihm.

»Aber ein Planet zum Beispiel, der für Sie ein Symbol ist, ist meiner Ansicht nach trotzdem nur ein Himmelskörper, der eine genaue astronomische Definition besitzt.«

»Ja, und der einem Astronomen nichts weiter sagt, während die Bedeutung eines Planeten sich in der Astrologie nicht auf seine astronomische Definition beschränkt; er repräsentiert noch etwas anderes aufgrund von Korrespondenzen mit dem Reich der Mineralien, Pflanzen, Tiere, Menschen, des Spirituellen und so weiter, die seit alters her deutlich aufgezeigt worden sind.«

»Was verstehen Sie unter Korrespondenzen?«

»Man nimmt eine Korrespondenz zwischen zwei, drei Realitätsebenen an, wenn ihnen offenbar eine gleiche Funktionsweise zugrunde liegt. Nehmen wir zum Beispiel die Sonnensymbolik in einem Geburtshoroskop. Sie verweist auf drei Realitätsebenen: die psychische, die biologische und die physische, das heißt, auf die Ereignisse und die Umstände ihrer Manifestation; ebenso wie die Sonne das Zentrum unseres Planetensystems ist – aus astronomischer Sicht –, steht sie auch für das Gravitationszentrum des Individuums, sein Ideal, das jeder zu verwirklichen sucht. Das ist die psychische Ebene der Sonnensymbolik. Aber die Sonne repräsentiert auch das Zentrum des Organismus, also das Herz, und das ist die biologische Ebene. Und schließlich symbolisiert die Sonne in einem Geburtshoroskop auch die Hindernisse oder die konkreten Ta-

Seite 96: Von einer Raumfähre aus gesehen ist alles Eitelkeit, ist alles relativ. – Die Erde, aufgenommen von der Apollo VIII.

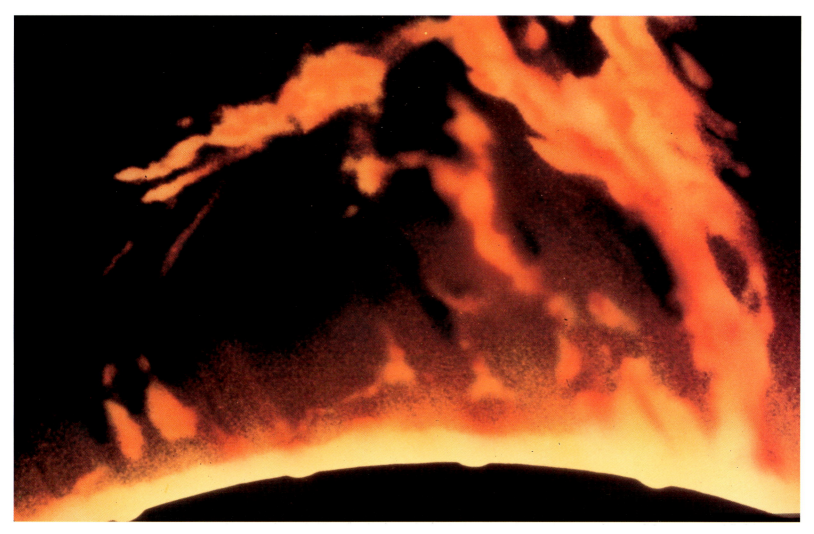

ten und Umstände, die unseren Weg zu diesem Ideal durchkreuzen oder auch günstig sind; das ist der physische Bereich der Ereignisse.
Die Astrologie vertritt die Ansicht, daß die psychologische, biologische und physische Ebene ein und desselben Symbols nicht losgelöst voneinander sind, sondern auf dieselbe Weise funktionieren: Das, was wie die Sonne ist oder ihr gleicht, hat Anteil an den gleichen Kräften wie sie. Ein astrologisches Symbol macht die Korrespondenzen deutlich, die Analogien, die die ›Signaturen‹ ein und derselben archetypischen Kraft sind, die eine kosmische Realität mit einer Gesamtheit irdischer Realitäten verknüpft.«
»Man hat also eine Beziehung von Ursache und Wirkung zwischen den Planeten und den verschiedenen Bereichen nachgewiesen, die Sie genannt haben?«
»Man weiß sehr gut, daß das Leben auf der Erde in vielerlei Hinsicht mit den Bewegungen von Sonne und Mond verknüpft ist, aber es ist nicht *wissenschaftlich* bewiesen, daß das Leben der Menschen mit den Zyklen der verschiedenen Himmelskörper des Sonnensystems in Korrelation steht, so wie die Astrologie es beschreibt. Wahrscheinlich muß man dazu *andere Konzepte heranziehen als die der aktuellen Wissenschaft*. Allerdings erfahren Astrologen und ihre Klienten diese Korrespondenzen tagtäglich. Leider haben sich die meisten Wissenschaftler, die die Astrologie verachten, damit nie auseinandergesetzt.«
»Räumen wir ein, daß die Wissenschaft eine Beziehung von Ursache und Wirkung zwischen den Planeten und dem Menschen noch nicht hat belegen können. Aber sind ihre Korrespondenzen systematisch erfaßt?«
»Ja, aber die Symbolik eines Planeten zum Beispiel beschränkt sich nicht auf die Korrespondenzen, die in der Vergangenheit festgestellt wurden. Sie ist nicht auf eine festgelegte Zahl von Bedeutungen reduziert. Sie sind im Gegenteil unerschöpflich. Die Sonne zum Beispiel, was beschwört sie für Sie herauf?«
»Nichts.«
»Aber schließlich scheint die Sonne ...«
»Sicher, Licht, Wärme, aber das sind allgemeine Eigenschaften, die man der Sonne zuschreibt.«
»Einverstanden, aber für Sie persönlich?«
»Aus poetischer Sicht könnte man sagen, daß sie mich lenkt, animiert, wärmt ...«
»Sie lenkt Sie wie wer oder was?«
»Wie mein Beschützer, mein Vater früher, der Staat, meine moralischen Prinzipien ...«
»Gut, Sie sind dabei zu symbolisieren.«
»Das bringt Sie nicht viel weiter.«

»*Aber ein Planet zum Beispiel, der für Sie ein Symbol ist, ist meiner Ansicht nach trotzdem nur ein Himmelskörper mit einer genauen astronomischen Definition.*«
Sonnenprotuberanz.

Der Orient ist ein Meister im bildnerischen Ausdruck des Symbols durch die Kunst der Mandalas, die eine Darstellung der Gesamtheit sind. Indien, tantrische Kunst, Weltkarte: Im Zentrum steht die Welt Meru, die sieben Ozeane und die Unterteilung der Zeit (18. bis 19. Jh.).

»Indem Sie gerade ausgedrückt haben, was die Sonne in ihnen heraufbeschwört, haben Sie gewisse Eigenschaften genannt, die auch viele andere Menschen der Sonne zuschreiben würden. Und Sie hätten wahrscheinlich noch viele andere aufzählen können. Das Symbol ist Teil eines inneren Prozesses; er besitzt nichts Objektives im wissenschaftlichen Sinne des Wortes, selbst wenn man hinterher feststellt, daß die von unterschiedlichen Menschen genannten Korrespondenzen einen gemeinsamen Sinn besitzen. Weshalb? Weil sie der Überlieferung nach dem Prinzip der Einheit entspringen, das dem Menschen und der Welt latent zugrunde liegt. Das Symbol fällt in den Bereich des Qualitativen, nicht des Quantitativen.«

»Es gehört also in den Bereich des Glaubens, daher besitzt es keinerlei objektive oder wissenschaftliche Realität.«

»Es gehört in den Bereich der inneren Erfahrung, die sich bei unzähligen Menschen wiederholt; es besitzt also eine subjektive Realität.«

»Aber warum belasten Sie sich mit einem solchen Konzept?«

»Weil es ohne Symbol die Astrologie nicht gibt.«

Er sah mich verdutzt an. Und das taten Wissenschaftler mehr als einmal in meinem Leben. Der mechanistischen, analytischen und materialistischen Sicht der Wissenschaft steht die finalistische, ganzheitliche und spirituelle Sicht der Astrologie gegenüber. So könnte die Wissenschaft, die die Wirklichkeit für die Erfordernisse des Experiments in so viele Teile wie möglich unterteilt, gewissen Aspekten, gewissen Grundsätzen der Astrologie niemals gerecht werden. Sie wäre nicht imstande, ihr symbolisches Vorgehen, das ein ganzheitliches ist, anzuwenden. Die Astrologie mit den Methoden der heutigen Wissenschaft beweisen zu wollen, ist ein unmögliches Unterfangen und fällt in den Bereich der Absurdität. Wir stehen vor zwei unterschiedlichen Epistemologien[1], die darzustellen, zu erklären und zu verdeutlichen von grundlegender Bedeutung ist. Leider hat es kaum ein Wissenschaftler – hier höre ich die Anhänger der Wissenschaftsgläubigkeit[2] – als Astrologe verstanden, ausgenommen André Barbault[3] und vielleicht einige andere, das Verhältnis von Astrologie und Wissenschaft von diesem unverzichtbaren methodologischen Ansatz her anzugehen, ohne den es sinnlos ist, einen Vergleich auch nur ins Auge zu fassen. Die Schärfe der gegenwärtigen Polemik, mit der Astrologie und Wissenschaft einander gegenübergestellt werden, entspringt der mangelnden Berücksichtigung des Ansatzes. Wenn man nicht ihre wesentlichen Differenzen deutlich herausstreicht, kann man die derzeit herrschende Konfusion nur verlängern.

Dieses Kapitel soll aus dieser Verwirrung herausführen. Die Korrelationen zwischen Himmel und Erde werden aufgezeigt, anhand derer die Wissenschaft in bezug auf das »astrologische Phänomen« befragt werden kann (es deshalb aber nicht beweisen wird). Außerdem werden statistische Untersuchungen angeführt, die das Phänomen präzisieren, wenn auch nur fragmentarisch.

Anschließend werden die epistemologischen Differenzen zwischen Wissenschaft und Astrologie dargelegt, um die Schwierigkeiten des gestellten Problems zu verdeutlichen. Auf diese Weise können wir die Grenzen der wissenschaftlich orientierten Hypothesen erfassen, die die Astrologie erklären sollen.

Allerdings hat sich die Wissenschaft von heute erheblich weiterentwickelt gegenüber dem, was man die klassische Wissenschaft des 17. bis 19. Jahrhunderts nennt. Ihre grundlegenden Prinzipien, insbesondere auf der Ebene der Mikrophysik (Quantentheorie) wurden in Frage gestellt. Auch wenn diese Prinzipien unsere Wahrnehmung der alltäglichen Wirklichkeit nicht betreffen, so werfen sie doch – wenn man ihre Anwendung auf andere Bereiche ausdehnt – Fragen zur Natur des »Realen« und der Welt auf, die sich nicht mehr ignorieren lassen.

Zudem wird die Frage reflektiert, ob Wissenschaft und Astrologie – jenseits ihrer offensichtlichen Widersprüche – einander tatsächlich so fremd sind; und falls das nicht der Fall sein sollte: Welche Bedingungen ermöglichen einen Dialog und einen Austausch, der für beide Seiten bereichernd sein könnte.

---

1. Die Epistemologie ist das kritische Studium der Wissenschaften, das darauf abzielt, ihren logischen Ursprung, ihren Wert und ihre Tragweite zu bestimmen.
2. Wissenschaftsgläubigkeit gibt vor, philosophische Probleme durch die Wissenschaft lösen zu können.
3. Siehe besonders das 1. Kapitel von *De la psychoanalyse à l'astrologie*, Seuil, 1961, in dem Barbault die wesentlichen Punkte aufzeigt, die den quantitativen Ansatz, der der Wissenschaft eigen ist, von dem qualitativen Ansatz unterscheidet, der dem symbolischen Vorgehen und der Astrologie eigen ist.

Korrelationen zwischen Himmel und Erde

Sonne und Mond

Seit Jahrhunderten haben die Menschen sich nach der Entwicklung von Sonne und Mond gerichtet und dem Einfluß, den sie auf die Erde haben. Man hat sogar einen chaldäischen Ackerbaukalender gefunden – in Form von Ratschlägen eines Bauern an seinen Sohn verfaßt –, der Saat- und Erntezeiten je nach Sonneneinstrahlung regelte. In Europa entstand eine Ackerbautradition, später konkretisiert in den Almanachen des Mittelalters, gemäß der verschiedene Pflanzen zu bestimmten Mondphasen zu setzen waren. Selbst heutzutage folgen die Bauern noch dieser alten Sitte, Pflanzen, deren Früchte über dem Boden wachsen, bei zunehmendem Mond zu säen, während Wurzelgemüse vom abnehmenden Mond begünstigt wird. Man stellte Tabellen zusammen, die exakte Angaben über Auf- und Untergang des Mondes in den verschiedenen Phasen enthielten, damit die Bauern ihre Saattermine genau darauf abstimmen konnten.

Im Technologiezeitalter hat man diese Korrelationen im Labor untersucht und festgestellt, daß der Stoffwechsel – am Beispiel des Sauerstoffverbrauchs – zahlreicher Tiere und Pflanzen (Kartoffeln, Karotten, Algen, Molche) sich mit dem Mondrhythmus verändert. Die Griechen, die große Seefahrer waren, sagten die Springflut bei Neu- und Vollmond für ihre Seefahrten voraus. Heute haben die Höhlenforscher entdeckt, daß auch in den Tiefen der Erde der Mondrhythmus eine Rolle spielt; sie berücksichtigen ihn bei der Wahl des Zeitpunkts ihrer Expeditionen ebenso wie die Brunnenbohrer bei ihren Bohrungen.

Der Elfjahreszyklus der Sonnenflecken, den die Chaldäer genauestens beobachtet haben, hinterläßt Spuren auf der Erde: Er wirkt sich auf die Weinqualität aus und hinterläßt Spuren in den Jahresringen der Bäume. Allem Anschein nach nimmt auch der Mensch diese Einflüsse wahr: Mediziner wissen, daß es in diesen Perioden eine Zunahme der Herzerkrankungen und Herzanfälle gibt. Auch viele Autoren haben sich eingehend mit der Beziehung zwischen historischen Entwicklungen und Sonnenphänomenen befaßt. Schon 1918 stellte Dr. A. L. Tschijewski in seiner Dissertation fest, die er an der historischen und philosophischen Fakultät der Universität Moskau vorlegte, daß seit dem 5. Jahrhundert vor Christus in jedem Jahrhundert und in jedem Land der Erde die politischen und militärischen Aktivitäten während der Sonnenfleckenphasen ein Maximum aufweisen.

Nach und nach hat man die Einflüsse von Sonne und Mond auf die Erde (insbesondere die Wettervorhersage in der Meteorologie) genauer bestimmt, indem man im Laboratorium quantifizierte, was unsere Vorfahren gefühlsmäßig praktizierten.

Weil sie der Natur näher waren als der moderne Mensch, reagierten die Menschen aus früherer Zeit archetypisch und ursprünglicher. – Verzweiflung der Peruaner während der Mondfinsternis, von Picart.

Das Interesse der Forscher für diesen Bereich nahm zu, und man fand heraus, daß das Leben zahlreicher Organismen, von denen man geglaubt hatte, es sei ausschließlich von der Erde abhängig (die wiederum den Entwicklungen von Sonne und Mond unterworfen ist), in Wirklichkeit unmittelbar mit den Himmelsphänomenen in Verbindung stand. Es hat den Anschein, als lebten auch diese Organismen nach der »Uhr« der Sonne und des Mondes. Vor 30 Jahren entstand daraus eine neue Disziplin mit einem neuen Begriff: die biologische Uhr.

In den Vereinigten Staaten stellten Professor Brown und seine Mitarbeiter fest, daß viele Tiere wie zum Beispiel Austern, Paolo-viridis-Würmer, Plattwürmer und Krebse, wenn man sie aus ihrer natürlichen Umgebung entfernt, nach der Sonnen- oder Mondzeit des Ortes leben, an den sie versetzt werden. Sie schlossen daraus, daß diese Arten die rätselhaften Botschaften empfangen, die von Sonne und Mond ausgehen. Sie untersuchten auch das befruchtete Hühnerei, das anscheinend Informationen der geophysischen Umgebung entsprechend den Bewegungen der Sonne empfängt, was ihnen die genaue Bestimmung der Schlupfzeit ermöglichte.[4]

Mittlerweile steht mit Sicherheit fest, daß auf verschiedenen Ebenen der Natur eine innere Uhr tickt, die sich nach dem Rhythmus von Sonne und Mond richten. In Florenz entdeckte Professor G. Piccardi, daß die Reaktionen in seinen Reagenzgläsern in enger Verbindung mit der Aktivität des Kosmos stehen und genauer, daß die Geschwindigkeit einer Ausfällung von den Sonneneruptionen abhängt.[5] Darüber hinaus stellte er den Zusammenhang zwischen Blutgerinnung und Mondphasen fest. Viele Biologen haben seinen Arbeiten Beachtung geschenkt, manche verfolgen sie bis heute weiter. Auch der Biologe N. Schultz aus Rußland und Professor M. Takata aus Japan konstatierten erstaunliche Zusammenhänge zwischen der Sonnenaktivität und dem menschlichen Blut.

Dr. William Petersen fand 1940 in Chicago heraus, daß Säuregrad und Alkalität des Blutes abhängig vom Magnetismus des Mondes sind. Davon ausgehend haben Dr. Jonas in der ehemaligen Tschechoslowakei und Dr. Miavec in Jugoslawien eine auf dem Mondzyklus basierende Methode entwickelt, das Geschlecht eines Kindes im Augenblick der Empfängnis zu bestimmen. Mit ihren Forschungen haben sie ebenfalls eine individuelle Empfängnisverhütung erarbeitet, die auf dem Winkelabstand von Sonne und Mond bei der Geburt einer Frau (eines Mädchens) beruht und ihre fruchtbaren Phasen für ihr ganzes Leben anzeigen soll. Diese Studien wurden vor dem Zusammenbruch des Ostblocks durchgeführt und seither leider nicht wieder aufgenommen und verifiziert.[6]

Aber lebt die Natur auch in Korrespondenz mit den Planeten, wie die Menschen des Altertums es behaupteten – ein Gedanke, der noch befremdlicher zu sein scheint. Sollten die Organismen mit »Uhren« ausgestattet sein, die sich nach dem Rhythmus der Planeten richten? Mehrere Beobachtungen beweisen es.

Die Planeten

Die Arbeiten von Dr. Maag aus Deutschland zeigen, daß es Zusammenhänge zwischen Himmelskonstellationen und der Zeit geben dürfte. Von 1883 bis 1941 durchgeführte Studien belegen, daß Merkur die Temperatur auf der Erde proportional zu seiner Entfernung beeinflußt. Und bestimmte Statistiken weisen darauf hin, daß Erdbeben wahrscheinlich mit der Position des Uranus am Himmel zusammenhängen.

Kürzlich haben Biologen aus der Schweiz, Deutschland und Frankreich entdeckt, daß planetare Korrelationen chemische Lösungen (Alkaloide) beeinflussen. Sie untersuchten die Beziehungen zwischen Mond, Merkur, Venus, Mars und Saturn in Zweiergruppen und stellten fest, daß sich die Formel der Lösungen abrupt änderte, sobald besondere Aspekte zwischen diesen Planeten entstanden (Quadrant, Opposition, Konjunktion).

Darüber hinaus zeigt André Faussurier in Frankreich, der die Forschungen von Frau Kolisko aus der Schweiz aufgriff, durch seine Arbeiten zu Lösungen metallischer Salze (wie Goldchlorid, Silbernitrat und Zinnchlorid), daß die Kapillarmigration des Metalls auf einem Blatt Papier mit planetaren Interaktionen in Verbindung steht. Zudem weist die Migration jedes Metalls die gleichen Korrespondenzen auf, die bereits in der Überlieferung den Planeten und Metallen zugeschrieben wurden: Man stellte eine Beziehung fest zwischen Sonne und Gold, Mond und Silber, Mars und Eisen, Jupiter und Blei. André Faussurier, der im Laufe von zehn Jahren über 50 000 Experimente durchgeführt hat, räumt allerdings ein, daß die von ihm als fluktuierende Phänomene bezeichneten Korrelationen zwischen Kosmos und metallischen Lösungen, die er beobachtet hat, nicht mehr so systematisch sind wie zu Beginn des Jahrhunderts: Demnach hätte sich die Relation zwischen der mineralischen und der

---

4. Frank A. Brown, J. W. Hastings und J. D. Palmer, *The biological clock*, Academic Press, New York, London, 1970; siehe auch: Frank A. Brown, »Evidence for External Timing of Biological Clocks«, in: J. D. Palmer, *Human Biological Rhythms*, Biology Readers, 1983; A. P. Dubrov, *The geomagnetic Field and Life*, Plenum, 1978

5. Giorgio Piccardi, *Les Bases chimiques de la climatologie médicale*, Ch. Thomas, USA, 1962, und *Symposiums internationaux sur les relations entre phénomènes solaires et terrestres en chimie, physique et biologie*, Presses Académiques Européennes, Brüssel, 1960 und 1968

6. Ich habe mich bemüht, die Dokumente zu bekommen, in denen sie beschrieben sind, aber leider ohne Erfolg.

kosmischen Welt verändert.[7] Für Faussurier »ist mit Sicherheit die nächste Etappe der wissenschaftlichen Entwicklung, besondere Verbindungen zwischen Kosmos und Erde anzuerkennen und einen neuen Dialog – ausgehend von der Beobachtung etwa der fluktuierenden Phänomene – zu suchen. Diese Phänomene weisen uns auf eine kontinuierliche Evolution der Welt hin, der wir Rechnung zu tragen haben.« Solche Entdeckungen sind von überaus großer Bedeutung; bis dahin konnte man noch nie die Gleichzeitigkeit planetarer Bewegungen mit einem chemischen Vorgang belegen. Anscheinend wirkt ein besonderes Kraftfeld am Himmel korrelativ auf ein irdisches Kraftfeld.

Nach und nach erhärtet sich das Gesetz der Wechselbeziehung von Himmel und Erde durch Experimente, aber noch ist das zu wenig, um eine Theorie aufzustellen. Die Forschungen stecken noch in »den Kinderschuhen«, weisen allerdings auf ein weites Betätigungsfeld: Wenn ein Großteil chemischer Lösungen sowie bestimmte Pflanzen, gewisse Krustentiere und andere Tiere nach kosmischen Uhren leben, wenn das menschliche Blut gleichzeitig mit planetaren Einflüssen reagiert, kann man dann beweisen, daß auch das Verhalten des Menschen vom Zustand des Himmels gelenkt wird?

Wie wir im vorigen Kapitel gesehen haben, hat André Barbault die Bewegungen der Zivilisation besonders untersucht und dabei eine Übereinstimmung mit Himmelsphänomenen festgestellt. Wenn es indes möglich ist, Veränderungen vorherzusehen, so ist es doch nahezu unmöglich, die Ebene ihrer Manifestation zu präzisieren, wie es ein wissenschaftliches Vorgehen verlangen würde. Dabei liegt die Betonung auf »nahezu«,

---

7. Siehe das Gespräch, das ich mit André Faussurier hatte, abgedruckt in *L'Etre cosmique*, Flammarion, 1985

Wie soll man die Rolle der »prägenden Kraft« der Archetypen in der Natur und im Menschen deutlich machen? Landschaft mit drei Bäumen von Victor Hugo.

Das Symbol drückt ein Bündel konvergierender Tendenzen aus. – Photo des Halleyschen Kometen.

denn das hängt letztlich vom Interpretationstalent des Astrologen ab. Wenn man einfache organische Systeme wie die oben erwähnten untersucht, ist es möglich, die Wiederholung ihrer Manifestationsweisen vorherzusagen, die mit den Planetenbewegungen korrelieren (obwohl Faussurier darauf hinweist, daß diese Manifestationsweisen fluktuierend sind).

Doch wenn man den Menschen studiert, der ein wesentlich komplexeres System darstellt, weil bei ihm mehrere Ebenen der Manifestation eine Rolle spielen, namentlich die psychische, biologische und physische (mit physisch sind Bereiche gemeint, die mit der Physik in Zusammenhang stehen, also materielle Phänomene), kann man nicht vorhersagen, auf welcher dieser Ebenen oder unter welchen genauen Umständen die planetare Symbolik wirken wird. Diese Unterscheidung ist jedoch rein theoretisch, da diese drei Ebenen selbstverständlich interferieren und voneinander abhängen.

Man kann sagen, daß die astrologische Symbolik einem inneren Anreiz entspringt, einem innigen Wunsch des Individuums, die es uns ermöglicht, die Funktionsweise seiner Psyche zu begreifen, die besonderen Merkmale seines biologischen Lebens und die Ereignisse, auf die das Individuum zusteuert. Das Symbol ist ein qualitativer, kein quantitativer Begriff. Man hat viele Versuche unternommen, das astrologische Symbol zu definieren: Lebensenergie, Lebensquell und so fort, vielleicht ist der Begriff »prägende Kraft« noch der angemessenste. Doch was immer es auch sei, allein die Auslegung eines Geburtshoroskops erlaubt es uns nicht, genau zu sagen, welche Ausformung diese Kraft, also diese »psychische Dichte«[8], annehmen wird. Das hängt vom Bewußtseinsgrad oder der Entwicklung des Individuums ab und sicherlich auch vom Erbgut und der Erziehung, die in Wechselwirkung mit diesem Bewußtseinsgrad stehen.

Um es der Anschaulichkeit halber etwas trivial zu beschreiben: Die planetare Symbolik stellt ein Behältnis dar, das der Mensch mit seinem Inhalt füllt. Die ausführliche Interpretation eines Geburtshoroskops läßt noch andere Parameter einfließen, die nicht im Horoskop enthalten sind. Und was soll man über die Zahl der Parameter sagen, die einfließen, wenn man nicht nur einen individuellen Fall behandelt, sondern ganze Kollektive?

Die genaue Realitätsebene präzisieren zu wollen, der die planetare Symbolik eines Individuums oder eines Volkes entspricht, käme einem intellektuellen Kunststück gleich.

Das Symbol drückt ein Bündel vielschichtiger Tendenzen aus, die unmöglich zu spezifizieren sind, das kann nicht oft genug betont werden. Marie-Louise von Franz zufolge gibt es lediglich Auskunft über »die Qualität möglicher Ereignisse«.

---

8. Daniel Verney, *L'Astrologie et la science future du psychisme*, Ed. du Rocher, 1987

Die Astrologie auf dem Prüfstein der Statistik

Obwohl die Astrologie unpräzise ist und sich dem Formalismus der modernen Wissenschaft zu entziehen scheint, »stört« sie: Sollte es nicht doch möglich sein, in der ein oder anderen Form endgültig mit ihr abzuschließen? Denn wenn die Astrologen behaupten, sie könnten das Verhalten eines Indviduums und seine Entwicklung beschreiben, müßte man das doch eigentlich auch beweisen können. Eine Forderung, die aus wissenschaftlicher Sicht durchaus legitim ist.

Michel Gauquelin, erklärter Gegner der Astrologie, schickte sich an, einen der Aspekte des symbolischen Ausdrucks auf den Prüfstein der Statistik zu legen: den Beruf.[9]

Anders ausgedrückt: »Besteht ein Zusammenhang zwischen den Positionen der Sterne des Sonnensystems im Augenblick der Geburt und einer präzise umrissenen beruflichen Tätigkeit im Leben des Menschen?« Er trug 16 000 Daten und Geburtsstunden bekannter Persönlichkeiten aus Frankreich, Italien, Westdeutschland, Belgien und den Niederlanden zusammen. Als Kontrollgruppe dienten 12 000 Personen der gleichen Nationalität, die die gleichen Berufe ausgeübt hatten, die allerdings anonym blieben. Er untersuchte Aufgang und Kulmination der verschiedenen Planeten bei der Geburt dieser Personen und kam zu folgendem Ergebnis:[10]

– »Von 3 647 Medizinern und Naturwissenschaftlern sind 724 statt 626 (theoretisch berechnete Anzahl) nach dem Aufgang des Mars oder bei seiner Kulmination geboren. Es besteht nur eine Wahrscheinlichkeit von 1:500 000, daß ein solcher Überschuß zufällig ist. Bei den gleichen Wissenschaftlern waren 704 statt 598 nach dem Aufgang des Saturn geboren. Zufallswahrscheinlichkeit: 1:300 000.

– Bei 2 088 Spitzensportlern dominiert allein Mars. Er kommt 452 Mal statt 358 Mal aufgehend oder kulminierend vor, was dem Zufall nur eine Wahrscheinlichkeit von 1:5 Millionen läßt.«

Michel Gauquelin hat noch weitere Korrelationen statistisch verifiziert: zwischen Jupiter, Mars und Militärs; zwischen Jupiter und berühmten Schauspielern, Jupiter und Politikern, Jupiter und Journalisten, dem Mond und Schriftstellern und schließlich zwischen Mars und Unternehmern.

Jede Epoche hat ihre Idole hervorgebracht: In dieser Allegorie der Astronomie ist unten rechts ein Astrologe zu sehen, der sein Horoskop zerreißt. Ebensowenig wie die Astronomie im 18. Jahrhundert die Astrologie ausgeschaltet hat, wird heute die Statistik ihre Wahrheit offenbaren: Den Zugang zum tiefgreifenden Sinn der Astrologie findet man nicht, indem die Tragweite des Geburtshoroskops in Wahrscheinlichkeiten ausgedrückt wird. Stich von A. M. Wolffgand nach J. Degler, 18. Jahrhundert.

---

9. Michel Gauquelin, *Le Dossier des influences cosmiques*, Denoël, 1973
10. Siehe Michel Gauquelin und Elizabeth Tessier, »Les statistiques ou l'effet Gauquelin«, in: Elizabeth Tessier, *Astrologie passio*, Hachette, 1992

105

Verschiedene wissenschaftliche Komitees haben Gauquelins Untersuchungen über den Beruf kontrolliert. Einige haben seine Resultate verworfen, andere haben sie bestätigt. Insgesamt geht daraus jedoch ein wissenschaftlicher Konsens hervor, insbesondere was den »Marseffekt« angeht.

Wenn die wissenschaftliche Welt die Arbeiten von Michel Gauquelin mit einer gewissen Zwiespältigkeit aufgenommen hat, so war das nur eine angemessene Reaktion auf seine eigene Ambivalenz gegenüber der Astrologie. Einerseits wollte er dem astrologischen Aberglauben ein Ende bereiten und grenzte sich von den Astrologen ab, andererseits stellte er sich als Sammler von »unglaublichen, aber wahren« Fakten dar, die einer neuen Wissenschaft des kosmischen Einflusses die Grundlagen lieferten. Wenn seine statistischen Ergebnisse nicht signifikant waren, war es ihm ein Beweis, daß die astrologischen Aussagen fragwürdig seien, und wenn sie signifikant waren, bewiesen sie die vom Autor aufgestellte Vermutung. Man hat den Eindruck, daß Michel Gauquelin sein Leben lang hin- und hergerissen war, ob er nun Position für die Astrologie beziehen sollte oder nicht (in den Vereinigten Staaten hat er Bücher für die Astrologie veröffentlicht, während er sich in Frankreich meist von ihr distanziert hat). Sicherlich wollte er seine wissenschaftliche Anerkennung nicht aufs Spiel setzen, indem er der Astrologie allzusehr den Rücken stärkte. Das, was man als »Gauquelin-Effekt« bezeichnet hat, bedarf einiger Kommentare hinsichtlich der Verwendung statistischer Verfahren zum Beweis der Astrologie.

Jede astrologische Statistik stützt sich auf die Untersuchung einer Korrelation zwischen einer bestimmten Kategorie von Tatsachen oder Personen und einer engen Auswahl astraler Konfigurationen, die aus der Gesamtheit des Sonnensystems herausgelöst wurden. Dies vermag jedoch der Astrologie in ihrer Gesamtheit nicht gerecht zu werden, sondern nur bestimmten Aspekten; zudem gilt, was Raymond Abellio sagte: »Eine Statistik kann nur Mutmaßungen zugunsten der Astrologie liefern, aber niemals Beweise gegen sie.«[11] Zunächst einmal, wenn man die Statistik als Beweismittel einsetzt, geschieht das, weil manche immer noch glauben, sie genüge den von der Wissenschaft erhobenen Anforderungen der Objektivität. Nichts wäre falscher als das: Heute gibt man zu, daß die Fragestellung die Methode beeinflußt. Mit anderen Worten, die Auswahlkriterien, die der Statistiker anlegt, haben durchaus nichts Objektives, sondern entspringen seiner persönlichen Meinung. Was die Statistik in der Regel beweist, ist die Hypothese des Statistikers. Ich zitiere erneut Abellio, der mit Ironie erklärt: »Die einzige astrologische Statistik, die für uns eine sinnvolle Aussagekraft besäße, wäre in der Tat jene, die die Anzahl der durch dieses Mittel [zur Astrologie] ›konvertierten‹ Statistiker angäbe.«[12]

Die Subjektivität[13] Michel Gauquelins läßt sich leicht nachweisen:[14] Zum einen an der Wahl der Kriterien Beruf und Berühmtheit. Warum die Verknüpfung dieser beiden Begriffe? Michel Gauquelin antwortet: »Der Beruf ist ein hinreichend standardisiertes soziales Kriterium, über dessen Bedeutung man leicht einig wird. Zudem bringt der Beruf menschliche Verhaltensweisen ins Spiel.«

Und zur Berühmtheit: »Jene, denen es gelingt, sich (in einem Beruf) einen Namen zu machen, manifestieren deutlicher als die anderen die grundlegenden Tendenzen, die sich hinter dem Berufsbild verbergen.«

Daniel Verney hat sehr gut gezeigt, daß diese beiden Kriterien durchaus nichts Objektives haben:[15] »Da man *a priori* nicht imstande ist zu unterscheiden, was im Beruf vom ›Schicksal‹, vom ›Zufall‹, von der ›Gesellschaft‹, dem ›Mileu‹, der ›Erziehung‹ abhängt und was andererseits vom ›Charakter‹ abhängt, und weil eben die Statistik diese verschiedenen Faktoren vermengt [...], darf man nicht erwarten, daß die Korrelationen sonderlich aussagekräftig wären [...] Unter seiner scheinbaren Objektivität ist das Etikett ›Beruf‹ sicher eines der zweifelhaftesten, das sich dem Statistiker anbietet [...]« Entgegen der Ansicht von Michel Gauquelin hängt die Berufswahl sicherlich vom Charakter ab, aber eben auch von anderen Komponenten, die den Charakter umformen können in Richtung auf einen bestimmten Beruf, für den er eigentlich nicht prädestiniert war. Es dürfte nicht schwer sein, »Mars-Menschen« zu finden, die ihre kriegerischen Anlagen in den Dienst der Kunst statt der Armee gestellt haben. Aber, wie allgemein bekannt ist, befaßt sich die Statistik nun einmal nicht mit Einzelfällen, so wie die Astrologie.

Und was sagt der Begriff der Berühmtheit aus? Er setzt eine oder mehrere Eigenschaften voraus wie Ausdauer (die für uns Astrologen symbolisiert ist durch die Planeten Mars und Saturn), Energie und Ehrgeiz (für die insbesondere Mars steht), den Wunsch nach Sozialisation (symbolisiert durch Jupiter) und sicher auch das, was man Glück nennt. Im Hinblick auf die Berühmtheit läßt sich Glück definieren als die Korrespondenz zwischen dem individuellen Wunsch und dem kollektiven Schicksal, symbolisiert durch Jupiter und den Mond. Und nicht zuletzt bedarf es einer letz-

---

11. Raymond Abellio, *La Fin de l'ésotérisme*, Flammarion, 1973

12. Raymond Abellio (s. Fn. 11)

13. Daniel Verney hat sich mit der Subjektivität erschöpfend in seinem Buch *Fondements et Avenirs de l'astrologie*, Fayard, 1974, befaßt. Hier werden einige seiner Überlegungen aufgegriffen.

14. Vielleicht konnte er sich aufgrund seiner mehr oder weniger bekannten eigenen Subjektivität nie eindeutig zugunsten der Astrologie aussprechen. Er brauchte objektive Beweise.

15. Daniel Verney (s. Fn. 13)

Wird die Trennung zwischen Astrologie und Wissenschaft wohl eines Tages endgültig vollzogen?

ten Fähigkeit, die nicht die unwichtigste ist, nämlich der spezifischen Qualifikation zur Ausübung des gewählten Berufes. Es dürfte schwierig sein, Berühmtheit in einem Bereich zu erlangen, in dem man keine Kompetenz besitzt!

Tatsächlich konnte Michel Gauquelins Beobachtung wie durch ein Zufall »nur für den Mond und die Planeten Mars, Saturn und Jupiter gemacht werden. Alles erschien so, als provoziere die Anwesenheit eines Planeten, der sich im Augenblick der Geburt gerade im Durchgang des Horizonts oder des Meridians befindet, den Erfolg des Individuums in bestimmten Berufszweigen«.

Mehr war auch nicht zu erwarten: Die Statistiken Gauquelins haben vor allem bestimmte Bedingungen gezeigt, die erforderlich sind, um in einem bestimmten Beruf erfolgreich zu sein, nicht aber im Beruf ganz allgemein. Die Verquickung der berücksichtigten Kriterien »anerkannter Erfolg« oder »Berühmtheit« mit dem Beruf kann dieser Studie keinen absoluten Charakter geben. Wie soll man im Rahmen einer gleichen planetaren Symbolik von Jupiter oder Mars zum Beispiel die Faktoren unterscheiden, die in den Bereich des Erfolges fallen, und jene, die in den Bereich der für den Beruf erforderlichen Fähigkeiten fallen, die grundsätzlich von diesen Symbolen besonders betroffen sind wie bei Schauspielern und Militärs? Ein Planetensymbol steht, wie oben bereits ausgeführt, für ein Bündel konvergierender Tendenzen, das schwer zu entwirren ist.

Ab 1967, als Michel Gauquelin klar wurde, daß die Untersuchungen zur Korrelation von Planeten und Berufserfolg nicht hinreichend aussagekräftig waren, zog er die 16 000 Geburtsdaten seiner Berühmtheiten erneut zu Rate und stellte die Charaktermerkmale zusammen, die man aus den jeweiligen Biographien entnehmen konnte.

Was für ein Aufwand! »Anhand des zusammengetragenen Materials ließ sich zeigen, daß die Verbindung von Planeten und Charaktereigenschaften wesentlich stärker ist als die zwischen Planeten und Berufserfolg.«[16] Gewiß, aber warum hat Michel Gauquelin weiterhin mit den Daten der 16 000 Berühmtheiten gearbeitet? Warum hat er nicht Aufgang und Kulmination der Planeten bei Herrn und Frau »Jedermann« untersucht? Damit hätten sich die Kritikpunkte ausräumen lassen, die oben hinsichtlich des Faktors Berühmtheit genannt wurden.

Im übrigen muß man wissen, daß die Untersuchung eines einzelnen planetaren Faktors in bezug auf die Persönlichkeit eines Menschen, dem Vorgehen der Astrologie völlig fremd ist. Das Geburtshoroskop ist eine Struktur, deren Pole nur Sinn und Bedeutung haben durch die Beziehungen, in denen sie zueinander stehen. Daniel Verney sagt:[17] »Eine Konfiguration zu isolieren – zumal reduziert auf die Position nur eines Planeten – heißt, sie ihrer Bedeutung zu entleeren (die

---

16. Siehe Michel Gauquelin und Elizabeth Tessier (s. Fn. 10)
17. Daniel Verney (s. Fn. 13)

nur in Beziehung zu den anderen Faktoren des Horoskops Sinn ergibt), um ihr bloß [...] einen elementaren Wert von überaus allgemeinem Charakter zu lassen.«

Mit anderen Worten: Ein Geburtshoroskop bildet ein Ganzes, in dem alle Teile voneinander abhängig sind, und die Existenzberechtigung dieses Ganzen beweisen zu wollen, indem man nur ein einziges seiner Teile analysiert, heißt, das Ganze auf seinen Teil zu reduzieren, heißt: das Bild zu verfälschen. Keiner der »Kandidaten« auf dem Prüfstein der Statistik des Michel Gauquelin kann eine psychische Struktur gehabt haben, die sich auf einen aufgehenden oder kulminierenden Mars oder Saturn beschränkte. Das bedeutet, sich nur mit einem Teil seiner Persönlichkeit zu beschäftigen. In der geschilderten Studie wurden lediglich die Charaktereigenschaften berücksichtigt, die in den Biographien beschrieben waren, also die auffallendsten, ohne Zweifel durchschlagendsten, die allerdings nicht die ganze Person charakterisieren. Man darf sich zu recht fragen, welche Charaktermerkmale ausgewählt wurden; wahrscheinlich waren es solche, die geeignet waren, gerade die vom Forscher ins Auge gefaßte Hypothese zu bestätigen, nämlich die Korrelation von Charaktereigenschaften und Planeten?

Es ist mittlerweile bekannt, wie sehr die Psyche des Beobachters die Resultate seines Experiments beeinflußt.[18] Wenn das für den Bereich der Mikrophysik gilt, so ist es für die Auswahl der Kriterien des Statistikers noch offensichtlicher.

Darüber hinaus haben wir gezeigt, daß das Symbol seine Wurzeln im Inneren des Menschen hat und sich in der Außenwelt widerspiegelt. Die Statistik zieht jedoch nur den äußeren Aspekt in Betracht. Indem sie sich auf die Charaktereigenschaften beschränkt, reduziert sie das Symbol auf eine einzige Realitätsebene, auch wenn diese die Grundlage der anderen bildet. Bei anderen Bevölkerungsgruppen als jenen, die gesellschaftlichen Erfolg anstreben, könnte ein Saturn sich zum Beispiel auf der Ebene der Gesundheit ausgewirkt und keinen »Gelehrten« hervorgebracht haben; oder er hätte ganz einfach ein tiefgreifendes Denken begünstigt, das nicht im Bereich der Wissenschaft Anwendung gefunden hätte.

Wenn man nur einen einzigen Aspekt der Symbolik eines Planeten untersucht, verstümmelt man die »Symbol-Idee«, und auch wenn uns das zu einer gewissen Effektivität auf der Ebene der unmittelbaren Tatsachen führt, so repräsentiert es doch nicht die *Ganzheit*, die Symbolwahrheit.

Und nun die letzte Überlegung: Die Astrologie befaßt sich mit Einzelfällen, während der Statistik keine zu untersuchende Gruppe groß genug sein kann. Die Eigenarten des Individuums werden zugunsten der Kollektivfälle ignoriert.

Dazu hier ein Versuch von Yves Haumont, die Statistik zu definieren: »Stellen wir uns vor, eine Frau antwortet auf die Avancen eines Mannes: ›Ja, Sie haben Charme wie kein anderer, Augen, von denen ich immer geträumt habe, einen Verstand wie Einstein, einen Humor, der die Unterhaltung mit Ihnen amüsant macht [...], aber ich werde niemals mit Ihnen schlafen.‹ Die Statistiker müßten hier die mehrheitlichen Elemente in Betracht ziehen, die den Betreffenden beschreiben, aber das Minderheitselement beiseite lassen, das indes das entscheidendste ist.«

Alles in allem also ist das Instrument der Statistik zur Verifizierung astrologischer Aussagen ungeeignet. Die Astrologie ist ein qualitativer »Stoff«, der sich mit dem Einzigartigen und Subjektiven befaßt; die Statistik dagegen ist ein quantitativer »Stoff«, der sich mit dem Kollektiven befaßt und sich für objektiv hält.

Die Untersuchung der Astrologie durch die Statistik ist auf allen Ebenen entstellt und sagt lediglich etwas über die Möglichkeit aus, die Statistiker zu bekehren, wie Raymond Abellio erklärt.[19]

Die positiven Ergebnisse bestätigen die Astrologie ebensowenig, wie die negativen sie entkräften können. Die ersteren sagen etwas aus über Korrelationen zwischen einer Kategorie von Tatsachen und einer Kategorie astraler Schemata; eine sehr analytische Sicht. Die zweiten beweisen, daß es keine statistische Relation zwischen den ausgewählten Fakten gibt.

Allerdings sollte man das Kind nicht mit dem Bade ausschütten! Vielleicht gibt es andere Möglichkeiten, die Statistik in der Astrologie zu nutzen. Und ich richte mich mit der Frage an die Fachleute: Wie kann man die Vielschichtigkeit des Symbols berücksichtigen, wie kann man die Wechselwirkung der Symbole einbeziehen, wie den subjektiven (erlebten) und den objektiven Aspekt (astronomische Position) eines Symbols miteinander in Beziehung setzen und so fort?

Es gibt viele Fragen, die die gegenwärtige Schwierigkeit wiedergeben, die Astrologie mittels der anerkannten Wissenschaften zu formalisieren.

Im folgenden werden die epistemologischen Konzepte von Astrologie und Wissenschaft in einer Übersicht zusammengestellt. So läßt sich das Problem noch verdeutlichen, das diese Konfrontation aufwirft. Es sei dann jedem selbst überlassen, sich eine Meinung zu diesem Thema zu bilden.

---

18. Siehe Seite 109, »Astrologie und Wissenschaft: Zwei entgegengesetzte Paradigmen«.

19. Ein wunderbares Beispiel, daß die Behauptung Raymond Abellios zutrifft, liefert uns das kürzlich erschienene Buch von Suzel Fuzeau Braesch, *Astrologie: La Preuve par deux*, Robert Laffont, 1992. Sie ist von der Genauigkeit der Astrologie überzeugt und setzt die statistische Methode ein, um ihre Gewißheiten »nachzuweisen«. Dieser Neubekehrten fehlt indes das, was das Wesentliche ausmacht: Ihr Werk enthält keinerlei Verweis auf das Symbol. Ihr Vorgehen ist ein Beispiel der Wissenschaftsgläubigkeit, das die Astrologie »besetzen« will, indem es sie ihrer grundlegenden Eigenschaften beraubt.

Astrologie und Wissenschaft: Zwei entgegengesetzte Paradigmen

Nun ist die Zeit vielleicht reif für ein Geständnis: Ich selbst habe mich mit der Astrologie intensiv beschäftigt, weil ich nicht an sie glaubte und trotz eifriger Praxis immer noch nicht von ihrer Realität überzeugt war. Ich fand keine Erklärung, die mich zufriedenstellen konnte. Wie sollte man etwa die Frage beantworten, die mir ein Wissenschaftler eines Tages stellte: »Wie erklären Sie, daß der Planet Jupiter Sie bei der Geburt stärker beeinflussen kann als der Eiffelturm, wenn Sie in Paris geboren werden?« Wenn wir nach einer rational-wissenschaftlichen Logik das Kriterium der Entfernung berücksichtigen, müßten wir tatsächlich den Eiffelturm in das Geburtshoroskop der in Paris Geborenen einbeziehen! Um diese und viele andere Fragen zu beantworten schrieb ich das Buch *L'Etre cosmique*[20], für das ich ein Dutzend Personen, vorwiegend Wissenschaftler, befragte, um mit deren Hilfe etwas über die Logik der Astrologie herauszufinden.

Einige dieser Überlegungen sollen hier zusammengefaßt werden: Astrologie und Wissenschaft fügen sich in zwei verschiedene Paradigmen ein, die einander entgegengesetzt sind und sich zugleich ergänzen. Sie verfolgen unterschiedliche Ziele, die auf gegensätzlichen Prinzipien beruhen, deren Umsetzung aus unterschiedlichen Perspektiven erfolgt.

Positivistisches und mechanistisches Paradigma	Astrologisches Paradigma
• Vorgehen, das sich auf das **Äußere** stützt	• Vorgehen, das im **Inneren** verwurzelt ist

Zwei Zielsetzungen

• interessiert sich für das **Objekt** und sucht eine Antwort auf das **Wie** der Phänomene	• interessiert sich für das **Subjekt** und sucht eine Antwort auf das **Warum** der Lebensumstände

Unterschiedliche Prinzipien

• **Unterscheidbarkeit**: Der Mensch ist losgelöst von der Welt	• **Universelle Wechselbeziehung**, getragen von der spirituellen Einheit
• **Objektivität**	• **Subjektivität**
• **Determinismus**	• **Kohärenz**
• lokale **Kausalität**	• **Analogie** und **Finalität**

20. S. de Mailly-Nesle, *L'Etre cosmique*, Flammarion, 1985

Links: Die Erde

Nächste Seite: Jupiter und seine vier Satelliten Io, Europa, Ganymed und Callisto.

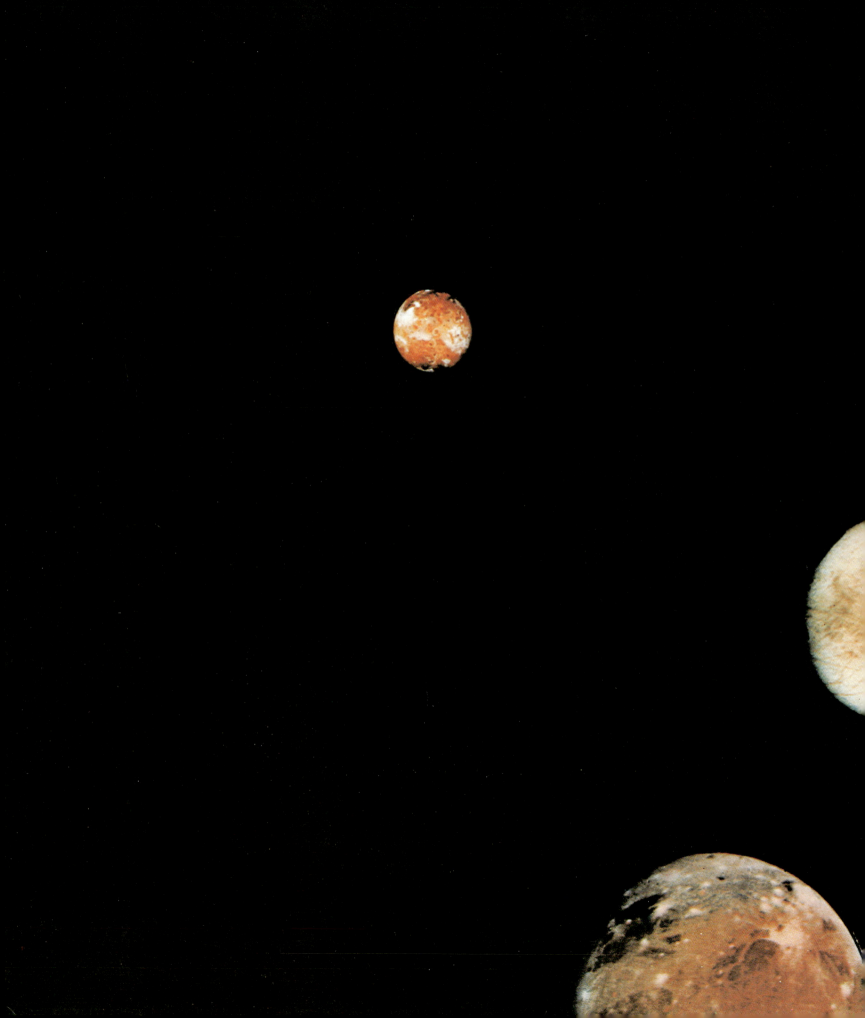

Zwei Paradigmen

Die Astrologie untersucht alles Innere, die Wissenschaft untersucht alles Äußere. Das Symbol ist Ausdruck eines Dialogs, den der Mensch mit dem Universum führt, um sich zu verstehen, sich einzuordnen und seine Existenz zu begreifen. Die Welt und der Mensch knüpfen gemeinsam ein endloses Netz feinstofflicher Eigenschaften und sind durch die gleichen Energien vereint. Die Natur spricht zu ihm, sie drückt sich durch »Signaturen« aus, die Antworten auf grundlegende Fragen geben: »Darum ist in der Signatur der größte Verstand, darinnen sich der Mensch nicht allein lernt selber kennen, sondern er mag auch darinnen das Wesen aller Wesen erkennen; denn an der äußeren Gestaltnis aller Kreaturen, an ihrem Trieb und Begierde, item, an ihrem ausgehenden Hall, Stimme und Sprache, kennet man den verborgenen Geist, denn die Natur hat jedem Ding seine Sprache (nach seiner Essenz und Qualität) gegeben«, sagt Jakob Böhme.[21]

Die Astrologie ist die älteste Wissenschaft von der Seele des Menschen: Sie ist hervorgegangen aus dem matriarchalischen Logos, für den der Mensch nicht vom Universum losgelöst ist. In diesem Logos ermöglicht die Entdeckung des Universums dem Menschen, sich selbst besser zu begreifen; und die Erkenntnis des Menschen macht es umgekehrt möglich, das Universum besser zu verstehen. Ein Logos, für den der Mensch die Welt in sich birgt, wie die Welt den Menschen birgt: Sie sind miteinander vereint durch eine Intersubjektivität. Die Wissenschaft hat dagegen eine grundlegende Dualität zwischen Subjekt und Objekt entwickelt, um die Wirklichkeit »objektiv« zu beschreiben.[22] Als die Wissenschaft den Menschen vom Universum trennte, das ihn erschaffen hatte, konnte sie die Wirklichkeit mit einem rigorosen und objektiven Determinismus beschreiben, indem sie Gesetze aus ihr ableitete, die sich auf die Reproduzierbarkeit der Phänomene gründeten. Das konnte sie allerdings nur leisten, indem sie die Psyche ignorierte. Die Astrologie ist dagegen gewissermaßen die Wissenschaft dieser Psyche als Grundlage der Wirklichkeit. Die eine beschreibt eine quantitative Welt, die andere trägt ihren vielfältigen Qualitäten Rechnung.

Die klassische Wissenschaft konstituierte sich, indem sie die alten Visionen leugnete – also das Verhältnis der Menschen zur Natur –, um eine stupide Automatennatur zu entwerfen. Ihre großen Prinzipien sind die *Unterscheidbarkeit*, die *Objektivität*, der *Determinismus*, die *Kausalität* und der *Satz vom ausgeschlossenen Dritten*, die die Grundlage der Newtonschen Gesetze bilden und die man ebenso auf die natürliche Ordnung wie auf die moralische, soziale und politische Ordnung angewendet hat. So sind diese sakrosankten Prinzipien zur Grundlage aller Wissenschaften, die Humanwissenschaften inbegriffen, geworden:

Wer würde es heute noch wagen, eine Untersuchung vorzulegen, die nicht objektiv wäre? Das Kriterium der Objektivität ist einem Dogma gleich. Doch indem unsere Kultur den Menschen von der Natur trennte, schuf sie eine entzauberte Welt, in der der Mensch allein und verlassen ist.[23] Geleitet vom Willen zur Macht, schuf die wissenschaftliche und technische Inbesitznahme eine handliche Welt, in der der Mensch sich als Meister der Welt darstellen konnte, der Welt aber als Fremder unbeteiligt gegenübersteht.[24]

Galilei und seine Nachfolger glaubten damals, die umfassende Wahrheit der Natur zu entdecken, das, was man das Geheimnis der universellen Uhr nannte. Und Einsteins Ziel war es, auf dem Weg der rein logischen Deduktion die Theorie zu finden, die allen Phänomenen der Natur, einschließlich der des Lebens, zugrunde liegen. Die klassische Wissenschaft war beseelt vom Mythos eines allumfassenden Wissens. In Wirklichkeit hat dieser Mythos jedoch die Qualität des Lebens zerstört: Indem die Wissenschaft ein allgemeines Gesetz finden wollte, das alle Phänomene des Lebens erklärt, zerstörte sie die qualitative Vielfalt und die Einzigartigkeit, der die traditionellen Wissenschaften und mit ihnen die Astrologie Rechnung trugen.

Alexandre Koyré hat die Auswirkung der Wissenschaft auf die moderne Welt meisterhaft ausgedrückt: »Die Wissenschaft konstituierte sich, indem sie unsere Welt der Qualitäten und Sinneswahrnehmungen, die Welt, in der wir leben, lieben und sterben, ersetzte durch eine andere Welt: die Welt der Quantitäten, der zum Gott erhobenen Geometrie, eine Welt, in der es zwar Platz gibt für alles, nur nicht für den Menschen. Die Welt der Wissenschaft – die reale Welt – entfernte und löste sich somit völlig von der Welt des Lebens, die zu erklären die Wissenschaft nicht imstande war.

In Wahrheit werden diese beiden Welten tagtäglich durch die Praxis vereint. Doch für die Theorie sind sie durch einen Abgrund getrennt. Darin liegt die Tragik des modernen Geistes, der ›das Geheimnis des Universums löst‹, allerdings nur, um es durch ein anderes zu ersetzen: Das Geheimnis seiner selbst.«[25]

Es liegt nicht in unserer Absicht, der (klassischen) Wissenschaft hier den Prozeß zu machen, wir wollen bloß zeigen, daß ihr Erfolg uns so blind gemacht hat, daß wir uns in unserem Denken und Handeln mit ihr identifiziert haben und meinen, ihre Zielsetzung und ihre Prinzipien seien die einzig gültigen. Dabei widersprechen diese dem traditionellen Denken geradezu.

---

21. Jakob Böhme, »De signatura rerum oder Von der Geburt und Bezeichnung aller Wesen«, in: *Schriften*, Leipzig, 1938, S. 284f.
22. Siehe S. de Mailly-Nesle (s. Fn. 20)
23. Ilia Prirogine und Isabelle Stengers, *La Nouvelle Alliance*, Samml. »Métamorphose de la science«, Gallimard, 1979, S. 37
24. Ilia Prirogine und Isabelle Stengers (s. Fn. 23)
25. Alexandre Koyré, *Etudes newtoniennes*, Gallimard, 1968

Zwei Zielsetzungen

Die Astrologie interessiert sich für das Subjekt und die Bedeutung, die die Welt für es hat. Die Wissenschaft dagegen interessiert sich für das Objekt, das sie beschreibt, ohne sich jedwede Fragen metaphysischer Art zu stellen. Die erstere bemüht sich, auf das »Warum« des Lebens zu antworten: Was ist das Ziel, der Sinn, die *Finalität* des Lebens? Wie wir sehen werden, wirft sie vor allem essentielle Fragen auf. Die zweite bemüht sich dagegen, das »Wie« der Prozesse aufzuzeigen, also wie sie miteinander verkettet sind, ohne sich seit Galilei um das Warum zu kümmern.

Unterschiedliche Prinzipien

Unterscheidbarkeit

Die klassische Wissenschaft beruht auf der Trennung von Mensch und Natur; selbst wenn die Mikrophysik das in Frage stellt, denken wir noch auf diese Weise. Die Astrologie geht dagegen von einer Wechselbeziehung zwischen Mensch und Universum aus: Das äußere Ereignis hat nur in dem Maße Bedeutung, wie es auf das Selbst zurückführt, auf das Verständnis unserer selbst in Beziehung zum Universum. Während die klassische Wissenschaft die Ereignisse unabhängig und wie losgelöst von unserem Inneren betrachtet, beruht die Astrologie, wie Raymond Abellio sagt, auf dem Prinzip der universellen Interdependenz. Sie geht von der spirituellen Einheit der Schöpfung aus, der es sich bewußt zu werden gilt: Mißgeschicke, Widersprüche, das, was man das Schicksal oder Fatum nennt, bringt unsere Unwissenheit um die uns wirklich regierenden Gesetze zum Ausdruck.

Objektivität

Das Prinzip der Objektivität, das die Konsequenz aus dem Prinzip der Trennung von Mensch und Natur ist, war nie ein traditionelles Prinzip. Denn während die Wissenschaft die Wirklichkeit als objektiv ansieht, ist sie für die Tradition subjektiver Natur, da der Mensch in ihr als absoluter Mittelpunkt der Realität gilt. Der Mensch versteht sich ebenso durch die Natur, wie die Natur sich in ihm widerspiegelt. Es besteht ein Bund zwischen Natur und Mensch, was jede Objektivität im klassischen Sinne des Wortes ausschließt.

Determinismus

Ein wissenschaftliches Experiment ist nur dann zuverlässig, wenn es wiederholbar ist: Die gleichen Ursachen zeitigen immer die gleichen Wirkungen; das nennt man Determinismus. Obwohl dieses Prinzip auf der Ebene der Mikrophysik in Frage gestellt ist (Heisenbergs Unschärferelation), wird es auf anderen Realitätsebenen nach wie vor angewandt. Das astrologische Symbol entspricht dagegen, wenn man so sagen kann, der Reproduzierbarkeit einer inneren Erfahrung – die hier innere Frage genannt werden soll –, die aber je nach Individuum auf unterschiedliche Weise erlebt werden kann. Was die inneren Fragen verbindet, die ein und dieselbe planetare Symbolik aufwirft, ist nicht ein Determinismus, sondern die Kohärenz des Sinns. Das astrologische Symbol ist ein Begriff wie eine »Reisetasche«, sagen die Wissenschaftler: Man weiß nie genau, was alles darin ist. Und in der Tat gilt das Symbol im Bereich der Tiefenpsychologie als eine unbekannte Größe, die schwer zu fassen und letzten

Unterscheidbarkeit, Objektivität, Determinismus, Kausalität und der Satz vom ausgeschlossenen Dritten.

Endes niemals vollständig zu definieren ist. Man weiß weder, mit welcher Realitätsebene es für ein bestimmtes Individuum korrespondiert noch kann man die genauen Umstände seiner Manifestation bestimmen. Dieselbe Planetenkonstellation ist zunächst Teil eines inneren Prozesses, spricht das Unbewußte an und bietet Raum für je nach Individuum unterschiedliche, wenn auch aus symbolischer Sicht ähnliche Antworten. Bei zwei verschiedenen Personen manifestiert sich dieselbe Konstellation nicht systematisch unter den gleichen Bedingungen und führt nicht automatisch zu identischen Verhaltensweisen. Um es einfach auszudrücken: Wenn alle Menschen, die mit der Sonne im Tierkreiszeichen Löwe geboren sind, gemeinsame Eigenschaften aufweisen wie eine Neigung zum Stolz, zur Autonomie, zu dem Bedürfnis, sich zur Schau zu stellen, so sind sie nicht bei allen gleich ausgeprägt. Ein anderes, anschaulicheres Beispiel erzählte mir Frau Baumann-Jung, die Tochter von C. G. Jung, in einem Interview.[26] Sie praktiziert seit 40 Jahren Astrologie und verbindet sie mit einer therapeutischen Methode. Sie empfing im Abstand von einigen Tagen zwei Männer, deren Geburtshoroskop die gleiche Uranus-Position aufwies und die demnach die gleiche Art von Transit erlebten (die Konjunktion von zwei oder mehr Planeten von einem geozentrischen Punkt aus gesehen). Der erste verlor bei einem Autounfall seine Eltern, schien diese Prüfung aber gut überstanden zu haben, denn er hatte auf diese Weise am Jung-Institut studieren können.

Frau Baumann-Jung befürchtete also das Schlimmste, als der zweite Mann vom gleichen Transittyp zu ihr kam. Er sollte das Unternehmen seines Vaters übernehmen, doch das erwies sich im Gegensatz zu dem einschneidenden Erlebnis des erstgenannten Falles als das Drama schlechthin für ihn, da die Geschäfte ihn überhaupt nicht interessierten. Er wollte Theologie studieren!

Das astrologische Symbol verweist nicht auf ein genaues oder determiniertes Schicksal, es verweist lediglich auf eine *Art der Fragestellung*, auf die der einzelne in seiner Entscheidungsfreiheit eine persönliche Antwort gibt (wenn der Astrologe ihm dazu die Möglichkeit läßt). Erinnern wir uns an Thomas von Aquins Worte: »Astra inclinant, non necessitant.« In den beiden Beispielen ging es um eine radikale Veränderung des Lebens: Wie ist sie zu beurteilen? Marie-Louise von Franz erklärt: »Sehr präzise Denker sind von den Orakeltechniken irritiert, weil sie so unbestimmt sind. Es scheint, als könne alles in sie hineingelesen werden, weil die Formulierungen vage sind. So sehen törichte und abergläubische Leute immer eine Verbindung und behaupten nach einem beliebigen Ereignis, daß es schon im Orakel vorausgesagt war. Man könnte sagen, Orakel sind so allgemein, daß praktisch alles passieren kann. Das stimmt aber nicht; es ist ein aus

dem Vorurteil geborenes, emotional begründetes Argument. Es trifft allerdings zu, daß eine Orakeltechnik nie ganz genau ist und keine exakten Vorhersagen machen kann. So wie ein Physiker ein einmaliges Ereignis nicht vollkommen genau voraussagen kann, kann das Orakel ein psychologisches Ereignis nicht ganz genau voraussagen. Aber es kann einen ›Erwartungskatalog‹ aufstellen, der das Bild eines ganz bestimmten Bereiches oder eines qualitativen Feldes von Ereignissen entwerfen oder vorhersagen kann. Es gibt eine gewisse psychologische Wahrscheinlichkeit aufgrund der Existenz des Jungschen kollektiven Unbewußten.«[27]

Kausalität

Das Prinzip der Kausalität faßt praktisch an sich schon das Problem zusammen, das die Astrologie für die Wissenschaft darstellt. Ohne kausale Erklärung gibt es kein Phänomen und daher keine Astrologie, die offenbar in mancherlei Hinsicht nicht dem Prinzip der Kausalität entspricht, wie die Wissenschaft es definiert. Zunächst einmal geht es von einem physikalischen Substrat aus, einer Stofflichkeit oder Körperlichkeit, aber die Astrologie ist in keiner Hinsicht auf diese Realitätsebene zu reduzieren. Zudem ist der Zeitbegriff in der Astrologie ein anderer. Das muß verständlich gemacht werden:

Kausalität und Stofflichkeit

Traditionell ist das Symbol vielschichtig: Es stellt eine Gesamtheit von Lebensbereichen oder -ebenen dar, die dem Menschen und dem Kosmos gemeinsam sind und die sich gleichzeitig manifestieren können. Für die wissenschaftliche Logik ist es jedoch grundsätzlich undenkbar, daß Realitätsebenen, die ohne unmittelbaren oder wenigstens mittelbaren Zusammenhang sind, eine wie auch immer geartete Beziehung unterhalten können: Zum einen ist es unmöglich, solche Beziehungen zu beschreiben, solange man die Existenz einer Kausalität zwischen Mensch und Planet nicht klar erwiesen hat; zum anderen gibt es keinen Grund, überhaupt davon zu sprechen, solange man nicht experimentell bewiesen hat, daß so unterschiedliche Realitätsebenen wie die psychische, die biologische und die physikalische in einem Kausalzusammenhang stehen.

Je mehr man sich bemüht, um so klarer wird: In symbolischer Sprache *und* rationaler Sprache kommt kein Dialog zustande! Es gibt allerdings Forscher, die Hypothesen zur Erklärung vorgeschlagen haben. Sie haben die Astrologie praktisch ausprobiert und sind der Überzeugung, daß man die Astrologie nicht als dum-

---

Rechte Seite: Wie jede symbolische Sprache untersteht auch die der Astrologie keinen rationalistischen Prinzipien; nichtsdestoweniger besitzt sie eine innere Kohärenz, die in diesem Mandala durch eine geometrische Darstellung illustriert ist.

---

26. S. de Mailly-Nesle (s. Fn. 20)
27. Marie-Louise von Franz, *Wissen aus der Tiefe*, München, 1987, S. 74 f.

mes Geschwätz abtun kann, für das sich in der Vergangenheit so viele geniale Denker interessiert haben. Diese Forscher haben überlegt, was das *physikalische Substrat* sein könnte, das die Beziehung zwischen Mensch und Kosmos ausmacht.

Bereits im vorigen Kapitel werden einige der Spekulationen erwähnt, die zu Beginn dieses Jahrhunderts angestellt wurden. Eine Hypothese aus jüngerer Zeit findet bei vielen Astronomen Anklang, weil sie von dem berühmten englischen Astronomen Percy Seymour[28] stammt. Er vertritt die These, daß das Magnetfeld der Erde die physikalische Verbindung zwischen Mensch und Kosmos darstellt. Man hat tatsächlich festgestellt, daß der Mensch in der Lage ist, sich – wie Bakterien, Vögel und Fische – mit Hilfe dieses Magnetfeldes zu orientieren. »Das geschieht, als verhielte sich das Nervensystem auf die gleiche Weise wie eine Antenne, die es ermöglicht, bestimmte Zustände des irdischen Feldes aufzunehmen.« Und: »Man beginnt nachzuweisen, daß das Verhalten des Magnetfeldes der Erde und der Sonne mit den Positionen und Bewegungen der Planeten in Zusammenhang steht [...] Es ist, als komponiere das gesamte Sonnensystem – Sonne, Mond und Planeten – die komplexe Symphonie des irdischen Magnetfeldes [...]. Nach meiner Theorie sind wir alle genetisch auf bestimmte Frequenzen programmiert, die uns disponieren, eine Skala verschiedener Melodien der magnetischen Symphonie des Sonnensystems zu empfangen.«[29]

Michel Auphan nimmt in einem Buch[30], das praktisch unbeachtet geblieben und mittlerweile vergriffen ist, seinerseits die Existenz bislang noch unbekannter – weder elektromagnetischer noch akustischer – Schwingungen an, die für die Unterteilung des Tierkreises in zwölf Teile ebenso verantwortlich sein könnten wie für die Zuordnung zu den vier Elementen und den drei Bewegungsformen sowie für die Planetenaspekte, die Planetenherrschaft und das Häusersystem. Er nennt diese Schwingungen odische Strahlung, deren Existenz er mathematisch zu beweisen sucht. Er erklärt, daß die Ekliptik, ausgehend von ihrem Schnittpunkt mit dem Äquator (Frühlingspunkt) aufgrund eines Wellensystems (in der Erde nach der Art von Orangenschnitzen verteilt) ist, in zwölf Sektoren unterteilt ist und mit der Bahn der Sonne und der Rotation der Erde um sich selbst in Zusammenhang steht; jeder dieser zwölf Sektoren soll Sitz eines Schwingungstyps unterschiedlicher Form sein. Während die meisten Wissenschaftler den Mechanismus des Astraleinflusses im All gesucht haben, siedelt Michel Auphan ihn im Erdinne-

---

28. Percy Seymour, *Astrology – The Evidence of Science*, Arkana, 1990
29. Percy Seymour (s. Fn. 28), S. 14 f.
30. Michel Auphan, *L'Astrologie confirmé par la science*, La Colombe, 1956

»Die Wissenschaft konstituierte sich, indem sie unsere Welt der Qualitäten und sensiblen Wahrnehmungen [...] durch eine andere Welt ersetzte: die Welt der Quantitäten, der zum Gott erhobenen Geometrie.« Alexandre Koyré Landschaft *von Gustave Moreau.*

Rechte Seite: »Rationales und Irrationales, Materie und Bewußtsein, Materie und Geist, Finalität und Nichtfinalität ... das sind abgedroschene, verblaßte, wertlos gewordene, ›verkommene‹ Worte.« Basarab Nicolescu – Tätowierte Salome *von Gustave Moreau.*

ren an, wo ein Schwingungssystem bestehen soll, das seinen Berechnungen zugrunde liegt.[31]

Diesem Forscher ist eine mathematische Theorie des astrologischen Symbols zu verdanken. Er geht in dieser Richtung wesentlich weiter als Percy Seymour. Die Tatsache, daß er die Beziehung zwischen Kosmos und Mensch auf ein physikalisches Substrat – die odische Strahlung – zurückführt, das am Ende mit einem elektromagnetischen Feld vergleichbar ist, schränkt allerdings die Tragweite seiner Theorie ein.

Wenn man denn überhaupt eine physikalische Kausalität zwischen Mensch und Kosmos nachweisen könnte, würde das doch niemals der symbolischen Vielfalt Rechnung tragen, von der die Astrologie spricht. Indem man diese Vielfalt auf die Eigenschaften eines physikalischen Phänomens reduziert, schaltet man den psychischen, spirituellen Aspekt des Symbols aus. Das Kausalitätsprinzip, wie es derzeit von der Wissenschaft definiert ist, reicht also nicht aus, die Astrologie zu erklären.

Das Symbol verbindet unterschiedliche Realitätsebenen, die nur gemeinsam einen Sinn haben, während die Wissenschaft alles auf eine einzige Ebene der Wirklichkeit reduziert, nämlich auf die der unmittelbaren Materialität. Solange die wissenschaftliche Konzeption die Existenz des Psychischen (Spirituellen) ausschließt, das in jeder menschlichen (und daher kosmischen) Ausdrucksform am Werk ist, die die verschiedenen Realitätsebenen verbinden kann, in die der Mensch einbezogen ist; solange sie dieses Psychische auf die Eigenschaften einer Welt des Stofflichen reduziert, ist ein Dialog zwischen Astrologie und Wissenschaft unmöglich.

Auf dieses Postulat stützt sich Daniel Verney. In einer Reihe mit den Pythagoräern und Kepler nimmt er die Existenz einer »Weltseele« an, von der wir nicht losgelöst sind. In diesem Sinne stellte dann das Geburtshoroskop die psychische Struktur als eine der Manifestationen der Weltseele dar. Sie folgt translogischen, resonanten und nicht kausalen Gesetzen. »Um die Astrologie zu verstehen, muß man die Hypothese einer Inkarnation des Spirituellen im menschlichen Körper annehmen; die Astrologie drückt das Verhältnis aus, das sich zwischen dieser Inkarnation und der Verteilung der Planeten einstellt [...], das Sonnensystem funktioniert aufgrund des Gravitationsfeldes, und die Astrologie existiert nur in Korrelation zur Form des Sonnensystems. Daher denke ich, daß es eine direkte oder indirekte Verbindung geben muß zwischen der menschlichen Psyche und der Form des Sonnensystems. Der Vermittler wäre das Gravitationsfeld, das zugleich einen physikalischen und einen psychischen Aspekt hätte als Träger einer Information, die die Inkarnation des Geistes im Menschen ermöglichte.«[32]

---

31. Andere Forscher wie François Saison haben Michel Auphans Berechnungen nachgeprüft und sind zu den gleichen Ergebnissen gekommen.

32. Siehe mein Gespräch mit Daniel Verney in *L'Etre cosmique* (s. Fn. 20)

Für Daniel Verney ist die Astrologie eine Art Welle in einem besonderen Ausdrucksfeld, das er in seinem Buch[33] beschreibt.

In Anbetracht der gegenwärtigen Einstellung ist Daniel Verneys Hypothese in doppelter Hinsicht überaus interessant. Einerseits eröffnet er die Debatte auf dem Niveau, auf dem sie stattfinden muß, indem er eine Theorie des Psychischen als spezifische und autonome Realität aufstellt, die die Grundlage der Astrologie bildet. Denn wenn bislang alle Forschungen in eine gewisse Sackgasse geführt haben, so liegt das an der Tatsache, daß sie den astrologischen Prozeß auf einen physikalischen Mechanismus zurückgeführt haben, um sich in den aktuellen wissenschaftlichen Formalismus einzufügen.

Andererseits schafft er die Prämissen zu einer neuen Wissenschaft und eröffnet dem Denken andere Perspektiven, indem er diese Psyche, ausgehend von den neuesten Forschungsergebnissen, als einen der Grundpfeiler der Welt darstellt.[34] Diese Theorie bleibt nun noch zu beweisen.

Kausalität und Zeit

Die meisten Wissenschaftler, die sich mit der Astrologie befaßt haben, wollten immer eine kausale Erklärung für sie finden, weil sie nichts von ihrer Funktionsweise verstanden haben. Die Astrologie beruht auf dem Prinzip der *Analogie* oder der Gleichzeitigkeit. Sie interessiert sich nicht für die Verkettung von Ursachen in einer zeitlich linearen Folge, sondern macht die Systeme deutlich, die die Tendenz haben, sich gemeinsam zu manifestieren.

Was die verschiedenen Realitätsebenen mit ein und demselben Symbol verbindet, ist auf der einen Seite ihr gemeinsamer Sinn, präziser: eine Kohärenz des Sinns, und auf der anderen Seite die Möglichkeit, gleichzeitig aufzutreten, als seien sie von einem gleichartigen Kräftesystem beseelt, dem Jung die Bezeichnung Archetyp gegeben hat. Der Begriff der Ähnlichkeit oder Similarität ist eng verbunden mit der Gleichzeitigkeit oder Simultaneität. Das ist überaus wichtig, denn die Astrologie ist nicht nur eine Wissenschaft der Psyche, sondern auch eine *Wissenschaft der Zeit*, die aber nicht mit der Zeit in der klassischen Wissenschaft identisch ist.

Während wir im Abendland unter dem Einfluß des Positivismus des 19. Jahrhunderts die Zeit linear sehen, was es uns erlaubt, die kausale Verkettung der Ereignisse einzuordnen, ist die Zeit im Mittelalter, vor allem aber in China, nicht nur ein quantitativer Begriff, sondern auch ein qualitativer Wert. Was die Chinesen interessiert, ist nicht allein die Abfolge der Ereignisse, sondern ihre Gleichzeitigkeit zu einem bestimmten Zeitpunkt. Sie interessiert nicht die Anordnung, sondern der Sinn der Dinge. Deshalb beobachten sie mehrere innere und äußere Tatsachen, die sich im selben Augenblick ereignen, um zu begreifen, »was sich gern zusammen ereignet«. »Die Zeit wurde in China nie als abstrakter Parameter verstanden [...], Zeit und Raum fassen [die Chinesen] einfach als einen Komplex von Anlässen und Örtlichkeiten auf, gleichsam als ein Bündel koinzidierender Ereignisse.«[35]

Die Chinesen versuchen auf ihre Weise, das zeitliche Zusammentreffen von Ereignissen zu interpretieren: Warum ereignen sie sich gleichzeitig? Welche Konsequenz muß man daraus für die eigene Lebensführung ziehen? Das Buch der Wandlungen oder I-ching geht von diesem Konzept der qualitativen Zeit aus.

Jung hat sich ganz besonders für das Buch I-ching interessiert. Anhand dieses Buches verdeutlichte er, was er unter dem Prinzip der Synchronizität verstand, das sich für ihn komplementär zum abendländischen Kausalitätsbegriff verhielt. Als er beobachtete, daß manche seiner Patienten in intensiven Gefühlszuständen ebenso großen Anteil an der psychischen wie an der physischen Welt hatten, besonders wenn die Bilder ihrer Träume symbolisch mit der äußeren Realität übereinstimmten, folgerte er daraus: »In diesen Momenten scheinen Psyche und Materie nicht mehr getrennte Realitäten zu sein, sondern sich zu einer sinnvollen symbolischen Situation zusammenzuordnen. Es sieht dann so aus, als ob die physikalische und die seelische Welt nur noch Facetten ein und derselben Wirklichkeit wären.«[36]

Jung nannte diese Realität einheitlich, *unus mundus* (die eine Welt). Alles, was in unserer Sinnenwelt getrennt erscheint, gehört einem einzigen Universum an, das mit unserem Bewußtsein unmittelbar zu begreifen uns aber unmöglich ist (deshalb all die oftmals unfruchtbaren Versuche der Wissenschaft, es zu beschreiben). Allerdings sind wir imstande, bei synchronen Ereignissen Zeuge dieses Universums zu werden. Jung versteht das Phänomen der Synchronizität »in dem speziellen Sinne von zeitlicher Koinzidenz zweier oder mehrerer nicht kausal aufeinander bezogener Ereignisse, welche von gleichem oder ähnlichem Sinngehalt sind.«[37] Synchronizität gibt es nur durch ein Tätigwerden des Menschen, der eine Beziehung identischen Sinns herstellt – *tertium comparationis* – zwischen zwei gleichzeitigen Phänomenen, die in keinem Kausalzusammenhang stehen.

---

33. Daniel Verney (s. Fn. 8)

34. Die einzigen Versuche waren bislang jene von Forschern, die die Psyche als Verlängerung bestehender Modelle sahen (abgesehen von David Bohm), aber nicht als »autonome Realität«.

35. Marie-Louise von Franz, *Zeit. Strömen und Stille*, München, 1992, S. 7

36. Marie-Louise von Franz (s. Fn. 35), S. 27

37. C. G. Jung, »Synchronizität als Prinzip akausaler Zusammenhänge« in: *Gesammelte Werke* Bd. 8, Zürich/Stuttgart 1967, S. 501

Diese Phänomene der Synchronizität kommen nicht regelmäßig vor, sie tauchen sehr sporadisch auf und »scheinen [...] Spezialfälle innerhalb eines weiteren allgemeineren Prinzips darzustellen, das Jung akausales Angeordnetsein nannte.«[38]

Neben der kausalen Welt, die die Wissenschaft beschreibt, gäbe es demnach eine akausale Welt, in der die Ereignisse nicht linear geordnet und separat sind, sondern sporadisch und simultan. Wenn Jungs Hypothese zutrifft, befaßt sich die Astrologie mit eben dieser Welt.

Während die Wissenschaft die Planetenbewegungen beschreiben kann, ohne die anderen Realitätsebenen in Betracht zu ziehen, und so dem Kausalitätsprinzip zu entsprechen vermag, lassen sich dieselben Bewegungen ebenso mit Ereignissen einer anderen Ordnung in einen akausalen Zusammenhang bringen. Aufgrund der Beobachtung, daß die Natur der Archetypen sich teils an der Zeit orientiert und teils außerhalb der Zeit liegt, könnte man die Planeten als Abbilder oder Manifestationen von Archetypen in unserer temporalen und kausalen Welt ansehen.

Das Anliegen der Astrologie ist »nichts anderes« als die Reflexion über die eventuelle Gleichzeitigkeit einer Planetenbewegung mit einem irdischen Ereignis, die für ein bestimmtes Individuum Sinn ergibt. Dieser Begriff des Sinns ist essentiell: Wir sind alle Teil der akausalen Welt, ohne uns darüber klar zu sein; es ergeben sich viele Gleichzeitigkeiten zwischen der himmlischen und der irdischen Welt, ohne daß sie uns berührten oder wir uns ihrer bewußt wären. Einen Sinn erhalten sie dagegen erst, wenn ein Astrologe auf diese Gleichzeitigkeiten aufmerksam macht.

Damit die akausale Welt Realität, also einen Sinn, erlangt, ist es absolut unerläßlich, daß ein Drittes hinzutritt – ein *tertium comparationis*. Ohne Astrologen gäbe es keine Astrologie (die Astrologie ist ein psychisches Phänomen).

Wir können Synchronizitäten in der Vergangenheit aufzeigen, also die signifikante Übereinstimmung zwischen Ereignissen des Lebens oder der Geschichte und Himmelsereignissen, wie wir auch Synchronizitäten in der Zukunft in qualitativen Begriffen vorhersehen, aber niemals die genauen Umstände vorhersagen können. Das astrologische Symbol gibt diesen qualitativen Aspekt der Welt wieder. Es steht für ein Feld von (psychologischen und/oder biologischen und/ oder physischen) Möglichkeiten, die in der akausalen Ordnung angesiedelt sind und die sich zwar im nachhinein präzise zu Himmelsereignissen zuordnen lassen, niemals aber im voraus: Die akausale Welt transzendiert das Bewußtsein.

Vielleicht verstehen wir nun endlich, daß die Astrologie sich in keiner Weise ausschließlich durch das Kausalitätsprinzip erklären läßt, wie es derzeit von der Wissenschaft verlangt wird!

Die zwei Einstellungen des Forschers

In der Astrologie ist der »Forscher-Interpret« derjenige, der es ermöglicht, eine Beziehung zwischen himmlischem und irdischem Universum herzustellen: Er ist Medium und Vermittler zwischen der archetypischen Welt und dem Menschen. Es liegt daher auf der Hand, daß der Astrologe in die Interpretation des Geburtshoroskops miteinbezogen ist; so ist bekannt, daß die Qualität der Auslegung ebenso sehr von der persönlichen Gleichung des Astrologen abhängt wie von seiner fachlichen Kompetenz. Obwohl inzwischen bewiesen ist, daß der Beobachter nicht vom Objekt zu trennen ist, das er untersucht (Quantenmechanik), hat man in der modernen Wissenschaft noch nicht die Konsequenzen daraus gezogen, nämlich die Psyche in den experimentellen Prozeß einzubeziehen.

In der Astrologie bringt der Astrologe sich völlig in seine Interpretationsarbeit ein. Er beruft sich nicht auf das Prinzip der Objektivität und muß daher die Konsequenzen dessen, was er sagt, berücksichtigen: Das Wort des Astrologen kann erhellend oder destruktiv sein; seine Aufgabe ist es, als Katalysator zwischen einer Kraft und seinem Gesprächspartner zu wirken: Auf dem Umweg über das Horoskop entsteht eine energetische Wechselbeziehung zwischen dem Astrologen und seinem Klienten, wie sich auf dem Umweg über das Experiment eine Wechselbeziehung zwischen dem Wissenschaftler und der Natur einstellt, die er untersucht.

Michel Cazenave erklärte mir: »Nach meiner Ansicht sollte der Astrologe in der Position eines Seelenführers sein, wie ich es nenne, aber im wahrsten Sinne des Wortes: ein Begleiter, kein Meister; ein Spiegel, der dem anderen vorgehalten wird und der Aufschluß über das Symbol gibt, das sich in ihm widerspiegelt als etwas, das auf das Jenseits verweist. Er müßte in der Tat ein Philosoph oder ein Weiser sein, der das tiefe Gespür für die unersetzliche Einzigartigkeit jeder Erscheinung hat.«[39]

Man kann der Tatsache nicht ausweichen, daß die Interpretation eines Horoskops von der *persönlichen Gleichung* des Astrologen abhängt. Dieser kann seinen Klienten niemals über die Stufe hinausführen, die er selbst erreicht hat. Das setzt eine besondere Ausbildung des Astrologen voraus, um seine persönliche Gleichung zu erarbeiten. Während der Wissenschaftler zwangsläufig Fortschritte macht, indem er theoretisches und methodisches Wissen erwirbt, bildet sich der Astrologe aufgrund seiner persönlichen Entwicklung fort, da die Verbesserung seiner Technik letzten Endes begrenzt ist.

---

38. Marie-Louise von Franz (s. Fn. 35), S. 27
39. Siehe S. de Mailly-Nesle (s. Fn. 20)

Astrologie und Wissenschaft: Zwei komplementäre Paradigmen

Die Prinzipien, die bisher dargelegt wurden, sind die der klassischen Wissenschaft. Auch wenn manche Astrologen sich zu Komplizen der klassischen Wissenschaft machen, die um jeden Preis deren Gesetzmäßigkeiten durchsetzen wollen, und die Astrologie ihr einzugliedern versuchen, muß man doch wissen, daß diese Prinzipien durch die moderne Wissenschaft bereits in Frage gestellt sind: Die großen Entdeckungen der Quantenphysik (die Unschärferelation Heisenbergs, EPR-Effekt), die von der lokalen Kausalität abweichen, werden unsere Sicht der Welt verändern.

Tatsächlich läßt sich die Natur auf der Ebene der Mikrophysik nicht mehr wie ein Automat betrachten, daher kann man sie nicht länger deterministischen Hypothesen unterordnen. Und der Mensch, der die Natur befragt, ist mit ihr eben durch das Band verknüpft, das die Fragen selbst aufwirft. Man kann daher nicht mehr von reiner Objektivität sprechen, weil man den Menschen nicht mehr von seiner Erfahrung mit der Natur trennen kann, die er studiert.

Zudem ist die Natur nicht nur Materie, und deshalb läßt sie sich nicht auf das Quantitative reduzieren, man muß ihrer qualitativen Vielfalt Rechnung tragen.

In der subatomaren Welt ist der Partikel Teil eines untrennbaren Ganzen, und die physikalische Welt ist ein Behältnis für Beziehungen zwischen Ereignissen, deren Sinn aus ihrer Beziehung zum Ganzen hervorgeht. Auf subatomarer Ebene ist die lokale Kausalität matt gesetzt, da die Systeme sich nicht mehr voneinander trennen lassen.

Unterscheidbarkeit, Objektivität, Determinismus, lokale Kausalität und der Satz vom ausgeschlossenen Dritten sind auf die Welt der subatomaren Phänomene nicht mehr anwendbar. Auch wenn diese Prinzipien auf der Ebene der Partikel nicht anwendbar sind, so gilt das doch nicht für unsere sichtbare Welt, die Welt unseres täglichen Lebens.

Nicht alle Wissenschaftler sind dieser Ansicht. Basarab Nicolescu sagt:[40] »Erstens ist es eine Binsenweisheit, daß der Mensch aus Zellen und subatomaren Partikeln besteht; folglich besitzt er alle Informationen, die in der subatomaren Welt existieren. Es ist demnach falsch zu behaupten, er gehöre einem einstufigen Niveau an; er hat ein Leben, das auch das Leben der Atome und wohl auch das der Planeten ist. Der Mensch scheint eine Art Schnittstelle, ein Vermittler zu sein zwischen einer Welt auf niederer Stufe, der der Atome, und einer anderen Welt auf höherer Stufe, der der Planeten; er ist Teil von Systemen, die in Wechselbeziehung miteinander stehen. So kann man bestätigen, daß der Mensch als Subsystem in mehreren Welten gleichzeitig existiert.« Heute stellt sich heraus, daß es immer weniger möglich ist, Systeme voneinander zu trennen, wenn man ihre Entwicklung begreifen will, es sei denn unter den Bedingungen des Experiments.

Die moderne Wissenschaft stellt eine *universelle Interdependenz* der Systeme fest, in die der Mensch einbezogen ist, und an dieser Stelle stimmt sie wieder mit der Tradition überein.

Diese verschiedenen Wandlungsprozesse legen für Basarab Nicolescu eine neue Formulierung nahe, die einen Austausch zwischen Wissenschaft und Tradition möglich machen würde: »Eine echte Beziehung der widersprüchlichen *Komplementarität* scheint Wissenschaft und Tradition zu verbinden: Was die Tradition im Reichtum des Innenlebens entdeckt, entdeckt die Wissenschaft durch Isomorphismus in der Körperlichkeit natürlicher Systeme.«[41] Das Paradigma der Tradition und das der modernen Wissenschaft könnten sich theoretisch wieder vereinigen, da sie sich jenseits ihrer Widersprüchlichkeit ergänzen.

---

40. Siehe S. de Mailly-Nesle (s. Fn. 20), S. 328
41. Basarab Nicolescu, *Nous, la particule et le monde*, Edition Le Mail, S. 180

In der Übersicht (S. 109), in der wir die wesentlichen Unterschiede zwischen mechanistischer Wissenschaft und Tradition zusammengefaßt haben, könnten wir der zweiten Spalte als Untertitel hinzufügen: Prinzipien der Tradition, die die moderne Wissenschaft wiederentdeckt. »Rationales und Irrationales, Materie und Bewußtsein, Materie und Geist, Finalität und Nichtfinalität ... das sind abgedroschene, verblaßte, wertlos gewordene, ›verkommene‹ Worte, die sich auf eine klassische Sicht der Realität stützen, die mit den Tatsachen nicht übereinstimmt.«[42] Dazu auch Ilya Prigogine: »Wir glauben [...], daß die Naturwissenschaft von heute sich nicht länger das Recht nehmen darf, anderen Standpunkten die Stichhaltigkeit und das Interesse abzusprechen und sich insbesondere zu weigern, die Sicht der Humanwissenschaften, der Philosophie und der Kunst anzuhören.«[43] Das Abschlußkommuniqué des von der UNESCO organisierten Kolloquiums von Venedig (7. März 1986), an dem zahlreiche Wissenschaftler aus der ganzen Welt teilgenommen haben, geht sogar soweit, eine neue Form der Forschung vorzuschlagen: die *Transdisziplinarität*. »[...] die unerwartete und bereichernde Begegnung zwischen der Wissenschaft und den verschiedenen Traditionen der Welt ermöglicht es, an das Aufkommen einer neuen Sicht der Menschheit zu denken, also eines *neuen Rationalismus*, der zu einer neuen metaphysischen Perspektive führen könnte. Während wir jeden verallgemeinernden Entwurf, jedes geschlossene Denksystem, jede neue Utopie ablehnen, erkennen wir doch zugleich die dringende Notwendigkeit einer neuen wahrhaft fächerübergreifenden Forschung in einem dynamischen Austausch zwischen den ›exakten‹ Wissenschaften, den ›Humanwissenschaften‹, der Kunst und der Tradition an. [...] das gemeinsame Studium der Natur und des Imaginären, des Universums und des Menschen könnte uns so dem Realen näherbringen und uns ermöglichen, den Herausforderungen unserer Epoche besser entgegenzutreten.«[44]

Demnach dürfen wir uns also zurecht fragen: Wie könnten die Bedingungen für einen Dialog zwischen Astrologie und Wissenschaft aussehen? Unserer Ansicht nach sind es die Bedingungen, wie zu Beginn unserer kulturellen Entwicklung. Dieser Dialog erfordert in der Tat eine Veränderung, eine Transformation des Bewußtseins, der Grundlagen: Es erscheint unerläßlich, daß Wissenschaft und Astrologie ihre Diffe-

---

42. Basarab Nicolescu (s. Fn. 41), S. 153
43. Ilya Prigogine und Isabelle Stengers (s. Fn. 23), S. 64
44. Auf Initiative von Basarab Nicolescu nahmen an dem Kolloquium von Venedig unter anderem Teil: Professor Jean Dausset (Frankreich), Nobelpreisträger für Physiologie und Medizin (1980); Professor Abdus Salam (Pakistan), Nobelpreisträger für Physik (1979); Dr. Rupert Sheldrake (Großbritannien); Ph. D. in Biochemie; Professor Henri Stapp (USA), Physiker; Dr. David Suzuki (Kanada), Genetiker.

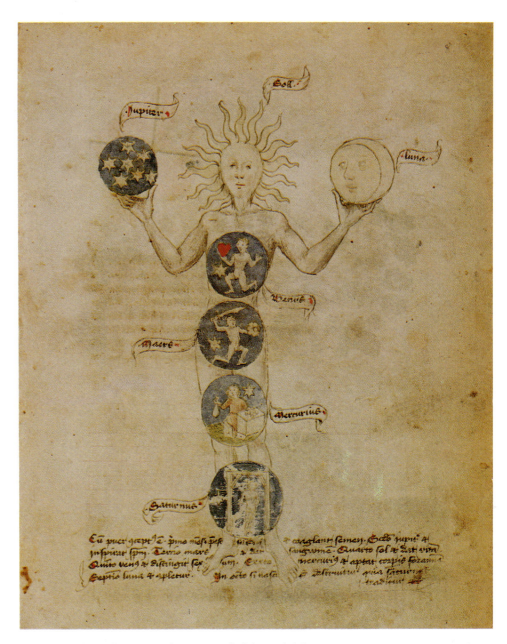

renzen und ihre Grenzen erkennen und sich zugleich anderen Dimensionen und völlig neuen Perspektiven öffnen.

Das Universum im Menschen: Die Planeten leben von Anfang an in uns. Sie repräsentieren den inneren Himmel.

Die wesentlichen Unterschiede

Wie nun deutlich geworden ist, unterscheidet sich die Astrologie radikal von der klassischen Wissenschaft. Daher muß sie es ablehnen, sich den Kriterien dieser Wissenschaft und vor allem dem Protokoll der Statistik unterzuordnen. Doch auch wenn sie mit gewissen Konzepten der modernen Wissenschaft übereinstimmt, sind doch folgende Unterschiede hervorzuheben:
– Die Wissenschaft und die Astrologie wenden zwei gegensätzliche Methoden an: Die Wissenschaft gibt dem Kollektiv Antworten, nicht aber dem Einzelnen als spirituelles Wesen. Die Astrologie dagegen ist darauf angelegt, Fragen zu stellen. Sie ermöglicht es dem Einzelnen, auf einem persönlichen, nicht vor-

gezeichneten Weg mit sich selbst in Beziehung zu treten, einen Zugang zu sich, und damit zur Welt zu finden. Die Astrologie ist keine Spiritualität, sondern eine spirituelle Methode.

– Die astrologische Suche zielt, wie Basarab Nicolescu es formuliert hat, »nicht auf die unmittelbare materielle Effektivität (was ein Hindernis auf dem Weg des spirituellen Fortschritts wäre), während die Wissenschaft eher auf eine materielle Effektivität zielt.«[45]

– Die Wissenschaft[46] wendet sich an den Geist. Die Astrologie richtet sich stärker an Empfindungen und Gefühle.

– Die Erfahrungen in beiden Bereichen unterscheiden sich ebenfalls: Jene der Wissenschaft sind mitteilbar, die der Astrologie jedoch kaum, da sie sich auf Bewußtwerdungs- und Wandlungsprozesse beziehen und meist in den Bereich der Metanoia fallen.

– Und schließlich ist ganz offensichtlich, daß Wissenschaft und Astrologie nicht die gleiche Sprache sprechen: Die eine bedient sich des Zeichens, die andere des Symbols.

Neue Perspektiven

Könnte man nicht in Anbetracht der Entwicklung der Wissenschaft und der Ideen Finalität und Kausalität, Qualitatives und Quantitatives, Psyche und Materie als die beiden Pole ein und derselben Realität betrachten, statt sie einander entgegenzustellen?

Die Astrologie stützt sich auf eine Einheit, in der der Mensch und die Welt, also auch Psychisches und Physisches miteinander verbunden sind. Diese Einheit setzt eine Theorie der Manifestation voraus, die uns auf globaler Ebene noch unbekannt ist, die wir aber aus individueller Sicht erfassen können. Da wir durch unsere eigene Psyche mit der Weltseele verbunden sind, können wir eine teilweise Kenntnis von ihr erlangen. Insofern ist die Astrologie eine Wissenschaft der Psyche, die auf latente Weise eine Theorie des Bewußten und Unbewußten einschließt. Sie kann folgendermaßen zum Ausdruck kommen: Je mehr wir uns unserer selbst bewußt sind, um so besser können wir die Manifestationsebenen, die Umstände, mit denen wir möglicherweise konfrontiert werden, erfassen und schließlich voraussehen. Die Weisheit könnte man dann beschreiben als höchsten Zustand dieser Erkenntnis.

In diesem Sinne vertritt die Astrologie, daß bestimmten Seinsebenen bestimmte Realitätsebenen zuzuordnen sind.

Ein Dialog zwischen Astrologie und Wissenschaft wäre nur möglich, wenn die Wissenschaft *die Existenz der Psyche* im Universum anerkennen würde. Unter diesen Bedingungen wäre die Astrologie sicher bereit, ihr die Beweise dieser Manifestation zu vermitteln.

Gemeinsam wären sie dann vielleicht imstande, eine Theorie zu entwickeln, die Materie und Psyche vereinte. Manche Forscher haben bereits Hypothesen aufgestellt, die in diese Richtung weisen. Im Bereich der Tiefenpsychologie haben wir schon die Theorie der Archetypen von Jung dargelegt, die er sein Leben lang an seinen Patienten verifiziert hat. Für den Bereich der Astronomie schlägt Daniel Verney eine »Funktion psychischer Dichte« vor, die dem astrologischen Prozeß Rechnung tragen könnte. Aber auch andere Forscher legen den Gedanken an die Existenz dieser Psyche nahe, die im Universum wirkt, so zum Beispiel der Biologe Rupert Sheldrake[47], dessen Theorie morphischer Felder von der Voraussetzung ausgeht, daß die Natur mit einer Seele ausgestattet ist, und der Physiker David Bohm, dessen Theorie der implizierten Ordnung die Existenz des Bewußtseins voraussetzt. Bohm erklärt: »In der implizierten Ordnung ist die Vergangenheit eingehüllt in die Gegenwart, alles ist zusammen, so wie alle Noten einer Symphonie vorhanden sind, selbst wenn sie gerade nicht gespielt werden.«[48] Das, was die Physik in Begriffen der expliziten Ordnung beschreibt, gehört dem Bereich des Manifestierten an. Doch das ist eingebettet in einem undifferenzierten und nicht manifestierten Ganzen, das eine implizierte Ordnung enthält, die wie ein Holomovement verläuft. Für Bohm besteht zwischen Materie und Bewußtsein, die die implizierte Ordnung gemeinsam haben, eine Interdependenz. Sie greifen ineinander und entwickeln sich gegenseitig weiter. »So entsteht ein neuer Begriff der kontinuierlichen Ganzheit, in der das Bewußtsein nicht länger gänzlich von der globalen Materie getrennt ist.« Darüber hinaus vertritt Bohm, daß Materie und Bewußtsein die Faktoren »einer Realität höherer Dimension sind, die sie beide enthält, ohne eines von beiden zu sein, da ihre Natur über diesen beiden steht.«[49] Man kann sich des Gedankens nicht erwehren, daß die Beschreibung dieser Realität durchaus die der *unus mundus* oder der Jungschen Archetypen sein könnte.

Und schließlich erklärt Stephane Lupasco für den Bereich der Logik, ausgehend von dem grundlegenden Widerspruch der Energie: Diese nimmt drei Qualitäten an, die drei Arten von Materie hervorbringt, nämlich die physikalische, die biologische und die psychische, die untrennbar miteinander verbunden sind.[50]

---

45. Basarab Nicolescu (s. Fn. 41)
46. Basarab Nicolescu (s. Fn. 41)
47. Rupert Sheldrake, *Das schöpferische Universum*, München, 1985
48. Siehe Interview mit David Bohm von Michel Cazenave und Tchalai Unger in: »Coevolution«, Nr. 11, 1983
49. (s. Fn. 48)
50. Stephane Lupasco, *Les Trois Matières*, Cohérence, 1982; *Le Principe d'antagonisme et la Logique de l'énergie*, Editions du Rocher, 1987

Wir haben bereits an anderer Stelle gezeigt, wie die *Trialektik* Lupascos uns hilft, die Vielschichtigkeit des Symbols kohärent zu fassen, obwohl er sich dabei auf die Entdeckungen der Wissenschaft des 20. Jahrhunderts stützt. Dabei ist wesentlich, was Stephane Lupasco in einem Gespräch ausführte: [51] »Ich weiß nicht mehr, ob ich es geschrieben habe oder nicht, daß das Uratom, das vor Milliarden von Jahren am Anfang der Konstitution des Universums stand und die Planeten, unsere Erde und alles andere hervorgebracht hat, sicher ein solches Atom war, das die Psyche im potentiellen Zustand enthielt. In Anbetracht der Analogie, die ich zwischen dem Atomkern und der Neuropsyche im zentralen Nervensystem gezogen habe, muß ich feststellen, daß es bei der Entstehung der Welt eine psychische Kraft gab, die im Uratom enthalten war. Man kann annehmen, daß mit der Erschaffung des Universums eine Veränderung der grundlegenden Initialpsyche einhergegangen ist. Wenn manche meinen, dieses Uratom am Anfang des Universums sei nichts anderes als Gott, so stimme ich mit ihnen insofern überein, als dieses Uratom eine psychische Konstitution hatte, ausgehend von der sich die biologische, die makrophysische und schließlich die psychische Materie beim Menschen entwickelt haben. Es ist vielleicht möglich, daß das gesamte Universum, also all diese Galaxien Zellkerne der Psyche sind. Um wieder auf Ihre Astrologie zurückzukommen: Ich habe den Eindruck, daß sie in diesem Zusammenhang von besonderem Interesse ist. Ich habe bereits gesagt, daß die Astronomie selbst in ihren konstitutiven Elementen Psyche enthält.« Und später: »Würde die Astrologie von heute sich nicht im Grunde dem Problem einer *Astronomie der drei Materien* anschließen? Die dritte, psychische Materie existiert ständig in einem wie auch immer gearteten System, sogar im potentiellen Zustand, aber sie existiert.«

Stephane Lupascos Theorie erlaubt es uns tatsächlich, ins Auge zu fassen, daß auch der Kosmos aus drei Materien besteht, wodurch wir mit einer *Astrophysik*, einer *Astrobiotik* und einer Psychologie der Sterne konfrontiert werden.

Schließlich zeigt die Astrologie eine andere Konzeption der Zeit auf als die der klassischen Wissenschaft. Die Planetenzyklen sind die Symbole innerer Ereignisse und äußerer Ereignisse, die die gleiche Qualität besitzen und dazu neigen, zeitgleich aufzutreten. In diesem Sinne sind sie Ausdruck einer qualitativen Zeit, in der Materie und Psyche, Kausalität und Finalität nicht voneinander zu trennen sind. Sie ermöglichen es der Astrologie, in unserer Raum-Zeit-Welt die Manifestation der Archetypen, Götter und Kräfte auszumachen, die im Kosmos und im Menschen am Werke sind und einer anderen Zeit und einem anderen Raum angehören, dessen Regeln wir nicht kennen. Kurz vor seinem Tod[52] begann David Bohm[53] mit sei-

nem Kollegen Basil Hiley mit der Arbeit an dem Begriff eines Präraumes, in dem Prozesse existieren, die der Struktur der Raum-Zeit-Welt vorausgehen. Heute fassen viele Wissenschaftler eine Raum-Zeit ins Auge, die nicht auf die klassischen vier Dimensionen beschränkt sein soll, und einige vertreten sogar, daß man von einer psychologischen oder subjektiven Zeit ausgehen muß, wenn man in der Welt, in der wir leben, irgendetwas verstehen will. Gäbe es da nicht eine weitere Achse der Reflexion zwischen Astrologie und Wissenschaft?

Vielleicht können Wissenschaft und Astrologie sich eines Tages auf einem anderen Niveau begegnen, als es heute der Fall ist. Je weniger die Astrologen eine Effektivität im Bereich der unmittelbaren Materialität anstreben wie zum Beispiel die Vorhersage, sondern sich mehr auf die spirituelle Suche konzentrieren, und je weniger sie sich zu marktschreierischer Reklame hinreißen lassen, die der wahren Astrologie schadet, um so mehr können sie in einen Dialog mit den Forschern der Wissenschaft eintreten, und zwar mit jenen, die sich von einem mechanistischen Denken zu entfernen wagen.

Dann erst werden wir sagen können, daß der Antagonismus zwischen Wissenschaft und Astrologie nur die Folge der Trennung zwischen intuitiver und rationaler Welt, zwischen Subjektivem und Objektivem, Sakralem und Profanem war, die lediglich für die Spanne von einigen Jahrhunderten die Spaltung der abendländischen Psyche widergespiegelt hat.

---

51. Abgedruckt in S. de Mailly-Nesle (s. Fn. 20)
52. Er starb am 27. 10. 1992.
53. Siehe den Artikel von David Peat in *Troisième millénaire*, Nr. 26

»Auch der Kosmos besteht aus drei Materien, wodurch wir mit einer Astrophysik, einer Astrobiotik und einer Psychologie der Sterne konfrontiert werden.« Stephane Lupasco.

KAPITEL V

Interpretation und Praxis der Astrologie

Seite 124: Die Liebenden
von René Magritte.
»Gesegnet, gesegnet seien
die Diebe, die mich meiner
Masken berauben!« (Halil
Gibran, Der Verrückte).

Rechte Seite: Der Gedanke
(Ausschnitt) von Auguste
Rodin (1840–1917).
»Es ist der Sinn meiner Exi-
stenz, daß das Leben eine
Frage an mich hat. Oder
umgekehrt: ich selber bin die
Frage, die an die Welt ge-
richtet ist, und ich muß meine
Antwort beibringen, sonst bin
ich bloß auf die Antwort der
Welt reduziert.« C. G. Jung.

Die Interpretation in der Astrologie wird meist dargestellt als Anwendung einer deterministischen Lehre, da durch den Einfluß der Griechen das Prinzip der Analogie mit dem Kausalitätsprinzip vermengt wurde. Die Praxis zielt in der Regel auf die Erforschung von äußeren Ereignissen ab, die das Leben eines Einzelnen markieren, ohne seine innere Realität zu berücksichtigen. Man kann jedoch die Astrologie, weit davon entfernt, sie auf diese realitätsverleugnende Anwendung zu reduzieren, bei der sie jedes tieferen Sinnes beraubt wird, als Gnosis in einem esoterischen Sinne praktizieren. Antoine Faivre erklärt: »Die Gnosis ist ein ganzheitliches ›Wissen‹, ein Erfassen der grundlegenden Beziehungen, allerdings der am wenigsten ersichtlichen und am wenigsten augenfälligen, die zwischen den verschiedenen Realitätsebenen bestehen wie zum Beispiel zwischen Gott, dem Menschen und dem Universum [...]. [Sie] zielt darauf ab, das Selbst und das Verhältnis des Subjekts zu sich wie auch die gesamte Außenwelt in eine ganzheitliche Sicht der Realität zu integrieren.«[1]

Die astrologischen Symbole, insbesondere die Planeten, werden zwar von Jakob Böhme und einigen bekannten Esoterikern der Renaissance als Bezugspunkte oder Stützen ihrer Suche genannt, aber die Interpretation eines Geburtshoroskops durch einen Astrologen bot selten Raum für eine esoterische Praxis der Astrologie. Es gibt nur wenige Zeugnisse für ein solches Vorgehen, und heute sind enorme Anstrengungen erforderlich, es erneut kennenzulernen und zu verfolgen. Nach Jahrhunderten einer extravertierten und deterministischen Anwendung der Astrologie, in der der Mensch ein Spielball planetarer Einflüsse ist, auf die er keinerlei Einfluß hat, ist es schwierig, einer anderen Praxis Akzeptanz zu verschaffen: einer Praxis, in der das Horoskop zu einem »Instrument« der symbolischen Darstellung wird, das die Beziehung zwischen Mensch und Welt begreifbar macht und Zugang zu einem übergeordneten Sinn verschafft.

Mit Hilfe zahlreicher Texte, die den esoterischen Weg erkennen lassen, müssen wir nun dieses Vorgehen mit der Erfahrung vergleichen und fortführen: Zu viele Theorien sind innerhalb der Astrologie entstanden, die nicht in der Erfahrung verankert waren. Eine esoterische Praxis der Astrologie verlangt daher nicht nach neuen Techniken, sondern nach dem Einsatz der traditionellen Techniken mit neuer geistiger Ausrichtung.

In diesem Kapitel werden die Grundzüge der Interpretation in der Astrologie skizziert, anhand derer der Leser die Übersetzung des Horoskops am Beispiel von C. G. Jung nachvollziehen kann.[2]

Da hier keine vollständige Interpretation eines jeden Symbols des Horoskops entwickelt werden kann, sollen mit beispielhaftem Charakter nur Sonne und Mond eingehender besprochen werden. Die Überlegungen, zu denen diese beiden Lichtgestirne führen, werden dabei schon so erhellend sein, daß sie für ein erstes Verständnis ausreichen werden.

Abschließend machen wir noch einige Anmerkungen, die uns auf den Weg zu einer esoterischen Praxis der Astrologie führen, ein Weg, dessen Erkundung noch sehr viel Energie kosten wird.

---

1. Antoine Faivre, *L'Esotérisme*, Sammlung »Que sais-je?«, PUF, 1992, S. 30
2. Diese Methode wird in meinem Buch *Le Thème astral*, Nathan, 1989, noch genauer beschrieben. Wer seine Kenntnisse vertiefen möchte, sei auf dieses Buch verwiesen.

Die Technik der Interpretation

Zahlreiche Autoren haben auf 1001 Art dargelegt, die Symbolik eines Horoskops zu übersetzen. Deshalb soll hier nicht die 1002. Möglichkeit vorgestellt werden, die zugleich die beste, einzige und wahre sei. Bekanntlich führen viele Wege nach Rom; es werden lediglich einige Ideen und Kräfte dargelegt, deren Wirksamkeit die persönliche Erfahrung schon bewiesen hat.[3]

Ein Horoskop ist die Momentaufnahme des Himmels im Augenblick der Geburt. Es gibt die Position der Planeten auf dem Tierkreis an, bezogen auf Ort und Stunde der Geburt. Das, was man den Horizont (Aszendent-Deszendent) und den Meridian (Himmelsmitte-Himmelsgrund) nennt, steht für die Achsen, die dieses Ereignis im Kosmos lokalisieren. Mit anderen Worten, es sind die irdischen Koordinaten von Ort und Stunde der Geburt, die man auf den Tierkreis projiziert. Ausgehend vom Aszendenten, der sich demnach in jedem Tierkreiszeichen befinden kann, werden die zwölf Häuser berechnet (siehe Kapitel 2). Ein Horoskop setzt sich zusammen aus drei Hauptelementen: den Planeten, den Tierkreiszeichen und den Häusern. Die Planeten untereinander sind mit den Achsen durch eine bestimmte Anzahl von Aspekten verbunden (siehe den Abschnitt »Die Planeten« in Kapitel 4).

Wie man die Planeten erkennt[4]

Sonne	☉	Ein Kreis, der sich um einen Mittelpunkt dreht.
Mond	☽ ☾	Zunehmender Mond / Abnehmender Mond
Merkur	☿	Der Sonnenkreis unter einer Hyperbel (Empfänglichkeit für die Unendlichkeit) und über dem Kreuz der Erde (oder der Inkarnation).
Venus	♀	Der Sonnenkreis über dem Kreuz der Erde.
Mars	♂	Der Sonnenkreis mit einem Pfeil bewaffnet.
Jupiter	♃	Ein Halbkreis über dem Kreuz der Erde.
Saturn	♄	Das Kreuz der Erde über einem Halbkreis.
Uranus	♅	Ein Kreis unter dem Kreuz der Erde, das zwei Halbkreise trennt.
Neptun	♆	Der Kreis unter dem Dreizack.
Pluto	♇	Der Kreis unter einem V (ein Zyklus, der einen anderen Zyklus gebiert).
Schwarzer Mond	⚸	Das ist kein Planet, sondern ein fiktiver Punkt, der den zweiten Brennpunkt der Mondellipse darstellt. Er wird symbolisiert durch eine schwarze Mondsichel über dem Kreuz der Erde.

Die Interpretation des eigenen Horoskops ist eine Einladung zu einer Reise ins Zentrum unserer selbst, um sich mit der inneren Sonne, dem Archetypus der Einheit, zu konfrontieren. – Präkolumbianische Goldmaske, die die Sonne darstellt.

---

3. Ich hatte das Glück, an einer guten Schule ausgebildet zu werden: der von Daniel Verney und Claire Santagostini durch Vermittlung von François Ville.

4. S. de Mailly-Nesle, *Le Thème astral*, Nathan, 1989

Ein Geburtshoroskop läßt sich mit einer Partitur in der Musik vergleichen. Um es zu entziffern, müssen wir uns in die Grundbegriffe einarbeiten. Da dies kein Handbuch der Interpretation sein soll, sondern ein Leitfaden, der es ermöglicht, sich im Labyrinth einer Himmelskarte zurechtzufinden, wird die Symbolik der verschiedenen Noten, die ein Horoskop ausmachen, in einer Übersicht zusammengestellt.

Die Grundbegriffe

Die Planeten

Um die Bedeutung von Sonne und Mond und den acht Planeten zu begreifen, müssen wir uns ins Herz des Mythos begeben, für den sie stehen, dabei aber auch ihren Platz im Sonnensystem berücksichtigen. Jeder Planet ist (siehe Kapitel 2, »Das Geburtshoroskop«) einem Tierkreiszeichen zugeordnet; man sagt, Sonne und Mond regieren Löwe beziehungsweise Krebs, Merkur regiert Zwillinge und Jungfrau und so fort. Das nächste Kapitel gibt eine Übersicht über den Mythos, für den jeder Planet steht, und über die Eigenschaften, die er dem Tierkreiszeichen, dessen Regent er ist, auferlegt. Beim Lesen dieses Mythos kann jeder für sich durch Gedankenassoziation die vielfältigen Bedeutungen der Planetensymbole entdecken.

Nehmen wir zum Beispiel den Mond. In der griechischen Mythologie repräsentiert er drei Gottheiten: die Mondsichel, ob sie nun zum Himmel oder zur Erde gewandt ist, wird verkörpert durch Artemis-Diana, die wilde Göttin der Natur; und als solche verbindet sie uns mit unseren vitalen Triebkräften, unseren tiefen Bedürfnissen; der Vollmond, der der Sonne gegenübersteht und ihr Licht reflektiert, wird symbolisiert von Selene-Helena, das indirekte, passive und rezeptive Wissen; der Neumond in den dunkelsten Nächten ist mit Hekate verknüpft, der Göttin des Todes, die über den Hades regiert und zur Initiation führt. Aus astronomischer Sicht sind die verschiedenen Mondphasen, die Geburt, Reifung, Tod und Wiedergeburt symbolisieren, wie eine ewige Wiederkehr: Sie stehen für den Rhythmus des Lebens.

Wie bereits mehrfach betont, steht jedes Symbol gleichermaßen für eine psychische, eine biologische und eine materielle oder ereignisbezogene Ebene. Was den Mond angeht, können wir sagen: Ebenso wie er das Licht der Sonne reflektiert, symbolisiert er auf psychischer Ebene die Intuition, die Imagination, die Inspiration, den Traum, aber auch die Empfänglichkeit, die Passivität und so fort. Er steht für alles, was man in unserer patriarchalischen Kultur traditionell der Frau zugeschrieben hat, alles, was dem Weiblichen eigen ist: Der Schutz, die Sicherheit, die Kontinuität, die Erhaltung, die Wiederholung, die Gewohnheiten und so weiter, aber auch die Sensibilität, die Verwundbarkeit. Er symbolisiert die Frau. Ganz so, wie er der Sa-

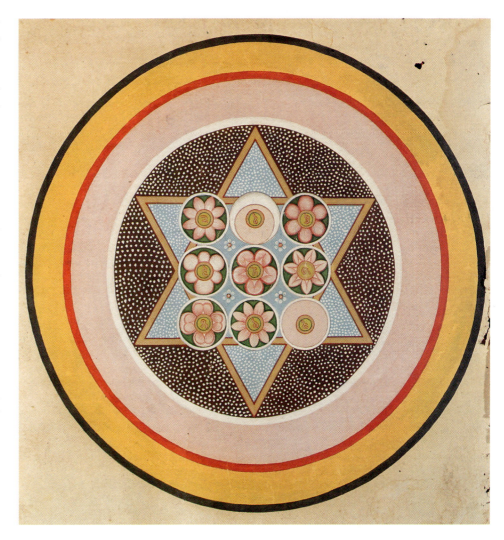

tellit der Erde in den verschiedenen periodischen Phasen ist, repräsentiert er die Abhängigkeit, die Mobilität, die Stimmungswechsel. Als eine Art schützender Kokon der Erde, der einen Schild zwischen ihr und der Sonne bildet, gibt er dem Leben Gestalt, läßt es geschützt wachsen – mit dem ganzen Geheimnis der Nacht, deren Herrscher er ist.

Auf biologischer Ebene steht er für die Körperteile, die spezifisch weiblich sind und die eine Fortpflanzung ermöglichen (die Brust, die Eierstöcke), aber auch für die Verdauungsorgane und den Bauch. Er soll bei der Frau mit dem rechten Auge, beim Mann mit dem linken Auge in Beziehung stehen.

Auf materieller Ebene steht der Mond in Zusammenhang mit den Lebensphasen (intrauterines Leben, Kindheit) und den Orten (dem Boden, der Wohnung, dem Vaterland), die das Individuum prägen, mit der oder den Personen, die ihn beim Erwachsenwerden begleiten, die sein genetisches, moralisches, affektives Erbe beeinflussen (Mutter, mütterliches Erbe) oder die die Kontinuität dieses Erbes sichern (die Frau, Ehefrau). Der Mond steht auch in Verbindung mit den Umständen, die beim Heranwachsen eines Individuums im Kollektiv von Bedeutung sind: das Ansehen zum Beispiel, aber auch die Öffentlichkeit, die dieses

In Situationen des Kummers oder der Desorientierung kann die Interpretation des Geburtshoroskops helfen, wieder eine Ordnung, einen Zusammenhang und einen Sinn im psychischen Universums zu finden. – Tantrismus, Miniatur aus Indien, 18. Jahrhundert.

Symbolik der Planeten[5]

Planeten	Symbole	Psychologische Funktionen, Tendenzen, Fähigkeiten, Bedürfnisse	Art des Erlebens: Materielle Umstände, Ereignisse	Biologische und physiologische Funktionen
Sonne	☉	Zentrum, Ziel, Richtung. Idealvater, Wert. Tag, Licht. Bewußtseinserweiterung. Kreative Energie.	Ichideal. Funktion des Wachstums, des Glaubens, der Wertsteigerung, der Repräsentation. Tendenz zur Idealisierung und Spiritualisierung.	Beziehung zum Vater. Verwirklichung des eigenen Ideals. Engagement, Beruf, Lebensausrichtung. Frau: Beziehungen zum männlichen Geschlecht, zum Ehemann. Mann: Äußeres Verhalten, Art des Auftretens.	Herz, Gehirn, Rückgrat. Rechtes Auge.
Mond	☽ ☾	Nacht, Gedächtnis, Erinnerung. Wasser, Fruchtbarkeit, Weiblichkeit, Mutter, Gestaltungsmomente des Lebens. Spiegelung, indirektes Wissen, Intuition, Imagination, Traum. Satellit, Abhängigkeit, Mobilität.	Selbstbild. Innere Sicherheit, die man zu bewahren sucht. Art der Anpassung, der unbewußten Reaktion. Art der Konkretisierung seines Ideals. Angeborene oder erworbene Gewohnheiten. Stimmungswechsel. Empfänglichkeit.	Intrauterines Leben. Kindheit, Heimat, Wohnung, Vaterland. Beziehung zur Mutter. Für einen Mann: Beziehungen zum weiblichen Geschlecht, zur Ehefrau. Für eine Frau: Äußeres Verhalten, Auftreten.	Fortpflanzungsfunktion: Eierstöcke, Brust. Verdauung: Bauch. Linkes Auge.
Merkur	☿	Schnelligkeit, Mobilität, Kommunikation, Beziehung, Bindung, Austausch, Bewegung, Differenzierung, Anpassung.	Gehilfe des Ich. Fähigkeit, Beziehungen zur Außenwelt oder zum eigenen Inneren herzustellen. Funktion der Differenzierung. Art der Logik oder Intelligenz. Intellektuelle Interessen. Die Hand, das Nervensystem.	Adoleszenz. Beziehungen zu Brüdern, Schwestern, Kameraden, Kollegen. Ausbildung. Kurzfristiges. Ortswechsel, Kurzreisen.	Atmung. Sprache. Handbewegungen. Nervennetz.
Venus	♀	Schönheit. Ästhetische und/oder affektive Anziehungskraft. Vereinigung, Kommunikation.	Gefühlsmäßige Einschätzung. Fähigkeit zu geben und zu nehmen. Tendenz zur Vereinigung. Künstlerische Tendenzen.	Ende der Adoleszenz. Beziehungen der Kontakte und Berührungen mit der Mutter. Beziehungen, die Lust schaffen.	Nierenfunktion, Harnwege. Innere Geschlechtsorgane (Frau). Venen.
Mars	♂	Held, Krieger, Kraft, Mut, Eroberung, Lebenskampf, Leidenschaft, Feurigkeit, Aggressivität, Gewalt. Körperliche Kraft, Dynamik.	Instinkt zur Bewahrung und Verteidigung. Drang, Einfluß auf die Welt zu nehmen. Bedürfnis nach Selbstbehauptung. Realitätssinn. Entschluß- und Handlungsfähigkeit. Sexuelles Verhalten.	Reife. Umstände, unter denen man Entschlossenheit zeigen und für die Verwirklichung seines Ideals kämpfen muß: Herausforderungen, Kämpfe, Sport, Wagnisse ... Sexualität.	Männliche Fortpflanzungsfunktionen, äußere Geschlechtsorgane des Mannes. Muskeln.
Jupiter	♃	Expansion. Werte des Zusammenhalts, der Harmonie, der Hierarchie.	Fähigkeit, über Werte zu verhandeln, Anpassung an die Welt. Sozialisation. Urteilskraft, Fähigkeit zur Vereinfachung und sich zu entfalten und das Leben zu genießen.	Vollendete Reife. Beziehungen zur Hierarchie, zur Autorität, zur Gesellschaft, zur Macht, zum Gesetz und zur Erkenntnis.	Leber und Leberfunktionen. Arteriensystem. Lunge.
Saturn	♄	Strukturierung, Fixierung, Konzentration, Zielstrebigkeit, Kontraktion, Anstrengung.	Konstruktive Fähigkeit des Menschen gegenüber der Realität. Fähigkeit zum Verzicht, zur Anstrengung, zur Ausdauer. Fähigkeit, seine persönliche Integrität zu verteidigen. Gute Zeiteinteilung, Loslösung.	Alter. Zeit des Entzugs und der Frustration. Jede Situation, die eine langfristige Anstrengung verlangt, eine Strukturierung zum Ziel hat und die gesellschaftliche Stellung betrifft.	Knochenbau.
Uranus	♅	Einzigartigkeit, Originalität, Differenzierung, Exzentrizität, Spannung, Kontraktion.	Tendenz zur Differenzierung, Originalität und Unabhängigkeit von Gewohnheiten und Traditionen.	Explosive Situationen oder solche, die vom Betreffenden neue Fähigkeiten verlangen.	Nervensystem.
Neptun	♆	Überempfindlichkeit, Erweiterung, Entspannung. Verschmelzung, Verwirrung. Unendlichkeit, Grenzenlosigkeit.	Spirituelle, künstlerische Tendenzen. Idealismus. Tendenz, sein Selbst in einem anderen Bewußtseinszustand zu verlieren, um es vor Einschränkungen zu bewahren: Ausweichen, Flucht. Selbstbefreiung.	Zustände mystischer Teilnahme, der Extase, der Vision. Zugehörigkeit zu kollektiven oder spirituellen Bewegungen. Einnahme von Alkohol oder Drogen.	Humoralkreislauf. Hormonsystem.
Pluto	♇	Tod und Wiedergeburt. Prinzip des Widerspruchs. Trennung, Wahrung von Abstand, Magnetismus. Klarheit, Transzendenz.	Tendenz, die es erlaubt, den verborgenen Aspekt der Dinge zu sehen und ihn zum Zweck einer klaren Beurteilung oder der Macht über andere einzusetzen.	Phase der Metamorphose, die den Betreffenden treibt, sich von seiner Vergangenheit zu befreien.	System der Ausscheidung von Giftstoffen? (Ist noch nicht abschließend untersucht.)

5. Siehe S. de Mailly-Nesle (s. Fn. 4)

Ansehen entgegenbringt. Und schließlich ist er mit den Anfängen des Lebens ebenso verbunden wie mit seinem Ende: Er repräsentiert den Tod.

Wenn man den Mond in einem Geburtshoroskop interpretiert, verweist er auf die Art, wie wir uns innerlich wahrnehmen, auf das Selbstbild in bezug auf die Sonne, die eher ein Wunschbild oder »Ichideal« widergibt. Die verschiedenen Aspekte, die er mit anderen Planeten einnimmt, tragen der Art und Weise Rechnung, wie der Mensch seine innere Sicherheit gewährleistet. Dieses Gefühl hat er hauptsächlich durch die Beziehung zu seiner Mutter entwickelt, und das versucht man tendenziell zu erhalten.[6] Der Mond ist eines der vielschichtigsten Symbole, deshalb wird er hier auch als Beispiel gewählt.

Der schwarze Mond

Dank der Forschungen von Joëlle de Gravelaine ist der schwarze Mond neben den Planeten zu einem wichtigen Symbol der Interpretation einer Himmelskarte geworden.[7] In der Astronomie steht er für den zweiten Brennpunkt der Mondbahn (den ersten bildet die Erde). Auch Lilith genannt, nach der ersten Frau, die Eva vorausging, und die aus dem Paradies vertrieben wurde, weil sie den Namen des Unaussprechlichen ausgesprochen hatte, drückt der schwarze Mond die Opfer aus, die wir für unsere Entwicklung bringen müssen; er hat Initationswert. Wenn man ein Geburtshoroskop umfassend untersucht, läßt sich nicht von der Hand weisen, daß die Position (also Tierkreiszeichen und Haus) des schwarzen Mondes eine Frage darstellt, die die Person zu beantworten sucht, oder einen Mangel, den sie mit allen Kräften beseitigen möchte. Im Horoskop Jungs befindet sich der schwarze Mond im Schützen und im zehnten Haus und läßt sich auslegen als das brennende Verlangen, Freiheit und Humanismus zu unterstützen.

Die Tierkreiszeichen

Während jeder Planet für eine der grundlegenden Tendenzen des Individuums steht, die auf psychischer, biologischer oder materieller Ebene gelebt werden können, so ändert sich ihr Ausdruck je nach dem Tierkreiszeichen, das er besetzt, und nach den Beziehungen (oder Aspekten), in denen er zu den anderen Planeten steht.

So deutet die Sonne im Löwen nicht auf die gleichen Tendenzen hin wie die Sonne in den Zwillingen. Und das gleiche gilt für die Planeten: Der Mars im Schützen setzt sich nicht auf die gleiche Weise durch wie der Mars im Krebs oder in der Waage. Im folgenden nun einige der Eigenschaften, die die Tierkreiszeichen den Planeten geben und die lediglich als Andeutung zu verstehen sind.

---

6. S. de Mailly-Nesle (s. Fn. 4)
7. Siehe Joëlle de Gravelaine, *Le Retour de Lilith, la Lune noir*, L'Espace bleu, 1985
8. Siehe S. de Mailly-Nesle (s. Fn. 4)
9. S. de Mailly-Nesle (s. Fn. 4)

Lesern, die sich ernsthaft in der Kunst der Astrologie üben möchten, raten wir, die Liste zu erweitern, indem sie die vielfältigen Bedeutungen jedes Zeichens in

---

Wie erkennt man die Tierkreiszeichen[8]

	Widder	Die Hörner des Widders oder der Buchstabe Gamma.
	Stier	Der Stierkopf.
	Zwillinge	Zwei vereinte Erwachsene oder römische Ziffer II.
	Krebs	Ein stilisierter Krebs.
	Löwe	Der Schwanz des Löwen oder Lambda.
	Jungfrau	Ein stilisiertes junges Mädchen, das eine Weizengarbe im Arm hält.
	Waage	Der Balken der Waage.
	Skorpion	Ein stilisierter Skorpion.
	Schütze	Pfeil und Bogen des Kentauren.
	Steinbock	Ein Steinbock oder eine stilisierte Ziege.
	Wassermann	Ein Mensch, der das Wasser der Erkenntnis ausschüttet, oder zwei stilisierte Wellen.
	Fische	Zwei stilisierte, verbundene Fische.

Qualitäten, die die Tierkreiszeichen den Planeten zubilligen[9]

Initiative, Mut, Begeisterung, Spontaneität, Innovation, Leidenschaft, Instabilität.

Stabilität, Solidität, Geduld, Ausdauer, Verwirklichung, Sinn für das Konkrete, Produktivität.

Geschicklichkeit, Schnelligkeit, Neugier, Sinn für Kontakte, überzogene Anpassungsfähigkeit, Instabilität.

Erregbarkeit, Innerlichkeit, Phantasie, Familiensinn, Unschlüssigkeit, Umkehr der Kräfte.

Bewußtsein, Ideal, Willen, Verwirklichung, Bestätigung, Macht, Beherrschung.

Ernst, Methode, Konkretheit, Beobachtungsgabe, analytischer Verstand, Kritik, Selbstbeherrschung.

Gleichgewicht, Harmonie, Austausch, Versöhnung, Sanftmut, Ästhetik, Unentschlossenheit.

Instinkt, Tiefe, Kraft, Willen, Veränderung, erbarmungsloser Scharfsinn.

Großzügigkeit, Weitblick, Vereinigung, Freiheit, Expansion, Überschreitung, Versöhnung oder Rebellion.

Strenge, Ernst, Ethik, Ehrgeiz, Rationalität, Ausdauer, Zeitsinn.

Idealismus, Fortschritt, Antizipation, Innovation, Humanismus, Freiheit.

Sinn für das Unendliche, Empfindlichkeit, Traum, Ausweichen, Zögern, Hingabe, Gemeinschaft.

---

sich aufsteigen lassen. Um sich in die Symbole einzuführen, muß man sich von innen her immer weiter von ihnen durchdringen lassen, anstatt eine Vielzahl von Übersetzungsmöglichkeiten bloß auswendig zu lernen.

*»Damals stellte ich mich in den Dienst der Seele [...] Daß ich mich ihr verschrieb, war die einzige Möglichkeit, meine Existenz als eine relative Ganzheit zu leben und auszuhalten.« (C. G. Jung).
Photo von C. G. Jung, aufgenommen von Henri Cartier-Bresson.*

Anhand des Geburtshoroskops von Jung (S. 133) läßt sich die Übersetzung des Ausdrucks der Planeten je nach dem Tierkreiszeichen, das sie besetzen, üben. So kann der Mars im Schützen einen starken Lebensdrang wecken, ein Tun, das den Betreffenden über seine eigenen Grenzen hinausdrängt, sei es in der Konfrontation mit anderen oder in der Verknüpfung mit seinem Weg (Ambivalenz des Schützen). Allein das Wissen, daß Mars in diesem Tierkreiszeichen steht, erlaubt es allerdings noch nicht, diese Frage zu beantworten. Um die spezifische Rolle von Mars oder jedem anderen Planeten zu begreifen, müssen wir das Geburtshoroskop in seiner Gesamtheit betrachten.

Die Häuser

Während die Tierkreiszeichen die Filter darstellen, durch die sich die planetaren Tendenzen ausdrücken, hat man den Häusern in der Tradition die Erfahrungsbereiche dieser Tendenzen zugeschrieben.
An dieser Stelle sind zwei Bemerkungen angebracht: Zum einen ist es heikel, die Bedeutung der Planeten der der Tierkreiszeichen überzuordnen, denn dann wären die Tierkreiszeichen nur noch Ausdruck der Planeten. Wenn man den Tierkreiszeichen die Form und den Planeten den Inhalt zuschreibt, bestimmt denn dann nicht die Form bei unzähligen Gelegenheiten den Inhalt? Mit anderen Worten. Man muß vielmehr von einer Wechselbeziehung zwischen Planeten und Tier-

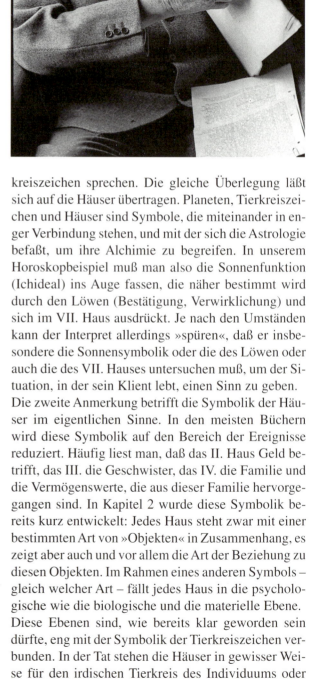

*Statt jemanden mit einem unausweichlichen Schicksal zu erschlagen, das ihn lähmt, soll die Interpretation eines Astrologen den Menschen mit sinnstiftenden Fragen aufrütteln.
Der Schlaf der Vernunft erzeugt Monster von Goya.*

kreiszeichen sprechen. Die gleiche Überlegung läßt sich auf die Häuser übertragen. Planeten, Tierkreiszeichen und Häuser sind Symbole, die miteinander in enger Verbindung stehen, und mit der sich die Astrologie befaßt, um ihre Alchimie zu begreifen. In unserem Horoskopbeispiel muß man also die Sonnenfunktion (Ichideal) ins Auge fassen, die näher bestimmt wird durch den Löwen (Bestätigung, Verwirklichung) und sich im VII. Haus ausdrückt. Je nach den Umständen kann der Interpret allerdings »spüren«, daß er insbesondere die Sonnensymbolik oder die des Löwen oder auch die des VII. Hauses untersuchen muß, um der Situation, in der sein Klient lebt, einen Sinn zu geben.
Die zweite Anmerkung betrifft die Symbolik der Häuser im eigentlichen Sinne. In den meisten Büchern wird diese Symbolik auf den Bereich der Ereignisse reduziert. Häufig liest man, daß das II. Haus Geld betrifft, das III. die Geschwister, das IV. die Familie und die Vermögenswerte, die aus dieser Familie hervorgegangen sind. In Kapitel 2 wurde diese Symbolik bereits kurz entwickelt: Jedes Haus steht zwar mit einer bestimmten Art von »Objekten« in Zusammenhang, es zeigt aber auch und vor allem die Art der Beziehung zu diesen Objekten. Im Rahmen eines anderen Symbols – gleich welcher Art – fällt jedes Haus in die psychologische wie die biologische und die materielle Ebene. Diese Ebenen sind, wie bereits klar geworden sein dürfte, eng mit der Symbolik der Tierkreiszeichen verbunden. In der Tat stehen die Häuser in gewisser Weise für den irdischen Tierkreis des Individuums oder den Tierkreis, bezogen auf den jeweiligen Ort. In der

folgenden Übersicht haben wir für jedes Haus das Tierkreiszeichen angegeben, dessen Widerspiegelung es auf Himmelsebene ist.

Es versteht sich von selbst, daß der Betreffende, je stärker ein Haus besetzt ist, um so mehr die Tendenz hat, die diesbezüglichen Werte zu manifestieren. Bei C. G. Jung hat das III. Haus mit der Präsenz von Mond und Pluto eine besondere Bedeutung. Jung schrieb mehr als 20 Bücher. Dieses Haus manifestierte bei ihm den Wunsch, sich seiner Fähigkeiten und inneren Anlagen bewußt zu werden und sie zum Ausdruck zu bringen. Doch mit welchen Mitteln und wozu?

Um die Bedeutung des Mondes für Jung zu erfassen, muß man wissen, daß der Mond sich im Widder, im III. Haus und in Konjunktion mit Pluto befindet, wie man umgekehrt für ein Verständnis des III. Hauses berücksichtigen muß, daß es von Mond und Pluto besetzt ist. Schließlich ist dieses Haus ebenso wie die Planeten, die darin stehen, nicht losgelöst vom übrigen Horoskop zu interpretieren. Wir müssen auch die Beziehung in Betracht ziehen, in der sie zur Gesamtkonstellation stehen. Diese Beziehungen drücken sich aus in den Aspekten zwischen den Planeten untereinander und den Planeten zu den Achsen des Horizonts und Meridians.

Die Aspekte

Die Hauptaspekte haben wir aus astronomischer Sicht bereits definiert (Kapitel 2, S. 43).

Hier eine Zusammenfassung ihrer Bedeutung:

Winkel-abstand	Aspekt	Symbolik	Ausdruck
0 bis 10°	Konjunktion	**eins** Einheit	Fusion, manchmal Konfusion der Werte.
180°	Opposition	**zwei** Bipolarität, Widerspruch oder Komplementarität	Wechsel zwischen den vorhandenen Werten oder entgegengesetzter Ausdruck.
120°	Trigon	**drei** Bewegung, Dynamik, Rhythmus	Harmonischer Austausch zwischen den betroffenen Werten.
90°	Quadratur	**vier** Konflikt, sich im Realen auszudrücken oder zu manifestieren	Antagonismus, der Kampf zwischen Werten, der die Energie des Betreffenden blockieren kann oder nach einer Bewußtwerdung eine Reaktion provoziert.
60°	Sextil-Schein	**sechs** Dynamischer Ablauf, Konkretisierung	Verhältnis von Sympathie und Effektivität zwischen den Werten.

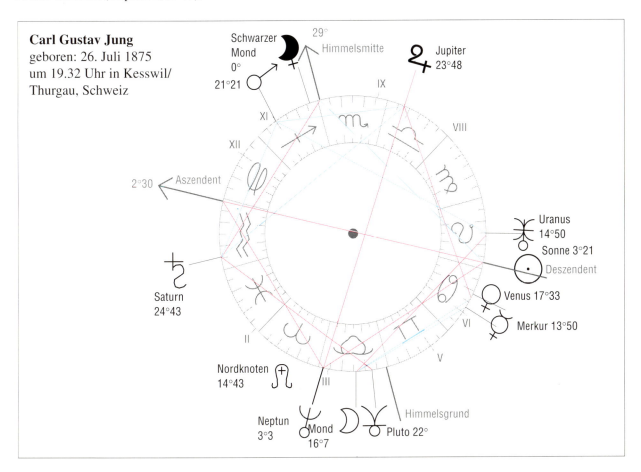

Carl Gustav Jung
geboren: 26. Juli 1875
um 19.32 Uhr in Kesswil/
Thurgau, Schweiz

Die blau eingezeichneten Aspekte gelten als harmonisch. Das sind die Trigone (120°): Saturn-Jupiter, Uranus-Mars, Sonne-Himmelsmitte; die Sextil-Scheine (60°): Saturn-Mars, Mars-Jupiter, Mond-Venus und Mond-Merkur. Die rot eingezeichneten Aspekte gelten als dissonant. Das sind die Quadraturen (90°): Neptun-Aszendent, Neptun-Sonne, Saturn-Himmelsmitte, Saturn-Pluto, Mond-Uranus, Jupiter-Venus; und die Oppositionen (180°): Aszendent-Sonne, Jupiter-Neptun.

Häuser

Häuser	Symbole	Psychologische Funktionen: Tendenzen, Bedürfnisse, Fähigkeiten.	Ausdrucksweise: Personen, Objekte, die diese Erfahrungen kennzeichnen; materielle Umstände, Ereignisse.	Biologische und physiologische Funktionen
I	Widder	Wie ich die Welt aufnehme und mich ihr öffne.	Situationen, die mich reizen und die zeigen, wie ich wirklich bin.	Kopf, Gesicht.
II	Stier	Wie ich mich und meine Bedürfnisse einschätze.	Grundstücke und materielle Werte, die ich besitze, erwerben oder entwickeln will.	Hals, Kehle, Kehlkopf, Schilddrüse.
III	Zwillinge	Wie ich mir meiner Fähigkeiten, meiner inneren Anlagen bewußt werde und sie ausdrücke.	Geschwister, schulische Ausbildung, Art des persönlichen Ausdrucks, Schriften, Malerei, Musik.	Arme, Beine, Schultern, Hände, Lunge, Atmung.
IV	Krebs	Wie ich auf meine Familie reagiere und mit meinem affektiven, moralischen und materiellen Erbe umgehe.	Familie, Zuhause, Art der elterlichen Bindungen, Grund- und Immobilienbesitz.	Bauch, Speiseröhre, Brust.
V	Löwe	Mein Bedürfnis nach Anerkennung und Wertschätzung.	Kinder, Schöpfungen, meine Art, Liebe auszudrücken, Liebesbeziehungen, Wetten, Spiele.	Herz, Aorta, Rückenbereich der Wirbelsäule, Rückenmark.
VI	Jungfrau	Bewußtwerdung der eigenen Grenzen und der Grenzen anderer. Fähigkeit, Verantwortung zu übernehmen.	Untergebene, Arbeit, Verpflichtungen, Alltagsleben, kleinere Krankheiten aufgrund schlechter Anpassung, Beziehungen zu Kranken.	Unterleib, Darm, Nervensystem.
VII	Waage	Wie ich auf andere reagiere. Die Fähigkeit, Beziehungen herzustellen und mich zu differenzieren.	Arten von Begegnungen, Ehepartner, Ehe, Verträge.	Nieren, Blase, Lendengegend.
VIII	Skorpion	Mein Verhältnis zur Sexualität, zum Tod und zum psychischen Leben. Wie ich die Wünsche und Bedürfnisse anderer einschätze und auf sie reagiere. Meine Fähigkeit zur Veränderung und Unabhängigkeit.	Sexualleben, Gewinne (aus Verträgen, Erbschaften), die mir eine Veränderung ermöglichen. Physische, finanzielle und moralische Verluste.	Rektum, Genitalien, Prostata, Blase, Nase.
IX	Schütze	Meine Fähigkeit zur Entwicklung: meine Ansprüche und Bestrebungen. Meine ideologischen Aktivitäten, um meinen spirituellen und moralischen Bedürfnissen gerecht zu werden.	Metaphysische Aktivitäten, Vorbild, Lehrer, Reisen in die Fremde, fremde Menschen.	Hüften, Schenkel, Oberschenkelknochen, Hüftknochen, Kreuzbein, Steißbein, Leber.

Häuser

Häuser	Symbole	Psychologische Funktionen: Tendenzen, Bedürfnisse, Fähigkeiten.	Ausdrucksweise: Personen, Objekte, die diese Erfahrungen kennzeichnen; materielle Umstände, Ereignisse.	Biologische und physiologische Funktionen
X	Steinbock	Die Werte, die ich in der Welt realisieren will. Meine Fähigkeit zur Beherrschung, mein Ehrgeiz.	Orte und Situationen, an oder in denen Pläne Gestalt annehmen und die ein Gefühl persönlicher Verwirklichung vermitteln: Art des Ansehens.	Knochensystem, Knie, Gelenke, Haut, Assimilation.
XI	Wassermann	Bedürfnis nach Gemeinschaft, um Anerkennung zu finden, Einfluß auf die Welt geltend zu machen und einen Eindruck zu hinterlassen.	Pläne in bezug auf andere, Stützen, Schutz, Gruppen, denen ich angehöre.	Blutkreislauf, Nervensystem, Fußknöchel.
XII	Fische	Meine Einstellung zum Unbegrenzten, Unendlichen, Unbewußten, zu den großen Fragen und dem Sinn des Lebens. Mein Bestreben, mich von der Materie zu befreien, meine Einstellung zum Leiden, zu Benachteiligten, zu unverstandenen Krankheiten.	Das geheime, verborgene Leben, Umstände, die es mir erlauben, mit meinem Unbewußten in Beziehung zu treten; »meine Seele«, Gott, das Selbst: Träume, Meditation, Gebet, aber auch große Prüfungen, physische sowie moralische Grenzen und Feindschaften.	Lyphatisches System, Füße.

Die Aspekte drücken energetische Beziehungen zwischen den Symbolkräften aus, die sie verbinden. Ein Beispiel: Bei Jung steht die Sonne im Löwen und im VII. Haus in Opposition zu den Werten seines Aszendenten Wassermann, als widerspräche das Ideal, das er in sich trägt (Sonne) seinen natürlichen Reaktionen (Aszendent) und als könne er gleichzeitig nicht über sie hinausgehen, um sich auszudrücken.

Die Werte einer Opposition kommen entweder abwechselnd zum Ausdruck, oder sie spiegeln sich gegenseitig in ihrem Ausdruck wider. Hier kann sich das Ego, die Bestätigung, die Autonomie der Löwen-Sonne nicht ausdrücken, ohne die Werte der Universalität und den Humanismus vom Typ des Wassermanns zu manifestieren und umgekehrt. Und schließlich läßt sich diese Opposition ganz offenkundig nicht begreifen, ohne ihre Quadratur mit Neptun einzubeziehen! Neptun, der das Individuum zur Selbstbefreiung drängt (in einer spirituellen und/oder künstlerischen Suche und/oder durch Ausweichen und Flucht, sprich: Alkohol oder Drogen) hat in Jungs Kindheit eine Zeitlang den Ausdruck seines Potentials gehemmt (Neptun befindet sich im II. Haus), und zwar konnte er wegen Synkopen

sechs Monate lang nicht zur Schule gehen. Eines Tages jedoch belauschte er ein Gespräch seines Vaters, als er einem Freund seine Sorge um die Zukunft des Sohnes anvertraute. C. G. Jung wurde sich dabei seines Fluchtverhaltens bewußt. Mit Selbstbeherrschung bekam er die Symptome seiner Krankheit in den Griff und ging wieder zur Schule. Kurze Zeit später änderte er aufgrund einer göttlichen Vision[10] seine Lebenseinstellung.

Die Interpretation

Nach dieser knappen Einführung in die Grundbegriffe wird deutlich, wie die Noten sich miteinander zu der archetypischen Partitur des Geburtshoroskops verbinden. Allein anhand des Lesens dieser Partitur weiß man noch nicht, mit welchem Bewußtseinsgrad sie erlebt wird und auf welcher Ausdrucksebene sie sich manifestieren wird, denn die Seele, die diese Partitur »spielt«, ist noch unbekannt.

---

10. Siehe in diesem Buch, S. 142

Oben: Das gleiche Symbol kann je nach Person unterschiedlich erlebt werden, da es Teil eines inneren Prozesses ist. – Gesänge der Nacht von Osbert.

Rechte Seite: Für manche ist das Symbol Träger eines »erhellenden Sinns«, da es ihnen den Zugang zu einem höheren Bewußtsein ermöglicht. – Gemälde von Zao Wouki.

Jede Himmelskarte repräsentiert die archetypische Struktur eines oder mehrerer Individuen,[11] sie verweist auf eine bestimmte Art der Fragestellung: Die Antworten dieser Personen können wir nicht kennen, doch mittels einer präzisen Methode ist es möglich, die Fragen zu formulieren, die sich ihnen stellen werden. Und nur das ist Ziel der Interpretation.

Auf praktischer Ebene geht es für uns darum, den Ariadnefaden zu ergreifen, der die verschiedenen Symbole verbindet, aus denen sich die Karte Jungs zusammensetzt, die Haupttendenzen und die sich daraus ergebenden Fragen zu erkennen.

Das Vorgehen wird von zwei Prinzipien geprägt: Ein Horoskop bildet ein Ganzes, in dem jedes Element mit dem Ganzen in Wechselbeziehung steht und nicht von ihm zu trennen ist; wenn also jedes Symbol eine eigene Qualität abhängig von der besonderen Position besitzt, die es einnimmt, läßt es sich lediglich unter Berücksichtigung des übrigen Horoskops interpretieren. Allzu viele Bücher geben fragmetarische Interpretationen zu Planeten in Tierkreiszeichen und in den Häusern, geben aber keine Auskunft über das Zusammenspiel dieser verschiedenen Symbole. Zu erfahren, daß die Sonne im Löwen den Betreffenden eine Tendenz zum Stolz verleiht, während Saturn im Wassermann zum Beispiel zum persönlichen Verzicht treibt, der Mond im Stier zur Naturliebe führt und Venus im Krebs ein Zentrum der Zärtlichkeit und Sensibilität bildet, sagt uns nichts über das Zusammenwirken dieser verschiedenen Komponenten in der Aufteilung des Horoskops.

Jedes Individuum zeichnet sich durch dominante Züge aus, die auch seine Persönlichkeit prägen. Jede Person ist bestimmt von einem und sogar von zwei oder drei Hauptprinzipien – es ist besser, wenn es nicht mehr sind –, die seine Psyche dynamisieren und es ermöglichen, die Richtung seines Handelns a priori zu verstehen. Wenn wir etwa wissen, daß ein Mensch von der Verlockung des Geldes beherrscht ist, sind wir dann nicht imstande, das Ziel seiner Beziehungen besser zu verstehen (sicher ist niemand völlig »weiß oder schwarz«, und jede Äußerung ist zu relativieren)?

Bei der Interpretation eines Horoskops werden wir versuchen, das zentrale Motiv zu entdecken, das die gesamte Struktur beseelt, um anschließend die Rolle

---

11. Es können in der Tat mehrere Personen im gleichen Augenblick am gleichen Ort geboren werden. Sie haben daher die gleiche Himmelskarte, aber nicht alle »erleben« sie im gleichen Maße.

zu begreifen, die jedes Element in Abhängigkeit von diesem Ganzen spielt. Die Interpretation teilt sich in drei Etappen: Aufdecken des Leitmotivs, die Struktur des Horoskops und die Analyse.

Das Leitmotiv

Unter einem Leitmotiv verstehen wir die Kenntnis der Noten (oder Symbole), die wie ein Refrain immer wiederkehren und die anderen durch ihre Dominanz färben. Um sie zu entdecken, bedienen wir uns der Aufwertung: In einem Horoskop gibt es Faktoren der Aufwertung in den schnellebigsten Punkten. Die langsamen Planeten, die lange in einem Tierkreiszeichen bleiben wie in diesem Beispiel Neptun oder Pluto im Stier, sind Ausdruck einer ganzen Generation. Je seltener dagegen ein symbolisches Elements auftritt, um so spezifischer ist es, weil weniger Personen von diesem Element betroffen sind.[12]

Die schnellebigsten Punkte sind zunächst die Winkel, die sich etwa alle vier Minuten um 1° verschieben, die Sonne (1° pro Tag) und der Mond (12° bis 15° pro Tag) und schließlich in geringerem Maße Merkur, Venus und Mars, die vor allem als Wertsteigerungsfaktoren für Häufungen von Planeten und für langsame Planeten gelten. In einem Horoskop sind also aufgewertet:

– Planeten, die durch gleich welchen Aspekt mit ein und demselben Eckpunkt des Himmels verbunden sind, vor allem aber durch die Konjunktion (hier Sonne, Pluto);
– das Tierkreiszeichen im Aszendenten (Wassermann);
– das Tierkreiszeichen der Sonne (Löwe);
– das Tierkreiszeichen des Mondes (Stier);
– die Planeten, die einen Aspekt mit dem Aszendenten (Neptun) oder der Himmelsmitte (Pluto, Sonne und schwarzer Mond) bilden;
– die Planeten, die in einem Aspekt zur Sonne (Neptun), zum Mond (Pluto, Uranus) oder zum Regenten des Aszendenten stehen. (Da Uranus und Saturn den Wassermann regieren [s. S. 41], wird Mars durch Saturn und Uranus aufgewertet, Jupiter durch Saturn und der Mond durch Uranus.)

Hier sind also drei fixe Tierkreiszeichen aufgewertet (Wassermann, Stier und Löwe), was auf eine ganz besondere Hartnäckigkeit hindeutet, wobei vor allem der Stier mit der Anwesenheit von drei wichtigen Planeten (Neptun, Pluto, Mond) ein Streben nach Konkretheit ausdrückt. Man weiß, daß Jung vor allem ein Empiriker war: Er hat nie etwas behaupten wollen, das er nicht vorher im Experiment nachgewiesen hatte.

Auch wenn alle Planeten aufgewertet sein sollten, so doch in unterschiedlichem Maße: Sonne und Pluto stehen beide in einem Aspekt mit dem gleichen Eckpunkt (die seltenste Aufwertung), zudem steht Pluto in Konjunktion mit dem Mond. Neptun nimmt durch seinen Aspekt mit der Sonne und dem Aszendenten eine ganz besondere Dimension im Horoskop an. Schließlich

haben auch Saturn und Uranus, beide Regenten des Aszendenten Wassermann[13], eine beträchtliche Bedeutung (Uranus steht zudem in Quadratur zum Mond). Sonne, Pluto, Neptun sowie Saturn und Uranus scheinen also die am stärksten aufgewerteten Noten zu sein, die die Grundlage für die Aufteilung des Horoskops von Jung bilden. In der Tabelle zur Symbolik der Planeten (S. 130) ist ihre Bedeutung nachzulesen – hier nur einige Stichworte: Bewußtseinserweiterung oder Ideal für die Sonne; Klarheit, Transformation, Transzendenz für Pluto; spirituelle Tendenzen für Neptun; Strukturierung, Konzentration, Verzicht oder Opfer für Saturn; und Manifestation der Besonderheit, der Einzigartigkeit für Uranus. Wenn man das Werk Jungs kennt, kann man diese Tendenzen zu den charakteristischsten seiner Persönlichkeit zählen. Allerdings sind andere Menschen mit dem gleichen Horoskop geboren wie Jung und haben es weder auf der gleichen Ebene noch auf die gleiche Weise gelebt. Gemäß dem ihnen eigenen Niveau des Seins haben andere diese Tendenzen mit einer individuellen Färbung zum Ausdruck gebracht und sie auf andere Weise konkretisiert.

Die Struktur des Horoskops

Gestützt auf die Tendenzen des Leitmotivs, das oben aufgezeigt wurde, besteht unsere zweite Etappe darin, die Hauptfiguren des Horoskops (hier sind es drei) herauszulösen. Anschließend werden wir versuchen, gewisse Fragen zu formulieren, die sich stellen. Dann wollen wir uns bemühen, sie mit einem kohärenten Ganzen in Verbindung zu bringen, um der Gesamtheit der Karte oder dem Sinn näher zu kommen.

Figur a) Sie scheint uns besonders wichtig, da sie die Achse des Horizonts – Aszendent-Deszendent – betrifft, die in einem Horoskop sehr aufschlußreich ist; zudem enthält sie die Sonne. Es handelt sich um Neptun (im Stier und im II. Haus) in doppelter Quadratur mit dem Aszendenten Wassermann und der Sonne (im Löwen und im VII. Haus): Wie konnte sich das starke »spirituelle Potential« Jungs (Neptun, Stier, II. Haus) realisieren angesichts eines starken Ich, das dazu neigt, andere zu dominieren (Sonne, Löwe, VII. Haus), und in Gegenwart eines Gefühls der inneren Zerbrechlichkeit, des Losgelöstseins, des Idealismus (Aszendent Wassermann)? Die letztgenannten Eigenschaften, die dem Wassermann zugeschrieben werden, scheinen jenen Neptuns nicht zu widersprechen, können aber die des Stiers stören: das Losgelöstsein und der Idealismus des Wassermanns stellen sich dem Sinn fürs Konkrete und dem Experimentieren des Stiers entgegen. Diese Figur birgt noch viele andere Fragestellungen: Wie konnte sich zum Beispiel ein so ausgeprägtes Be-

---

12. Siehe *Le Thème astral* (s. Fn. 4)

13. Siehe die Domizile der Planeten in Kap. 2, »Die Logik der Sterne«

dürfnis nach Bestätigung, nach Selbstverwirklichung und Anerkennung durch andere (Sonne, Löwe, VII. Haus) angesichts der Opferbereitschaft (Aszendent Wassermann) harmonisch zum Ausdruck bringen, ohne von Zweifeln, Überempfindlichkeit und Fluchtbereitschaft erstickt zu werden, die Neptun hervorruft?

Figur b) Es handelt sich um den Mond und Pluto im Stier und im III. Haus, die jeweils in Quadratur mit einem der Regenten des Aszendenten, Saturn und Uranus, stehen, die sich wiederum in Opposition zueinander befinden: Wie konnten sich die Empfänglichkeit, die Sensibilität und das Bedürfnis nach innerer Sicherheit (Mond) bei Jung mit dem Scharfblick und den Kräften der Veränderung und Metamorphose (Pluto) verbinden, um seine Fähigkeiten zu verwirklichen (Stier, III. Haus), obwohl sie sich in das persönliche Losgelöstsein (Saturn, Wassermann, I. Haus) und eine Tendenz spalten, seine Originalität anderen gegenüber hervortreten zu lassen, sprich: sie ihnen aufzuzwingen (Uranus, Löwe, VII. Haus)?

Jung brachte die Werte der Opposition von Saturn und Uranus deutlich zum Ausdruck, als er sagte: »[...] ich wollte von dieser ›verdammten Isolierung in Einzigartigkeit‹, in die ich von verschiedenen Seiten gedrängt wurde, um jeden Preis loskommen.«[14] Zudem wußte er, daß er von zwei Persönlichkeitspolen beseelt war. Die eine bezog sich auf den sozialen Menschen, die andere auf das tiefe Wesen.

Figur c) Mars im Schützen und im XI. Haus befindet sich in doppeltem Sextil-Schein mit Saturn (Wassermann, I. Haus) und Jupiter (Waage, VII. Haus), sowie im Trigon mit Uranus (Löwe, VII. Haus). Indem Mars die Synthese (Schütze) der widersprüchlichen Tendenzen von Saturn (Verzicht) und Uranus (Differenzierung) schafft, realisiert er die harmonische Vereinigung seiner Kräfte in seiner Beziehung zur Gruppe (XI. Haus), unterstützt von den Werten Jupiters (Waage, VIII. Haus), namentlich die Fähigkeit, durch Austausch die Bedürfnisse eines anderen einzuschätzen und ihm eine Veränderung nahezulegen (im psychischen Leben, in der Sexualität oder bezogen auf den physischen oder symbolischen Tod).

Versuchen wir abschließend, diese drei Fragestellungen in einen Zusammenhang zu bringen, indem wir sie mit einem astrologischen Vorgehen verbinden. Man könnte vom Sonnenideal ausgehen, das in Wechselwirkung mit den Kräften steht, die es beseelen (Figur a), unterstützt von den beiden Regenten des Aszendenten, die den Ausdruck der Natur des Individuums bilden

---

14. C. G. Jung, *Erinnerungen, Träume, Gedanken von C. G. Jung*, A. Jaffé (Hg.), Zürich/Stuttgart 1961, S. 69

15. Aus Gründen der Einfachheit haben wir hier die Opposition von Jupiter und Neptun und den Sextil-Schein von Venus und Merkur mit dem Mond, die Jungs geistige Offenheit und seine Fähigkeit, seinen Patienten zuzuhören und Mitgefühl mit ihnen zu haben, Rechnung tragen, nicht berücksichtigt.

(Figur b) und es zur Verwirklichung von Mars im XI. Haus führen. So könnten wir schematisch sagen: Dieses Horoskop verweist auf ein Streben nach innerer Einheit zwischen persönlicher Verwirklichung (Sonne) des Individuums und seiner spirituellen Suche (Neptun), gestützt auf eine Entschlossenheit (Saturn und Uranus), die es ihm erlaubt, sich verborgenen Aspekten (Pluto) zu stellen und die Metamorphose (Mond) zu akzeptieren, die dieser Prozeß verlangt; das Resultat wäre ein Hinauswachsen über sich selbst in der Schaffung neuer humanistischer Werte (Mars).

Diese Konstruktion ist sicher nur ein Modell[15] für die Gesamtheit des Horoskops von Jung und spiegelt si-

Stich aus dem Jahr 1887 von Odilon Redon.

cher nicht seine exakte Wahrheit wider. Dieses Modell, so willkürlich es auch sein mag, ist der unerläßliche Dreh- und Angelpunkt für die detaillierte Interpretation des Horoskops: die dritte Etappe.

Die Analyse

Die Synthese, die wir oben entwickelt haben, gibt uns den Kontext, in den sich jede Note oder jedes Symbol des Horoskops einfügt und in dem umgekehrt jede Note zum Sinn des Ganzen beiträgt.

Die Symbole unseres Horoskops stehen für die Fragen, die die Götter oder Archetypen unserer Seele stellen und auf die wir mit einem psychischen Verhalten, einer biologischen Funktionsweise und der Neigung antworten, von einer bestimmten Art von Ereignissen angezogen zu werden; umgekehrt lassen unsere psychischen Tendenzen, unser biologisches Leben und die Ereignisse, mit denen wir konfrontiert werden, die existentiellen Fragen erkennen, die uns gestellt sind. Wie bereits hinreichend gezeigt wurde, liegt die Aufgabe des Astrologen vor allem darin, bei der Formulierung dieser Fragen zu helfen. In diesem Sinne bemüht der Astrologe sich, eine Verbindung zwischen der Welt der Archetypen und der Welt des Menschen herzustellen.

Wenn wir nun die Sonnen- und Mondsymbolik in Jungs Horoskop genauer untersuchen, möchten wir lediglich einige der vielfältigen Ausdrucksweisen aufzeigen, die die Archetypen von Sonne und Mond annehmen können, um Jung Fragen aufzugeben, und wollen die Art kurz umreißen, wie er darauf geantwortet hat. Hoffen wir, daß der Leser, der vielleicht in Zukunft die Astrologie zu Rate zieht, ausreichend vor der Gefahr gewarnt sei, nur eine buchstäbliche Auslegung zu praktizieren oder nur eine einzige Symbolebene zur Interpretation eines Horoskops heranzuziehen.

Die Sonne

Nehmen wir Figur a), in der sich die Sonne befindet, und sehen wir, durch welche Situationen oder Personen sich die Fragen manifestiert haben, die sie aufwirft, und wie sie sie erlebt hat. Mit anderen Worten: Wir versuchen, den Symbolstrang zu entwirren.

Bestätigung des Ich: Wie konnte der Ausdruck eines starken Ich (Löwe), das nach der Anerkennung seines Ideals durch andere strebte (VII. Haus), während es sich zugleich von der Außenwelt losgelöst fühlte (Wassermann), die Bewußtseinserweiterung realisieren, die durch die Sonne symbolisiert ist, angesichts des von Neptun geforderten Bedürfnisses, auszuweichen und sich selbst zu befreien? Jung erklärt: »Natürlich kompensierte ich meine innere Unsicherheit durch äußerliche Sicherheit.«[16] Angezogen vom geheimnisvollen Universum, das die Natur ihm vermittelte (Neptun, Stier): die Bäume, das Wasser, die Sümpfe, die Steine[17] – »was ist mit dem, was unter

dem Boden ist?«[18] –, fand er seinen Platz in der Gesellschaft nicht. Und doch spürte er in sich Bestrebungen anderer Art: »Dieses *mich* [...] war bedeutend, eine Autorität, eine Person in Amt und Würden, ein alter Mann, ein Gegenstand von Respekt und Ehrfurcht«[19] (Sonne, Löwe); die Bestrebungen seiner Sonne waren offenbar verdunkelt, gestört von jenen Neptuns und meist reduziert auf simple Fantasmen, wenn sie mit der Wirklichkeit konfrontiert wurden. Jung sagte, er erlebte ein Gefühl der »Entzweiung und Unsicherheit in der großen Welt«[20], denn die Erweiterung des Bewußtseins, die seine Sonne verlangte, ließ sich nicht nur durch eine äußere Selbstbestätigung leben.

Eines Tages machte er nach Ängsten und Qualen, in denen er sich gegen den Heiligen Geist versündigte, die konkrete Erfahrung der Gnade Gottes.[21] Diese Erfahrung, die er über einen Großteil seines Lebens geheimhielt, veränderte sein Verhältnis zur Welt: In ihr liegen die Wurzeln der Entwicklung, die Jung letztes Endes nahm, und auch die seines Werkes. Von da an begriff er, daß er nur in der Nähe zu Gott die Sicherheit erlangen konnte, die er ansonsten nicht besaß, und daß er den Einfluß, den er auf die Außenwelt ausüben wollte, erst für sich selbst erringen mußte. »Es gab [seit dieser Erfahrung] eine innere Sicherheit, die ich mir nie beweisen konnte. Aber sie war mir bewiesen. Ich hatte die Sicherheit nie, aber sie hatte mich, oft gegen alle Überzeugung vom Gegenteil. Niemand hat mir die Gewißheit nehmen können, daß ich dazu bestimmt sei, das zu tun, *was Gott wollte, und nicht das, was ich wollte.* Das gab mir oft das Gefühl, in allen entscheidenden Dingen nicht mit den Menschen, sondern allein mit Gott zu sein.«[22]

Solange die Kräfte Neptuns nicht als das erkannt sind, was sie sind, schaden sie der Verwirklichung der Fähigkeiten jener Planeten, mit denen sie konfrontiert sind. Solange sie bei Jung verdeckt und unterdrückt waren, zersplitterten sie die Sonnenwerte und hinderten den Aszendenten Wassermann, seinen Reaktionen einen Sinn zu geben; sobald sie akzeptiert waren, ließen sie den stolzen Willen des Löwen hervortreten: An die Stelle der Bestätigung des Ich trat der Dienst am Göttlichen oder am Es.[23] Das bezeichnete er später als Prinzip der Individuation.

Die Beziehung zum Vater: Die Sonne in einem Geburtshoroskop steht auch für das Bild des Vaters, der den Weg ins Leben weist. Schon von frühester Kind-

---

16. C. G. Jung (s. Fn. 14), S. 50
17. C. G. Jung (s. Fn. 14), S. 37
18. C. G. Jung (s. Fn. 14), S. 29
19. C. G. Jung (s. Fn. 14), S. 39
20. C. G. Jung (s. Fn. 14), S. 26
21. Siehe weiter unten in diesem Buch.
22. C. G. Jung (s. Fn. 14), S. 53
23. Damit soll gewiß nicht gesagt sein, Neptun repräsentiere das Ich, sondern nur eine der Arten der Beziehung zum Selbst.

heit an, sagte Jung, bedeutete »›Vater‹ [...] für mich Zuverlässigkeit und – Ohnmacht.«²⁴ Wenn man weiß, daß sein Vater Pastor war, kann man sich vorstellen, wie schwer mit diesem Gefühl zu leben war! Nach seiner »neptunischen Erfahrung« wurde scheinbar sogar das Vertrauen, das er in ihn setzte, gemindert. »Damals kamen auch profunde Zweifel an allem, was mein Vater sagte. Wenn ich ihn über die Gnade predigen hörte, dachte ich immer an mein Erlebnis. Was er sagte, klang schal und hohl, wie wenn einer eine Geschichte erzählte, die er selbst nicht ganz glauben kann oder nur vom Hörensagen kennt [...] Unsere Diskussionen hatten aber immer ein unbefriedigendes Ende.«²⁵ Die Äußerungen seines Vaters und der Theologen, die ihn umgaben, über Gott widersprachen durch ihre theoretische Untermauerung (die sich dem Löwen zuschreiben läßt) der Realität der Erfahrung (Neptun im Stier), die Jung verlangte. Ein anderes Kind mit einer positiven Sonnenkonstellation hätte diese Äußerungen anders aufgenommen. Die Sonne steht zunächst für unsere Beziehung zum Vaterbild, ehe der Vater in seiner Realität beschrieben wird. In anderer Hinsicht, zumal in seinem Verhalten gegenüber seiner Frau und im täglichen Leben, wo er sich reizbar und launisch zeigte, konnte Pastor Jung seinem Sohn kaum als Vorbild dienen. Die Opposition der Sonne zum Aszendenten drückt diesen Tatbestand ebenso aus wie ihre Quadratur zu Neptun. Da Jung sich nicht auf das natürliche Vorbild des Vaters stützen konnte, begann er, in sich ein anderes Leitbild zu suchen: Neptun verwandelte die extravertierten Werte der Sonne im Löwen in eine introvertierte Sonne.

Später, als Jung mit Freud zusammenarbeitete, projizierte er das Bild des mächtigen Vaters, den er nicht gehabt hatte, auf ihn: »Ich empfand Freud als die ältere, reifere, erfahrenere Persönlichkeit und mich wie einen Sohn.«²⁶ So fruchtbar ihre Beziehung zeitweise auch war, mußte Jung doch zugeben, daß das »Vorbild Freud« eine Selbsttäuschung war und daß es der Entwicklung seines eigenen Werkes schaden würde, ihm weiter zu folgen. Unter anderem warf er Freud vor, die Lehre über die experimentelle Wirklichkeit zu stellen. Er glaubte, »darin ein Vorherrschen seiner Theorie gegenüber den Tatsachen zu erkennen.«²⁷

In diesem Zusammenhang läßt sich Jungs Bedürfnis nach Autonomie und Differenzierung, kaum von der Rolle des Planeten Uranus trennen, der neben der Sonne liegt und mit ihr fast eine Konjunktion bildet.

Jesus Christus und die christliche Religion: Auch wenn Jung sich ab seinem elften Lebensjahr für Gott zu interessieren begann, wurde es ihm ebenso wie bei seinem Vater »immer unmöglicher, ein positives Verhältnis zum ›hêr Jesus‹ zu finden.«²⁸ Die Familiarität, mit der die christliche Kirche Jesus darstellte, ermöglichte es ihm nicht, den Weg zum Göttlichen zu finden, so wie Gott ihm in seiner Gnade den Zugang eröffnet

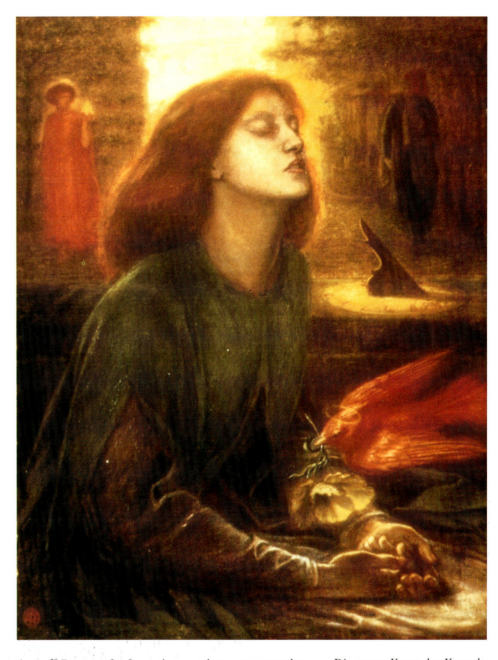

hatte.²⁹ Das war für Jung ein unsagbares, transzendentes Geheimnis: »Ich faßte all meinen Mut zusammen, wie wenn ich in das Höllenfeuer zu springen hätte, und ließ den Gedanken kommen: Vor meinen Augen stand das schöne Münster, darüber der blaue Himmel, Gott sitzt auf goldenem Thron, hoch über der Welt, und unter dem Thron fällt ein ungeheures Exkrement auf das neue, bunte Kirchendach, zerschmettert es und bricht die Kirchenwände auseinander.«³⁰

---

24. C. G. Jung (s. Fn. 14), S. 15
25. C. G. Jung (s. Fn. 14), S. 48 f.
26. C. G. Jung (s. Fn. 14), S. 162
27. C. G. Jung (s. Fn. 14), S. 166
28. C. G. Jung (s. Fn. 14), S. 33
29. Wir können wohl sagen, daß Jesus Christus eine extravertierte Darstellung des Göttlichen war, die dem introvertierten Wesen Jungs nicht entsprach.
30. C. G. Jung (s. Fn. 14), S. 45

Die ganze Kunst der Konsultation besteht darin, die Seele von der Kakophonie der Außenwelt zu befreien, damit sie die verborgene Harmonie ihrer inneren Musik wiederfindet, die orchestriert ist von den ihr innewohnenden Göttern.
Beata Beatrix von D. G. Rossetti (1828–1882).

Es läßt sich unschwer zeigen, daß die Sonne gleichermaßen Jungs Vater, Christus und die christliche Religion symbolisiert, wenn er sagt: »Um Gottes willen fand ich mich von der Kirche und dem Glauben meines Vaters und aller anderen getrennt, insofern diese die christliche Religion vertraten.«[31]

Zeit seines Lebens war Jungs Bewußtseinserweiterung (das Ideal, das die Sonne symbolisiert) inspiriert vom Archetypus Neptuns, der auch unser Verhältnis zum Universum bestimmt auf den subtilen Wegen des Traums, der traumhaften Visionen, der Phantasien und Wahnvorstellungen, also in jeder Form der Erkenntnis, die nicht auf der Vernunft beruhen. Jung entdeckte, daß diese »Rohstoffe« des Unbewußten häufig mit mythischen Motiven übereinstimmten. Darüber hinaus studierte er unermüdlich die Mythen der Welt – den Schatz des kollektiven Unbewußten –, in denen er vielfältige Zugangsmöglichkeiten zu seinem Selbst fand. Das ist eine deutliche Illustration des mächtigen Einflusses Neptuns in der Quadratur, die er mit der Sonne und dem Aszendenten bildet.

Der Mond

Nehmen wir Figur b) und versuchen wir zu verstehen, wie sich die Konjunktion zweier so gegensätzlicher Werte wie Mond und Pluto gestaltet, wenn sie eine Quadratur mit den beiden Ausdrucksweisen des Ich bilden, für die Saturn und Uranus stehen. Wie haben sich die Anlagen und Fähigkeiten (III. Haus) Jungs gezeigt? Wie hat er darauf reagiert (Saturn und Uranus)? Wir wollen hier nicht die vielen Facetten des Mondes schildern, sondern lediglich einige, die uns aufschlußreich erscheinen.

Die Empfänglichkeit, die Träume, das Geheimnis: Ob es nun um die Empfänglichkeit ging oder um die Sensibilität – das Bedürfnis nach innerer Sicherheit, das Selbstbild, das Bild der Mutter, das Weibliche, das Ansehen, die zahlreichen Aspekte der Mondsymbolik waren bei Jung immer von einer doppelten Natur geprägt: zugleich positiv, versöhnlich, solide (für den Stier) und beängstigend, aber ebenso auch schuldbeladen (Selbstbild), erschreckend (Mutter) oder ablehnend (angesehen) für Pluto.

Die Konjunktion von Mond und Pluto im Stier zeigt die Ambiguität der Werte Kraft, Solidität, Konkretheit (Stier) und der Werte der Nacht (Mond) und des Geheimen (Pluto). Gerade die Verschmelzung und Alchimie dieser widersprüchlichen Kräfte erlaubte es Jung auf dem Weg über wahrhafte Abstiege in die Hölle empfänglich zu sein für die gegensätzlichsten Stimmen der menschlichen Seele. Und die Widerstandskraft, der Mut und die Entschlossenheit seiner beiden Regenten des Aszendenten (Saturn und Uranus) ermöglichten es ihm, diese tiefgreifenden Wandlungen zu ertragen und der Grundsee zu trotzen, die sie erzeugten.

Schon von frühester Kindheit an wurde seine nächtliche Empfänglichkeit auf eine harte Probe gestellt: »Es bestanden damals unbestimmte Ängste in der Nacht. Es gingen Dinge um. Immer hörte man das dumpfe Tosen des Rheinfalls, und darum herum lag eine Gefahrenzone.«[32] »Gleich daneben aber ahnte ich eine unabweisbare Schattenwelt mit beängstigenden unbeantwortbaren Fragen, denen ich mich ausgeliefert fühlte.«[33]

Sehr bald ahnte er, daß der Traum (Mond) Zugang zur verborgenen Seite der Dinge (Pluto) bot, selbst wenn er die Quelle beängstigender Gefühle war. »Durch diesen Kindheitstraum wurde ich in die Geheimnisse der Erde eingeführt [...] Heute weiß ich, daß es geschah, um das größtmögliche Maß von Licht in die Dunkelheit zu bringen. Es war eine Art Initiation ins Reich des Dunklen.«[34] Die meisten Jungschen Schriften entsprangen seinem Traumleben. Der Traum war für ihn der Königsweg, der zum Unbewußten führte, der Stoff, den er wissenschaftlich untersuchte, indem er ihn der konkreten Erfahrung gegenüberstellte, um insbesondere zum doppelten Wesen Gottes Zugang zu finden und um zu verstehen, was er von uns will oder nicht will.

Das III. Haus steht einerseits für die Schriften, andererseits aber auch für den Austausch, den man mit seinen nächsten Angehörigen hat. Die Kontakte, die Jung mit dem Numinosum[35] hatte, betrauten ihn mit einem Geheimnis, das er mit niemandem teilen konnte. Davon hielt ihn die starke Opposition von Saturn (konstruktive Kraft) und Uranus (Spannung, Widerspruch) ab, trotz der Einsamkeit, in die ihn das stürzte: »Meine ganze Jugend kann unter dem Begriff des Geheimnisses verstanden werden. Ich kam dadurch in eine fast unerträgliche Einsamkeit und sehe es heute als eine große Leistung an, daß ich der Versuchung widerstand, mit jemandem darüber zu sprechen.«[36] Seiner Ansicht nach hat der Mensch das Bedürfnis, ein Geheimnis zu leben, das er niemandem preisgibt. »Ein solches Geheimnis zwingt ihn zur Isolierung in seinem individuellen Vorhaben«[37] und dazu, es angesichts der Trugbilder des Kollektivs zu realisieren.

Die Beziehung zur Mutter: Die Werte von Tag und Nacht, Sicherheit und Angst, die den Mond durch seine Anwesenheit im Stier und seine Konjunktion mit Pluto gleichermaßen prägen, statteten die Mutter mit

---

31. C. G. Jung (s. Fn. 14), S. 62
32. C. G. Jung (s. Fn. 14), S. 16
33. C. G. Jung (s. Fn. 14), S. 26
34. C. G. Jung (s. Fn. 14), S. 21
35. *Numinosum*: »Begriff für das Unaussprechliche, das Geheimnisvolle, Erschreckende, ›Ganz andere‹, die nur dem Göttlichen zukommen unmittelbar erfahrbare Eigenschaft.« Siehe C. G. Jung (s. Fn. 14), Glossar, S. 413
36. C. G. Jung (s. Fn. 14), S. 47
37. C. G. Jung (s. Fn. 14), S. 346

einer doppelten Persönlichkeit aus: Sie war zugleich gut, aber auch »unheimlich«.[38]

Jung hatte oft Angstträume, die sie betrafen. »Tags war sie eine liebende Mutter, aber nachts erschien sie mir unheimlich.«[39] Von ihr erbte er das instinktive Wissen, das die Natur des Stiers vermittelt, und den Scharfblick, den Pluto verleiht: »Sie war dann wie eine Seherin, die zugleich ein seltsames Tier ist, wie eine Priesterin in einer Bärenhöhle. Archaisch und ruchlos. Ruchlos wie die Wahrheit und die Natur. Dann war sie die Verkörperung dessen, was ich als *natural mind* bezeichnet habe [...], sie hat mir die nicht immer angenehme Gabe verliehen, die Menschen so zu sehen, wie sie sind.«[40]

Besessen von der Fülle ihrer Intuitionen und getragen vom ganzheitlichen Charakter ihrer Natur neigte Jungs Mutter dazu, die Realität der Situationen auszuweiten, und er konnte ihr nie vollständig vertrauen. Das beeinflußte mit großer Wahrscheinlichkeit eine Zeit lang sein Verhältnis zum weiblichen Geschlecht. Zudem war seine Kindheit stark geprägt von der Abwesenheit seiner Mutter, die einige Monate im Krankenhaus verbrachte.

Hat er sich damals verraten gefühlt? »Das Gefühl, das ich mit dem ›Weiblichen‹ verband, war lange Zeit: natürliche Unzuverlässigkeit.«[41] Der Plutosche Scharfblick geht einher mit Distanziertheit: Später revidierte Jung seine ersten Eindrücke vom Weiblichen, denn trotz seines Mißtrauens enttäuschten die Frauen ihn nicht, wie er sagte.[42]

Die innere Weiblichkeit: Seine therapeutische Tätigkeit ließ ihn die Wichtigkeit erkennen, die Bilder bewußt zu machen, die sich hinter den Gefühlen verbergen. In der Überzeugung, daß seine Patienten nie etwas tun würden, was er nicht selbst gewagt habe,[43] stellte er sich seinem eigenen Unbewußten. »Da war es mir, als ob der Boden im wörtlichen Sinne unter mir nachgäbe, und als ob ich in eine dunkle Tiefe sauste.«[44] Er gab jeden Widerstand auf und ließ seine Sensibilität (Mond) in engen Kontakt mit dem plutoschen Reich der Finsternis treten, in dem viele mythologische Gestalten auftauchten, mit denen er einen Dialog führte.

Während er seine Phantasien notierte, hörte er plötzlich überrascht eine weibliche Stimme, die zu ihm sprach; er lauschte ihr und schrieb auf, was sie sagte. Es fiel ihm schwer zu akzeptieren, daß dieser Dialog nicht nur ein reines Kunstprodukt war, sondern Wirklichkeit. Inspiriert von dem alten griechischen Satz: »Gib weg von dir, was du besitzt, und du wirst empfangen«[45], befolgte er ihn und erkannte in dieser Frau seine *Anima* (Seele).

Die letzten Arbeiten Jungs zeigten, daß sie den Archetypus darstellte, der es dem Mann erlaubt, eine Beziehung zwischen dem individuellen Unbewußten und dem kollektiven Unbewußten herzustellen. Bei der Frau gab er diesem Archetypus den Namen Animus. »Die Anima ist der Archetypus des Lebens [...], denn das Leben kommt zum Manne durch die Anima, obwohl er der Ansicht ist, es käme zu ihm durch den Verstand.«[46] So kehrte Jung die abendländischen Werte um, indem er das verborgene Gesicht des Männlichen aufdeckte: eine weibliche Gestalt, der er einen vorrangigen Platz in der Psychologie des Individuums einräumte. Dem *Animus* kommt die gleiche Rolle bei der Frau zu. Doch diese leidenschaftliche Studie konnte er ohne die Entschlossenheit und Ungleichheit von Saturn und Uranus (der Regenten seines Aszendenten) in Quadratur zu Pluto und Neptun nicht durchführen.

Die ganze Figur b) ist Ausdruck eines wahrhaft alchimistischen Prozesses bei Jung: von der Loslösung des Subjekts über sein Ausbrennen egoistischer Wünsche bis zu deren Opferung (Pluto, Stier) und bis hin zum Kontakt mit Kräften des Unbewußten und der Finsternis, die anschließende Trennung von Finsternis und Anima, symbolisiert durch Saturn und Uranus, und die Annahme der Anima (Mond), damit sie das Ich zu einer Vereinigung mit dem Selbst führt, all das stellt die verschiedenen Etappen dar, die die Alchimisten in ihrem Transmutationsprozeß beschreiben, den Jung erfahren hat.

So gereinigt ist die Anima zur Inspiratorin geworden, die Jungs Kreativität (III. Haus) vom Unbewußten befreit hat, um ihm die Vollendung seines Werkes zu ermöglichen.

---

38. C. G. Jung (s. Fn. 14), S. 24
39. C. G. Jung (s. Fn. 14), S. 56
40. C. G. Jung (s. Fn. 14), S. 56
41. C. G. Jung (s. Fn. 14), S. 15
42. C. G. Jung (s. Fn. 14), S. 15
43. C. G. Jung (s. Fn. 14), S. 182
44. C. G. Jung (s. Fn. 14), S. 182
45. C. G. Jung (s. Fn. 14), S. 190
46. C. G. Jung (s. Fn. 14), S. 409

Wenn das astrologische Symbol unzulässig vereinfacht, einem anderen Zweck unterstellt oder auf einen eindeutigen Sinn reduziert wird, verliert es seine evokatorische Macht und vermittelt der desorientierten Seele nicht mehr das Geheimnis des Göttlichen. – Der Verzweifelte von Gustave Courbet.

Praxis der Konsultation

»Das Pendel des Geistes schwingt zwischen Sinn und Unsinn, nicht zwischen richtig und unrichtig.« C. G. Jung.

Unten: Winterlandschaft mit Mond *von Otto Dix.*

Rechte Seite: Apokalypse *von Danby (19. Jh.).*

In seiner unerschöpflichen Vielfalt spricht der Sinn eines Symbols dennoch zu jedem einzelnen auf überaus präzise Art. Darin liegt seine ganze Ambiguität: Einheit in der Vielgestaltigkeit, Schlichtheit in der Komplexität, Kohärenz in der Irrationalität, Transzendenz in der Undurchsichtigkeit.

So ist eben das Wort der Götter. Wenn man ein Symbol buchstäblich übersetzt oder es in einen genauen, dogmatischen Rahmen sperrt, vernichtet man seine Botschaft. Wenn das astrologische Symbol unzulässig vereinfacht, einem anderen Zweck unterstellt oder auf einen eindeutigen Sinn reduziert wird, verliert es seine evokatorische Macht und vermittelt der desorientierten Seele nicht mehr das Geheimnis des Göttlichen. Somit besteht die ganze Kunst der Konsultation darin, die Seele vom Mißklang der Außenwelt zu befreien, um es ihr zu ermöglichen, die verborgene Harmonie ihrer inneren Musik wiederzufinden, die orchestriert ist von den Göttern, die sie erfüllen.

Wer hätte sich etwa bei einem Blick auf Jungs Horoskop vorstellen können, daß die Erweiterung des Bewußtseins, symbolisiert von der Sonne, sich durch die Loslösung von der Kirche ausdrücken würde? Und was den Mond betrifft, hätte man da vermuten können, daß er über den Traum hinaus, für das er ein Symbol ist, auch die Rolle repräsentieren würde, den die Anima im Leben und Werk Jungs spielte? Gewiß, böswillige Geister werden behaupten, das sei eine »nachträgliche« Interpretation, und nichts könne beweisen, daß Sonne und Mond solche Werte für Jung dargestellt hätten. In der Tat fallen die Korrespondenzen, die wir oben aufgezeigt haben, nicht unter die wissenschaftliche Rationalität, sondern unter die analoge Kohärenz, die sich an eine Vernunftebene – eine Logik – richtet, die sich von der der Wissenschaft unterscheidet. Aber lassen wir die boshaften Geister beiseite, mit ihnen haben wir uns auf den vorherigen Seiten bereits allzu viel beschäftigt. Nach diesem Einschub wollen wir lediglich sagen, daß die Konsultation nicht die Kunst der Ratespiele ist, sondern die Kunst der Divination im besten Sinne des Wortes. Während die eine meist darin besteht, das Ereignis zu entdecken, für das das Symbol steht, versucht die andere, das heilige Wort aus seinem Ereigniskerker zu befreien, denn das divinatorische Wort ist hervorgegangen aus der Divinität, dem Göttlichen. Es richtet sich an jene, die mit der Poesie der Welt (griechisch: *poiesis*, Schöpfung) in Verbindung stehen.

Ziel einer Konsultation ist nicht, sich in der unendlichen Vielfalt der symbolischen Bedeutungen zu verlieren, sondern den Sinn aufzudecken, den diese Vielgestaltigkeit verbirgt. Von der Vielfalt muß man den Weg finden, der zur Einheit führt, von der Irrationalität der Welt zur inneren Kohärenz des Seins führen, von der Undurchsichtigkeit des Realen zur erhellenden Transparenz gehen.

Die esoterische Praxis der Astrologie ist genau das Gegenteil des aktuellen Vorgehens, das ein exoterisches ist. Dieses letztere lenkt den Blick auf das Ereignis; es polarisiert das Interesse des Ratsuchenden auf den äußeren Aspekt und schließt den inneren Aspekt aus. Der Archetypus besitzt aber zwei Seiten: eine äußere und eine innere; und weit davon entfernt, eine zugunsten der anderen auszuschließen, geht es vielmehr darum, sie zu verbinden und vom Ereignis zum Sinn zu gehen, der es transzendiert. Es ist umgekehrt so, daß dieses Wort den Menschen im Labyrinth des täglichen Lebens führt, indem es mit dem Wort des Mythos in Verbindung steht.

Um eine astrologische Konsultation esoterischen Charakters zu praktizieren, lassen sich drei Etappen vorschlagen. Es versteht sich von selbst, daß der Ratsuchende über das Vorgehen, dem man folgt, im voraus informiert wird.

Die Interpretation

Diese erste Phase nimmt auf, was wir oben zum Leitmotiv, zur Struktur des Horoskops (Figuren a, b, und c) und zum Vorschlag einer Synthese gesagt haben. Sie bedarf beim Ratsuchenden der Fähigkeit zuzuhören und beim Astrologen einer scharfsinnigen Sprache. Es geht darum, eine Vorstellung von den psychischen Fähigkeiten, Werten, positiven und negativen Eigenschaften zu wecken, die der Betreffende zu realisieren neigt und von denen er getragen wird. Der Astrologe bringt die Widersprüchlichkeiten ans Licht, die seinen Klienten prägen, und die Fragen, die sie aufwerfen. Je nach Bildung und Kultur könnte er sich auf psychologische Begriffe beziehen, wobei wohlgemerkt die Psychologie hier ein Mittel und kein Ziel ist. Und schließlich meinen wir, daß es die Bedingung *sine qua non* für den Erfolg dieser Etappe ist, die Interpretation auf das Horoskop zu stützen, und alle anderen Informationen, die in die Auslegung einfließen könnten, auszuschließen. Wir finden tatsächlich, daß es für die Interpretation des Horoskops unnötig ist, im voraus das Leben oder die gegenwärtige Lage des Ratsuchenden zu kennen. Die Fülle seiner Symbole ist mehr als ausreichend, um keiner zusätzlichen Hinweise zu bedürfen, die nach Auslegung schmachten. Es sei daran erinnert, daß unser Vorgehen kein Ratespiel ist, sondern der Versuch, das symbolische Wort, mit dem die Götter sich durch das Geburtshoroskop an eine Person wenden, in eine gewöhnliche Sprache zu übersetzen. Zur Kenntnis und Praxis der Kunst der Astrologie kommt die Demut des Interpreten hinzu, ohne die die Arkana des Geburtshoroskops ihr Geheimnis nicht preisgeben.

Die Gegenüberstellung

Die Interpretation der Fragen, die die Figuren des Horoskops aufwerfen, genügt indes nicht, unser Vorhaben zu verwirklichen: Sie ist nur die Vorbereitung der zweiten Etappe – der sogenannten aktiven Phase –, die jetzt in der Gegenüberstellung unserer Auslegung mit der existentiellen Realität des Ratsuchenden besteht. Die astrologische Konsultation birgt das Risiko einer vielleicht noch perverseren Gefahr als jener, die in einer assertorischen Praxis liegt: Einen Determinismus des Urteils ersetzt sie durch den Determinismus der Fragestellung. Daher ist es unerläßlich, den Ratsuchenden mit den Aussagen des Interpreten zu konfrontieren, wenn dieser die Rolle eines Begleiters übernehmen will.

Es kann sein, daß die Entzifferung der Partitur bei ihrem Autor Widerhall findet oder daß sie gar kein oder nur teilweise ein Echo findet. In den beiden letztgenannten Fällen könnte der Ratsuchende die Interpretation ganz oder teilweise ablehnen.

Das ist in jedem Fall für ihn ein Gesprächsgegenstand, aus dem eine weitergehende Überlegung oder der Wunsch entspringt, einen anderen Astrologen zu Rate zu ziehen, oder auch die Ansicht, daß die Astrologie nicht seinen Erwartungen entspricht. Wenn aber die Fragestellungen, die der Astrologe formuliert, einen Sinn ergeben, wenn sie beim Ratsuchenden eine Erleuchtung provozieren, dann war die Interpretation erfolgreich, denn »wahr ist, was wirkt.«[47] Der Astrologe

---

47. Siehe Gilbert Masse, »L'Esprit jungien«, in: *Cahiers jungiens de psychoanalyse*, Nr. 74

hat dann als Vermittler (ausgeschlossener Dritter) für die Manifestation der Synchronizität fungiert.[48] Ein solcher »von Gott gesegneter« Augenblick eröffnet den Zugang zu einer neuen Stufe der Selbsterkenntnis. Es ist allerdings anzumerken, daß diese Art der Gegenüberstellung auch mit geringerer Intensität erlebt werden kann, weil sie nicht immer zur Teilhabe an einem Augenblick der Synchronizität führt. Sein Werk vom Astrologen entschlüsselt zu hören und es zu erkennen, macht für den Autor der »Astralpartitur« nicht immer einen erhellenden Sinn; in vielen Fällen ist es für den Ratsuchenden nur eine Gelegenheit, sich der Kräfte bewußt zu werden, die ihn beseelen, und mit dem Astrologen darüber zu sprechen.

Diese Erkenntnis, auf welchem Niveau sie auch angesiedelt sein mag, ist die unerläßliche Tür, durch die die Konsultation hindurch muß, um eine Vertrauensbeziehung zwischen den beiden Gesprächspartnern herzustellen. Während der Ratsuchende sich auf vertrautem Terrain befindet und darüber Aussagen macht, entdeckt der Astrologe seinerseits, gestützt auf diese Aussage, in welcher Tonart sein Gegenüber die Noten seines Horoskops spielt oder seine tiefen Tendenzen ins Spiel bringt. Gemeinsam können sie dann die dritte Phase ihrer Begegnung in Angriff nehmen.

Die Suche nach dem Sinn

Die Suche nach dem Sinn ist der Weg, der es ermöglicht, den Dialog mit der inneren Göttlichkeit wieder aufzunehmen, deren Botschaft man bisher nicht verstanden oder wahrgenommen hat. Er läßt sich nur aufgrund einer engen Zusammenarbeit zwischen dem Astrologen und dem »Astrologisanden« zurücklegen, einem wechselseitigen Austausch, der ebenso der Reflexion bedarf wie der Intuition, der Kreativität und der Imagination des einen wie des anderen. Der »Astrologisand« legt nun die Absicht hinter seinem Schritt dar: einen Konflikt, eine schwierige Entscheidung, einen Widerspruch – denn man zieht keinen Astrologen zu Rate, wenn die »psychische Wetterlage« beständig schön ist. Man sollte sie sogar nur zu Rate ziehen, wenn man in einer schwierigen Lage ist – die Astrologie ist kein Gesellschaftsspiel –, »wenn man eine brennende Frage hat oder wenn man in einer Sackgasse und in einem Zustand emotionaler Spannung ist, nicht aber, wenn alles gut läuft und man wirklich nicht mit einem speziellen Problem beschäftigt ist«, erklärt Marie-Louise von Franz.[49] Sie führt weiter aus: »In einer gespannten Situation ist es sehr wahrscheinlich, daß im Unbewußten ein Archetypus konstelliert ist. Das ist der Moment, das Orakel zu benutzen, weil es nur dann funktioniert und eine sinnvolle Antwort geben wird.«[50] Der Astrologe bringt die gegenwärtige Situation dann in Verbindung mit dem Symbol (den Symbolen) des Horoskops, das (die) sie

zu repräsentieren scheint (scheinen), und versucht, ausgehend von der Gesamtorientierung des Horoskops, die spezielle Frage zu übersetzen, die dieses Symbol (diese Symbole) aufzeigt (aufzeigen).

Ein Konflikt hier unten ist Ausdruck eines spirituellen Konflikts: Auf dem Weg der Analogie, die die verschiedenen Ebenen des Symbols – ereignisbezogene, biologische, psychologische – verbindet, versucht der Astrologe, die Frage ans Licht zu bringen, die der Ratsuchende nicht gelöst hat, damit dieser eine Antwort findet, die für ihre Lösung einen Sinn ergibt. Die ganze Kunst der Konsultation besteht darin, die wahre Frage ans Licht zu bringen: jene, die ein Merkmal der Wahrheit darstellt. Denn im Rahmen dessen, was für uns wahr ist, finden wir die Antwort und handeln wir, um den Sinn dieser Antwort zu realisieren.

Im Fall einer Person zum Beispiel, die Schwierigkeiten hat, ihren Lebensunterhalt zu verdienen, betrachtet der Astrologe den Kontext des II. Hauses (wie ich mich und meine Bedürfnisse einschätze), und wenn sich dort keine Planeten befinden, untersucht er die Position des Regenten dieses Hauses.[51] Indem er den symbolischen Faden des II. Hauses aufrollt, schlägt er verschiedene Bedeutungen vor, um beim Klienten die »aktive Imagination« in Gang zu bringen und ihm zu helfen, die Frage aufzudecken, die den bekannten oder durch offenkundige Fakten verborgenen Sinn trägt. Das Problem des Geldes stellt den manifestierten oder ereignisbezogenen Aspekt eines ungelösten Konflikts auf einer anderen Symbolebene dar.

Eine Konjunktion von Sonne und Saturn im II. Haus kann zum Beispiel auf ein Gefühl von Verbot, eine Hemmung bezüglich der Verwirklichung seines Potentials hinweisen, die ihren Ursprung in einem negativen Vaterbild hat. Unter solchen Umständen ist die Erklärung des Übels manchmal nicht ausreichend, um eine tiefgreifende Veränderung, eine Verhaltensänderung zu bewirken. Denn ist nicht die eigentliche Frage: Warum verzichte ich darauf, mich zu bereichern? Das Vaterbild ist nur ein Mittel unter anderen, durch das die Götter sich uns zeigen. Es ist nur ein Ersatz, den die Götter gewählt haben, um sich an uns zu wenden. Geleitet von den vielfältigen Lesarten, die die Konjunktion von Sonne und Saturn bietet, bemühen

---

48. Siehe Kapitel 4, »Neue Perspektiven«

49. Marie-Louise von Franz, *Wissen aus der Tiefe*, München, 1987, S. 71 f.

50. Marie-Louise von Franz (s. Fn. 49), S. 72

51. Ebenso wie für den Regenten des Aszendenten ist der Regent des Hauses der Planet des Tierkreiszeichens, in dem die Cuspis (Spitze) des Hauses liegt. So wie im Horoskop C. G. Jungs Uranus und Saturn die Regenten des Aszendenten sind, die ihre Kräfte im VII. beziehungsweise I. Haus zum Ausdruck bringen, manifestieren sich Neptun und Jupiter, Regenten des II. Hauses, im II. und VIII. Haus, und Venus, die Regentin des III. Hauses, setzt ihre Energien im VI. Haus um und so weiter.

sich nun Astrologe und Ratsuchender, diesem symbolischen Knoten einen Sinn zu geben, der über die psychologische Erklärung bezüglich des Vaters hinausgeht.

Es versteht sich von selbst, daß eine astrologische Konsultation ihre Grenzen hat: Sie dient der Ausrichtung auf eine Reflexion, die sich in einem anderen Rahmen vollziehen kann. Sie soll es bestenfalls ermöglichen, eine Verbindung zu den Kräften des Unbewußten wiederherzustellen, soll dazu anhalten, in sich zu schauen, bevor man handelt, auf das zu hören, was einem gesagt wird, bevor man sich in die Verzettelung der Außenwelt wirft, das heißt, den Sinn wiederzufinden, der unser Leben beseelt, speist und bereichert.

Jung demonstriert durch seine Praxis der Tiefenpsychologie diesen Weg. Sein Verhalten im Unterricht weckte gleichermaßen bei seinen Kameraden wie auch bei seinen Lehrern Mißtrauen und Argwohn. Als ihm eines Tages ein Aufsatz aufs beste gelungen war, wollte der Lehrer nicht glauben, daß er ihn geschrieben hatte. »Du lügst! So einen Aufsatz kannst du ja gar nicht schreiben! Das glaubt niemand! Also – wo hast du ihn abgeschrieben?«[52] Er fühlte sich moralisch verurteilt, da man ihm Betrug und Lüge vorwarf. Für die Astrologie ist die signifikante Symbolik dieses Ereignisses das III. Haus (schulische Bildung, siehe Tabelle ›Häuser‹), in dem sich Mond und Pluto befinden; anhand des symbolischen Arakanums dieser beiden Planeten können wir den Sinn erkennen, den Jung ihrer archetypischen Konstellation gegeben hat.

Wie er selbst erkannte, war das Mißtrauen seines Lehrers nur Ausdruck des Mißtrauens, das Jung sich selbst entgegenbrachte: »Der Lehrer ist natürlich ein Dummkopf, der deine Art nicht versteht, das heißt ebenso wenig versteht wie du. Er ist darum mißtrauisch wie du. Du mißtraust dir selber und anderen.«[53] Die Frage ist hier nicht, warum der Lehrer an Jung zweifelte, sondern warum er selbst an sich zweifelte.

Diese Art, das Ereignis des III. Hauses zu verinnerlichen, ermöglichte es Jung, Zugang zu den innerpsychischen Symbolkräften von Mond und Pluto zu bekommen: Dieser Selbstzweifel führte später zu einer ständigen Frage nach der Realität seiner Seele (Mond) in enger Verknüpfung mit den Kräften der Finsternis (Pluto)[54], deren Alchimie (Pluto)[55] es ihm ermöglichte, die menschliche Seele unnachgiebig zu erhellen und uns durch sein Werk daran teilhaben zu lassen.

---

52. C. G. Jung (s. Fn. 14), S. 70
53. C. G. Jung (s. Fn. 14), S. 71
54. Nach unserer Vorstellung symbolisiert Pluto sowohl die Schattenseite in uns als auch die Mühe, die man uns abfordert, um diese dunkle Seite positiv zu verarbeiten. Die Früchte dieses Prozesses führen zu einer größeren Klarheit. Daher gilt Pluto als Ausdruck der Wiedergeburt, der Metamorphose.
55. Siehe Anmerkung 54

Die meisten Fragen, die unser Horoskop aufwirft, verlangen eine Antwort, die einen Verzicht oder ein Opfer fordert, die einzige Art, sich zu entwickeln oder zu individuieren, das heißt die Interessen, die sich auf das Kollektiv beziehen, zu opfern, um unsere spezifischen Werte zu bereichern. Denn seinen Sinn finden heißt auch, die Verantwortung dafür zu übernehmen.

Das Ziel einer astrologischen Konsultation esoterischer Art müßte also sein, Sinn und Verantwortung zu vermitteln. Das setzt drei Bedingungen voraus: Die erste betrifft die Aufrichtigkeit des Ratsuchenden über sein Ansinnen an die Astrologie; die zweite hängt von der persönlichen Gleichung des Astrologen ab, das heißt von der Kenntnis seiner Grenzen; und die dritte, die nicht ausschließlich von den beiden Gesprächspartnern gesteuert werden kann, ist von der Gunst des Augenblicks abhängig, dem glücklichen Zusammentreffen. Denn es genügt nicht, daß die Menschen die Götter rufen, damit sie zum Rendezvous erscheinen!

»So war es aber, wie es sein mußte; denn es ist geworden dadurch, daß ich so bin, wie ich bin.« (C. G. Jung).
Der Mann mit dem Ledergürtel *von Gustave Courbet.*

147

KAPITEL VI

Die Tierkreis-symbolik

Wir wollen diesen kurzen Überblick über die Astrologie auf keinen Fall abschließen, ohne auf die Symbolik des Tierkreises einzugehen, die ein sehr wesentlicher Bestandteil der Kunst Uranias ist.

Die Beschäftigung mit den zwölf Tierkreisabschnitten ermöglicht es uns, sowohl die Position der Sonne und des Mondes als auch die der Planeten zu bestimmen und das Geburtshoroskop zu interpretieren. Wir wollen nun die Symbolik der Sonne in jedem der zwölf Sektoren des Tierkreises darlegen, die man unzutreffend auch »astrologische Zeichen« nennt.

Der Begriff »Zeichen« ist deshalb schlecht gewählt, weil er sich auf etwas Bekanntes und bereits Definiertes bezieht, während das Symbol nur etwas andeutet; es geht zwar um das Bekannte, aber es verweist auf viele mögliche Interpretationen, die man noch nicht kennt, vielleicht nur ahnt, aber noch nicht formulieren kann: Ein Straßenschild mit einem Kreuz ist ein Zeichen. Es besagt, daß man an eine Kreuzung kommen wird und sonst nichts. Für einen praktizierenden Christen ist das Kreuz dagegen ein Symbol; es verweist auf ein Ensemble von Bedeutungen, die nicht für jeden gleich sind.

Das Zeichen ist beschränkt – das Symbol dagegen ist offen. Ein analoger Unterschied besteht zwischen dem musikalischen Zeichen und der musikalischen Note. Das erste ist eine Schreibweise, die zweite enthält alle Färbungen des Instruments, das sie erzeugt.

Den Symbolen des Tierkreises nähern wir uns im gleichen Sinn. »Ein Widder« oder beispielsweise »ein Zwilling« zu sein, bedeutet nicht zwangsläufig das Vorhandensein des einen oder anderen präzisen Aspekts, sondern die Zugehörigkeit verweist auf ein ganzes Bündel konvergierender Tendenzen, die sich nur durch das Symbol des Widders oder der Zwillinge in ihrer Gesamtheit ausdrücken lassen (»Zeichen« werden wir sie erst nennen, wenn wir genau wissen, was sie bedeuten).

Ebenso steht die Darstellung in zwei Spalten (Mythos und Symbol/Charakter und Verhalten), die wir gewählt haben, nicht für eine Äquivalenz im strengen Sinne. Sie stellt lediglich den Versuch dar, einem symbolischen Ausdruck eine Verhaltensweise gegenüberzustellen.[1]

Ein Vorschlag zur Meditation: Wahrscheinlich führen die eigenen Überlegungen des Lesers nicht immer zu den gleichen Schlußfolgerungen, aber vielleicht inspirieren sie ihn zu Verknüpfungen mit etwas, das ihm bislang unbekannt war. Dieses Buch soll dazu anregen, über das Zeichen des Widders oder der Zwillinge als schlichter Definition hinauszugehen, um ihre Symbolik in ihrer ganzen Fülle wiederzuentdecken, wie die Menschen des Altertums es uns nahegelegt haben, und zu sehen, wie sie immer noch in unserem tiefsten Inneren vibrieren.

Zunächst wurden die Grundlagen vorgestellt, um im folgenden zu zeigen, von welchen Assoziationen ausgehend sich die Charakterlehre des Tierkreises entwickelt hat. Um zu den Quellen zurückzukehren, zu den Ursymbolen, zum Beitrag der mythologischen Wissenschaften und den Seinslehren (wie der Ontologie), muß man sich mehr der Intuition als der Logik bedienen. Wenn das symbolische Bild in seinem spontanen Ausdruck geschildert wird, so kann das nur ein erster Ansatzpunkt sein, denn dieses Bild hat an sich wesentlich weiter zurückliegende Ursprünge, die sich oft mit den uralten Grundlagen der Religion verbinden. Ist nicht der Widder beispielsweise eine Inkarnation von Amun Rê (dem ägyptischen Sonnengott), aber auch des Agnus Dei (des christlichen Osterfestes) und von Agni, dem Feuergott der Upanishaden (heilige Schriften aus Indien); oder ist nicht der Stier auch das heilige Tier des Mithras, der großen persischen Gottheit und Richter der Toten?

Es gab auch einen Zwillingskult, und in unserer Religionsgeschichte finden sich zahlreiche berühmte Zwillingspaare (beispielsweise Jakob und Esau, die Aposteln Johannes und Jakobus und so fort). In zahlreichen Riten vieler Kulturen tauchen die Tierkreissymbole auf: Sie sind ein Bestandteil der Evolution und in das menschliche Unbewußte eingeschrieben. Aus diesem Grund sind wir immer noch empfänglich für diese Symbole, ohne es eigentlich durch die Logik oder Vernunft erklären zu können.

Das Aussehen und die Rolle des symbolischen Bildes sind von Bedeutung und keineswegs zufällig. Und was sie heute für uns darstellen, der psychologische Ausdruck, mit dem wir sie in Zusammenhang bringen, sind lediglich eine Reduktion der Bedeutung, die sie früher einmal hatten. Die Charakterlehre hat außerdem einen jahreszeitlichen Ursprung; sie korrespondiert mit dem jeweiligen Zustand der Natur, in den die Menschen hineingeboren werden und der sie prägt. So wird die Persönlichkeit mit äußerst konkreten irdischen Phänomenen in Zusammenhang gebracht. Es muß allerdings berücksichtigt werden, daß die Sonne im Tierkreiszeichen nicht das gesamte Wesen bestimmt: Sie gibt Hinweise auf sein Ideal und seine Ausdrucksweise in der Welt. Das tritt bei Künstlern sehr deutlich zutage, die konkret ausdrücken, wie sie die Welt erleben.

Die Sonne in einem Tierkreiszeichen steht oft für das, was ein Mensch erreichen möchte, während die Gesamtheit des Geburtshoroskops zeigt, auf welche Art und Weise er es erreicht.

Wenn diese wenigen Hinweise zu den Symbolen des Tierkreises auch in den Herzen der meisten eine Reso-

Seite 148, 150 und diese Seite: Die Symbolik des Tierkreises, Ausdruck unserer affektiven Sprache, hat die Kunst vieler Epochen und Kulturen geprägt. Diese abgebildeten Seiten aus den Grandes Heures du Rohan, einer berühmten Handschrift aus dem 15. Jahrhundert, die alle Bereiche des täglichen Lebens gliederte, zeugt von der Präsenz des Tierkreises im Leben jedes Menschen.

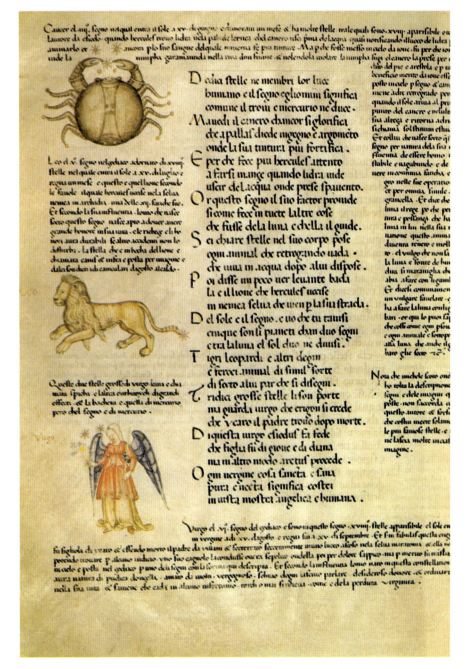

---

1. Viele von ihnen sind der hervorragenden Sammlung von André Barbault, *Le Zodiaque* (Editions du Seuil), entnommen.

Denn jenseits der Geschichte der Mythen verbergen sich uralte Gesetze, Naturgesetze, die die Menschen des Altertums uns nur durch die Fabel übermitteln wollten.
Vollmond bei Dordrecht *von Jongkind.*

nanz hervorrufen, so beschreiben sie doch die ganze Person nur unvollständig.

Um ihr Wesen besser erkennen zu können, werden zusätzlich die mythologischen Götter beschrieben, die jedes einzelne Tierkreissymbol regieren. Denn jenseits der Mythen verbergen sich uralte Gesetze, Naturgesetze, die die Menschen des Altertums nur durch Fabeln übermitteln wollten.

Diese Passagen über die Mythologie sind psychologisch motiviert, und die Versuche einer Übersetzung in eine moderne Sprache soll die Verbindung zu einer Geschichte wiederherstellen, die aufgrund ihres hohen Alters nicht mehr so leicht zu bereifen ist, die aber nach wie vor in den täglichen Handlungen, Hoffnungen, Freuden und Kümmernissen erlebt wird.

In diesem Sinne haben wir jeweils einen Mythos oder eine Legende, meist griechischen Ursprungs, ausge-

sucht, die die innere Welt eines Tierkreiszeichens in anderer Form verdeutlichen könnten. So finden sich beispielsweise für den Stier in Tristan und Isolde viele Entsprechungen: Diese Geschichte scheint uns den Tendenzen sehr nahe zu kommen, die der Stier symbolisiert. Diese Vorschläge sollen dem Leser als Anregung dienen, die ihn vielleicht eine neue Assoziationskette knüpfen lassen. Keine dieser Anregungen kann jedoch die Symbolik des Tierkreises ersetzen, weil sie lediglich eine ihrer »poetischen« Verlängerungen darstellen.

Der Tierkreis ist eine universelle Symbolsprache, vermutlich die älteste, denn sie ist die Synthese aller anderen Symbole.

Der Widder

21. MÄRZ – 20. APRIL

»Der wahre Wert eines Menschen ist in erster Linie dadurch bestimmt, in welchem Grad und in welchem Sinn er zur Befreiung vom Ich gelangt ist.«
Albert Einstein

DIE GRUNDLAGEN

Das Symbolbild

♈ Der Widder ist ein Tier mit Hörnern. Diese symbolisieren Macht und Fruchtbarkeit.	♈ Der Widder ist ein mannhaftes Wesen, mächtig und schöpferisch.
♈ Er ist sprungbereit.	♈ Er ist impulsiv und kraftvoll.
♈ Er stürzt mit gesenktem Kopf los, und nichts kann ihn aufhalten.	♈ Er geht couragiert und wagemutig geradewegs auf sein Ziel zu.
♈ Er ist Leittier einer Herde.	♈ Er bildet gern die Avantgarde der Ideen, er ist ein Vorreiter, ein Wegbereiter. Er hat Führungsqualitäten.

März: Frühlingsanfang

♈ Es gibt die Frühjahrstagundnachtgleiche.	♈ Der Widder ist gespalten zwischen den bewußten Werten des Tages und den unbewußten Werten der Nacht: Er weiß nicht, wo er hingehört.
♈ Doch sehr bald siegt der Tag über die Nacht, es wird zunehmend heller.	♈ Die Werte des Lebens setzen die unbewußten Kräfte in Gang: Das ist ein impulsiver Vorgang, über den man nicht zu reflektieren braucht.
♈ Es ist das Ende des Winters, die Wärme siegt über die Kälte, die Temperaturen steigen.	♈ Er handelt leidenschaftlich.
♈ Die Sonne scheint, und die Knospen öffnen sich.	♈ Er ist ein Wesen mit Lebensdurst. Er ist jeder List unfähig und stürzt sich oft unüberlegt in etwas hinein.
♈ Die Natur wird satter: Die Säfte steigen in die Triebe.	♈ Er ist überaus großzügig und sprüht vor Elan.
♈ Zum Frühlingsanfang brechen die jungen Triebe durch die Erde und zeigen sich überall.	♈ Er kann sich auch von zu vielen Unternehmungen locken lassen und sich verzetteln.
♈ Die Tiere paaren sich.	♈ Er besitzt Lebensinstinkt und die Fähigkeit zur Erneuerung.

Der kardinale Frühling

♈ Der Winter endet, eine neue Jahreszeit beginnt, der Frühling erwacht.	♈ Der Widder fühlt sich immer betroffen von etwas Beginnendem, er hat Eroberungssinn und besitzt einen großen Tatendrang.
♈ Der Widder ist ein kardinales Tierkreiszeichen.	

Das ursprüngliche Feuer

Das Feuer ist das Element des Widders: das Element der Animation und der Energie. Die besonderen Merkmale des Feuers drücken sich im Widder durch die Stellung im Tierkreis aus. In der Trilogie der Tierkreiszeichen des Feuers ist er das Urfeuer, nach dem das beständige Feuer des Löwen (das beherrschte Feuer: die Flamme des Ich) kommt und dann das veränderliche Feuer des Schützen (die Weißglut: das Feuer des Geistes). Im kardinalen Feuer des Widders (Feuer, das sich ständig erneuert) sind die Empfindungen des Betreffenden sprunghaft; er ist überempfindsam und setzt seine Gefühle in Taten um. Die Charakterlehre beschreibt ihn als aktiv, extravertiert, primär.

♈ Er ist das Feuer, das prasselt, auflodert und explodiert.	♈ Der Widder ist ständig motiviert, ist immer aktiv.
♈ Seine Flammen züngeln in alle Richtungen.	♈ Als Ideenträger regt er den Geist an und versucht, andere mitzureißen.

Der Widder

♈ Voller Energie erneuert die Flamme sich unablässig.

♈ Sein Blick ist lebhaft, seine Stimme gebieterisch.

Mars

Da sein Regent Mars ist, der Gott des Krieges und des Kampfes, will der Widder Einfluß auf das Leben nehmen.

♈ In der Mythologie gesellen sich zu Mars eine ganze Reihe berühmter Gottheiten: Die Kühnheit, der Schrecken, die Ehre, der kriegerische Mut sowie Sieg, Frieden und Heiterkeit.

♈ Der Widder fühlt sich von widersprüchlichen Kräften getrieben: Er empfindet sich als wagemutig und liebt es, andere gelegentlich zu erschrecken. Er hat auch Sinn für Humor. Aber versucht er nicht das Unmögliche, indem er Sieg, Frieden und Heiterkeit versöhnt?

♈ Die Attribute des Mars sind Lanze (ein Instrument des Kampfes und des Todes) und Fackel, Symbol des reinigenden Feuers und der Erleuchtung.

♈ Der Widder kämpft voller Selbstvertrauen und fürchtet keine Niederlage. Er ist bereit, sich für die Wahrheit zu opfern.

♈ Mars ist auch der ungestüme Liebhaber Aphrodites.

♈ Der Widder besitzt eine starke Sexualität.

♈ Seine Furchtlosigkeit und Abenteuer lassen die Götter lächeln. Eines Tages wird er mit Aphrodite von Vulkanus, ihrem Ehemann, in einem Netz gefangen; dieser ruft den Olymp an, um das Delikt des Ehebruchs festzustellen, aber die Götter lachen nur darüber.

♈ Man versteht die Risiken nicht, die er eingeht. Er handelt gedankenlos und ohne Maß und findet sich gelegentlich in verfahrenen Situationen wieder. Er ist schwer einzuordnen.

♈ Selbst dieses überaus demütigende Erlebnis (und deren gab es noch mehr) hält ihn nicht auf. Für die Götter hat er offenbar »weder Geist noch Seele«.

♈ Nichts hält ihn auf, er fürchtet keine Demütigung. Mitgerissen vom Abenteuer hält er sich nicht damit auf, anderen seine Motive zu erklären.

♈ Eines Tages rächt er sich an einem der Liebhaber Aphrodites (Adonis); der Olymp straft ihn mit Vertreibung.

♈ Er erscheint weltfremd. Keinen Platz für seine Wahrheit findend, sucht er einen Lebenssinn.

♈ Er ist streng gegen das, was ihm gehört, was ihm geweiht ist (Theben, das er mit Kriegen bedrängt), und gegen das, was er liebt (Aphrodite); er scheint nur seine äußere Geschäftigkeit zu kennen.

♈ Er ist imstande, sich selbst zu vernichten, nur um das Wesen seiner Kräfte zu erfassen. Aber im tiefsten Inneren ist er davon überzeugt, daß das Feuer, das ihn beseelt, nicht verlöschen kann und der Sinn des Lebens in ihm liegt.

♈ Als die Riesen von Alaodes ihn fesseln und 13 Monate in einem ehernen Verlies gefangenhalten, wird er dank Hermes-Merkur (der Intelligenz) gerettet.

♈ Seine Furchtlosigkeit bringt den Widder manchmal in Situationen, die ausweglos erscheinen; doch er vertraut darauf, mit seiner intuitiven Intelligenz die Lösung zu finden. Er ist das Wesen der unmöglichen Situationen.

♈ Die Göttin, durch die er die meisten Niederlagen erleidet, ist Athene, die Weisheit. Sie führt den Arm des Diomedes, der Mars verwundet; dieser stößt einen Schrei aus »wie von tausend Männern« (Homer).

♈ Der verwegene Widder beugt sich nicht der Vernunft und der Weisheit. Die bedrohlichen Situationen, denen er sich stellt, sind Feuerproben, die ihn unter Lebensgefahr von Bewußtwerdung zu Bewußtwerdung treiben: Ist der Arm, der sich gegen ihn richtet, nicht sein eigener, und symbolisiert er nicht den Sinn des Opfers, den der Widder in sich trägt? Er neigt dazu, sich als Beispiel für die Menschen zu opfern.

Der Kopf

♈ Der Körperteil, der dem Widder entspricht, ist der Kopf: Er geht oft mit dem Kopf voraus, mit entschlossener Miene.

♈ Die Werte des Widders sind Engagement und Autorität. Er ist beherrscht von einem Verlangen »mehr zu sein«.

Diese Grundlagen liefern uns die Tierkreisformel des Widders: Er ist ein Frühlingswesen, kardinal, feurig, marsisch, dem der Kopf entspricht.
Doch die Stellung der Sonne in einem Geburtshoroskop liefert uns allein noch nicht das vollständige psychologische Porträt einer Person; sie sagt etwas aus über die Symbolik seines Ideals und die Art und Weise, wie es sich ausdrückt. Zu seiner Verwirklichung bedarf es aber auch der Mitwirkung der anderen planetaren Seelenkräfte.

Die Tierkreisformel der Sonne im Widder hilft uns, einen der Hauptaspekte seines Verhaltens zu erfassen: die Äußerung seiner Persönlichkeit, die je nach dem Rest des Horoskops mehr oder weniger offenbar wird. Diese Formel läßt sich, von Beispielen untermauert, folgendermaßen übersetzen:

Die Natur eines Draufgängers und Anführers

Der Widder nimmt »das Leben auf die Hörner« und stürzt sich dickköpfig in den Kampf: Viele Marschälle des ersten Kaiserreiches waren unter dem Zeichen des Widders geboren, aber auch Bismarck, Thiers und Gambetta. Der Widder bietet seinen Gegnern eigensinnig und manchmal auch vehement die Stirn, so Chruschtschow, der bei der Vollversammlung der Vereinten Nationen mit der Faust auf den Tisch schlug. Der Widder fühlt sich zum Pionier geboren und reißt andere mit. Man ist entweder »für ihn oder gegen ihn«: so auch Lenin oder Napoleon III. während des Staatsstreichs.

Ein intuitives und kreatives Denken

Er besitzt ein Denken, das innovativ und erneuernd wirkt. So weist das Geburtshoroskop Einsteins, der im Zeichen der Fische geboren wurde, zahlreiche Planeten im Widder auf (Merkur, Saturn, Venus); er zeigte viele Widder-Eigenschaften bei seiner Ablehnung des Indeterminismus und allgemein anerkannter Gesetzmäßigkeiten, als er die Relativitätstheorie entdeckte.
Der Widder ist sprunghaft in seinen Ideen – wie Maurras, der gegen die III. Republik und das philosophische Denken des 18. Jahrhunderts kämpfte. Er besitzt eine gelegentlich destruktive Schöpferkraft, die ihn zum Vorreiter eines neuen Genres macht, so zum Beispiel in der Originalität des Schaffens von Charlot in seiner Gesellschaftssatire.
Das Denken des Widders läßt sich mit der spitzen Klinge eines Messers vergleichen.

Ein leicht entflammbares Herz

Der Widder ist leidenschaftlich, ein überaus spontaner Liebhaber, der nur das Objekt seiner Eroberung sieht: Casanova drückt zwar die ganze Liebe in der Art des Widders nicht aus, aber er vermittelt seine heftigen Wallungen gut. Der Widder ist auf der Suche nach einer Liebe, die seine Leidenschaft ständig neu entfacht: Diese Liebe ist absolut. Theresia von Avila hat sie in Gott gefunden.

Das *Ideogramm* des Widders drückt seinen Archetyp aus: Es ist der Punkt Gamma, der Schnittpunkt der Ekliptik mit dem Himmelsäquator, zu dem die Sonne im Frühjahr aufsteigt. Es markiert eine Erneuerung in der Natur. Das Schriftzeichen für den Widder stilisiert auch die ersten zarten Pflanzentriebe, ihr Heraustreten aus der Erde. Und schließlich sehen manche darin das *V* für *victory*, den Sieg.

Mars mit seinen Attributen. Er regiert den Widder.

DER AUSDRUCK

Der Widder in der Literatur

Charles Baudelaire: Besessen von seiner Inspiration, wollte er andere schockieren, allerdings in der absoluten Form der Kunst. Er wurde zum Wegbereiter der modernen Poesie. In seinem Werk finden sich die Themen des Widders: die Ekstase, die Verzauberung, der Satanismus und die mystische Verzückung. Die Revolte des Widders Baudelaire ist ausformuliert in *Die Verleugnung des Petrus;* seine Ansichten wollten die bestehende Ordnung zerstören, in der Hoffnung, vielleicht eine neue zu schaffen:

»Gern laß ich eine Welt, wo folgerecht
Die Taten nicht als Traumgeschwister kommen.
Ich will das Schwert, um darin umzukommen!
Petrus verriet den Herrn ... nun, er tat recht!«

»Der Haß ist heilig [...] hassen heißt lieben, heißt seine heiße, großzügige Seele spüren [...] der Haß verleiht Größe«, schreibt Zola (*Mes Haines*). Das Werk Émile Zolas ist ein Kampf: In *Die Schnapsbude* oder *Die Bestie im Menschen* schildert er ausblutendes Leben, während das seine ein Ausdruck glühenden Glaubens an eine bessere Zukunft ist. Für ihn muß die Moral der neuen Zeit sich stützen auf »die Fruchtbarkeit, die Arbeit, die Wahrheit und die Gerechtigkeit« (siehe *Offener Brief an den Präsidenten der französischen Republik*).

»Wie Sphinx ohne Löser thron' ich im Licht« (Baudelaire, *Die Schönheit*). *Porträt des Dichters von Emile Deroy.*

Der Widder in der Malerei

Da die Kunst von Gustave Moreau nicht einzuordnen, weil bahnbrechend war, galt sie als phantastisch, symbolisch und exzentrisch: »Die Qualitäten sind so groß! Die Mängel so mühsam gewollt! Das ist ein Genuß für die Anspruchsvollen, die Träumer, die Blasierten, für jene, denen die Natur nicht genügt und die darüber hinaus eine schärfere, bizarrere Empfindung suchen ...« (Théophile Gautiers).

Moreau verläßt die Welt des Impressionismus und bereitet dem Surrealismus den Weg: Durch die Genauigkeit seiner Strichführung und durch die Sujets, die er behandelt, kommt es zu einer leidenschaftlichen Konfrontation von Konkretem und Abstraktem. Er setzt die Kräfte des Bösen und des Guten ins Bild, des Unbewußten und des Bewußten, in denen das Unreine repräsentiert ist durch die Frau und das Reine verkörpert im Manne. Moreau bietet uns eine offenkundig virile Malerei, in der allein seine Poesie, sein Sinn für ästhetische Übermalungen und die glanzvolle Ausstattung ahnen läßt, daß er das »weibliche Verlangen«, das ihn erfüllt, noch nicht besiegt hat. Trotz des oftmals passiven Erscheinungsbildes, das er uns von diesem Verlangen gibt, ist zu spüren, daß es auf den Maler einen großen Reiz ausübt. Während es an die Reinheit appelliert, ist das Verlangen doch auch die ewige Verführerin, Schicksal und Tod zugleich: Um zum Göttlichen zu gelangen, muß man mit ihr rechnen.

Wie der Gott Mars wollte Moreau die ethischen Probleme versöhnen und lösen, die Sinnlichkeit, Gerechtigkeit und Mut aufwerfen. Seine Suche ist die eines Mystikers, der das Göttliche erreichen will, indem er das Feuer seiner Leidenschaften exorziert: »In dieser Gestalt und diesem heiligen Exorzismus wird alles verwandelt, gereinigt, idealisiert; die Unsterblichkeit beginnt, das Göttliche ergießt sich über alles und alle Lebenden, noch ungestalte Rohformen lösen sich aus ihrer irdischen Verbindung und streben zum wahren Licht [...] Es ist ein Aufstieg zu den höheren Sphären des Geistes, ein Aufstieg geläuterter Wesen zum Göttlichen. Der irdische Tod ist die Apotheose in die Unsterblichkeit [...] Alles verwandelt sich. Es ist eine Hymne an die Göttlichkeit.« So kommentierte er *Jupiter und Semele*.

Moreau schildert die vielen Hindernisse, die auf dem Weg zur mystischen Begegnung von Gott und dem Menschen liegen, die symbolisiert ist durch *Leda und der Schwan*, wie auch durch *Jupiter und Semele*. Das Phäton-Thema findet vermutlich viel Widerhall in der Welt des Widders: Phäton wächst auf, ohne von seiner göttlichen Abstammung zu wissen. Als er erfährt, daß er der Sohn des Sonnengottes Helios ist, will er es dem Rest der Welt beweisen. In seinem Überschwang bittet er seinen Vater, den Wagen der Sonne oder der göttlichen Erleuchtung führen zu dürfen, um den Menschen die Wahrheit zu bringen. Sein Vater rät ihm, von seinem Wunsch abzulassen, weil es ihm für eine solche Mission an Erfahrung mangele. Gebunden durch sein Versprechen willigt Helios schließlich ein, ihm die Zügel des Wagens zu übergeben. Phäton steigt zu hoch zu den Sternen auf, so daß Zeus ihn mit einem Blitz töten muß.

Das Gemälde Moreaus zeigt Phäton, der besiegt von den Kräften, die er beherrschen wollte, ins Chaos stürzt. Hinter ihm zeichnet sich das Rad des Tierkreises ab, das Rad des Lebens, das er überwinden oder umwandeln wollte. Dieses Werk könnte die Allego-

Der Widder

Das Feuer der Leidenschaften exorzieren, das den Widder verzehrt, um zum Göttlichen zu gelangen. Jupiter und Semele *von Gustave Moreau.*

Eine Gesellschaftssatire für mehr Gerechtigkeit. Charlie Chaplin in Lichter der Großstadt.

rie für jene blitzartigen Bewußtwerdungsprozesse sein, denen Widder durch ihre Unvorsichtigkeit oft ausgesetzt sind. »Mein Hirn, mein Verstand scheinen mir kurzlebig und von zweifelhafter Realität. Mein inneres Gefühl allein erscheint mir ewig und unbestreitbar sicher.« Der Widder Moreau erfaßt das Wesen seiner Kräfte und weiß, daß in seinem tiefsten Inneren das Feuer, das ihn beseelt, den Sinn des Lebens ausmacht.

Unter den Widdern mit ihrer unermüdlichen Schöpferkraft finden sich zahlreiche Maler, wie etwa van Gogh. Auch viele der »Fauves« waren Widder, bei denen der Sinn für warme Farben (rot) zum Ausdruck kam, wie bei Odilon Redon oder Vlaminck. Bei manchen verrät die Farbe, bei anderen das Sujet die Zugehörigkeit zu diesem Tierkreiszeichen: Das ist die Heftigkeit, die Übertreibung eines Goya, der durch seine Kunst das Erscheinungsbild der Dinge zu verändern sucht. Das sind die Linien und Formen von Marx Ernst, der die Realität verklärt, um nur noch das Emergente übrig zu lassen. Und schließlich werden alle Widder es sich als Ehre anrechnen, daß Leonardo da Vinci, der unermeßliche Schöpfer, zu ihnen gehört!

Der Widder in der Musik

Auch in der Musik bringen Widder ihre Originalität oder die Macht ihrer Gefühle zum Ausdruck.

Hat man nicht von der Musik Sergej Rachmaninows gesagt, sie entlade sich? Wenn man sie hört, hat man den Eindruck, daß dieser Mensch in Sätzen und Sprüngen empfunden hat.

Auch Modest Mussorgski war Widder; manche seiner Werke tragen Titel mit Bezug zur Sonne wie *Ohne Sonne* und *Salammbô.*[2] Er studierte nie von Grund auf Musik, aber seine Intuition ließ ihn erkennen, was er nicht wußte, und erlaubte es ihm, neue musikalische Ausdrucksformen zu entwickeln. Zur Kühnheit und Originalität seines Schaffens gesellte sich eine manchmal verblüffende menschliche Wahrheit – wie in *Boris Godunow.*

Die Akzente des Widders finden sich aber auch deutlich im neuen Stil Béla Bartóks. Allen Wechselfällen seines Lebens zum Trotz hat dieser nie sein Schaffen vernachlässigt. Es fällt schwer, seine Musikrichtung einzuordnen, weil sie so innovativ ist. Jean Hamon spricht in Zusammenhang mit Bartók von »dem mitreißenden Inbegriff der Schöpferkraft, die Mensch geworden ist, die über seinen Tod hinaus fortbestehen wird ...« Er lehnte die leichten Erfolge einer Musik ab, die Konzessionen macht; er wollte sich ausschließlich von dem Ernst und der Tiefe seines Herzens leiten lassen. Als Ungar begab er sich zurück zu den Wurzeln seiner Geschichte. So wollte er die Ursprünge einer Kunst wiederfinden, die es ihm ermöglichte, die mächtige, ihn beseelende Kraft mit noch größerer Authentizität umzusetzen. Honegger über ihn: »Bartók ist der wahre Repräsentant der musikalischen Revolution.«

Wenn die tiefe Welt des Widders in einem Mythos dargestellt werden sollte, so wäre das wohl die *Gralssuche* Parzivals, der das Lechzen nach den Ursprüngen, die Suche nach dem heiligen Feuer dieses Tierkreisarchetyps wiedergibt.

---

2. Die Sonne gilt als »exaltiert«, wenn sie sich im Widder befindet, das heißt, ihre Werte drücken sich in ihm intensiver aus.

Der Stier

21. APRIL – 20. MAI

»Haben Sie im Mai in den Wiesen jenen Duft gespürt, der allem Lebenden die Trunkenheit der Fruchtbarkeit mitteilt?«
Honoré de Balzac

DIE GRUNDLAGEN

Das Symbolbild

Das Symbol stellt die ganze Familie des Stiers dar: Stier, Ochse, Kuh.

♉ Der Stier ist ein massiges, starkes Tier.	♉ Der Stier ist von starker körperlicher Konstitution (»Stiernacken«, breite Schultern, gut im Fleisch).
♉ Er lebt auf den Weiden.	♉ Er liebt die Natur.
♉ Er hat einen vorstehenden Bauch.	♉ Der Stier besitzt ein Lebensreservoir: solide Gesundheit, hohe organische Widerstandskraft.
♉ Das Rind ist ein Wiederkäuer.	♉ Der Stier ist ein »psychischer Wiederkäuer«: Er paßt sich nur langsam an. Er kaut auf der Vergangenheit herum und besitzt ein gutes Gedächtnis.
♉ Er ist ein friedliches Tier, das nur selten läuft.	♉ Von Natur aus friedlich, hat der Stier einen langsamen physiologischen Rhythmus.
♉ Als Zugtier bearbeitet der Ochse die undankbarsten Böden.	♉ Zur Arbeit eingespannt, geht der Stier gleichmäßig voran und setzt seine Kraft ein, um Hindernisse auszuräumen.
♉ Er geht beständig weiter, ohne unter dem Joch zusammenzubrechen.	♉ Der Stier kann Verantwortung übernehmen. Da er sich nicht entspannen kann, wird er zum Sklaven seiner Arbeit.
♉ Auch die Milchkuh gehört zu diesem Symbol.	♉ Der Stier ist fruchtbar und produktiv.
♉ Und schließlich ist er der wilde Stier der Arena.	♉ Wenn man ihn ausnutzt, kann es zu heftigen Wutausbrüchen kommen.

April: Frühlingsmitte

♉ Die Sonne steigt am Himmel immer höher und erwärmt die Erde.	♉ Der Stier ist warmherzig, liebenswert, wohlwollend.
♉ Die Tage werden länger, die Nacht zieht sich zugunsten des Tages zurück.	♉ Die Wirklichkeit trägt den Sieg über das Unbewußte davon: Der Stier ist einfach, gesund, zuversichtlich.
♉ Die Pflanzen dringen tief in die Erde ein. Sie schlagen Wurzeln, um Nährstoffe aufzunehmen.	♉ Der Stier ist im Leben fest verwurzelt: instinktiv, in Kontakt mit der Natur, von seinen Empfindungen geleitet.
♉ Gras, Blätter, Pflanzen, die ganze Natur erblüht.	♉ Der Stier setzt Dinge in die Tat um: Er verleiht Ideen Gestalt, führt sie aus.
♉ Die Gerüche vermengen sich, ein betörender Duft verbreitet sich.	♉ Der Stier hat eine sinnliche Natur mit starken Begierden.

Der beständige Frühling

♉ Auf halbem Weg zwischen Winterende und Sommeranfang ist der Frühling eingezogen und entfaltet sich.	♉ Der Stier ist entschlossen, hartnäckig, geduldig. Er braucht lange, um sich festzulegen; in Freundschaft und Liebe ist er treu.

Der Stier ist ein fixes Tierkreiszeichen.

Die nährende Erde

Die Erde ist das Element des Stier-Temperaments: das dichte, solide, konkrete Element. Durch seine Stellung im Tierkreis entfaltet die Erde ihre besonderen Merkmale im Stier:
In der Trilogie der Erdzeichen liegt die beständige Erde des Stiers zwischen der kardinalen Erde des Steinbocks (der originellen, kalten Erde, die die Saat aufnimmt) und

Der Stier

der veränderlichen Erde der Jungfrau (der finalen, trockenen Erde, auf der man die Ähren mäht). In der fixen Erde (der Erde, »die arbeitet«) siedeln sich Gefühle langsam an und schlagen dann Wurzeln: Der Stier ist sekundär.

- ♉ Das ist die üppige, fruchtbare, feuchte Erde des Frühlings.
- ♉ Die Erde in voller produktiver Verwirklichung, die auf dem Zenit ihres Zyklus den höchsten Ertrag bringt.
- ♉ Der Stier hat eine warme Stimme und einen zärtlichen Blick.
- ♉ Die Produktivität ist seine Triebkraft. Er unternimmt etwas, wenn er sicher ist, daß sein Tun sich rentiert.

Venus

Venus, die Morgen- und Abendgöttin, die den Sternen den Weg weist, ist in der Mythologie in verschiedenen Gottheiten verkörpert. Sie ist Venus-Aphrodite, die Göttin der Liebe und der Schönheit, die Regentin der Waage. Sie ist Venus-Astarte, die phönizische Göttin der Fruchtbarkeit, die den Stier regiert. Sie erscheint in Assyrien als Ishtar und in Griechenland als Kybele oder Demeter, die Muttergöttin. Hier nun die Archetypen von Kybele und Demeter, die uns näher stehen, da sie aus der griechischen Kultur hervorgegangen sind.

- ♉ Der Kult der Kybele, der großen Göttin Phrygiens, breitete sich in Griechenland aus, wo sie die Inkarnation Rheas war, der Göttermutter, der Erdgöttin. Kybele wurde verehrt als »Große Mutter«, *magna mater deum*.
- ♉ Eines Tages beschließt Kybele, den jungen, schönen Attis für immer an sich zu binden.
- ♉ Sie macht ihn zum Hüter ihres Tempels.
- ♉ Kybele stellt Attis Bedingungen: Er soll seine Unberührtheit bewahren.
- ♉ Attis verliebt sich in eine Nymphe, und Kybele straft ihn mit Wahnsinn.
- ♉ Man verehrte Venus-Astarte ebenso wie Kybele mit einem orgiastischen Kult.
- ♉ Demeter, die Mutter der großen Mysterien, vervollständigt die Psychologie des Stiers: sanftmütig, wie sie ist, verliert sie ihre Geduld erst dann, als Pluto ihre Tochter Proserpina entführt.
- ♉ Neun Tage und neun Nächte lang sucht Demeter ihre geliebte Tochter unermüdlich.
- ♉ Als sie erfährt, daß Zeus mit Pluto unter einer Decke steckte und sie angelogen hat, hält sie die Vegetation an: Die Erde wird unfruchtbar, und die Menschen geraten in Gefahr.
- ♉ Demeters Hartnäckigkeit führt zu einem Kompromiß: Jedes Jahr soll Proserpina drei Monate in der Unterwelt, dem Reich Plutos, verbringen, und neun Monate auf der Erde bei ihrer Mutter. Demeter willigt in den Kompromiß ein und hebt ihren Fluch auf.
- ♉ Wieder im Olymp übergibt Demeter Triptolemos eine Weizenähre, damit er die Menschen sowohl Aussaat als auch Ackerbau lehre.
- ♉ Bei der Hochzeit des Kadmos verliebt Demeter sich in Jasos, mit dem sie sich auf einem dreimal gepflügten Feld unter freiem Himmel vereint.

- ♉ Kraft und Stärke des Stiers scheinen unerschöpflich. Sie lassen sich mit der Urkraft vergleichen, die aus den Tiefen der Erde hervorgegangen ist. Er selbst identifiziert sich mit der Energie der Natur.
- ♉ Der Stier ist eigensinnig: verschenkt er seine Zuneigung, schließt er einen Pakt mit der Ewigkeit.
- ♉ Seine Zuneigung geht einher mit völligem Vertrauen.
- ♉ Der Stier will ganz besitzen. Aus Angst vor Verlust kann es passieren, daß er Lebewesen einsperrt.
- ♉ Der Stier ist eifersüchtig, wenn er betrogen wird; seine Rache kann furchtbar sein.
- ♉ Nach langen Phasen der Anspannung und Arbeit verspürt der Stier das Bedürfnis, sich an den elementaren Kräften des Lebens zu erquicken. Seine Begierden kommen in ihrer ganzen instinktiven Kraft zum Ausdruck.
- ♉ Ist der Stier im allgemeinen auch heiter und liebenswürdig, so wird er verschlossen, wenn man ihm etwas wegnimmt.
- ♉ Der Stier ist hartnäckig und gibt nicht eher auf, bis er bekommen hat, was er will.
- ♉ Gemäß seinen Prinzipien ist der Stier aufrichtig und kann es nicht ertragen, wenn man einer Verpflichtung nicht nachkommt; er kann dann sehr zornig werden.
- ♉ Pragmatisch sucht der Stier vor allem Effektivität: keine vollkommene Lösung, sondern ein greifbares Resultat.
- ♉ Der Stier erntet, was er zuvor gesät hat: Er überläßt nichts dem Zufall.
- ♉ Liebe und Arbeit vereinen sich beim Stier im gleichen Verlangen.

Mund und Kehle

- ♉ Die Körperteile, die dem Stier entsprechen, sind Mund und Kehle: die Organe des Schmeckens und der Nahrungsaufnahme.
- ♉ Die Werte des Stiers sind die des Besitzes: Er ist beherrscht vom Haben. In der Geschichte wurde mit dem Symbol des Stiers stets der materielle Besitz in Verbindung gebracht: der Kult des goldenen Kalbes, die Geschichte der fetten und mageren Kühe in der Bibel.

Diese Grundlagen liefern uns die Tierkreisformel des Stieres: ein Frühlingswesen, beständig, erdig, venusisch, dem Hals und Kehle entsprechen. Diese Formel läßt sich folgendermaßen übersetzen:

Eine starke, produktive Natur
Instinktiv, solide, langsam, so zeichnen die Abhandlungen über die Tierkreisphysiognomie diese Natur, die man bei Katharina von Medici, Ella Fitzgerald und Jean Gabin findet (der sogar in einem Film mit dem Titel *Sous le signe du Taureau* mitspielte).

Konkretes Denken
Der Stier ist Praktiker und Realist. Er ist das Wesen des Greifbaren, des gesunden Menschenverstandes. Seine Überzeugung entwickelt sich instinktiv im Kontakt mit der Realität: Er denkt mit den Händen. So begründete der Stier Stuart Mill die Moral des »Utilitarismus«; Karl Marx begründete den historischen Materialismus, indem er das Leben der Gesellschaft in ihrer wirtschaftlichen Infrastruktur verwurzelte; der Stier Sigmund Freud begründete die Psychoanalyse, indem er die menschliche Persönlichkeit in der Libido verwurzelte; Immanuel Kant begründete die »reine Vernunft«.

Die besitzergreifende Liebe
Der sinnliche, gesunde Stier ist zugleich zärtlich und wollüstig: Liebe und Verlangen gründen in der affektiven Einheit. Die Liebe wächst langsam in ihm heran, um beständig und besitzergreifend zu werden. Das ist die schwelende Glut Balzacs für Madame Hanska, die er nach 18 Jahre andauerndem Briefwechsel schließlich heiratete.

Das *Ideogramm* des Stiers könnte den Kopf des Stiers darstellen: ein kraftvolles, ausdauerndes Wesen, aber auch ein Gefäß, über dem sich die Hörner dieses Tieres erheben; das Gefäß steht für die Empfänglichkeit und Fruchtbarkeit, die Hörner für die kämpferischen Energien.

Venus, die Göttin der Liebe und Sinnlichkeit, regiert den Stier.

DER AUSDRUCK

Der Stier in der Musik

Schon von seiner körperlichen Statur her ist Honoré de Balzac der Archetyp des Stiers: stämmig, mit Stiernacken, roten Wangen und vollen Lippen. Sein Appetit ist unersättlich: Appetit auf Geld, Luxus, Frauen, Ruhm, Wein, Früchte. Diese Gier des Stiers, dieses unstillbare Verlangen nach Besitz, ist das nicht die Triebkraft seines literarischen Werks, jener *Menschlichen Komödie*, die ein Streben nach Eroberung der ganzen Welt durch den Geist ist? All seine Vitalität und Ausdauer stellt er in den Dienst dieses Unterfangens. Nachdem er sich 20 Jahre lang zwölf Stunden täglich dieser Aufgabe gewidmet hat, sagt er mit 51 Jahren: »Mein Hirn ist eingeschlafen wie ein müdes Pferd.«

Seine Kreativität war außerordentlich: Er schrieb 92 Romane, die zusammen die *Menschliche Komödie* bilden. Sein Werk, das in der Wirklichkeit seiner Zeit verwurzelt ist, spiegelt die materielle Stier-Welt wider: Macht, Scheitern, die Welt der Geschäfte, und immer wieder das Geld, das die Menschen umtreibt. Der Balzacsche Realismus zeigt sich in minutiösen Tatsachenbeschreibungen von Schauplätzen und Menschen, um die die Phantasie kreist, und diese Personen sind die Verkörperungen des Verlangens: der geizige Grandet, der machtbesessene Vautrin, der nach Ruhm lechzende Rastignac, der liebeshungrige Félix de Vandenesse ...

Neben dem Stier Balzac stellt Jean Giono den elegischen Typ dar, der das Gefühl verherrlicht, die Gemeinschaft mit der Erde, das bäuerliche Leben (*Das Lied der Welt*, *Der Hügel*, *Das unbändige Glück*). Und schließlich läßt auch Henri Montherlant den Stier erkennen, der »das Bedürfnis hat zu schaffen, wie man essen und liebkosen muß, wie man trinken muß.«

Der Stier in der Malerei

Gustave Courbet mit seiner Methode kennzeichnet im 19. Jahrhundert den Stier-Maler: Er war der Wegbereiter des Realismus in der Malerei. Als erster lehnte er die »Genremalerei« ab und verwurzelte sein Schaffen in der gesellschaftlichen Wirklichkeit, dem Alltag. Er malte sie ohne Pittoreske, wie sie war: »Ich male nur, was ich sehe.« Instinktiv stellte Courbet seine Staffelei in die freie Natur: »Es ist immer gut, wenn man die Natur vor Augen hat.« Er malte sie sinnlich (*Unterholz*, *Wiesen, auf denen Kühe weiden*), friedlich (*Mittagsschlaf beim Heuen*, der Mittagsschlaf der *Mädchen an der Seine*) und wollüstig (wie *Die Badenden*, auf die Napoleon III. entrüstet mit der Reitgerte einschlug). Die Erde, das Element des Stieres, erscheint ebenfalls in seinen Gemälden: die Erde, die man bearbeitet (*Die Steinklopfer*), die man aushöhlt (*Begräbnis in Ornan*, oder die Serien der Kreidefelsen) und so weiter. Und schließlich manifestiert sie sich auch in der Farbe selbst, die er mit dem Messer aufträgt.

Links: Ein sinnlicher Mund, der die orale Sinnlichkeit des Stiers ausdrückt. Selbstporträt von Gustave Courbet.

Brahms war in seiner Schrift ebenso instinktiv und kraftvoll wie in seiner Musik, wie diese handschriftliche Partitur des »Intermezzo op. 118, Nr. 1 für Klavier« zeigt.

Der Stier in der Musik

»Nichts vom titanenhaften Leben eines Beethoven, vom explosiven Leben eines Berlioz, es ist das friedliche Leben eines Künstlers, der Tag für Tag ohne Fieberglut sein großes Werk ausbaut. [...] Er geht stur geradeaus, ohne nach rechts und links zu sehen. Sein Mangel an Intellektualismus und eine recht rudimentäre Bildung, die er langsam aus eigener Kraft erworben hat, helfen ihm dabei«, schreibt der Brahms-Biograph Claude Rostand. Friedlich, hartnäckig und langsam, der Rhythmus des Stiers bestimmt Johannes Brahms' Leben. Während er körperlich ein Koloß ist, stämmig, mit großem Kopf und breiter Stirn, ist seine Seele sanft, zart und sensibel; er ist Poet und Bauer zugleich und drückt den Kontrast im Stier aus. Als Epikureer zieht es ihn zu den Tafelfreuden, und er komponiert ständig mit einer Zigarre im Mundwinkel. Er liebt die Natur, ist ein Wanderer, der im Sommer um fünf Uhr morgens aufsteht, um durch die Wälder und an den Ufern des Rheins spazierenzugehen.

»In seinem gesamten Werk findet sich der Duft, der Geschmack dieser robusten nordischen Heimaterde, die Erinnerung an jene Bauern aus Holstein, die rauh und verträumt zugleich sind, an ihre solide Sprache [...] und immer dringt diese poetische Stimmung der Nordseeküste durch.« (Claude Rostand)

Instinktiv verwurzelt Brahms seine Musik in seiner »nordischen Heimaterde«. Dieser Kontakt zum Realen zeigt sich auch in seiner Vorliebe für populäre Themen: Er vertont Lieder, komponiert ungarische Tänze, Rhapsodien, Gigues und Walzer für das Klavier. Aber vor allem komponiert er Monumentalwerke für Chöre und Orchester: *Deutsches Requiem* und *Rinaldo* vermitteln uns die ganze Kraft des Stieres.

Ein anderer Stier-Musiker ist Jules Massenet, der durch sein fruchtbares Schaffen über 26 Jahre lang die französische Oper beherrschte. Seine sinnliche, wollüstige, »venusische« Musik besingt in *Manon* die Liebe des Stieres.

Sind nicht *Tristan und Isolde* ein Spiegelbild der Innenwelt des Stieres? Es sind zwei Wesen, die voneinander besessen und durch unlösbare Bande miteinander verknüpft sind – in diesem Mythos gibt es viele Stier-Symbole. Zudem verwandeln sie sich mittels Mund und Schlund, indem sie den Liebestrank trinken.

Die Zwillinge

21. MAI – 21. JUNI

»... denn rückwärts weicht von seinem Ziel der Mensch, sobald Gedanken übereinanderwuchern in ihm, und ihre eigne Kraft verzehrt sich.« Dante

DIE GRUNDLAGEN

Das Symbolbild

♊ Das Symbol stellt zwei Zwillingsbrüder dar: Man kann darin zwei gleiche Wesen oder ein Wesen in zwei Gestalten sehen.	♊ Ob der Zwilling ein Doppelwesen ist oder ein Einzelwesen mit zwei Gestalten – zu zweit schafft man mehr als allein. Der Zwilling ist sehr kreativ.
♊ Man verwechselt sie.	♊ Er hat Spaß am Spiel.
♊ Die Zwillinge sind unzertrennlich, einer ist die Substanz des anderen.	♊ Der Zwilling hat Sinn für Brüderlichkeit und Kameradschaft.
♊ Dieser Bruder ist zugleich er selbst und ein anderer, denn er lebt in sich und außerhalb von sich.	♊ Das Dilemma des Zwillings: Er ist zugleich er selbst und die anderen, wodurch er die Gefühle und Gedanken anderer ausdrücken kann; so finden sich die anderen in ihm wieder.
♊ Es sind heranwachsende junge Männer.	»Geistig jung« ist der Zwilling schelmisch und schalkhaft.
♊ Es ist das Alter der Pfiffigkeit.	♊ Er ist ein »findiges Köpfchen«.
♊ Es ist das Alter, in dem man Freude an neuen Ideen und Veränderung hat.	♊ Er hat ein großes Bedürfnis nach Aktualität und kann unbeständig sein.
♊ Sie können sich naiv geben in der Verwirklichung ihrer Bedürfnisse.	♊ Er ist getrieben von einer Idee, die er schnell in die Tat umsetzen will.

Mai: Frühlingsende

♊ Die Säfte steigen in die äußeren Wipfel; Zweige und Blätter wachsen.	♊ Getrieben vom instinktiven Appell des Lebens kann der Zwilling mehrere Dinge gleichzeitig tun.
♊ Die Blätter nehmen die Luft mit allen Poren auf und verwandeln sie rasch in Blattgrün.	♊ Die zahlreichen Eindrücke der Außenwelt vereinen sich in ihm zu einer Synthese.
♊ Im Frühling flattern die Schmetterlinge von Blüte zu Blüte.	♊ Er liebt Gesellschaft und ist kontaktfreudig.
♊ Man ist in Eintracht mit der Natur, wälzt sich gern im Gras und ist zu allem bereit.	♊ Der Zwilling findet sich unter allen Umständen zurecht, er ist ein überaus anpassungsfähiges Wesen.

Der veränderliche Frühling

♊ Bald kommt der Sommer, der Frühling geht seinem Ende entgegen, es ist eine Zeit des Übergangs.	♊ Der Zwilling steckt voller Pläne. Er ist ein schnelles Wesen, beweglich, ständig in Veränderung.
♊ Der Zwilling ist ein veränderliches Zeichen.	

Die Luft

Die Luft ist das Element der Zwillinge: Das Element der Veränderungen, der Mobilität und der Diffusion. Die Merkmale bestimmen sich aus der Position im Tierkreis: In der Trilogie der Luftzeichen kommt nach der kardinalen Luft der Waage, die das gefühlsmäßige Band darstellt, und der beständigen Luft des Wassermanns, die das spirituelle Band darstellt, die wandelbare Luft der Zillinge, in der starke Gefühle aufwallen können. Die Charakterlehre sieht ihn als primären Typ, der nervös oder sanguinisch ist.

Die Luft der Zwillinge gleicht dem Wind, der die Blätter bewegt.	Ein Nichts holt den Zwilling aus tiefem Schlaf und macht ihn hellwach.
Sie gleicht aber auch dem Wind, der Türen zuschlagen läßt.	Er ist sehr erregbar und beherrscht sein nervöses Temperament nicht immer.
Selbst bei geschlossenen Türen rauschen die Blätter noch.	Er nimmt bei anderen jede Art von Gefühlen wahr. Es fällt ihm manchmal schwer, sich zu konzentrieren.

Die Zwillinge

Merkur

Die Zwillinge teilen sich mit der Jungfrau den Planeten Merkur als Regenten. Den Zwillingen entspricht der heranwachsende Merkur.

- ♊ Merkurs Vater ist Jupiter, der König des Olymp, der Gott der Gesetze und der Intuition, die erhellt; seine Mutter ist Maia, die Personifizierung des Frühlingserwachsens, die in gewisser Weise die Äußerung des Ich, seine Projektion in die Außenwelt symbolisiert.

- ♊ Kaum geboren, nutzt Merkur einen Augenblick der Unaufmerksamkeit seiner Mutter, springt aus der Wiege und geht in der weiten Welt spazieren.

- ♊ Er beschließt, Apollon eine Herde Kühe zu stehlen. Und um die Spuren ihrer Hufe zu verwischen, macht er Schuhe aus Rinde, die er über die Hufe der Kühe stülpt.

- ♊ Er tötet zwei Kühe und macht aus ihren Därmen Saiten für ein neues Instrument, das er erfindet: die Leier, der er außergewöhnliche Melodien entlockt.

- ♊ Apollon entdeckt Merkur in einer Höhle und bringt ihn zu Zeus-Jupiter vor den Rat des Olymp, wo er alles gesteht, nachdem er sich glänzend verteidigt hat. Alle verzeihen ihm, von seinem Charme, seiner Lebendigkeit und seinen Talenten als Musiker betört.

- ♊ »Gib mir die Schildpattleier«, sagt Apollon, »und ich überlasse dir die Kühe.« Als Antwort darauf schneidet Merkur einige Riedgräser und macht daraus als Ersatz für die Leier eine Flöte, auf der er ein erstaunliches Solo spielt.

- ♊ Als Götterboten nimmt Jupiter ihn in den Olymp auf. Die Insignien seiner Stellung sind ein runder Helm (Symbol der Macht) und geflügelte Schuhe (Symbol der Erhabenheit). Dann gibt Jupiter ihm einen Heroldsstab mit weißen Bändern.

- ♊ Merkur wird Schutzgott der Händler, der Juristen, der Intellektuellen und auch der Diebe.

- ♊ Der Zwilling muß sich nicht anstrengen, die Außenwelt zu verstehen, denn er erfaßt sie instinktiv.

- ♊ Der Zwilling ist neugierig auf alles, er zieht das Abenteuer der Sicherheit vor. Er kann unbeständig sein.

- ♊ Er ist lebhaft und findig und setzt andere in Erstaunen, wenn er feste Regeln verletzt. Er entthront oder banalisiert die Traditionen, er entdramatisiert. Er liebt Kontroversen und die Parodie.

- ♊ Doch meist geschieht das, um auf eine neue Harmonie aufmerksam zu machen, um den Dingen einen neuen Sinn zu geben.

- ♊ Da er leicht zu beeindrucken und verletzbar ist, fällt es ihm schwer, sich mit anderen auf eine Konfrontation einzulassen; er zieht es vor, sich beliebt zu machen. Ist er verunsichert, dann bezaubert er mit Worten und seiner Redekunst, er ist ein Verführer.

- ♊ Er hat keinen Sinn für Besitz und strebt nicht danach, andere von sich abhängig zu machen. Mit Freuden befreit er sie von ihrer moralischen Schuld, ihren Zwängen, indem er rasch wieder Beziehungen von gleich zu gleich herstellt. Er liebt die Unabhängigkeit und gilt als Liberaler.

- ♊ Der Zwilling ist imstande, seine intellektuellen Verirrungen zu beherrschen und sein Denken auf die höheren Sphären des Geistes zu richten. Er vermittelt anderen seine Weltsicht. Er weckt müde Geister und regt sie an.

- ♊ Er weiß seinen eigenen Interessen ebenso geschickt zu dienen wie denen anderer und kümmert sich wenig um die konventionelle Moral. Er löst Probleme außerhalb gesellschaftlich anerkannter Gesetze. Getrieben von der Eingebung des Augenblicks, geht er auf sein Ziel zu: »Am Rande der Gesetze können sie [die Zwillinge] Genies oder Meisterdiebe sein.« (Marcelle Sénard)

Die Lunge

- ♊ Der Körperteil, der den Zwillingen entspricht, ist die Lunge: das Zentrum der Atmung.

- ♊ Es ist das Organ, das den Luftaustausch durch zweierlei Bewegungen vollzieht: die Inspiration und die Expiration.

- ♊ In den Zwillingen vereinen sich die Kräfte des Lebens.

- ♊ Austausch, Rhythmus und Dualität sind ebenfalls mit den Zwillingen verbunden.

Diese Grundlagen liefern uns die Tierkreisformel des Zwillings: Er ist ein Frühlingswesen, veränderlich, luftig, merkurisch, dem die Lungen entsprechen. Diese symbolischen Tendenzen lassen sich auf folgende Weise übersetzen:

Eine freiheitsliebende Natur

Der Hauch der Jugend beseelt ihn und treibt ihn oft zu beeindruckenden Taten (wie John F. Kennedy, den jüngsten Präsidenten der Vereinigten Staaten). Er »braucht Luft«, und er muß seine Beschäftigungen im Laufe eines Tages variieren. Er braucht einen Beruf, in dem er seine Beweglichkeit zum Ausdruck bringen kann. John F. Kennedy war zuerst Journalist, seine Lebensweise entsprach der eines »Sportlers«. Er will »den Strom fließen lassen«. Steht dafür nicht überaus symbolisch das rote Telefon, das Moskau und Washington verbindet? Der Zwilling ist ein Wesen, das sich geschickt aus der Affäre zu ziehen weiß, das improvisiert, mit Situationen jongliert wie Gérard Philipe, der in seinen zahlreichen Rollen aus jeder Klemme herausfindet.

Ein klares Denken, das einen Widerspruch zu lösen sucht

Der Zwilling ist inspiriert und von vielfältigen Ideen erfüllt, die seinem Geist entspringen. Eine Idee jagt die andere, und die Schwierigkeit besteht darin, eine Synthese aus allen zu bilden. Wenn andere wegen einer Frage der Logik oder des Prinzips stocken, löst der Zwilling das Problem wie ein Rätsel; er versöhnt die Differenzen, die Widersprüche mit den verschiedensten Kniffen und schlägt eine dritte Möglichkeit vor wie Sherlock Holmes (dessen »Schöpfer« Conan Doyle ein Zwilling war). Er meistert mit Leichtigkeit alle Schwierigkeiten seines Metiers und findet eine Lösung, an die keiner gedacht hat. Oft bringt er es zu einer hohen Intellektualität des Geistes wie Sartre, der sich mit dem Gegensatz von Freiheit und Verantwortung beschäftigte.

Ein sammelndes Herz

Neugierig und sensibel probiert er, kostet und verschwindet: Er hat Bekanntschaft mit der Liebe gemacht, aber verstrickt sich nicht in Leidenschaften, die ihn seiner Freiheit berauben könnten. Wenn man denkt, er sei verschwunden, findet er sich im geeigneten Augenblick wieder ein. Wer bei ihm Liebe sucht, findet Freundschaft. Wenn man jedoch nur Freundschaft will, kann er plötzlich die Liebesleier spielen. Oder hat man sich verhört? Denn noch ehe man sich versieht, scheint er schon an etwas anderes zu denken. Der Zwilling macht sich keinesfalls lustig, er ist vielmehr allzu sehr auf die Freiheit anderer und auf seine eigene bedacht. Das Leben besteht für ihn aus Phasen, die es im richtigen Augenblick zu genießen gilt. Er versucht nicht, sie für eine ungewisse Zukunft zu verewigen. Er ist der Freund, der zum Liebhaber werden kann, aber auch der Troubadour der Liebe, zu dessen Rendezvous man sich einfinden sollte.

Das *Ideogramm* der Zwillinge besteht in der römischen Ziffer II. Es drückt die Dualität des Seins aus, seine Bipolarität zwischen Unbewußtem und Bewußtem, Männlichem und Weiblichem, Subjekt und Objekt. Es steht für einen Austausch zwischen zwei Einheiten, es provoziert eine Bewegung, drückt Aktivität aus; es erzeugt Kreativität.

Der Gott Merkur regiert die Zwillinge und die Jungfrau.

DER AUSDRUCK

Die Zwillinge in der Literatur

Dem merkurischen Menschen der Jungfrau, Goethe, entspricht der merkurische Mensch der Zwillinge, Dante, zwei der größten Geister, die in ihren Werken die widersprüchlichen Tiefen der menschlichen Seele zum Ausdruck gebracht haben. Dante war vielseitig interessiert. So konnte er aus den verschiedenartigen Eindrücken der Außenwelt eine Synthese bilden. Er gilt als Meister der Poesie, Rhetorik, Philologie, Dialektik, Geschichte, Theologie, Astronomie und Zoologie, er beschäftigte sich mit dem gesamten Wissen, das man an der Schwelle des 14. Jahrhunderts haben konnte. Die Welt der *Göttlichen Komödie* ist zugleich eine Welt der Gelehrsamkeit, der Poesie und des mystischen Denkens. Ob es sich um die Fauna, die Flora oder die Welt der Sterne handelt, die Genauigkeit und Liebe, mit der sie beschrieben wird, zeugen von einem Geist, der auf bewunderswerte Weise Poesie und wissenschaftliche Neugier zu versöhnen wußte.

Auf die Welt der Vernunft antwortet er mit Inspiration und umgekehrt, er versucht die Gegensätze aus Philosophie und Theologie miteinander zu versöhnen. Auch wenn Vergil die menschliche Wissenschaft darstellt, dank derer er Hölle und Fegefeuer durchquert, kann er das Paradies doch ohne Beatrice oder die erleuchtende Wissenschaft nicht erreichen. *Die Göttliche Komödie* beruht auf dem religiösen und moralischen Dualismus: »Die alten und die neuen Schriften bestimmen ... das Ziel der Seelen, die dem Herrn gefallen. Jesaja sagt: ›Zweifaches soll die Seele in ihrem Land besitzen, zwei Gewänder‹.« Dante sagt dazu, daß durch die Philosophie die Seligkeit auf Erden erlangt werden kann, durch die Theologie die Seligkeit im Himmel. So versöhnt er die beiden Ansätze, geht aber über die scholastische Argumentation hinaus, die die rational offenbarten Wahrheiten erfaßte. Wenn die Kunst der Argumentation für den Geist auch von Nutzen ist, so kann sie ihn doch auch pervertieren. Raffiniert befreit Dante das Denken von diesen Fesseln, indem er Satan sagen läßt: »Wußtest du nicht, daß ich Logiker bin?« Das ist eine recht ironische Art, eine intellektuelle Tradition in Stücke zu reißen.

Auch wenn er die Vernunft als Mittel der Erkenntnis akzeptiert, findet er sie doch nicht ausreichend, um zur letzten Wahrheit vorzudringen, dazu bedarf es der göttlichen Offenbarung. Er träumt von einem »himmlischen Athen«, in dem alle Denksysteme vertreten wären, denn er ist der Ansicht, daß jedes ein Stückchen Wahrheit erschließt. Deshalb verliert er jedoch nicht seinen Scharfblick und warnt im übrigen vor der Gefahr der Verirrung des Geistes, wenn man »alles« angehen will: »... denn rückwärts weicht von seinem Ziel der Mensch, sobald Gedanken übereinanderwuchern in ihm, und ihre eigne Kraft verzehrt sich.«[3]

Kehren wir zurück zum Poeten, zum Schriftsteller, um uns zu fragen, wie es kommt, daß *Die göttliche Komödie* so unterschiedliche Gemüter rühren konnte; wie es kommt, daß die Reise, auf die sie uns mitnimmt, uns oft zu unseren eigenen Fragen, Leidenschaften und Träumen führt. Der Zwilling ist zugleich er selbst und die anderen, und wenn Dante so wunderbar ausdrücken konnte, was wir sein könnten, gewesen sind, gerne sein würden, so liegt das an dem Umstand, daß er mit ebensoviel Liebe wie Feingefühl die verschiedenen Sinne der Menschen kultivierte. Um zu schildern und zu vergleichen, was uns in der Hölle und im Paradies erwartet, verbindet er auditive Eindrücke mit Wahrnehmungen des Geruchssinnes und Geschmacks. Und er vergißt auch nicht die Begierde und die Wonnen der Fleischeslust. Auch wenn er sich manchmal unnachgiebig gegen die Völlerei zeigt, bringt er Verständnis für sexuelle Ausschweifungen auf. Seine Phantasie geht einher mit einer realen Sensibilität.

Dante hat es auf der Ebene der Zwillingssymbolik dank seines Sinns für die Synthese verstanden, die vielfältigen Tendenzen mit gleichbleibender Tiefe und großem Scharfsinn zu verbinden.

Die Zwillinge in der Malerei

Johan Barthold Jongkind und Raoul Dufy sind beide Zwillinge, auch wenn sie sehr verschieden sind. Jeder ist in seinem Stil ein Maler der Atmosphäre.

Gegen Ende des 19. Jahrhunderts hält Jongkind, einer der Wegbereiter des Impressionismus, Augenblicke des Lebens fest, ohne irgendeiner ästhetischen Doktrin zu unterliegen. Sei es bei den Schiffen, die sich anschicken, auf sich kräuselnder Wasseroberfläche aus dem Hafen auszulaufen, sei es bei weitläufigen

»O Phantasie, du reißest uns hinweg manchmal so weit, daß nichts mehr wir verspüren ...« Dante.

---

3. Dante, *Die göttliche Komödie*, Gütersloh, o. J., ›Paradies‹, 25. Ges., S. 484, ›Hölle‹, 27. Ges., S. 156, ›Fegefeuer‹, 5. Ges., S. 213

Landschaften, seine Gemälde zeigen eine Frische des Eindrucks, eine Spontaneität, die der Strichführung entschlüpft. Seine Farben sind fließend, und Jongkinds Können besteht darin, seinen Zeichnungen Leben einzuhauchen.

Die Luft, die die Vorhänge aufbläht, die Bewegung des Orchesters, das Rund der Manege – Dufys Malerei läßt den Wind sprechen. Die Luft säuselt in seinen Werken, die man nicht kontemplativ betrachtet, sondern in vollen Zügen einatmet. Er bevorzugt Blautöne, die den Himmel in Bewegung versetzen. In der Vielzahl seiner Sujets spiegelt sich die Natur des Zwillings: Die meisten seiner Gemälde vereinen gleich mehrere Szenen. In den beflaggten Straßen, auf ländlichen Tanzvergnügen oder Volksfesten hören wir die Musik einer Fanfare, belauschen das Gespräch einer Gruppe, fühlen die Freude eines Kindes mit. Dufy hat das Erleben der anderen eingefangen und vermittelt es dem Betrachter mit Spontaneität und Frische. Die Malerei war seine Art sich mitzuteilen: »Man kauft mir Sujets ab, den Rest gebe ich umsonst dazu.«

Die Zwillinge in der Musik

Le Sacre du printemps war eine Revolution; der Zwilling Igor Strawinski hatte sich über alle Traditionen hinweggesetzt: Nichts blieb übrig von den Harmonieregeln, der klassischen Grammatik und Syntax. *Le Sacre* befreite die Musik, indem Spannung und Entspannung sich in einer musikalischen Polytonie abwechselten, und verlieh der Musik in jenem Frühjahr des Jahres 1913 einen neuen Aspekt. Als sich im Theater der Champs-Elysées die Zuschauer in Befürworter und Gegner teilten, glaubte man an die Geburt einer neuen Klangtheorie, doch das war ein Irrtum, denn Strawinski war mit seinen Überraschungen noch nicht am Ende. Schon mit *Feuervogel* hatte dieser musikalische Jongleur Probleme gelöst, an denen seine Zeitgenossen gescheitert waren: In einem Märchen, in dem frenetische Noten und harmonische Akkorde zusammenwirbelten, gab *der Feuervogel* der Tanzkunst neuen Aufschwung. »Ich ziehe es immer vor [...], meine Ideen zu verwirklichen und die Probleme zu lösen, die sich im Laufe meiner Arbeit stellen [...], ohne auf bewährte Verfahren zurückzugreifen, die die Arbeit zwar erleichtern, das stimmt schon, die man aber zunächst studieren und sich dann einprägen muß.«[4]

Igor Strawinski setzte sich über die gültigen Regeln hinweg und überraschte als nächstes in *Petruschka* durch die Wahl seines Sujets: »Ein plötzlich entfesselter Hampelmann bringt mit Kaskaden diabolischer Arpeggios das Orchester aus der Fassung, das ihm seinerseits mit bedrohlichen Fanfaren antwortet.«[5] So schilderte der Autor die Entstehung seiner Inspiration. Als Parodie auf den Pathos der Romantiker inszenierte er eine Geschichte von Hampelmännern und Marionetten, die die traditionellen Sujets der Musik entdramatisierten. Wie Merkur, der die harmonische Leier anderen überließ, schuf auch Strawinski in der Folge seiner Werke neue, bislang unbekannte Klänge, die bis heute niemand nachzuahmen vermochte.

Michail Iwanowitsch Glinka, dessen »luftige und transparente Orchestrierung« Strawinski bewunderte, und Richard Wagner waren ebenfalls Zwillinge. Wagners Genie läßt sich allein mit der Symbolik der Zwillinge nicht vollständig erfassen, denn auch wenn seine vielfältigen Widersprüche seine Zugehörigkeit zu diesem Zeichen erkennen lassen, so hat er seine Hartnäckigkeit, mit der er Hindernisse überwindet, wohl eher von seinem Aszendenten Stier. Und seine unerschütterliche Überzeugung – »die Welt schuldet mir, was ich brauche« – ist aus einer sehr wichtigen Aufwertung des Planeten Uranus hervorgegangen.

Wenn Wagner von zwei Wesen beseelt scheint, ist das zwillingetypisch. Während die einen ihn als unverschämt herrisch schildern, sehen andere vor allem seine »betörende Freundlichkeit« (Friedrich Nietzsche). Er war Musiker und Dichter und brauchte lange, sich für das eine oder andere zu entscheiden. Nachdem er die Musik favorisiert hatte, arbeitete er oft an zwei Werken gleichzeitig oder hatte schon die nächste Partitur im Kopf, wenn er die vorhergehende kaum fertig hatte. Beruhte sein Genie nicht in dieser Verbindung widersprüchlicher Gaben? Er hatte einen ausgeprägten Sinn für gleichzeitige Wahrnehmungen, dem nur seine Fähigkeit zur Synthese gleichkam. Zudem verstand er es meisterhaft, Poesie und Musik, Symphonie und Theater in einer Kunst des Symbols zu vereinen, die nur ihm eigen war, zugleich aber ohne Zweifel der menschlichen Gattung entsprach.

»Wenn du mich ansiehst und ich dich ansehe, senken wir beide die Augen und sagen nichts und sagen uns doch alles.« Narziß betrachtet sich im Spiegel *von Mocetto.*

Projiziert der Zwilling nicht die »Bilder seiner Seele« in die Welt, die ihn umgibt, damit diese Welt ihm seine Seele offenbart? Und versucht er nicht wie Narziß in dem Wasser, das ihm sein Bild zurückwirft, sich selbst zu finden?

Narziß könnte gut der Mythos sein, der der doppelten Natur der Zwillinge entspricht.

---
4. Igor Strawinski, *Chronique de ma vie*, Paris, Denoël et Steele, Bd. I, S. 32
5. Igor Strawinski, (s. Fn. 4), S. 70

Der Krebs

22. JUNI – 22. JULI

»Je älter ich werde, um so mehr sehe ich, daß das, was nicht verblaßt, die Träume sind.«
Jean Cocteau

DIE GRUNDLAGEN

Das Symbolbild

☞ Der Krebs ist ein Wassertier.	☞ Der Krebs, ein Wesen, das in diffuse Gefühle getaucht ist, ist von hoher Sensibilität.
☞ Er ist ein Schalentier, das in einem schützenden Panzer lebt.	☞ Da er sich verwundbar fühlt, versucht er, sich vor der Außenwelt zu schützen: Er ist diskret.
☞ Er besitzt starke Scheren.	☞ Er kann eigensinnig sein in den Zielen, die er sich setzt.
☞ Er klammert sich an Felsen fest.	☞ So macht er sich manchmal von anderen Menschen oder Dingen abhängig.
☞ Der Krebs ist ein Mondsymbol; ebenso wie der Mond bewegt er sich einmal vorwärts, einmal rückwärts.	☞ Er macht oft einen Schritt vor und einen zurück, sucht eine Nische, in der er sich wohlfühlt. Er ist unentschlossen.
☞ In manchen Tierkreisen wird er als Kind dargestellt (der Gott Horus in Ägypten).	☞ Wie ein Kind, das gerade erst geboren ist, drückt er Unschuld und Reinheit aus. Er ist ein Wesen, das böse Absichten nicht versteht.

Juli: Sommeranfang

☞ Die Sonne steht im Zenit, am höchsten Punkt des Himmels: Es ist Sommersonnenwende.	☞ Der Krebs ist ein sehr eigenes Tier, er besitzt ein ausgeprägtes Gefühl für sich, für seine Privatheit. Er kann überaus empfindlich sein.
☞ Eine Zeit im Zyklus der Natur, in der die Tage ewig zu sein scheinen. Es sind die längsten Tage des Jahres.	☞ Da er seine Innenwelt intensiv erlebt, hat er keinen Begriff von der Zeit, die vergeht.
☞ Die Temperaturen sind gestiegen, es wird allmählich sehr warm.	☞ Jedes Gefühl ist bei ihm verstärkt. Der Krebs hat eine sehr warme Sinnlichkeit.
☞ Die Bäume tragen schöne Früchte.	☞ Er ist ein Genießer. In ihm schlummern viele Begierden.
☞ Die Tiere schlafen in der Sonne.	☞ Der Krebs ist von eher träger Natur und verweigert jegliche Konfrontation, wenn er sich angegriffen fühlt.

Der kardinale Sommer

☞ Es ist das Ende des Frühlings, der Sommer beginnt.	☞ Es ist das Zeichen der Begeisterung für das Imaginäre.
☞ Der Krebs ist ein kardinales Zeichen.	

Die Quelle der Emotivität

Der Krebs führt die Tierkreiszeichen des Wassers an, er ist das kardinale Wasser, die Quelle der erhöhten Erregbarkeit, danach kommt das beständige Wasser des Skorpions (die Sümpfe des Unbewußten) und das veränderliche Wasser der Fische (der Ozean der Spiritualität). Im kardinalen Wasser prägen sich die Emotionen sofort ein und rufen intensive Ströme in seinem Wesen hervor: Oft ist der erste Eindruck der gute. Der Krebs ist ein leicht erregbares Wesen; er hat einen sanften Blick, der aber auch eine gewisse Furcht ausdrückt; die Charakterlehre sieht ihn als lymphatisch und gefühlsbetont. Das Wasser des Krebses ist:

☞ Die Quelle, die entspringt, die aus der Erde quillt.	☞ Die Motivationen des Krebses gehen oft zurück auf seine Kindheit, sie sind weit entfernt und unbewußt.
☞ Die Quelle, die nicht versiegt.	☞ Der Krebs löst sich nicht von einem Unbewußten, das reich und voller Bilder ist. Er ist sehr erfinderisch.

Der Krebs

☽ Sie fließt rasch von Fels zu Fels und schmiegt sich an deren Formen an.

☽ Seine Gefühle verändern sich im Kontakt mit anderen und variieren je nach Umfeld; als Nomade des Imaginären ist er labil.

☽ Der andere Körperteil, der ihm entspricht, ist der Bauch. Er beherbergt die Verdauung, die die Spannung abschwächt und zum Schlaf führt.

☽ Zu den mütterlichen Eigenschaften gesellen sich die Werte des Traums, des Gedächtnisses und der Erinnerungen.

Der Mond, sein Planet

Der Mond regiert den Krebs. Der Mond, der das Licht der Sonne reflektiert, der Pol der theoretischen und rationalen Erkenntnis, bildet seine Intuition.
Die Werte des Krebses sind so eng mit jenen des Mondes verbunden, daß man oft vom »lunaren Typus« spricht.
In der griechischen Mythologie wird der Mond von drei Gottheiten verkörpert, die den Mondphasen entsprechen; sie zu kennen, heißt die Tendenzen des Krebses ein wenig besser zu verstehen.

☽ Das Symbol des Halbmondes: Die dem Himmel oder der Erde zugewandte Mondsichel wurde verkörpert von Artemis-Diana, der Jägerin, die durch Berge und Wälder streifte und ewig unbezähmt blieb: Sie war die wilde Göttin der Natur.

☽ Wir begegnen zwei Krebstypen: dem Typ der dem Himmel zugewandten Sichel, der sich von seiner Innenwelt befreit, indem er in einem Nomadenleben Bildern hinterherjagt, und dem Typ der der Erde zugewandten Sichel, der seine Innenwelt akzeptiert und Bildern im seßhaften Leben nachjagt.

☽ »Oh, mein Vater«, sagt sie eines Tages zu Zeus, »erlaube deiner Tochter, für immer Jungfrau zu bleiben.«

☽ Der Krebs lechzt nach Reinheit, er will das Schlechte nicht sehen.

☽ Von diesem Tag an ist Artemis bewaffnet mit Köcher und Bogen: »Die Königin der Wälder, die stürmische Jägerin, kannte kein anderes Vergnügen, als Tiere zu jagen.« (Mario Meunier)

☽ Wie soll man das passive äußere Erscheinungsbild des Krebses verstehen, wenn man nicht weiß, daß sich der größte Teil seiner Energie in seinem Inneren entlädt.

☽ Ihr Bogen ist das Symbol der Tugend.

☽ Von einer tugendhaften Seele erfüllt, jagt er die Ungeheuer, die wilden Tiere und die finsteren Gedanken seines Unbewußten, und vielleicht liegt darin das Geheimnis seines Leidens.

☽ Artemis bestraft ehebrecherische Frauen unerbittlich.

☽ Der Krebs bleibt seiner Familie, den Traditionen und Sitten verbunden. Er erträgt es nicht, getäuscht zu werden.

☽ Aber sie beschützt die Schwangeren, sie ist die Göttin der Geburt, der man Gaben und wilde Tiere opfert.

☽ Er kann sich für seine Kinder aufopfern. Der Krebs ist das mütterlichste Tierkreiszeichen.

☽ Die Phase des Vollmonds ist symbolisiert durch Selene-Helena – mit ihrer transparenten Schönheit, die Europa durch die Vielzahl ihrer Freier in Schwierigkeiten brachte, und die von Paris entführt wurde.

☽ Der Krebs macht den etwas irreführenden Eindruck, »immer im Werden zu sein«, was ihm aber nicht bewußt ist. Er scheint nicht faßbar zu sein wie ein Spiegelbild und reizt andere, sich seiner zu bemächtigen.

☽ Mit dem Neumond, den dunkelsten Nächten, verband man Hekate, die Göttin des Todes, die über den Hades regiert und in die Unterwelt führt. Ihre Attribute sind die Dolche, die Schlangen und die Schlüssel zum Hades.

! Wenn er gegen seine Moral verstoßen hat, nagt das schlechte Gewissen an ihm, aber bei ihm hält nichts lange an, jeder Zustand ist nur die Vorbereitung zu einer neuen Geburt: Wie der Mond folgen die Phasen seiner Seele dem Zyklus von Tod und Wiedergeburt.

☽ Bei ihrem Lauf durch die Finsternis trägt Hekate eine Fackel mit rauchender, zuckender Flamme. Sie wurde bei magischen Riten angerufen.

☽ Der Krebs ist auf irrationalen Wegen mit der Welt verbunden, er empfindet sich als Träger einer »indirekten Erkenntnis«, die mit Logik nicht zu erklären ist: Er ist ein intuitives Wesen.

Brust und Bauch

☽ Der Körperteil, der dem Krebs entspricht, ist die mütterliche Brust.

☽ Die Hauptwerte des Krebses sind die mütterlichen Eigenschaften des Schutzes und der Zärtlichkeit.

☽ Die Brust, die mit Fruchtbarkeit und Milch verbunden ist, steht auch für Intimität, Gabe, Opfer und Zuflucht.

☽ Es sind auch die Werte der Sicherheit: Der Krebs beschützt gern und wird gern beschützt. Indem er »versorgt«, findet er gleichzeitig einen Zufluchtsort für seine Intimität.

Diese Grundlagen liefern uns die Tierkreisformel des Krebses: Er ist ein Sommerwesen, kardinal, wäßrig, lunar, dem Brust und Bauch entsprechen. Diese Symbolwerte verleihen ihm tendenziell:

Eine zugleich unbeständige und eigensinnige Natur

Franz II. (Ehemann von Maria Stuart), Mazarin und Heinrich VIII. sind drei Krebs-Geborene: Franz II., den man den »König ohne Laster und ohne Tugend« nannte, zeigt uns das sanfte, träge Gesicht seines Tierkreiszeichens; sein Bruder Karl IX., der dem gleichen Tierkreiszeichen angehörte, starb verfolgt von den Grausamkeiten der Bartholomäusnacht, die er selbst angeordnet hatte. Beide waren Söhne der autoritären Katharina von Medici, in deren Händen die eigentliche Macht lag.
Mazarin, Minister Ludwigs XIII., setzte die Werte seines Tierkreiszeichens in einer Politik um, die Frankreich gegen die Außenwelt schützte. Und in Heinrich VIII. vereinte sich die Hartnäckigkeit des Krebses mit seinem launischen Charakter. Seine Stimmung konnte unvermittelt umschlagen. Inspiriert vielleicht von Artemis, verteidigte er eine Tradition, allerdings ist nicht klar welche – wahrscheinlich seine eigene.
In der Linie der Traditionalisten ist auch der streng katholische Ferdinand von Böhmen zu nennen, der die Protestanten aus Anhänglichkeit an seine Religion verfolgte.

Ein sensitives Denken

»Ich fühle, bevor ich denke.« Das Ideal Rousseaus – Einfachheit, Tugend, Freiheit – ist vom Gefühl inspiriert. Eben diese für den Krebs durch und durch typische Art, die Welt zu erfahren, beeinflußte die *Erklärung der Menschen- und Bürgerrechte* in Frankreich und inspirierte über den *Gesellschaftsvertrag* zahlreiche Revolutionen im Ausland. Die grundlegende Idee beruhte auf dem Prinzip der natürlichen Güte des Menschen, die es durch Institutionen angemessen zu schützen gelte. Sein Leben lang engagierte Rousseau sich für den Schutz der traditionellen Werte der Freiheit.
Der Schriftsteller hielt die Erinnerungen an seine Kindheit wach, die er gegen die Übel der Zivilisation schützen wollte. *Die Bekenntnisse* und *Die Träumereien eines einsamen Spaziergängers* sind das Echo seiner inneren Resonanzen.
Das Denken des Krebses ist ein Denken durch Reflexionen, wie sie in Vollmondnächten zu beobachten sind, wenn sich der Nachthimmel in den Seen spiegelt.

Ein romantisches Herz

Es ist das Herz eines Kindes auf der Suche nach der völligen Hingabe, wie man sie bei Rousseaus Romanfigur Saint-Preux findet, der Julie d'Etanges liebt (*Briefe zweier Liebender* ...); es ist ein Herz, das nicht vergißt: »O Julie, es gibt ewige Eindrücke, die weder Zeit noch Abende auslöschen. Die Wunde verheilt, aber die Narbe bleibt.«
Der Krebs gehört zu jenen Wesen, deren Wunden des Herzens nie ganz verheilen.

Das *Ideogramm* des Krebses läßt sich mit einem Embryo vergleichen, der im Uterus zusammengekauert ist: ein Wesen im Werden. Aber symbolisch bezeichnet es das Zusammentreffen widersprüchlicher Pole, die sich in einem geschlossenen Kreislauf umeinanderdrehen, um eine neue Ganzheit hervorzubringen: Der Krebs ist ein befruchtendes Tier.

Die Jägerin Diana, eine der Verkörperungen des Mondes, ist die wilde Göttin der Natur mit ihrem Bogen, dem Symbol der Tugend.

DER AUSDRUCK

Der Krebs in der Literatur

Franz Kafka, gefangen im Labyrinth seiner Innenwelt, hat nie aufgehört, sich mit sich selbst auseinanderzusetzen. Er folgte den Mäandern seiner imaginären Welt, aber kein Weg führte ihn zu einem Zufluchtsort für die Einsamkeit seines Lebens. Die Themen seiner Romane, die größtenteils unvollendet geblieben sind, könnten die Schauplätze einer Dramatik des Krebses sein: *Der Prozeß*: Ein endloses Verfahren mit sich selbst; *Das Schloß*: Die Suche nach einem Boden, auf dem man sich niederlassen und einer Tradition treu sein kann, die sich als Suche nach seinen Ursprüngen übersetzen ließe, um dem Ich einen tiefen Sinn zu geben; *Die chinesische Mauer*: Menschen, die sich einer absurden Arbeit zu widmen scheinen, indem sie eine Mauer bauen, deren ursprünglichen Bauplan sie verloren haben – ist das nicht ein Gleichnis für die Angst vor dem Vergessen, das ein Mensch abzuwenden trachtet?

Mit dem Staunen eines Kindes schildert Kafka uns die Bilder, die in seiner Einsamkeit an ihm vorüberziehen: Konnte eine solche innere Sensiblität von der Außenwelt verstanden werden?

Proust drückte die beiden Tendenzen des Krebses zunächst in seinem Leben aus: Anfangs vertat er als Vagabund in mondänen Kreisen die Zeit mit Nichtigkeiten, um sie in einer zweiten Phase intensiv wiederzuerleben, als er die *Suche* schrieb.

Durch sein Werk gibt er uns einen Einblick in die Welt des Krebses, in der alles Vorwand für die Erinnerung ist: »In der Sekunde nun, als dieser mit dem Kuchengeschmack gemischte Schluck Tee meinen Gaumen berührte, zuckte ich zusammen und war wie gebannt durch etwas Ungewöhnliches, das sich in mir vollzog.«[6] Diese Erinnerungen verdankt er dem Geschmack eines Sandplätzchens, das in eine Tasse Tee gefallen ist. Vielleicht dürfen wir vermuten, daß der »Nährwert« eines Sandplätzchens es ihm erlaubt, sein vergangenes Leben erneut zu »verdauen«, während das Wasser des Tees ihn mit diffusen Gefühlen bestürmt?

»Ein Kind, das nie aufgehört hat, geboren zu werden [...] und immer ins Mark der Mutter zurückkehrt«, sagte Alain über Proust. Dieser blieb immer der Mutterbrust verbunden, also unterworfen: »Mein einziger Trost, wenn ich schlafen ging, war, daß Maman heraufkommen und mir einen Kuß geben würde, wenn ich bereits im Bett lag.«[7]

Hemingway, der Autor von *Haben und nicht haben*, war ebenfalls Krebs. Sein Werk gleicht seinem Leben: Er erzählt in seinen Romanen immer von sich. »Das ist Bestandteil einer Kindheit mit schlechter imaginärer Loslösung«, schrieb Guy Dumur.[8]

Und wer hätte nicht *Der kleine Prinz* von Saint-Exupéry gelesen, jene Kindergeschichte für Erwachsene? »Wie gewinnt man einen Freund«, fragt der kleine Prinz, der von Planet zu Planet irrt, ohne seine spirituelle Einsamkeit durchbrechen zu können.

---

6. Marcel Proust, *In Swanns Welt. Auf der Suche nach der verlorenen Zeit. Erster Teil*, Frankfurt/M., 1981, S. 22
7. Marcel Proust, (s. Fn. 6), S. 63
8. Zitiert nach André Barbault, *Cancer*, Seuil

Gustav Mahler: Ein ständig im Werden begriffenes Wesen.

Der Krebs in der Malerei

Reizt uns an der Malerei Chagalls die Tatsache, daß sie ein Leben außerhalb der realen Zeit einfängt? Oder ist es die Art und Weise, wie er es verstanden hat, unsere Kindheitsbilder mit der ganzen Nostalgie des Erwachsenenalters wiederzugeben? Seine Gemälde erzählen von einer wunderbaren Mutation der Zeit: Nur die Farben erinnern uns daran, daß es sich um einen Traum handelt. Blau-, Grün- und Rosatöne, die in unseren Nächten hätten erfunden werden können und die durch das Erwachen in unsere Erinnerung verbannt werden. Warum haben die Pendel keine Flügel, warum sind die Kühe nicht blau, wenn unsere innere Welt sie doch so sieht? Chagall hat die Fabeln von La Fontaine illustriert, einem anderen Krebs.

»Nie hat eine Kunst einen so drängenden Vorstoß gewagt, über das Sichtbare hinauszugehen, um zum Unsichtbaren zu gelangen«, schrieb René Huyghe über Rembrandt, der ebenfalls Krebs war. *Der Philosoph in Meditation, Faustus* ... – Rembrandts Personen scheinen eine Botschaft zu vermitteln, die ein geheimnisvolles Licht ihnen zuflüstert: Sie sind vom Mondlicht beschienen und wirken selbst wie der Widerschein des Mondscheins. Sie regen die Menschen an, ihnen Fragen zu stellen, aber ihr Wissen bleibt im Bereich des Unaussprechlichen – eine lange herangereifte innere Erkenntnis, die nicht der Logik untersteht:

Der Krebs

Es ist die Sprache der Seele. Seine Sujets gehören der zweiten Seite des Lebens an; vielleicht verlassen sie uns und nehmen ihr Geheimnis mit sich. Eine unendliche Zärtlichkeit und eine unendliche Traurigkeit geht von ihrem Blick aus, der sich auf uns und ins Nichts richtet. Sie sind nicht zu fassen. Man ahnt, daß diese Blicke der Widerschein einer langen inneren Reise sind. Diese Personen scheint die Wirklichkeit der Außenwelt nicht mehr zu erreichen, und unmerklich regen sie uns an, in uns zu schauen. Dennoch kommen wir ihrer Aufforderung nicht nach, weil wir uns nicht von ihnen lösen können – sie schlagen uns in ihren Bann. Rembrandt war ein Krebs.

Den Krebs Amedeo Modigliani, dessen Leben eine einzige Irrfahrt war, trieb seine Unruhe und nachtschwärmerische Trunkenheit von einem Café ins andere. Die Linien seiner Sujets sind beweglich und fragil. Sie rühren an unsere Sensibilität, aber der Schmerz und die Nonchalance ihrer Haltung macht sie für uns unfaßbar: Gesichter mit »wäßrigem Blick«, deren Blautöne uns die Reflexionen einer imaginären Welt zeigen. Als seien sie erstaunt dazusein, stellen die Figuren Modiglianis uns Fragen, auf die wir keine Antwort wissen (*Mädchen in Blau*).

Der Krebs in der Musik

»Sie lieben Ihre Mutter, haben sie in jeder Frau gesucht«, sagte Freud zu Gustav Mahler, der gekommen war, um sich mit ihm zu unterhalten. Als Krebs wies Mahler ein charakteristisches Symptom seines Tierkreiszeichens auf: die Fixierung auf die Mutter. Als körperliches Merkmal hatte er den sanften, verträumten Blick. Nirgendwo fühlte er sich richtig akzeptiert – überall sei er ein Eindringling, nirgendwo erwünscht, erklärte er von sich.[9] In verschiedenen Ländern suchte er einen Zufluchtsort für seine Einsamkeit und sein inneres Leid. Seine Musik ist die eines »intimen Komponisten«, der durch Lieder seine Emotionen und Empfindungen zu vermitteln suchte. Voller Nostalgie versucht er, die Zeit in langen Symphonien aufzuhalten, die einem oft endlos vorkommen. Die Musik war für ihn der beste Schutzwall gegen äußere Aggression, die er nur schwer ertragen konnte. In der Musik errichtete er sich »eine Welt für sich«, ein typischer Krebs-Ausdruck. Sein innerer Reichtum entfaltete sich vor allem im Sommer: »Ich bin ein Sommerkomponist.« Die meisten seiner Werke entstanden in dieser Jahreszeit. Er hinterlasse ein Werk, das nicht vollendet, abgeschlossen sei, wie er es erträumt habe, sondern unvollkommen, unfertig: So sei das Schicksal des Menschen, meinte er. Als das ständig im Werden begriffene Wesen, das Mahler war, hinterließ er uns ein Werk mit Lücken, sowohl im Ausdruck, bei dem manche Passagen die Zeit anzuhalten scheinen, wie auch in der unfertigen Realisation.

Im Vorwort zu *Der kleine Prinz* schreibt Saint-Exupéry: »Alle großen Leute sind einmal Kinder gewesen (aber nur wenige erinnern sich daran), ich verbessere also meine Widmung: Für Léon Werth, als er noch ein kleiner Junge war.« Vielleicht gilt diese Widmung auch für viele Krebs-Menschen, die den kleinen Prinzen so gut verstanden haben.

---

9. Zitiert nach Marc Vignal, *Mahler*, Seuil, S. 5

Der Krebs fühlt sich als Überbringer einer indirekten Erkenntnis. Pierrot mit Mond.

Dieses Bild mit dem Titel Innere Stille *könnte den Satz von Marcel Proust illustrieren:* »Kommt von uns nicht nur das, was wir aus der Finsternis ziehen, die in uns ist und die die anderen nicht kennen.«

Der Löwe

23. JULI – 22. AUGUST

*»Vom Erhabenen zum Lächerlichen ist nur ein Schritt.«
Napoleon zu Pradt, dem Erzbischof von Malignes, 1812,
nach dem Rückzug aus Rußland.*

DIE GRUNDLAGEN

Das Symbolbild

♌ Der Löwe ist der König der Tiere.	♌ Der Löwe ist ein Wesen mit natürlicher Autorität.
♌ Er ist oft in stolzer Haltung mit hoch erhobenem Kopf dargestellt.	♌ Der Löwe ist selbstbewußt, stolz, und hat ein Gefühl für seine eigene Wichtigkeit.
♌ Er hat eine majestätische Mähne.	♌ Er ist dem Schönen und dem Prächtigen zugetan. Gerne beeindruckt er und zieht Aufmerksamkeit auf sich.
♌ Er ist ein starkes, kraftvolles Tier.	♌ Er ist in allen Situationen couragiert.
♌ Er ist ein Raubtier, dessen Schlag mit der Pranke gefährlich ist.	♌ Er kann sehr gewalttätig sein.
♌ Er beschützt seine Familie.	♌ Er hat Sinn für Klassenzugehörigkeit und ist großzügig. Er kann sich für seine Lieben opfern und jene beschützen, für die er die Verantwortung trägt.
♌ Er verteidigt sein Gebiet.	♌ Er ist kämpferisch und mag es gar nicht, wenn man auf das Terrain seiner Wünsche und Ambitionen vordringt.
♌ Mit seinem Gebrüll verleiht er seiner Präsenz Bedeutung und imponiert.	♌ Der Löwe hat eine Vorliebe für Repräsentation und fürs Theatralische. Er versteht es, seine Wünsche in den Vordergrund zu stellen.

August: Hochsommer

♌ Die Sonne beherrscht die Jahreszeit, ihre Strahlen sind durchdringend.	♌ Der Löwe ist ein strahlendes, gebieterisches und willensstarkes Wesen – seine Devise lautet: »Ich will«.
♌ Der Tag regiert, das Licht blendet und erhellt die Natur.	♌ Er hat einen großmütigen Charakter, ist offen und loyal. Der Löwe zeigt Sinn für Gerechtigkeit und kann ein Bewußtsein ausstrahlen, das andere aufklärt.
♌ Es ist die wärmste Zeit des Jahres.	♌ Wir haben es mit einem feurigen und leidenschaftlichen Wesen zu tun.
♌ Die Früchte sind reif.	♌ Er verfolgt sein Ziel bis zum Ende.
♌ Die Farben sind strahlend.	♌ Er ist Idealist. Er hat große Ambitionen, die nicht geheim bleiben können.
♌ Die Glut der Sonne versengt manchmal die Ernte.	♌ Aber er läuft Gefahr, nicht immer die Konsequenzen zu berücksichtigen, die sein Handeln für andere hat.

Der beständige Sommer

♌ Es ist Hochsommer, die stabile Phase des Sommers.	♌ Der Löwe hat einen starken Leistungsdrang und den Wunsch, Pläne zu verwirklichen.

Der Löwe ist ein fixes Tierkreiszeichen.

Das beherrschte Feuer

Das Feuer ist das Element des Löwen: das Element der Animation und der intensiven, dynamischen und transformatorischen Energie. Seine besondere Ausprägung erfährt es im Löwen durch die Stellung im Tierkreis: In der Trilogie der Tierkreiszeichen des Feuers liegt der Löwe zwischen dem Urfeuer des Widders (dem Lebensfunken) und dem veränderlichen Feuer des Schützen (dem Feuer des Geistes). Das beständige Feuer des Löwen macht den Menschen zum Herrn seiner Gefühle. Die Charakterlehre sieht ihn als sekundäres, galliges Wesen.

Der Löwe

- ♌ Es ist der Holzstoß, der mit gleichmäßiger Flamme brennt.
- ♌ Die Scheite, die seine Flamme nähren, verzehren sich mit rötlicher Glut.
- ♌ Es ist ein Feuer, das andere erhellt.

Die Sonne

Der Löwe wird regiert von der Sonne, der Quelle der Wärme, des Lichts und des Lebens; um sie drehen sich die Erde und alle Planeten. Der Löwe fühlt sich ebenso als Schwerkraftzentrum und bringt andere dazu, zu tun, was er von ihnen erwartet. Er will eine gesellschaftliche Rolle spielen. Helios oder Apollon haben ihn in der griechischen Mythologie verkörpert. Die Symbolik Apollons soll helfen, ihn besser zu begreifen.

- ♌ Apollon ist der Sohn des Zeus. Frühreif verlangt er schon am vierten Tag nach seiner Geburt Pfeil und Bogen, um die Schlange Python zu töten, die der Feind seiner Mutter (Leto) ist.
- ♌ Apollon besitzt die Kühnheit, Python ins Heiligtum von Delphi zu folgen, um sie zu vernichten. Zeus gibt ihm Weisung, sich ins Tal Tempe zu begeben, um sich von dieser Tat zu reinigen. Aber Apollon hält sich nicht an die Weisung, sondern geht lieber nach Aigialaia, um sich zu reinigen.
- ♌ Bei seiner Rückkehr überredet Apollon Pan mit Schmeichelei, ihn die Kunst der Prophezeiung zu lehren. Der Gott Pan steht für die Gier, die uns allen gemeinsam ist. Er ist der »Gott des Ganzen«, der die genetische oder sexuelle Energie des Universums ausdrückt.
- ♌ Ein andermal zieht er Marsyas bei lebendigem Leibe die Haut ab, da er gewagt hat, ihn zu provozieren. Marsyas hatte behauptet, er könne besser Flöte spielen.
- ♌ Später gewinnt Apollon einen musikalischen Wettstreit unter König Midas. Er wird zum unbestrittenen König der Musik, und seine siebensaitige Leier begleitet ihn, wenn er bei den Festen des Olymp singt.
- ♌ Apollon, dessen große Schönheit weltberühmt ist, verführt zahlreiche Nymphen (Phthia, Thalia, Koronis, Kyrene u.a.) und Sterbliche. Er zeugt viele Kinder, heiratet aber nie.
- ♌ Apollon zieht sich nur einmal den Zorn des Zeus zu: Als er die Kyklopen tötet, dessen Waffenschmiede. Apollon wird zu einem Jahr Zwangsarbeit verurteilt, die er mit großer Demut ausführt. Diese Lektion kommt ihm zustatten, denn hinterher predigt er in allen

- ♌ Der Löwe ist voller Leben. Er glüht vor Energie.
- ♌ Die Flamme, die ihn stets beseelt, ist die »Flamme des Ego«, aber es ist ihm durchaus bewußt, daß seine Entfaltung ihn selbst und auch sein Umfeld verändert.
- ♌ Er zweifelt nicht an sich. Er weiß, daß er eine Mission zu erfüllen hat, und besitzt in höchstem Maße Pflichtgefühl. Sein Blick ist eindringlich, seine Stimme mitreißend.
- ♌ Sehr früh verspürt der Löwe das Bedürfnis, die Seinen zu beschützen. Er kann von Rachegefühlen beseelt sein.
- ♌ Nichts kann einen Löwen aufhalten, wenn er fest entschlossen ist. Aber verwegen, wie er ist, neigt er dazu, Ratschläge und Anweisungen – von wem auch immer – zu mißachten. Er sucht sein Bewußtsein zu erweitern und es zu beherrschen. Er ist ein Individualist; nur er kennt den Weg, den er zu seiner Verwirklichung einschlagen muß.
- ♌ Der Löwe ist sehr empfänglich für Schmeichelei. Auf diese Weise kann man ihm seine Pläne entlocken; der Gott Pan ist schließlich nur eine Inkarnation seiner Begierden. Er kann sich gierig nach »allem« zeigen und Bewahrer aller Energien sein wollen.
- ♌ Der Löwe mag keine Anspielungen, die den Wert seiner Person betreffen, auch wenn es ihm an Selbstvertrauen nicht zu mangeln scheint. Er hat einen eigensinnigen Charakter und gesteht sich keinerlei Unzulänglichkeiten ein.
- ♌ Aber sucht der Löwe nicht einen Gleichklang der Seele, den er mit anderen teilen kann? Manche wollen das Himmelsfeuer rauben und ihm die harmonischen Gesetze des Universums entreißen, um sie dem Menschen verständlich zu machen. Er ist ein warmes Wesen, das leicht aus sich herausgeht und sich gerne mitteilt.
- ♌ Der Löwe ist ein kreatives Wesen (Kinder). Um seine Werke zu verwirklichen, akzeptiert er die Mitwirkung anderer, faßt aber nur äußerst selten eine Verbindung ins Auge; auf die Liebe übertragen, ist er zu leidenschaftlich, um einen harmonischen Ehealltag zu würdigen. Möglicherweise fürchtet er, darin die Herrschaft über seine Leidenschaft zu verlieren.
- ♌ Vielleicht lehrt uns diese Legende, gewisse Gesetze nicht zu mißachten: Die Mächte, die Dämonen seines Unbewußten (die Kyklopen) töten zu wollen, ist eine solche Zuwiderhandlung. Der Löwe strebt nach Macht in jeglicher Form, deshalb könnte er

Dingen Mäßigung. Er macht sich zum Apostel des »Kenne dich selbst« und des »Nichts im Übermaß«, Sätze, die in seinem Tempel in Griechenland eingeschrieben sind.

gewaltsam versuchen, durch das Unbewußte sich selbst zu besiegen. Bis zu dem entscheidenden Moment, in dem er begreift, daß der Sieg über sich selbst nicht im Kampf liegt, sondern in der Selbsterkenntnis.
Der Löwe will seine Kraft immer unter Kontrolle haben. Wenn er ein höheres Bewußtsein erlangt hat, möchte er es teilen.

Das Herz

- ♌ Der Körperteil, der dem Löwen entspricht, ist das Herz.
- ♌ Das Herz ist das Lebenszentrum unseres Organismus.
- ♌ Es ist der Motor unseres Blutkreislaufs.
- ♌ Es gibt unserem Leben den Takt vor.
- ♌ Der Vorzug des Löwen ist seine Großmut; »er hat Herz«.
- ♌ Man kann ihm vertrauen, da er sich als Mittelpunkt für andere versteht.
- ♌ Weitere Vorzüge sind sein Verantwortungsgefühl und Pflichtbewußtsein.
- ♌ Und er hat Sinn für Kontinuität.

Diese Grundlagen liefern uns die Tierkreisformel des Löwen: Er ist ein Sommerwesen, beständig, feurig, sonnig, dem das Herz entspricht.

Eine strahlende Natur, »prächtig und großzügig«
Der Sonnenkönig Ludwig XIV., der jedoch kein Löwe war (sondern Jungfrau), zeigte diese Attribute, weil das Tagesgestirn in seinem Geburtshoroskop kulminierte: Wie der Löwe, so war auch er stark beeinflußt von der Sonnensymbolik. Von ihm ging strahlender Glanz aus. Er strebte danach, eine Sonne für andere zu sein und prägte die Wendung: »Der Staat bin ich.«
Der Löwe, zu einem realistischen Ideal berufen, strebt nach einer irdischen Größe, die man in der absoluten Monarchie Ludwigs XIV. ebenso findet wie in den Eroberungen des Löwen Napoleon I. und in den Gebietsansprüchen Mussolinis.

Die Sonne – Symbol des Lebens, der Autorität und des Bewußtseins.

Apollon gelingt es, seine Gegensätzlichkeiten zu beherrschen. Die Pfeile, die er in der Hand hält, symbolisieren die glühenden Strahlen der Sonne.

Zu einem spirituellen Ideal berufen, ist der Löwe allerdings auch auf der Suche nach einer »himmlischen Größe«, wie im Geistesadel Petrarcas oder Lorenzos des Prächtigen. Letzterer machte Florenz zur Hauptstadt des Geistes und der Kultur und erhielt den Beinamen »der Prächtige« erst, nachdem er das Gefühl seiner Häßlichkeit überwunden hatte: Da er sich äußerlich unansehnlich fand, umgab er sich mit den schönsten Dingen. Nach dem Vorbild der Reinheit der Sonne wollte er im Glanz der Schönheit regieren: Bei Lorenzo dem Prächtigen war es der Luxus, bei Ludwig XIV. der Prunk. Oft wird er dank seiner Großzügigkeit zu einer Lebensquelle für andere. Bonaparte schließlich drückte auf der Pont d'Arcole seinen Sinn für Ehre und Kühnheit, und in all seinen Schlachten seinen Sinn für Strategie und Ausdauer im Kampf aus; in der Literatur wurde Alexandre Dumas getrieben, seine 500 bis 600 Bücher zu schreiben.

Ein klares, logisches Denken

Der »Code Napoléon«, der Zusammenhalt und die Organisation des napoleonischen Staates bringen die globale und ganzheitliche Sicht des Löwen zum Ausdruck. Er erhellt gern die Gesamtheit der Probleme, bildet daraus die Synthese und findet eine allumfassende Lösung. Er ist eines klaren Urteils fähig, das er schnell in die Praxis umsetzen muß und das man im Realitätssinn eines Rockefeller wiederfindet. Doch manchmal ist er allzu überspannt: ein Fehler Napoleons am Ende seiner Regierungszeit (der Rußlandfeldzug). Man denke auch an das tragische Ende Mussolinis.
Doch wenn wir uns von der konkreten Welt zur Welt des Geistes wenden, finden wir das Denken C. G. Jungs, der das Unbewußte in seiner ganzen Breite zu erfassen suchte. »Mein Leben ist die Geschichte einer Selbstverwirklichung des Unbewußten.«[10]
Die Rolle des Orchesterdirigenten könnte das Denken des Löwen symbolisieren. Er interpretiert ein Werk, gibt jedem Musiker die Möglichkeit, sein Bestes zu geben.

Die Liebe: »Adel verpflichtet«

Der Löwe kann für ein Wesen in Liebe entflammen, das ihm sehr fremd zu sein scheint. Dann fühlt er sich hin- und hergerissen zwischen dem Herzen und der Rolle, die er verkörpert: Die Sonne kann sich nicht vom Schwerkraftzentrum entfernen, was würde denn dann aus der Welt? So kann es dem Löwen passieren, daß er wahre Liebe zugunsten der gesellschaftlichen Stellung opfert. Seine Eigenliebe kann seine Liebe fesseln: Emily Brontë (Löwe) hat diesen Konflikt in *Sturmhöhe* beschrieben, in dem die Heldin Catherine ihre Liebe zu dem Bauernknecht Heathcliff unterdrückt, um Edgar Linton zu heiraten und so ihre Ehre und Stellung zu wahren. »Es würde mich degradieren, Heathcliff zu heiraten, im übrigen wüßte keiner nie, wie sehr ich ihn liebe.« Der Löwe begeistert sich für außergewöhnliche Menschen, in einer Situation wie der von Catherine, könnte er ebensogut seinen Stolz besiegen, und die Liebe triumphieren lassen. Im weiteren schildert der Roman diese Wandlung: Die Tochter Catherines heiratet Hareton, der gesellschaftlich unter ihr steht. Das ist der Triumph der Liebe.

Das *Ideogramm* des Löwen deutet sowohl die majestätische Flamme als auch den Schwanz des Tieres an und bringt so eine gewisse Geringschätzung zum Ausdruck.

---
10. C. G. Jung, *Erinnerungen, Träume, Gedanken*, Zürich 1962, S. 10

DER AUSDRUCK

Der Löwe in der Literatur

Die Sonnensymbolik in Reinform findet sich in den Gefühlen, wie in der Dichtung Petrarcas wieder: »Ist's Minne nicht, wer läßt mein Herz so schlagen? Doch ist es Minne, Gott, wie mag sie sein? Wenn gut, was wirkt sie auf mich tödlich ein? Wenn schlecht, was sind so süß ihre Plagen?«[11]
Petrarca besaß als Mann von Welt eine überaus umfassende humanistische Bildung. Er war ein loyaler Mensch, der immer auf der Suche nach der Wahrheit war und die Korruption der Kirche anprangerte, obwohl er sehr gläubig war. In der Politik wollte er sich über die Parteikämpfe stellen und wünschte, daß die italienische Einheit über die inneren Auseinandersetzungen siegte. Er hinterließ historische Abhandlungen, in denen er seine moralischen und pädagogischen Ansichten darlegte; so erklärte er den Unsinn und die Mittelmäßigkeit der Verleumdung: »Oft straft sich selbst, wer andre lädt zum Streite; und wer betrügt, soll sich nicht drob beklagen, wenn er betrogen wird von andrer Seite.«[12]
Am meisten jedoch erstaunt die etwas manierierte Virtuosität, mit der er den Edelmut seiner Gefühle, ihre Tiefe, ihren Ernst und ihre Seelengröße wiedergibt. »Armselig, wer auf Irdisches ein Hoffen begründete! Kann er es nicht verwinden, ist's nur gerecht, wenn er zuletzt betroffen.«[13]
Während Napoleon in seinen Memoiren seinen Wissensdrang zugibt, drückt Alexandre Dumas in *Die drei Musketiere* Ehrgefühl, ritterlichen Mut und strategisches Können aus.
Der tägliche Untergang der Sonne und ihr Wiedererscheinen bildete die Grundlage vieler Religionen als Inkarnation von Tod und Wiedergeburt der Dinge; vielleicht hat sich beides im Unterbewußtsein insbesondere der Löwe-Geborenen einpräg und diesen einen angeborenen Sinn für theatralische Effekte verliehen, wie es bei Alexandre Dumas offenbar wird.

Der Löwe in der Malerei

Rubens zeigt in seiner Wahl lyrischer Sujets ebenso wie in der Verwendung seiner Farben, der rotschimmernden Goldtöne, der dunklen Rottöne und der Gelbtöne eine sonnige Sensibilität. Die Männer und Frauen, die er gemalt hat, tragen die Merkmale des Löwe-Menschen, sie wirken ritterlich und sind von einer erhabenen Schönheit. *Der Triumph der Wahrheit*, der Titel eines seiner Werke, ist typisch für das Löwesymbol. Rubens ist zwar nicht im August, sondern im Juni geboren, aber die Tierkreissektion des Löwen war in seinem Geburtshoroskop durch starke Aspekte

---
11. Francesco Petrarca, »Das Buch der Lieder« in: *Das lyrische Werk*, Darmstadt 1958, S. 217
12. Francesco Petrarca, »Triumph der Liebe«, (s. Fn. 11), S. 509
13. Francesco Petrarca, »Triumph des Todes«, (s. Fn. 11), S. 551

Rechts: Peter Paul Rubens, dessen Horoskop die Bedeutung der Planeten im Zeichen des Löwen zeigt, legt in diesem Gemälde eine Sonnensensibilität in der Wahl der Farben wie auch in der Wahl des Themas an den Tag. – Bellerophon auf Pegasus tötet die Chimäre.

betont, und sein Leben und Schaffen weisen vielfach Elemente des Löwen auf.

Marcel Duchamp, der die Malerei revolutionierte, hatte die Sonne im Löwen stehen. Sein Verhalten verriet seine Zugehörigkeit zu diesem Tierkreiszeichen. Griff er nicht zu Beginn seiner Karriere den Stil mancher Impressionisten auf? Er erklärte als Grund für seine »nach Art von …«-Werke : »Das ist, um mir besser klar zu werden, wie sie es gemacht haben.« Als sein Ruhm versiegte, wollte er nicht mehr malen. Seine Maxime lautete: Nie etwas wiederholen!

Der Löwe in der Musik

»Die Sonne aufgehen zu sehen ist für einen Komponisten wichtiger als die *Pastorale* von Beethoven zu hören.« Claude Debussy war Löwe, und ebenso wie Apollon vesuchte er, sich der Kräfte der Natur zu bemächtigen, indem er sie beobachtete und ihrem Pulsieren lauschte. Seine letzten Klavierwerke trugen den Titel *Pour invoquer Pan* (»Um Pan anzurufen«), den Gott des Ganzen, den Gott der Urenergien, die alle Löwen besitzen möchten. Sein Stil stützt sich auf die Tradition der französischen Musik: Bei ihm erkennt man einen fast schon chauvinistischen Nationalismus, der ihm allerdings zu internationalem Ruhm verhalf.

Der Löwe hat eine Mission und identifiziert sich mit den Werten, die er verteidigen will. Debussy war daran gelegen, das nationale Erbe seines Landes zu retten und vor jeglichem Fremdeinfluß zu bewahren.[14] Er verstand nicht, daß man ihn mit irgendwem vergleichen konnte. »Begriffsstutzige Masse! Seid ihr denn nicht in der Lage, Akkorde zu hören, ohne ihren Ausweis und ihre besonderen Kennzeichen sehen zu wollen? Wo kommen sie her? Wo gehen sie hin? Muß man das unbedingt wissen? Hört doch zu!«[15] Abschließend werden hier noch einige Antworten wiedergegeben, die Debussy 1889 einem jungen Mädchen gab:

»Was ist Ihre bevorzugte Tugend?«
»Der Stolz.«
»Welche Eigenschaften bevorzugen Sie bei einem Mann?«
»Willenskraft.«
»Welche Eigenschaften bevorzugen Sie bei einer Frau?«
»Charme.«
»Ihr Hauptmerkmal?«
»Meine Haare.«
»Ihre Lieblingsdevise?«
»Immer höher.«[16]

Debussy oder Claude de France, wie er sich auch gern nennen ließ, verwirklichte eine Wende in der Musik, die einige andere mit vorbereitet hatten. Man kann bei ihm verschiedene Einflüsse erkennen, den Wagners, Ravels oder Strawinskis, aber wie Antoine d'Ormesson sagte: »Warum soll man Debussy nicht ganz einfach zubilligen, was Debussy zusteht?«[17] Debussy schuf eine Musik, die scheinbar ohne Gerüst ist: Indem sie den Tönen ihre Unabhängigkeit gibt, ist sie tatsächlich von einer so großen Harmonie erfüllt, daß es uns schwer fällt, sie schon bei den ersten Akkorden zu erkennen. Sie tritt in Verbindung mit dem Universum, und vielleicht kann man sie mit jenem Kosmos vergleichen, der mit dem Gewöhnlichen in keinerlei Zusammenhang zu stehen scheint, weil die ihm eigene Ordnung nur von Seelen wahrgenommen werden kann, die für die Töne des Universums empfänglich sind. Debussy hat versucht, jene Synthese zu schaffen, in der jeder Akkord zugleich frei ist und »mit dem Ganzen in Wechselbeziehung steht«, ohne daß man es merkte. Aus diesem Grund bleibt sein Werk unnachahmlich: »Ich schreibe Dinge, die nur von den Kindern des 20. Jahrhunderts verstanden werden.« Tritt das tiefe Universum des Löwen nicht im *Cid* zutage, der eine mythologische Tragweite erlangt hat? Findet sich bei ihm nicht eine seiner typischen Verhaltensweisen, wenn er sich über die regionalen Gegensätzlichkeiten stellt, um den Kampf gegen den nationalen Feind zu führen, wenn er alle katholischen Spanier und Mauren um sich zu scharen sucht, um den gemeinsamen Feind Ben Jussuf zu schlagen? Er ist imstande, sich »über die Parteien« zu stellen, um sich in einem Schicksal zu transzendieren, das keine irdischen Grenzen hat. *El Cid* von Anthony Mann hat ein Schicksal und will sich bis zum Ende dahineinfügen: »Ich will mich dem Urteil des Höchsten unterwerfen«, und ganz ehrenhaft: »Kann ein Mann ohne Ehre leben?« Sein Vaterland Kastilien hatte den Löwen als Wappentier. *Le Cid* von Corneille vermittelt uns vielleicht am intensivsten das tiefe Universum des Löwen: Herz und Vernunft sind hier im Hinauswachsen über sich selbst vereint.

»In Revolutionen gibt es zwei Sorten von Menschen: solche, die sie machen, und solche, die von ihnen profitieren«, schrieb Napoleon I., hier dargestellt am Sankt-Bernhardin-Paß von David.

Links: Der Löwe, Symbol des Evangelisten Markus.

---

14. Emile Vuillermoz, *Histoire de la musique*
15. Zitiert nach André Barraque, *Debussy*, Seuil
16. Zitiert nach André Barraque, (s. Fn. 15)
17. Antoine d'Ormesson, *Initiation à la musique*, Stock, 1980

Die Jungfrau

23. AUGUST – 22. SEPTEMBER

»Von der Gewalt, die alle Wesen bindet, befreit der Mensch sich, der sich überwindet.«
　　　　　　　　　　　　　　　　Johann Wolfgang von Goethe

DIE GRUNDLAGEN

Das Symbolbild

- ♍ Das Symbol stellt ein junges Mädchen dar.
- ♍ Sie hat Flügel (Symbol der Vergeistigung).
- ♍ Sie hält eine Weizenähre oder eine Garbe in der Hand.
- ♍ Die Herkunft dieses Weizens ist unbekannt: Angeblich entstand er aus der Vermählung von Himmel und Erde.
- ♍ Der Weizen folgt einem ewigen Zyklus: Samen, Frucht, geschnittene Ähre, Rückkehr in die Erde, um dann erneut zu reifen.
- ♍ Die Hand, die ihn hält, ist die einer Jungfrau.

- ♍ Die Jungfrau sucht die Reinheit mit einer gewissen Naivität.
- ♍ Sie ist ein Wesen voller Aktivität, vor allem psychischer.
- ♍ Sie neigt dazu, all ihre Möglichkeiten zu verwirklichen.
- ♍ Die Jungfrau sucht Intuition und Logik zu versöhnen.
- ♍ Sie ist sich der Beziehungen zwischen Mensch und Natur bewußt, der Zyklen von Tod und Wiedergeburt. Geistige Reife.
- ♍ Sie liebt Perfektionismus.

August: Sommerende

- ♍ Die Erde ist von der Sonne erwärmt. Die Natur ist trocken. Ebenso wie die Natur ist auch der Mensch ausgedörrt, gesättigt von zuviel Wärme, zuviel Leben.
- ♍ Die Hitze nimmt ab. Die Tage werden unmerklich kürzer. Die Triebe haben zu wachsen aufgehört, das Korn ist reif für die Ernte. Die Kräfte nehmen ab.
- ♍ Es ist Erntezeit, die Scheunen füllen sich.
- ♍ Wenn das Korn abgeerntet ist, wirkt die Erde öde.

- ♍ In der Zeit der Dürre löst sich der Mensch vom bodenständigen Leben und will zurückkehren zu wesentlichen Werten. Die Jungfrau verarbeitet alles mit Intellekt und Logik.
- ♍ Der Mensch spürt, daß seine Energien schwinden, also braucht er einen sicheren Zufluchtsort. Die Jungfrau bewegt sich innerhalb von Normen, Regeln, Formeln, Sitten und Gebräuchen.
- ♍ Die Jungfrau ist vorausschauend, methodisch und ein Organisationstalent. Sie besitzt eine in höchstem Maße praktische Veranlagung.
- ♍ Die Jungfrau ist von unruhiger Natur und weiß sich nicht so recht Geltung zu verschaffen.

Der veränderliche Sommer

- ♍ Der Sommer geht zu Ende, es ist eine Zeit des Übergangs.
- ♍ Die Jungfrau ist von großer psychischer Aktivität und paßt ihre Ethik den Realitäten des Lebens an.

Die Jungfrau ist ein veränderliches Tierkreiszeichen.

Die jungfräuliche Erde

Die Erde ist das Element der Jungfrau: das Element der Konzentration, der Fixierung und des Konkreten. Seine Ausprägung erhält es in der Jungfrau durch die Stellung im Tierkreis. In der Trilogie der Tierkreiszeichen der Erde kommt nach der kardinalen Erde des Steinbocks (Aussaat, Bewußtsein) und der beständigen Erde des Stiers (die fruchtbare Erde: Realitätssinn, Effektivität) die veränderliche Erde der Jungfrau, in der Mensch dazu neigt, seine Gefühle in seinem Handeln nicht zu berücksichtigen. Die Charakterlehre sieht sie als aktiv, nervös und nicht erregbar. Der Ausdruck ist lebhaft und intelligent, der Blick lebendig und die Sprechweise gleichmäßig und gefaßt.

- ♍ Die Erde ist beackert, mit Saat versehen, bearbeitet und hat Früchte getragen.
- ♍ Die Jungfrau ist sich der Anstrengung, der großen und kleinen Leiden bewußt; sie hat Verständnis für die Menschen, die mit schweren Aufgaben betraut sind.

Die Jungfrau

- ♍ Die Erde ist übersät mit geschnittenen Weizenähren.

- ♍ Es ist eine Erde, die »geblutet« hat, deren ganze Ressourcen erschöpft sind. Sie ist jetzt trocken und ausgelaugt.

- ♍ Nach der Ernte kommt eine neue Erde zum Vorschein. Eine jungfräuliche, reine Erde, die sich anschickt, die neue Saat aufzunehmen.

- ♍ Die Jungfrau ist motiviert vom Drang zur Pflichterfüllung. Sie hat Verantwortungsgefühl für andere ebenso wie für sich.

- ♍ Der Jungfrau mangelt es an Spontaneität, sie ist effektiv und sittsam. Sie hält ihre Gefühle verborgen.

- ♍ Bevor die Jungfrau handelt, seziert sie alles bis ins Detail. Sie analysiert und reflektiert, ehe sie entscheidet.

Merkur

Die Jungfrau teilt sich mit den Zwillingen den Merkur als Regenten und Interpreten. Bei den Zwillingen ist er vor allem der Götterbote, Merkur als Kind, Symbol der vermittelnden Intelligenz. Bei der Jungfrau ist es der erwachsene Merkur, der Besitzer des Hermesstabes, des Symbols der scharfen Intelligenz. In vielen Überlieferungen untersteht sie auch Demeter.

- ♍ Durch seine Agilität und Lebendigkeit betört Merkur Jupiter, der ihn als persönlichen Boten in den Kreis der Götter aufnimmt.

- ♍ In seiner neuen Funktion muß Merkur über Verträge wachen, den Handel begünstigen und die Straßen kontrollieren. Er wird zum Schutzgott der Händler, Juristen, Intellektuellen, aber auch der Diebe.

- ♍ Merkur lehrt die Götter, Feuer zu machen.

- ♍ Er hilft den drei Parzen, das Alphabet zu erfinden, und erfindet selbst die Astronomie, die mit der Mathematik verbunden ist.

- ♍ Er ist auch der Erfinder der Transkription der Musik in Noten.

- ♍ Merkur entwickelt Gewichts- und Maßeinheiten.

- ♍ Er läßt Olivenbäume kultivieren.

- ♍ Er erfindet die Gymnastik.

- ♍ Hades erwählt Merkur, die Toten zu ihm zu führen. Merkur wird so zum Mittler zwischen Schlafen und Wachen.

- ♍ In dieser Eigenschaft wird der Hermesstab zum Attribut Merkurs: Ein Stab, um den sich zwei Schlangen gegenläufig winden. Diese Schlangen stellen zwei symbolische Aspekte dar, einen günstigen und einen ungünstigen.

- ♍ Die Schlangen winden sich spiralförmig, eine nach oben, die andere nach unten. Die Spirale symbolisiert die Evolution.

- ♍ Die Jungfrau hat einen ausgeprägten Tatendrang (wie die Zwillinge, jedoch in einem anderen Kontext) und ein starkes Verlangen nach Wissen.

- ♍ Sie ist eine hervorragende Vermittlerin und besitzt ein Gespür für Menschen und Dinge, das es ihr ermöglicht, ihren eigenen Interessen ebenso zu dienen wie denen anderer.

- ♍ Die Jungfrau kann ihre Energie beherrschen und kanalisieren.

- ♍ Sie sammelt qualitatives Wissen auf zwei Arten: durch die reine Erkenntnis (Alphabet) und durch praktisches Wissen (Mathematik). Die Jungfrau strebt nach immer mehr Erkenntnis und nach praktischer Umsetzung ihres Wissens.

- ♍ Sie kann ihre Eindrücke artikulieren, das Irrationale rationalisieren und dem Formlosen Gestalt geben: Die Töne werden zu Musik, die Bilder zu Poesie. Als Mittlerin zwischen Intuition und Intellekt ist sie sehr realistisch.

- ♍ Die Jungfrau hat Sinn für Werte.

- ♍ Sie hat Organisationstalent und geht methodisch vor.

- ♍ Sie ist das Tierkreiszeichen der Mediziner und Ernährungsspezialisten.

- ♍ Die Jungfrau weckt Bewußtsein.

- ♍ Die Jungfrau selbst ist gleichermaßen angezogen von den Kräften der Finsternis und den Kräften des Lichts. Sie sucht auch das Gleichgewicht zwischen Gut und Böse zu erhalten. Dieses Ideal erklärt ihre ständige Spannung.

- ♍ In ihrem Charakter vereinen sich Gegensätze: Hemmung und Trieb, Konventionelles und Reaktionäres. Sie ist ein ambivalentes Wesen, das von einem Extremzustand in den anderen verfällt: vom Schlechten zum Guten, von der Güte zum Haß. Diese Wechsel leiten Bewußtwerdungsprozesse ein, durch die sie sich weiterentwickelt.

- ♍ Der Hermesstab stellt die Achse der Welt dar, sie harmonisiert die gegensätzlichen Tendenzen: Der Hermesstab symbolisiert den Frieden.

- ♍ Die Jungfrau strebt nach Frieden und Ruhe.

Mit Merkur als Regenten steht die Jungfrau zugleich unter der Herrschaft Demeters, der Muttergöttin, die auch Bestandteil der Stiersymbolik ist. Aber ein Symbol kann viele Aspekte haben, die vom Ausgangsniveau und von der Entwicklungsstufe abhängen. Im siebten Tierkreiszeichen zum Beispiel eröffnet uns die Legende Demeters neue Möglichkeiten des Verständnisses.

- ♍ Verzweifelt über den Verlust ihrer Tochter Proserpina, die von Pluto geraubt wurde, sucht Demeter neun Tage und Nächte lang unermüdlich. Die Zahl Neun, der man in der Mythologie häufig begegnet, steht für Vollkommenheit. Es ist die Ziffer der Vollendung.

- ♍ Demeter durchwandert die gesamte bekannte Welt, ohne ihre Tochter zu finden.

- ♍ Gerührt von ihrer Verzweiflung sendet Zeus Hermes in die Unterwelt, um Proserpina zu ihrer Mutter zurückzubringen. Nachdem sie sie wiedergefunden hat, wird Demeter zur Initiatorin der eleusischen Mysterien.

- ♍ Die Jungfrau ist auf der Suche nach Vollkommenheit und hat den Eindruck, daß ihr zur Selbstverwirklichung immer etwas fehlt. Doch was verliert Demeter in ihrer Tochter, wenn nicht einen Teil ihrer selbst, der den großen Mysterien Plutos ausgeliefert war: Die Jungfrau fühlt sich angezogen von den Geheimnissen des Lebens und des Todes, auf geistiger Ebene ebenso wie auf konkreter.

- ♍ Die Jungfrau glaubt, die Bedeutung des Lebens und der Spiritualität in der Materie, der Ordnung und der Analyse finden zu können.

- ♍ Begreift sie nicht endlich eines Tages, daß die beiden Welten, die sie vereinen will, in ihr selbst liegen, daß sie nur anscheinend getrennt sind, daß man es aber, um die Welt des Unbewußten oder die Welt der Spiritualität zu erreichen, in der Welt der scheinbaren Realitäten gut zurechtkommen muß – das heißt, sie voll und ganz anzunehmen. Und eben darin besteht ihre Ethik.

Die Gedärme

Der Körperteil, der der Jungfrau entspricht, sind die Gedärme.

- ♍ Ihre Funktion ist es, die Nahrung aufzuspalten und die notwendigen Bestandteile auszuwählen.

- ♍ Sie sondern die Abfälle aus und verarbeiten die Nährstoffe.

- ♍ Der Jungfrau werden die Werte eines Filters, der Analyse und der Aktivität zugeschrieben.

- ♍ Sie besitzt die Fähigkeit zur Elimination und Assimilation.

Diese Grundlagen liefern uns die Tierkreisformel der Jungfrau: Sie ist ein Sommerwesen, veränderlich, erdig, merkurisch, dem die Gedärme entsprechen. Diese Formel läßt sich folgendermaßen übersetzen:

Eine ambivalente Natur
Die Jungfrau fühlt sich hin- und hergerissen zwischen Gut und Böse, zwei Kräfte, die sie in gegensätzliche Richtungen ziehen: Man sagt von ihr, sie habe eine ambivalente Natur. Greta Garbo, die ein jungfräuliches Gesicht hatte, aber manchmal dämonische

Der erwachsene Merkur, Regent der Jungfrau, verleiht ihr die Fähigkeit zur Analyse, zur Organisation und zur Methodik.

Rollen spielte, könnte diese Dualität ausdrücken. Die Jungfrau ist ein verantwortungsbewußtes Wesen, das vor der Arbeit methodisch die Schwierigkeiten ausräumt; so Richelieu, der die Elemente »eliminierte«, die nicht ins Königreich paßten, um Frankreich allein nach der Ethik der Monarchie zu organisieren.

Ein anderes Beispiel ist Jean-Baptiste Colbert. Unermüdlich arbeitete er 16 Stunden täglich. Er wollte die Geschäftswelt Frankreichs in Ordnung bringen: Er ließ ein Gesetzeswerk für den Handel erarbeiten, reglementierte das Manufakturwesen, entwickelte die Landwirtschaft und die Industrie weiter und gründete mehrere Akademien. Da Colbert einen sehr ausgeprägten Sinn für Werte besaß, versuchte er, König Ludwig XIV. die Nutzlosigkeit mancher seiner Ausgaben zu verdeutlichen. »Ich erkläre Ihrer Majestät, daß eine nutzlose Ausgabe von 1 000 Ecus mir unglaublichen Schmerz bereitet.«[18]

Ein methodisches Denken, das keine Behauptung ohne Beweis aufstellt
Es liegt auf der Hand, daß viele Wissenschaftler im Zeichen der Jungfrau geboren wurden. Hat der Forscher vom Typ der Jungfrau die Ordnung gefunden, in die sich die Dinge einfügen, klassifiziert er sie methodisch: so Antoine Laurent de Lavoisier, der Begründer der modernen Chemie, der ihre Nomenklatur aufstellte, und Baron de Cuvier, der eine rationale Klassifikation der Tierwelt vornahm. – Das Denken der Jungfrau läßt sich also durch ein Mikroskop oder eine Uhr symbolisch darstellen.

Eine ängstliche Liebe
Wie ist der Mensch beschaffen, der die Jungfrau von ihrer natürlichen Unruhe befreit, sie beruhigt, sie mit Feingefühl und Takt zu behandeln weiß? Theatralische Gefühlsausbrüche liegen ihr fern, das Band ergibt sich aus einer Gemeinschaft der Gedanken: Die Liebe ist etwas, das sich lernen läßt. Die Jungfrau studiert lange den Menschen, der dazu bestimmt sein könnte, sie die ersten Schritte tun zu lassen. Das Herz einer Jungfrau läßt sich nicht im Sturm erobern. Doch nicht alle Jungfrauen sind wie Saint-Just, der in strengem Zölibat lebte. Ihre ambivalente Natur kann sie plötzlich zu Begierden hinreißen, die jenen der Skorpione in nichts nachstehen.

Das *Ideogramm* der Jungfrau besteht aus einem M, mit einem anschließenden Bogen, der das letzte »Bein« des M kreuzt. Es ist eine vereinfachte Abbildung von Körper und Flügel der Jungfrau, das bogenförmige Anhängsel stellt die Weizenähre dar – ein Wesen der Reinheit und Produktivität. Die Bogen des M lassen sich aber auch als Analogie zu den verschlungenen Därmen sehen, was auf ihren Wert als Filter und ihrer Fähigkeit zur Analyse hinweist.

18. Zitiert nach André Barbault, *La Vierge*, Seuil, S. 89

Die Jungfrau sucht die Reinheit, die sie in sich trägt.
Der heilige Gral von Rackham.

DER AUSDRUCK

Die Jungfrau in der Literatur

Nicht allein mit Goethes Zugehörigkeit zum Tierkreiszeichen der Jungfrau läßt sich sein ambivalentes Denken begründen, denn in seinem Geburtshoroskop gibt es noch andere Hinweise auf diese Tendenz: Der Mond im Zeichen der Fische, was ihn für vielfältige Harmonien empfänglich machte, stand einer Sonne in der Jungfrau gegenüber, die das Streben nach Ordnung forderte. Um diese Dichotomie zu begreifen und auszuhalten, war sein »Ich« im Aszendenten gestärkt durch die Kraft Saturns im Zeichen des Skorpions. So konnte er die Wissenschaft mit der Kunst verbinden. Meist kennt man ihn eher als Dichter der *Leiden des jungen Werther* oder des *Faust* und vergißt darüber seine Entdeckung des Zwischenkieferknochens oder seine Farbenlehre.

Schon in seiner Jugend besaß er diese Vorliebe für das Sammeln und Ordnen, woraus man der Jungfrau manchmal einen Vorwurf macht, wenn sie zur Manie ausartet. Sein Leben lang war Goethe auf der Suche nach der Wahrheit: Sein ganzes Leben blieb er sich und anderen treu und richtete in allem irdischen Treiben unablässig den Blick nach oben. Drückte er in einem ersten Lebensabschnitt, in dem er *die Leiden des jungen Werther* schrieb, eher die Gefühle des Mondes im Zeichen der Fische aus, so gab ihm der Pol der Jungfrau die nötige Kraft, sein Unbewußtes zu beherrschen. Die Sonne in der Jungfrau ist sein Ideal, sie verlangt Vollkommenheit, ewige Weisheit und fordert von ihm eine ständige Anstrengung, seine Sensibilität zu besiegen. »Von der Gewalt, die alle Wesen bindet, befreit der Mensch sich, der sich überwindet«, sagt er in dem Gedichtfragment »Die Geheimnisse«.

Trotz ewiger innerer Unruhe sucht er das Gleichgewicht seines Seins und versucht, sich immer mehr zu vervollkommnen. Oft liest man zwischen seinen Zeilen den Ausdruck dieser Spannung heraus, wenn er von seiner Unruhe, seiner Ungeduld, seinen Bemühungen, Forschungen, Überlegungen, Bedenken spricht. Er stellt seine Talente und auch den Wert seiner Arbeit in Frage: Er habe alles mögliche geschrieben, relativ wenig, im Grunde nichts, sagt er nach dem ersten Teil des *Faust*. Als er Anfang 30 ist, vollzieht er in seinem *Tagebuch* einen wahrhaften Bewußtseinsakt: Er schätzt schonungslos den Nutzen seiner bis dahin geleisteten Arbeit ab, stellt fest, daß er die ganze Zeit vertan hat und faßt den Entschluß, die ihm verbleibende Lebenszeit besser zu nutzen. Bis zum Ende seines Lebens bewahrt er sich ein klares Bewußtsein seiner eigenen Bedeutung, läßt sich nie vom Erfolg mitreißen und bleibt immer von großer Demut: Im Grunde habe er lediglich die Fähigkeit und Neigung, zu unterscheiden und zu wählen, erklärt er. Er stellt keine Behauptung auf ohne Beweis, und für ihn kann der Beweis nichts anderes sein als das Ergebnis der Erfahrung, die wiederum die Frucht von Arbeit und Leiden ist. Selbst in bezug auf Gott befallen ihn Zweifel, obwohl er gläubig sein will, und er sucht den Zugang zu Gott auf intellektuellem Wege. In ständiger Unsicherheit stellt er immer wieder seine Ansätze und Schlußfolgerungen in Frage. Er glaubt, daß alle ein Stückchen Wahrheit enthalten, abhängig vom Temperament

Wer befreit mich ... von mir selbst? Der Maler F. Khnopff war Jungfrau.

eines Menschen, seiner Tätigkeit und seinem Alter: »Im Hause meines Vaters sind viele Wohnungen.« Das Wesen des Glaubens spielt keine sonderliche Rolle, sei er nun polytheistisch oder pantheistisch. Gott wird jene erkennen, die einem moralischen Anspruch genügt haben. Und seine Moral ergibt sich aus der Erkenntnis der Grenzen des Menschen: »Der Mensch ist nicht eher glücklich, als bis sein unbedingtes Streben sich selbst seine Begrenzung bestimmt«; aber auch über das Vergessen »seiner selbst in einer Tätigkeit, die dem Menschen eine Aufgabe und der Gesellschaft ein Nutzen ist« (*Wilhelm Meisters Lehrjahre*). Goethe war sich der Gefahr des Scheiterns der Menschen und der Schwierigkeiten, antagonistischen Kräften zu widerstehen, durchaus bewußt. Die Jungfrau empfindet mehr als jedes andere Tierkreiszeichen diese beständige Spannung zwischen Gut und Böse: »... zwei Seelen wohnen, ach, in meiner Brust«. Mit der Kraft und dem Scharfblick eines Aszendenten Skorpion brachte Goethe im *Faust* diese Spannung einer Sonne in der Jungfrau zum Ausdruck, die im ewigen Zwiespalt zwischen Gut und Böse liegt.

Die Jungfrau in der Malerei

Die beiden großen Meister des französischen Klassizismus im 19. Jahrhundert, Jacques Louis David und Jean Auguste Dominique Ingres, sind beide Jungfrau-Geborene.

David war der offizielle Maler Napoleons, von dem er den Auftrag bekam, die Hauptphasen der napoleonischen Regierungszeit darzustellen. Das realisierte er so exzellent, daß man meinen sollte, er habe dabei eine gewisse Persönlichkeit auf künstlerischer Ebene eingebüßt hat: Seine Werke standen im Dienst eines politischen Ideals, aber auch eines Regimes, das ihn begeisterte. Er wählte Themen aus der römischen Geschichte, um die moralischen Tugenden zu vermitteln, die diese Epoche honorierte. In einem seiner Bilder, *Die Reden des Horaz*, entsprach er voll und ganz den Ansprüchen seiner Zeitgenossen, drückte aber wohl auch seine eigenen Wertvorstellungen aus. Die Linienführung ist genau, die Zeichnung erbarmungslos, sie strahlt Meisterschaft und eine gewisse Härte aus, und zwar gleichermaßen in dem Können, als auch in den Gefühlen, die er ablehnt. Im Hintergrund sieht man Frauen weinen, aber die Krieger schenken ihnen keinerlei Beachtung. Sie sind voll und ganz mit sich selbst beschäftigt und dem Schicksal, dem sie sich fügen werden. Man hat David Gefühlskälte vorgeworfen. Wie mag er selbst darüber gedacht haben? Jene, die David in dieser Hinsicht kritisierten, hatten sicher nicht die gleiche Weltsicht wie er. Er selbst hatte vielleicht den Eindruck, sich eine Blöße zu geben. In *Die Ermordung Marats* zeigt der Künstler sich weniger schamhaft, man erkennt die geheimen und oft unausgesprochenen Absichten aus der Symbolik der Jungfrau. Jenseits der Aktualität des Mordes spürt man ein Streben nach Transzendenz. Der Hintergrund des Bildes ist düster, unbestimmt, vermittelt den Eindruck unergründlicher Tiefe. Schon dieses Werk allein vereint den Realismus des Lebens (durch den Tod) und das Unerreichbare (idealisiert durch das Schwarz), das die Ambivalenz der Jungfrau ausdrückt.

Ingres war Davids Schüler und führte den Akademismus seines Lehrers fort. Wenn er illustre Persönlichkeiten seiner Epoche malte, machte er Anleihen bei Porträts der alten Meister. *Die große Odaliske*, ausgeführt für Napoleons Schwester Caroline Mu-

rat, scheint vom Alltäglichen losgelöst. Doch auch hier wird in anderer Form die Dualität der Jungfrau umgesetzt: Schaffen die Übertreibung der Loslösung, der kalte, ferne Blick nicht eine gewisse Erregung, die der Künstler gerade zu verachten scheint? Die Maler des Tierkreiszeichens Jungfrau wählten als Ausdrucksform keinen strikten Klassizismus. Einer der berühmtesten deutschen Frühromantiker, Kaspar David Friedrich, gehörte ebenfalls diesem Zeichen an. Sein Schaffen läßt uns gewisse Haltungen der Jungfrau verstehen: »Die Kunst präsentiert sich als Mittlerin zwischen« Natur und Mensch. Das Modell ist zu groß, zu erhaben, um es fassen zu können.«[19] Steht der Mensch in *Mönch am Meer* nicht vor dem Unerreichbaren, ist hier nicht die *conditio humana* auf ihre Grenzen reduziert angesichts des Unendlichen? Eine Frage stellt sich: Hat der Mensch die Mittel, seine Anwesenheit in der Welt mit der Ewigkeit verschmelzen zu lassen – wie lassen sich diese beiden Dimensionen in einen Zusammenhang bringen? Die Welt des Unbewußten ist eine Welt, die viele Jungfrau-Geborene anzieht. Doch wie soll man sie erreichen, ohne den Boden unter den Füßen zu verlieren? Drei Gestalten in *Kreidefelsen auf der Insel Rügen* scheinen uns drei Elemente einer Antwort zu geben: Die erste ist eine sitzende Frau, deren linke Hand sich an den Wurzeln eines Baumes festhält, während die rechte Hand auf die weißen Felsen gerichtet ist. Sie scheint die Unendlichkeit naiv zu befragen. Jäh abfallende Felsen von einem jungfräulichen Weiß, ragen zwischen dem Festland und dem Blau des Traums oder dem Meer des Unbewußten auf. Die zweite Gestalt ist ein Mann, der auf dem Bauch liegt, leicht auf die Arme gestützt, und das großartige Schauspiel kaum zu betrachten wagt: Ist er überhaupt dazu imstande? Und: Könnte ihn vielleicht jemand überraschen? Dicht neben sich hat er Hut und Stock abgelegt, Zeichen seiner Zugehörigkeit zu einer bestimmten Gesellschaftsschicht. Die dritte Gestalt – noch ein Mann – steht mit gespreizten Beinen fest auf der Erde. Ihm fehlt die Unruhe der beiden anderen: Er hat vielleicht den Frieden gefunden. Diese drei Menschen könnten die drei Lebensalter angesichts des Unbekannten symbolisieren (die Friedrich in seinen Werken häufig dargestellt hat). Ein anderes Bild, *Frau am Abgrund*, vermittelt den Sinn des Schicksals: Mit dem verwurzelten Baum rechts, der die Welt des Glaubens darstellt, und dem entwurzelten Baum links, der den Tod des Individuums repräsentiert, drückt ein und dasselbe Bildnis – der Baum – die beiden Antipoden des Daseins aus. Eine Schlange, die die irdischen Versuchungen symbolisiert, richtet sich auf und sieht die Frau an.[20] Sie bemüht sich, ihr Gleichgewicht auf einem Baumstamm zu finden, der sie über die Schlucht des Todes bringen könnte. Ihr Gesicht ist verzerrt: Sie sieht die Berge des Jenseits im Hintergrund nicht an, sie läßt ihre irdischen Begierden zurück. Trotz ihrer Unruhe beweist sie einen gewissen Mut, indem sie der Sicherheit widersteht, die der eine oder andere ihr bieten könnte. Es bedarf einer großen geistigen Reife, das Schicksal zu akzeptieren, das Friedrich ausdrückt: Ein Weg, auf dem man nur vergänglichen Überzeugungen begegnet und der uns unzweifelhaft in den Tod führt. Besteht das Schicksal in der Unerreichbarkeit der Berge der »ewigen« Wahrheit?

---

19. Zitiert nach René Huyghe, *Dialogue avec le visible*, Flammarion, S. 373
20. im *Katalog der Tate Gallery* über Kaspar David Friedrich

Die Jungfrau

Diese Illustration zum Roman de la Rose *von Burne-Jones ist die Darstellung des Ideals und des Strebens nach Reinheit.*

Die Jungfrau in der Musik

Das Werk Anton Bruckners ist nicht sehr bekannt. Er gehörte dem Tierkreiszeichen Jungfrau an, und seine natürliche Schüchternheit hinderte ihn, sich in den Vordergrund zu drängen oder auch nur einfach ins rechte Licht zu rücken. Ständig war er unzufrieden mit sich und überarbeitete wiederholt seine Partituren. Gefühlsmäßig erlebte er eine Enttäuschung nach der anderen und verarbeitete sein Leiden in der Kunst. Eine Kunst, die seine Suche nach Gott musikalisch umsetzt. Die IX. Symphonie, die unvollendet blieb, bringt sein mystisches Streben zum Ausdruck. Bruckner steht für einen Aspekt der Jungfrau: »Um Frucht zu tragen, muß der Samen sterben.« – Der Mensch, der die eigentliche menschliche Bestimmung erahnt, kann sich von der materiellen Welt lösen und den Sinn des Opfers auf ein extremes Niveau treiben. Vom Schmerz gezeichnet und von ewigen Zweifeln geplagt, läutert Bruckner sich in der Arbeit und bewahrt sich dabei eine große Demut. Er bittet die Jungfrau Maria, ihm Kraft zu geben und ihm zu helfen, die Grenzen seiner Erfahrung zu überschreiten. Übrigens ergibt sich in seinem Leben häufig eine symbolische Beziehung zum Monat August: In diesem Monat stellt er entweder ein Werk der Öffentlichkeit vor, oder er hält um die Hand einer jungen Frau an, die ihm immer verweigert wird. Desillusioniert vom Alltagsleben widmet er sich dennoch völlig seinen Schülern, komponiert unermüdlich und bleibt einfacher Kirchenorganist. Seine Musik bringt seine Liebe zum göttlich Absoluten mit einer oft unaufgelösten Spannung zum Ausdruck. Was die Zwölftonmusik Arnold Schönbergs angeht, so setzt auch sie einen Ausdruck des Typs Jungfrau um: Seine Musik ist bar aller affektiven Bezüge, die aufeinanderfolgenden Töne und Akkorde drücken kaum Spontaneität aus. Um sie jenseits der äußeren Erscheinung zu verstehen, muß man »hinter die Töne horchen«, weshalb man von Schönbergs Komposition sagte, sie sei intellektuell. Darauf erwiderte Schönberg, er komponiere lieber wie ein Intellektueller als wie ein Schwachkopf.[21]

Viele Symbole verweisen auf den Mythos der Isis auf der Suche nach ihrem verschwundenen Mann: Isis versucht, die Teile des Körpers von Osiris zusammenzutragen, die Seth, der Gott der Finsternis, verstreut hat. Nachdem sie sie wieder vereint hat und Osiris ins Leben zurückkehrt, erkennt Isis die Bedeutung ihres Sohnes Horus, den sie unter ihrem Herzen trug. In Griechenland entspricht dieser Mythos dem der Demeter. Uns scheint er das Streben nach Reinheit in der Außenwelt und die Entdeckung der Reinheit in sich selbst zum Ausdruck zu bringen.[22] Ist das nicht eine wunderbare Entsprechung des Jungfrausymbols?

---
21. Siehe Antoine d'Ormesson (s. Fn. 17), S. 364
22. Wie es M. Senard in *Le Zodiaque*, Editions traditionnelles, sehr gut gezeigt hat.

Die Waage

23. SEPTEMBER – 22. OKTOBER

»›Überlegen‹ bedeutet, Ideen anregen und sie zwingen, sich zu verbinden, und ›diskutieren‹ heißt, sich gegenseitig in Erstaunen setzen; aber denken heißt abwägen, und das ist meine Sache.« — *Lanza del Vasto*

DIE GRUNDLAGEN

Das Symbolbild

♎ Die Waage ist ein Meßinstrument, mit dem man Dinge abwiegen kann.

♎ Die Waage hat Sinn für aktuelle Werte; sie verändert sich mit den anerkannten Normen und Maßen.

♎ Sie ist ein Instrument mit einem Balken, an dessen Enden jeweils eine Schale hängt; der Balken schwingt abwechselnd an der einen und anderen Seite hinunter.

♎ Der Waage-Geborene sucht sein Gleichgewicht, indem er zur Spontaneität und zur Meditation neigt, zum Ruf des Lebens oder dem Rückzug vor ihm, zur Extraversion oder zur Introversion.

♎ Ein Nichts läßt den Balken vibrieren.

♎ Die Waage spürt jede Schwingung. Sie ist ein überaus sensibles Wesen.

♎ Wenn die Waagschalen im Gleichgewicht sind, kann man ihre Gewichte austauschen.

♎ Sie kann sich leicht in andere hineinversetzen. Die Waage ist anpassungsfähig und umgänglich.

♎ Der Balken kann immer nur zu einer Seite ausschlagen.

♎ Sie weiß die Dinge zu nehmen und ist opferbereit.

♎ Um ihn ins Gleichgewicht zu bringen, bedarf es einer anderen Kraft auf der gegenüberliegenden Schale.

♎ Sie braucht einen anderen, der sie ergänzt, sie ins Gleichgewicht bringt: »Das Du und Ich.« Sie ist geschaffen für den Zusammenschluß.

♎ Die Waage symbolisiert Gerechtigkeit: Das ist die Abwägung von Taten.

♎ Die Waage sucht das Gleichgewicht zwischen richtig und wahr.

September: Herbstanfang

♎ Es ist Tagundnachtgleiche des Herbstes.

♎ Die Waage besitzt zwei Naturen, die sich ausgleichen: eine jugendliche (Tag) und eine reife Natur (Nacht). Sie ist ein besonnenes Wesen.

♎ Die Nacht trägt allmählich spürbar den Sieg über den Tag davon.

♎ Die objektiven Werte überlassen den inneren Werten das Feld: Die Waage ist sentimental.

♎ Es ist das Ende des Sommers, die Wärme nimmt ab, die Temperaturen sinken.

♎ Sie ist nicht leidenschaftlich. Sie scheint mit einer gewissen Losgelöstheit zu handeln.

♎ Die Sonne steht niedriger, und die Blätter färben sich.

♎ Sie hat eine unruhige, ausweichende Natur, weil sie sich verletzbar fühlt.

♎ Die Pflanzenwelt befindet sich im Niedergang: Die Bäume verlieren Laub, die Äste zeigen sich in ihrer Nacktheit.

♎ Allerdings ist sie tiefen Werten verbunden und von einem wahrhaftigen Ernst.

♎ Bei Herbstanfang löst sich die Rose dank der letzten Sonnenstrahlen vom Stamm.

♎ Die Waage liebt vollendete Dinge, deshalb wacht sie darüber, daß sie reifen.

♎ Die Tiere kehren zurück in ihre Höhlen und bereiten sich auf den kommenden Rauhreif vor.

♎ Sie ist vorausschauend.

Der kardinale Herbst

♎ Es ist Sommerende, eine neue Jahreszeit – der Herbst – beginnt.

♎ Die Waage ist empfänglich für die Beziehungen der Seele, den Gefühlsaustausch. Sie strebt nach neuen Erkenntnissen. Sie verspürt den Zwang, für andere dazusein und sich für sie einzusetzen.

Die Waage ist ein kardinales Zeichen.

Die Waage

Die Luft

Die Luft ist das Element der Waage: das Element des Austauschs, der Beweglichkeit und Diffusion. Ihre besonderen Merkmale erhält sie in der Waage durch ihre Stellung im Tierkreis: In der Trilogie der Tierkreiszeichen der Luft kommt vor der beständigen Luft des Wassermanns (der klare Winterhimmel, die Seelenverbindung, der geschwisterliche Erfolg) und der veränderlichen Luft der Zwillinge (Wind, Gedankenaustausch, kameradschaftliche Bindung) die kardinale Luft der Waage, in der das Wesen eher dazu neigt, gefühlsmäßig zu urteilen. Die Charakterlehre sieht sie als primär, aktiv, sanguinisch oder nervös (je nach vorliegendem Fall; der Sanguiniker ist extravertiert, der Nervöse introvertiert).

♎ Die Luft der Waage gleicht dem Himmel, an dem die Wolken sich gegenseitig anziehen, getrieben vom Herbstwind.	♎ Die Waage fühlt sich unwiderstehlich zu anderen hingezogen, die ihre Orientierung beeinflussen können. Ihre psychologische Hauptfunktion ist das Gefühl. Sie hat einen liebenswürdigen Blick und eine sanfte Stimme.
♎ Sie vereinen sich, durchdringen einander, bilden sich neu und lösen sich auf, je nach den Launen des Windes.	♎ Es kann ihr an Unterscheidungsvermögen mangeln, wenn sie sich der Gruppe, in der sie sich bewegt, zu stark angepaßt hat.
♎ Sie sind ständig in Bewegung, geformt von göttlichem Atem. Mit Phantasie sieht man in den Wolken Arabesken und alle möglichen Muster.	♎ Ihre Gefühle sind ästhetischer Natur, sie gründen sich nicht auf ein strenges Urteil, sondern auf die Schönheit oder das Glück des Augenblicks.

Venus-Aphrodite

Die Waage wird regiert von Venus-Aphrodite, der Schönheit, der Harmonie, der Liebe, die viele Künstler inspiriert hat.

♎ Venus-Aphrodite ist aus dem Schaum des Meeres geboren, der die Genitalien Uranus' umspülte, die Saturn in die Fluten geworfen hatte.	♎ Die Waage läßt die Dinge aus dem Chaos auftauchen. Sie schafft Harmonie, Sanftheit, Einfachheit um sich herum.
♎ Uranus ist der Gott, der die Welt zeugte, Aphrodite ist die Tochter des Himmels.	♎ Die Waage steht nicht mit der Vernunft, sondern mit der Intuition in Verbindung.
♎ Nackt taucht sie, auf einer Muschel reitend, aus einem Wasser, das ihr Bild widerspiegelt.	♎ Ihre natürliche Schönheit fasziniert, aber auch die einzigartige Fähigkeit, andere in sich widerzuspiegeln; man fühlt sich wohl bei ihr.
♎ »Alle stimmen überein, daß sie in der Luft fliegt, begleitet von Tauben und Spatzen.«	♎ Sie wirkt fließend, leicht, wie ätherisch. Ihre Hingabe und natürliche Güte kommen allen Kreaturen gegenüber zum Ausdruck, also auch bei Tieren, denen sie oft eine rührende Zuneigung entgegenbringt.
♎ »Die Parzen hatten Aphrodite eine einzige göttliche Aufgabe übertragen: zu lieben.«	♎ Sie kann nicht ohne Wärme leben. Sie lebt vom Kontakt mit anderen. Sie kann leicht zu beeinflussen sein.
♎ Aphrodite trägt einen Zaubergürtel, der alle in sie verliebt macht. Diesen verleiht sie nicht leichtfertig an andere Göttinnen.	♎ Die Waage ist eifersüchtig auf ihre Privilegien bedacht. Sie ist eine ängstliche, fragile, wenig selbstsichere Natur.
♎ Sie führt einen lockeren Lebenswandel und hat zahlreiche Liebhaber: Mars, Dionysos, Poseidon, Hermes, Anchises, Adonis.	♎ In affektiver Hinsicht sind ihre Gefühle ernst, auch wenn sie unbeständig wirken. Sie geht von einer Ausschließlichkeit zur anderen über. Die Waage ist unbeständig durch ihre Anpassungsfähigkeit, durch mangelndes Bewußtsein für Unterschiede und durch Versöhnungsbereitschaft.
♎ Zu ihnen gehört auch Hermes-Merkur, der Götterbote, der alle Arten von Beziehungen symbolisiert.	♎ Aber man kann es ihr nicht übelnehmen, weil sie wunderbar mit jeder Situation fertig wird; sie besitzt ein außergewöhnliches Taktgefühl.
♎ Von ihm empfängt sie Hermaphrodite, ein zweigeschlechtliches Wesen.	♎ Sie stiftet Frieden zwischen den Lebewesen und schafft Beziehungen der Gleichheit.

Die Symbolik der Waage hat ihre Wurzeln im Herbstanfang.

183

♎ Poseidon-Neptun ist ebenfalls einer ihrer Liebhaber; er symbolisiert die Unendlichkeit, die Welt der Illusionen oder der spirituellen Erweckung.	♎ Weil sie die tiefsten Gefühle des Inneren zu erkennen vermag, weiß sie Träume zu wecken und hat einen Hang zur Spiritualität.
♎ Ihre dauerhafteste Liebe gilt Mars, dem Kriegsgott, der die Leidenschaft und Gewalt symbolisiert, ihre Antithese.	♎ Sie sucht die ideale Verbindung, die Verbindung der Gegensätze; sie braucht ein Wesen, das anders ist als sie selbst und sie ergänzt.
♎ Von Mars empfängt sie Eros, der die Menschen durch die sexuelle Leidenschaft vereint.	♎ Da sie bei anderen den Wunsch nach einer Vereinigung weckt, ist sie für die Ehe wie geschaffen.
♎ Eines Tages beklagt sie sich, ihr Sohn Eros bliebe zu kindlich, und Themis rät ihr, ihm einen Bruder zu geben: Anteros.	♎ Die Waage verspürt immer den Drang, ihre Handlungen auszugleichen. Jede Handlung bedarf eines Pendants. Der Wechsel ist für ihr Gleichgewicht unerläßlich.
♎ Auch Dionysos, der Gott des Weines und der Vergnügungen, gehört zu ihren Liebhabern.	♎ Die Waage läßt gern Freude und Vergnügen herrschen, in denen jeder auf seine Kosten kommt.
♎ Ein weiterer ihrer Liebhaber ist Anchises, ein Sterblicher, den sie vor dem Blitz des Zeus bewahrt.	♎ Da sie ein empfindsames Wesen ist, teilt sie sich anderen mit und schützt die Schwachen.
♎ Auch Adonis, Symbol der Schönheit, teilt ihr Lager.	♎ Die Waage liebt die Schönheit. Ihr Sinn für Ästhetik und Kunst ist sehr ausgeprägt.

Die Nieren

♎ Der Körperteil, der der Waage entspricht, sind die Nieren. Das sind zwei Organe, die durch Ausscheidung das Gleichgewicht zwischen Innen und Außen herstellen.	♎ Die Werte der Waage sind die des Gleichgewichts – und der Finesse; durch ihr Verhalten harmonisiert sie Innenleben und äußere Umgebung. Ihre Gesten sind entspannt, ihre Bewegungen anmutig.

Diese Grundlagen liefern uns die Tierkreisformel der Waage: Sie ist ein Herbstwesen, kardinal, luftig, venusisch, dem die Nieren entsprechen. Diese symbolischen Tendenzen lassen sich folgendermaßen übersetzen:

Eine zwischen Introversion und Extraversion ausgeglichene Natur
Neigt sie zu den inneren, introvertierten Werten, so will sie andere von ihrem inneren Gleichgewicht profitieren lassen. Ihre Natur manifestiert sich in einer gewissen Loslösung vom Leben, sie steht der Meditation aufgeschlossen gegenüber. Für diesen Typ stehen Mahatma Gandhi, Lanza del Vasto und Vergil. Tendiert sie zu den äußeren, extravertierten Werten, zeigt sie sich anderen gegenüber spontan und voller Lebensdrang; diesen Typ repräsentiert Brigitte Bardot.
Doch welchen Ausdruck ihr Verhalten auch findet, immer sucht sie das geeignete Milieu für Eintracht und Frieden. Siehe dazu Gandhi und die Gewaltlosigkeit, sowie Erasmus, der Sokrates und Jesus zu versöhnen suchte.

»Intelligenz des Herzens« und die richtige Umgebung
Sie stellt Vor- und Nachteile von Ideen einander gegenüber, urteilt aufgrund von Intuition und zeigt auf intellektuellem Gebiet geistige Unabhängigkeit. So der Philosoph Henri Bergson, der über die Intuition geschrieben hat, aber nie etwas ohne Beweis gelten lassen wollte.
Der Balken der Waage schwingt hin und her zugunsten jeweils einer Waagschale. Die persönliche Waage Mauriacs neigte sich entweder zur Waagschale der Sensibilität oder zur Waagschale der Sexualität. Wenn der Balken sich in waagerechter Position befindet, trägt jede Schale das gleiche Gewicht wie die andere. Der Waage-Geborene kann sich in andere hineinversetzen. Gandhi besaß diese Intelligenz des Herzens.
Das Symbol der Waage ist unseres Erachtens das eigentliche Symbol für das Denken dieses Typs.

Liebesästhetik und ein »unentschlossenes Herz«
Ehe die Waage sich bindet, wägt sie lange das Für und Wider ab. Leichtgläubigkeit oder gar Frivolität einer Madame Bovary können die Folge sein oder die Verbindung von Ehe und freier Liebe wie bei Pauline Borghèse.
Was die Waage am meisten fürchtet sind Extreme. Ihre Überlegungen können dazu führen, daß sie den Partner wechselt oder sie zögerlich erscheinen läßt. Das, was sie sucht, ist das Gleichgewicht zwischen der Liebe zum Schönen und zum Guten.

Das *Ideogramm* der Waage besteht aus zwei übereinanderliegenden Strichen: Der erste steht für eine Störung des Gleichgewichts, das der zweite wiederherstellt. Dem liegt die Vorstellung von einem Wesen zugrunde, bei dem eine Übertreibung rasch ausgeglichen wird; der instabile Ruhezustand wird schnell wiederhergestellt. Die Waage lebt im steten Wechsel.

DER AUSDRUCK

Die Waage in der Literatur

»Ein einziges Wesen fehlt dir und alles ist entvölkert.« Ist hier nicht der Ruf nach einem anderen Menschen zu erkennen, der einen ergänzt? Wer verstand es besser als Alphonse de Lamartine, die Unentschlossenheit, die Schwankungen der Seele auszudrücken, im Rhythmus seiner Poesie ebenso wie in seinem Leben. Nach einer träumerischen Jugend wurde er zu einem Inspirator der demokratischen Bewegung, der immer die Extreme zu vereinen, miteinander in Einklang zu bringen suchte. In den Titeln seiner Werke offenbart er die Symbolik der Waage, sei es nun durch die Jahreszeit (*Der Herbst*), die Luft (*Der Fall eines Engels*) oder das Tierkreiszeichen (*Die Harmonien*).
Vergil scheint von einer ähnlich herbstlichen Kraft inspiriert zu sein. In seiner Schilderung der Geschichte des Äneas, jenes vermittelnden, versöhnenden Helden der Trojaner, legt er eine Sensibilität an den Tag, die unter den Schriftstellern seiner Epoche eine Ausnahme darstellt. Oscar Wilde und Alain Fournier sind zwar in ihren Sujets weit voneinander entfernt, aber in ihrem Kult der Emotion sind sie sich sehr nah. Oscar Wilde scheint sich an den Quellen des Gefühls zu laben, während Alain Fournier in *Der große Meaulnes* eine ewige Jugend beschreibt, eine Nostalgie der Reinheit voll ängstlicher Vorbehalte.

Die Waage in der Malerei

Auch François Boucher malte die Regentin seines Tierkreiszeichens, Venus, ihr Leben, ihre Geschichte und ihren Triumph. Andere, wie Jean Antoine Watteau, suchen den Ausdruck einer »Wirklichkeit, die reduziert ist auf ihre ätherischen, zarten Aspekte« (René Huyghe) in einem Stil, der ein Gleichgewicht zwischen Klassizismus und Romantik anstrebt. Aus den Blicken der Personen auf *Die Versammlung im Park*, *Die Einschiffung nach Kythera*, *Der Gleichgültige* oder *Die Schaukel* spricht Unsicherheit und Unentschlossenheit. Es hat den Anschein, als hätte der Maler selbst sie nicht zutraulicher gemacht. Bei Pierre Bonnard war die Vorliebe für vollendete Dinge so ausgeprägt, daß er seine Gemälde ständig überarbeitete, bis sie endlich zur Reife gelangten. Es kam sogar vor, daß er zur großen Verwunderung des Aufsichtspersonals manche seiner Bilder noch einmal retouchierte, als sie bereits im Museum hingen. Ob es sich nun um Gemälde, Drucke, Plakate oder Statuetten handelte: »Die Luft verleiht dem Künstler eine sensualistische Natur, die er durch die Welt der Objekte zum Ausdruck bringt«, sagte Fernand Hazan über ihn.[23] Ist das Sujet an sich von großer Bedeutung? Es scheint, als habe der Maler vor allem die Transparenz jeder Szene hervorheben wollen.

---

23. Fernand Hazan, *Dictionnaire de la Peinture moderne*, Paris 1963, S. 35

Rechts: Eine ängstliche, ausweichende Natur, weil sie sich verletzlich fühlt. Gilles von Watteau, der dem Tierkreiszeichen Waage angehörte.

»Er flieht die Zeit ohne Wiederkehr.« (Vergil, Georgica). Die Ährenleserinnen von Millet.

Die Waage in der Musik

Camille Saint-Saëns, der ebenfalls im Zeichen der Waage geboren wurde und der Hector Berlioz und Richard Wagner verabscheute, die für sein sensibles Gehör allzu bombastisch und gewaltig waren, komponierte Serenaden und Romanzen. Neben seinen eigenen Werken wollte er Bach, Mozart, Haydn, Beethoven, Berlioz und Wagner den letzten Schliff geben, deren Kompositionen er arrangierte oder bearbeitete.

Das Jahrhundert war geprägt von Wagner, aber die Musik Giuseppe Verdis glich die gegensätzlichen Kräfte aus. *Rigoletto*, *Der Troubadour*, *La Traviata* und *Die sizilianische Vesper* bringen die großen menschlichen Leidenschaften mit Schlichtheit und Wahrheitsliebe zum Ausdruck. Die lyrische Kunst Verdis hat alle Arten von Sensibilität anzusprechen verstanden, das Gefühl ist in ihr unmittelbar und die Empfindung aufrichtig. Doch Verdi zum typischen Musiker für das Symbol der Waage zu machen, hieße, etwas zu weit gehen.

In der Musik war er kein »Zauderer«; hier ist es vielleicht an der Zeit, mit dieser etwas abwertenden Eigenschaft aufzuräumen, die man der Waage leicht zuschreibt. Wenn sie gelegentlich zögert, so ist es, weil sie abwägt, ehe sie sich entscheidet. Jene Waage-Geborenen, die sich nie wirklich entscheiden – deren Geburtshoroskop weist allzu viele gegensätzliche Werte auf oder es fehlt ihnen an einem marsischen Gewicht, um sich zu behaupten, denn vergessen wir nicht, daß die Waage ein kardinales Tierkreiszeichen ist, das die schwungvolle Bewegung ausdrückt. Sagte nicht Verdi: »Der Künstler, der zögert, kommt nicht voran.« Wenn die Waage wechselhaft erscheint, so liegt das vor allem daran, daß sie ein Wesen des Ausgleichs ist.

Ebenso wie Venus, die aus den Fluten stieg, faszinierte auch Verdis Musik seine Zeitgenossen, weil sie im rechten Augenblick die Gefühle seiner Epoche auszudrücken verstand. *Die sizilianischen Vespern*, *Otello* und *Aida* sprechen immer noch unsere Sensibilität an, obwohl sie schon ein Jahrhundert alt sind: Verdi verstand es, die universellen Gefühle der menschlichen Gattung in der Musik auszudrücken.

Man läßt sich vom Charme seiner Musik bezaubern, die mit solcher Schlichtheit und Sensibilität die Triebkräfte und Widersprüche unseres Herzens widerspiegelt. Schon mit den ersten ergreifenden Noten weckt Verdi vielfältige Leidenschaften, und es fällt ihm schwer, zwischen den unzähligen Liebeswerbungen zu wählen. Sein Herz schwankte lange, das ist schon wahr, zwischen zwei äußerst unterschiedlichen Frauen: der mondänen Strepponi und der Sängerin Appiani. Nach reiflicher Überlegung entschied er sich für die erstere, die er mehrere Jahre, nachdem er sie kennengelernt hatte, heiratete. Ein weiteres charakteristisches Merkmal, das ihn von vielen Künstlern unterschied, ist die Fähigkeit, Kreativität und Geschäftssinn zu verbinden. Vorausschauend legte Verdi sein Geld an und erzielte so große Gewinne.

Und noch ein Aspekt kommt hinzu, daß er sich nämlich der Bedeutung der öffentlichen Meinung bewußt war. »Alles in allem gut kalkuliert, abgewogen und aufgerechnet ist *Macbeth* ein Fiasko. Amen«, sagte er nach dem Fehlschlag seiner Oper; oder anläßlich einer Aufführung von *Nabucco*: »Das Theater war [gestern abend] brechend voll: das einzige Barometer des Erfolgs.« Verdi liebte es zu gefallen und gefiel. So verstand er etwa in *Nabucco* anhand des jüdischen Volkes den Gesang des Vaterlandes umzusetzen, den Ruf nach Freiheit, den die Bewegung des Risorgimento erhob. Wenn *Nabucco* in jener Zeit und bis heute solchen Erfolg hatte, so lag das an der Tatsache, daß die Oper nicht nur den europäischen Freiheitsdrang der Jahre um 1848 ausdrückte, sondern ewige Werte des menschlichen Herzens. Verdi konnte die menschlichen Leidenschaften in ihrer Reinheit und Heftigkeit darstellen, konnte die Gegensätze ausdrücken zwischen Gut und Böse, zwischen Qualität und Mangel, Laster und Tugend. In seinem musikalischen Stil glich der Wechsel zwischen Chören und Solisten diese Gegensätze aus. Die Inszenierung seiner Werke übernahm er selbst.

In den Kompositionen *Der Troubadour* und *La Traviata* ist sein Bedürfnis nach Ausgleich deutlich zu spüren. Obwohl beide sehr unterschiedlich sind, schrieb er sie gleichzeitig, als inspiriere ihn die Abwechslung. Während *Der Troubadour* seiner Leidenschaft vehement Ausdruck verleiht, scheint *La Traviata* (nach *Die Kameliendame*) ihm in zärtlichem Stil zu antworten. Diese zwei Opern stehen für die beiden Ausdrucksformen des romantischen Herzens. Man begreift den Stilwandel nicht sofort und hält Verdi für sich selbst untreu. Vielleicht richtet er sich an zwei Arten des Publikums. Als man ihn eines Tages fragte, welches seine Lieblingsoper sei, antwortete er: »Wenn ich ein Professioneller wäre, *Rigoletto*, wenn ich aber ein Amateur wäre, gefiele mir *Traviata* mehr als alles andere.« Verdis Präferenzen sind selbst wieder kompensatorisch, sie finden ihre Einheit erst im Schönen und Guten, und er zögert nicht, das zu sagen: »Ich liebe in der Kunst alles, was schön ist [...] ich liebe alles, vorausgesetzt das, was klein ist, ist klein, was groß ist, ist groß, was heiter ist, ist heiter [...] Kurz, daß alles ist, wie es sein muß: wahr.«

Beziehungen zwischen Waage und Widder

Widder und Waage, die sich im Tierkreis und im Jahreszyklus gegenüberstehen, sind auch in ihren Charakteren komplementär. Der Tierkreis ist eine Ganzheit, deren Teile sich nicht gegenseitig ausschließen, sondern ganz im Gegenteil, sie entsprechen sich, da jedes nur die Anwendung des gleichen energetischen Prinzips in einer anderen Symbolgestalt ist. Jeder Teil läßt sich nur in bezug auf die anderen begreifen, und das gilt umso mehr für zwei Zeichen, die sich gegenüberliegen. Waage und Widder sind beide kardinale Zeichen, da sie eine Jahreszeit einleiten und von der gleichen Energie beseelt sind, dem Elan oder einer Vorwärtsbewegung:

♈ Das Element des Feuers setzt Energie beim Widder in Handeln um: so als Triebkraft zu neuen Unternehmungen.

♎ Das Element der Luft setzt Energie bei der Waage in Austauschprozessen frei, etwa um Kontakte herzustellen.

Dem Engagement, das beim Widder durch den Kopf symbolisiert wird, entspricht bei der Waage das Gleichgewicht, symbolisiert durch die Nieren:

♈ Feuer und Mars treiben den Widder zur Impulsivität, die gelegentlich brutale Formen annehmen kann.

♎ Luft und Venus-Aphrodite verleihen der Waage die Fähigkeit zum harmonischen Ausgleich.

Ihre polaren Energien sind komplementär und notwendig für den Lebenszyklus: Während der Widder losstürzt und Brüche forciert, stellt die Waage das gestörte Gleichgewicht wieder her.

Wenn ein Mensch Affinitäten, Resonanzen mit einem Mythos verspürt, so liegt das an der Tatsache, daß dieser im tiefen Bereich des Unbewußten einige Saiten zum Schwingen bringt. *Die Schöne und das Biest*, die Aussöhnung zweier Naturen oder die Verwandlung der Häßlichkeit in Schönheit, sprechen wohl fast alle Waage-Geborenen an.

Die kleine Weißwäscherin scheint ihr Gleichgewicht zu suchen. Lithographie von Pierre Bonnard.

Der Skorpion

23. OKTOBER – 21. NOVEMBER

»Auch in dir lebt, obwohl du ein Engel bist, jenes Insekt, das Stürme in deinem Blut auslöst.« — Fjodor Michailowitsch Dostojewski

DIE GRUNDLAGEN

Das Symbolbild

Es wird dargestellt durch den Skorpion, aber auch durch den Adler.

♏ Der Skorpion ist ein Nachttier: Er flieht das Licht, sucht in Spalten und Löchern Schutz und kommt erst bei Dunkelheit heraus.	♏ Der Skorpion ist verschwiegen, verschlossen und offenbart sich nicht. Er umgibt sich mit einem Mysterium.
♏ Er hat einen Panzer.	♏ Er ist ein Wesen, das sich schützen muß.
♏ Da er besonders ausdauernd im Fasten und zäh gegenüber äußeren Bedingungen ist, gilt der Skorpion als eines der ältesten Tiere der Erde.	♏ Der Skorpion ist überaus resistent und für den Lebenskampf gut ausgerüstet.
♏ Obwohl er den Panzer wechselt, verändert er sich nicht im Laufe der Jahre.	Trotz äußerlich sichtbarer Verwandlungen kann der Skorpion sich nicht ändern. Er bleibt sich immer treu.
♏ Er hat einen Giftstachel, mit dem er droht.	♏ Unter einer scheinbaren Ruhe ist der Skorpion zu großer Aggressivität fähig. Er schmeichelt sich nicht ein, viel lieber erregt er Furcht. Er hat keine Angst vor der Konfrontation, dem Kampf.
♏ Ist der Skorpion in einem Feuerkreis gefangen, so ist er das einzige Tier, das sich selbst töten kann.	♏ Der Tod macht dem Skorpion keine Angst. Er ist sein natürlicher Gefährte.

Die Antike verband mit dem Tierkreiszeichen Skorpion das Symbol des Adlers:

♏ Der Adler ist der König der Lüfte, weil er imstande ist, sich über die Wolken aufzuschwingen.	♏ Der Skorpion strebt nach Idealen. Er hält viel von sich selbst. Mittelmäßigkeit lehnt er ab.
♏ Der Adler besitzt einen scharfen Blick, mit dem er die Beute ausmacht.	♏ Der Skorpion ist scharfsichtig und vertraut seiner Urteilskraft.
♏ Er hat kräftige Krallen.	♏ Der Skorpion ist bedrohlich.

November: Herbstmitte

♏ Die Sonne sinkt rasch tiefer: Die Nacht siegt über den Tag.	♏ Die Tagwerte des Realen weichen den nächtlichen Werten des Unbewußten: Der Skorpion ist introvertiert.
♏ Stille und Kälte erobern die Natur, die reglos zu werden scheint wie das Eis auf den Weihern.	♏ Der Skorpion ist zurückhaltend und verschwiegen. Die Wechselfälle des Lebens scheinen ihn nicht zu erreichen. Er bleibt schweigsam, wie unbeteiligt.
♏ Die Bäume und Pflanzen werfen die welken Blätter ab, die nackten Stämme treten zutage.	♏ Der Skorpion hängt nicht an Materiellem. Er strebt nach dem Prinzip, dem Wesentlichen in allen Dingen.
♏ Das Laub zerfällt am Boden. Ein Geruch nach Moder und Feuchtigkeit steigt auf.	♏ Der Skorpion neigt zur Zerstörung des Bestehenden.
♏ Zugleich werden die verrotteten Blätter zu Humus. Die Fäulnis der Früchte und Schalen setzt die Samen für den nächsten Zyklus frei.	♏ Der Skorpion steht für Wiedergeburt: Er regeneriert, befruchtet und eröffnet Wege.

Der beständige Herbst

♏ Auf halbem Wege zwischen Sommerende und Winteranfang hat sich der Herbst eingestellt, und der Skorpion verwirklicht sich.	♏ Der Skorpion ist willensstark, entschlossen und besitzt ein hervorragendes Gedächtnis.

Der Skorpion

Der Skorpion ist ein fixes Tierkreiszeichen.

Die tiefen Wasser

In der Trilogie der Tierkreiszeichen des Wassers liegt zwischen dem kardinalen Wasser des Krebses (dem Urwasser, der Quelle, der Emotivität) und dem veränderlichen Wasser der Fische (dem Endwasser, dem Ozean, der Spiritualität) das beständige Wasser des Skorpions.
In das beständige Wasser (das »arbeitende« Wasser) dringen Erschütterungen rasch ein und gären langsam. Die Charakterlehre sieht in ihm einen sekundären, galligen, lymphatischen Typ.

♏ Äußerlich ist es das stehende, undurchsichtige Wasser der Sümpfe.

♏ Innerlich birgt dieses ruhige Wasser ein Brodeln. Manchmal sprudelt etwas aus ihm hervor wie die Lava aus dem Erdinneren.

♏ Der Skorpion hat einen festen, undurchdringlichen Blick.

♏ Er bezieht seine Energien aus unbewußten Quellen. Diese Energien setzt er in der Wirklichkeit um.

Pluto und Mars

Pluto regiert den Skorpion, sein zweiter Regent ist Mars.

♏ Pluto, auch Herr der Finsternis genannt, regiert das Totenreich. Um dorthin zu gelangen, muß man den Fluß Styx (den Gehaßten), die Grenze zur Unterwelt, überqueren. Seine Nebenflüsse sind Lethe (der Schlaf), Acheron (das Unglück), Kokytos (das Klagen) und Phlegethon (das Brennen).

♏ Um den Styx zu überqueren, müssen die Seelen Charon, den Geizigen, bezahlen, sonst sind sie dazu verdammt, ewig am Ufer des Flusses zu bleiben.

♏ Unweit des Tartaros (die Hölle) fließt der Fluß der Erinnerung.

♏ Wenn Pluto sich auf die Erde begibt, trägt er einen Helm, der ihn unsichtbar macht.

♏ Pluto steht dem Tribunal der Toten vor, das die Seelen auf den Grund des finsteren Tartaros oder in die Obstgärten Elysiums (das Land ewigen Glücks) schickt.

♏ Pluto, der mit dem Unsichtbaren vertraut ist, richtet die Toten nicht nach Taten, sondern nach Motiven.

♏ Seine Opfer behandelt er unerbittlich: Proserpina, die er entführt, muß trotz der inständigen Bitten ihrer Mutter Demeter drei Monate im Jahr in der Unterwelt verbringen.

♏ Pluto ist furchtlos: Beim Angriff auf seinen Vater Saturn ist er der erste, der den alten König entwaffnet.

♏ Pluto ist ein großer Liebhaber und zeigt heftiges Verlangen nach den irdischen Nymphen (Leuke und Minthe).

♏ Mars ist der Gott des Krieges, dessen Attribute Lanze und Fackel sind.

♏ Mars begünstigt nie eine Stadt, eine Partei mehr als die andere. Er eröffnet den Kampf.

♏ Mars macht sich nie die Mühe, vor dem Tribunal des Olymp zu erscheinen, um sich zu rechtfertigen.

♏ Der Skorpion sieht das Leben oft nur von seiner verborgenen Seite. Er dringt unter die empfindliche Oberfläche der Wesen, um ihre geheimen Motive und Instinkte zu entdecken. Er strahlt eine verführerische Anziehungskraft aus, die zugleich anziehend und abstoßend ist. Er hat viel Charme.

♏ Er kennt den »Preis des Lebens«, er ist ein berechnender Finanzmann.

♏ Der Skorpion hat ein erstaunlich gutes Gedächtnis.

♏ Im Leben offenbart sich der Skorpion nicht. Er ist ein bemerkenswerter Taktiker.

♏ Er ist angezogen von zwei widersprüchlichen Tendenzen: Sterben und Wiedergeburt. Der Skorpion ist das Wesen der Metamorphosen: Hat er die Abgründe der Depression erreicht, wird er zu neuem Leben erweckt.

♏ Der Skorpion besitzt ein feines Gespür, eine lebhafte Intuition.

♏ Der Skorpion ist unbeirrbar und hält bis zum Ende stand. Er gerät nie ins Wanken.

♏ Der Skorpion ist mutig und unerschrocken.

♏ Der Skorpion hat einen starken Sexualtrieb und fühlt sich zur Unschuld hingezogen.

♏ Der Skorpion lebt im Kampf. Er liebt die Gefahr.

♏ Als Individualist fügt der Skorpion sich nicht gern in eine feste Form ein. Er neigt sogar dazu, Unstimmigkeiten zu schüren.

♏ Wenig sensibel für die Meinung anderer, folgt der Skorpion seinen eigenen Regeln.

Geschlechtsteile und Anus

Es ist kaum verwunderlich, daß dem Skorpion (dem eingegrabenen Tier), der von Pluto regiert wird (dem Herrn der Unterwelt), die »verborgenen Teile« des Körpers entsprechen – die Geschlechtsteile und der Anus, was sich weniger auf die Anatomie als auf den Symbolwert bezieht:

♏ Das Geschlecht steht für Zeugungskraft und Fruchtbarkeit.

♏ Der Anus steht für Zersetzung und Ausscheidung.

♏ Der Skorpion ist beherrscht von den Werten des Lebens: Er ist schöpferisch und braucht Macht und Stärke.

♏ Der Skorpion ist von den Werten des Todes regiert: Er ist zerstörerisch und aggressiv.

Geschlecht und Anus symbolisieren die beiden Pole, die instinktive Dualität des Skorpions, der gespalten ist zwischen Lebens- und Todestrieb, Eros und Thanatos. Er will zugleich schaffen und zerstören, ist von Himmel und Hölle angezogen.
Diese Ambivalenz findet sich wieder
– in der Jahreszeit: Das Absterben der Natur im November läßt den nächsten Zyklus entstehen;
– im liturgischen Kalender: Auf Allerheiligen (Verherrlichung des spirituellen Lebens) folgt Allerseelen;
– im Symbol: Der Skorpion gräbt sich in die Erde ein (geheimes Leben der Instinkte), und der Adler schwingt sich in die Lüfte (Vornehmheit, Fähigkeit zur Erhebung, verbunden mit seiner Wandlungsfähigkeit).

Diese Grundlagen liefern uns die Tierkreisformel des Skorpions: Er ist ein Herbstwesen, beständig, wäßrig, bestimmt von Pluto und Mars; ihm entsprechen das Geschlecht und der Anus. Diese Formel läßt sich folgendermaßen übersetzen:

Eine ambivalente Natur
Die reiche Natur des Skorpions entspringt der Koexistenz der vitalen Triebe zu Schöpfung und Destruktion. Die Dialektik dieser beiden Pole erzeugt Angst, aber auch eine starke Lebenskraft.
Die Ambivalenz findet sich auch in seiner körperlichen Gestalt wieder: Auch wenn er im allgemeinen nicht sonderlich robust wirkt, ist er doch sehr widerstandsfähig. Nach den Merkmalen, die die Überlieferung ihm zuschreibt, ähnelt er dem Adler: Adlernase, fester, durchdringender Blick (wie man ihn etwa bei den Skorpionen Bernadotte, Trotzki, Louis Jouvet, Clouzot und Picasso findet). Dieser feste Blick voller instinktiver Kräfte, verleiht ihm eine echte körperliche Anziehungskraft.
In seiner Natur fest verankert, ist der Skorpion ein Individualist. Seine Aggressivität ist Ursache mancher Konfrontation. Er spielt sich zum Oppositionellen auf, gibt sich im Kampf aufständisch. So lehnte der Skorpion Martin Luther die Hierarchie der katholischen Kirche ab, widerstand der Exkommunizierung und rief die Bewegung der Reformation ins Leben, indem er die lutherische Kirche gründete. Der Skorpion Louis Auguste Blanqui machte Opposition gegen den Kapitalismus, widersetzte sich mehrmals der Gefangennahme und organisierte die sozialistische Bewegung.
Der Skorpion Charles de Gaulle lehnte sich gegen den Waffenstillstand auf, sagte nein zur Kapitualtion und gründete die Résistance, deren Untergrundkampf er organisierte.

Ein tiefgründiges Denken
Aufgrund seiner Ambivalenz besitzt der Skorpion die Kraft der Intuition, ein klares Urteilsvermögen und Scharfblick. Da er ein treffsicheres Gespür für Ursachen und Beziehungen hat, liebt er es, Geheimnisse aufzudecken, so wie Mata Hari.
Von seinen eigenen Tiefen beseelt, wendet der Skorpion sich bewußt der Kehrseite der Dinge zu: dem Verborgenen, dem Okkulten, dem Jenseits (Edgar Allan Poe, Barbey d'Aureville, Villiers de L'Isle-Adam).
Durch seine gute Beobachtungsgabe ist er imstande, mehrere Aspekte eines Problems oder einer Fragestellung zu erkennen. So Xavier Bichat, der den Urgegensatz zwischen animalischem und organischem Leben feststellte.
Die Aggressivität schafft bei ihm einen wachen, kritischen Geist und oft auch eine geistige Verweigerung, eine Revolte (siehe *Der Mensch in der Revolte* von Camus, *Die Eroberer* von Malraux).
Der stechende Blick des Adlers ist ein gutes Bildnis für die Denkweise des Skorpions.

Kämpferische Liebe
Im Zeichen der beiden Pole Leben und Tod – Eros und Thanatos (Mata Hari) – ist die Liebe des Skorpions voll heftiger Leidenschaft, die oft erlebt wird in einer Art Kampf, in dem die beiden Liebenden sich an dem Leiden weiden, das sie sich gegenseitig zufügen.
In ihrer Sexualität verhaftet, tritt beim Mann die Männlichkeit, bei der Frau die Weiblichkeit deutlich hervor. Im Extremfall wird die Skorpion-Frau zur *Femme fatale*, wie die Figur der Carmen sie repräsentiert (»Wenn ich dich liebe, paß auf dich auf«), oder zum Vamp wie auf der Kinoleinwand.

Das *Ideogramm* des Skorpions ist ein Schriftzeichen, dessen vordere Abstriche die Zangen des Tieres darstellen könnten und der hintere den Stachel: Mit den Zangen greift er, und mit dem Stachel verteidigt er sich, indem er andere oder sich selbst tötet. Aber es bezeichnet auch den Buchstaben M, dessen letzter Abstrich in einem Pfeil mündet und den Stachel repräsentiert. Der Buchstabe M symbolisiert das Wasser, das Prinzip der Befruchtung, deren Geheimnisse hier durchbohrt sind von dem Pfeil. Das Symbol des Skorpions könnte die Erlösung durch die Fruchtbarkeit des Wassers ausdrücken: Der Tod durch den Stachel geht der Wiedergeburt durch das Wasser voraus.

DER AUSDRUCK

Der Skorpion in der Literatur

Ebenso wie einer seiner Helden, den er folgendermaßen beschrieb: »Seine angeborene Zurückhaltung, das Fehlen jeglicher Offenheit, jeglichen Vertrauens«, hatte auch Dostojewski einen starren, finsteren, undurchdringlichen Blick, der das beständige Wasser des Skorpions erkennen läßt.

Sein Leben verdeutlicht den Zyklus des Skorpions: Zerstörung – Wiedergeburt. Schon mit seinem ersten Buch berühmt geworden, dann verhaftet, zum Tode verurteilt und im Augenblick der Hinrichtung begnadigt und zu vier Jahren Zwangsarbeit deportiert, fängt er anschließend eine neue Schriftstellerkarriere an; da er aber von Spielleidenschaft besessen und hochverschuldet ist, schreibt er *Der Spieler* in 29 Tagen. Er leidet unter epileptischen Anfällen, erholt sich aber jedesmal wieder. Bei Dostojewski führt die Dialektik des Skorpions auf die Ebene der Metaphysik. Allein schon aus den Titeln seiner Werke ließe sich eine Übersicht über die Themen des Skorpions zusammenstellen: *Aufzeichnungen aus einem Totenhaus*, *Aufzeichnungen aus dem Untergrund*, *Schuld und Sühne*, *Die Dämonen*.

Auch der Skorpion selbst kommt in seinem Werk vor: Er verfolgt in *Der Idiot* Ippolít im Traum: Ich sah, daß er »sich bereits auf gleicher Höhe mit meinem Kopfe befand und sogar meine Haare mit seinem Schwanz berührte, der sich mit außerordentlicher Beweglichkeit drehte und wand.«[24] Das Thema des Insekts findet sich auch in *Die Dämonen* und in *Die Brüder Karamasow*.

Das Messer kommt ebenfalls vor: das Messer Rogoschins in *Der Idiot*, das Beil Raskolnikows in *Schuld und Sühne*, das Rasiermesser Trussózkis in *Der lebenslängliche Ehemann*: Die »Schneide«, die plötzlich aus den Dostojewskischen Nächten auftaucht wie der Stachel des Skorpions, ist das nicht seit dem Altertum das Symbol der Aggressivität des Planetengottes Mars, der Mitregent des Skorpions ist?

Doch angesichts der *Dämonen* taucht ebenso mächtig und absolut der andere Pol des Skorpions auf: die Sehnsucht nach dem Ideal. Dafür steht Fürst Myschkin in *Der Idiot*: »Die Kernidee meines Romans ist es, einen Menschen gut wie Christus zu schaffen.« Es ist Sofja, die Prostituierte in *Schuld und Sühne*, die die Liebe, die Demut und die Unschuld symbolisiert.

Die Ambivalenz des Skorpions kristallisiert sich jedoch erst in der Begegnung der beiden Pole heraus: Fürst Myschkin und Rogoschin in *Der Idiot*, Sofja und Raskolnikow in *Schuld und Sühne* – der Träger des Kreuzes und der Träger des Messers, das Gute und das Böse, durch eine mysteriöse, vitale Komplizenschaft miteinander vereint.

Raskolnikow treibt diese Ambivalenz auf den Höhepunkt: Mit seinem maßlosen Stolz, seinem wilden Individualismus, seiner

---

24. Fjodor M. Dostojewski, *Der Idiot*, Frankfurt/M. 1986, S. 604

Links: Dieser kolossale Kopf scheint die Werte des Skorpions widerzuspiegeln: Klarheit, Sehnsucht nach dem Ideal und Ablehnung der Mittelmäßigkeit. – Skulptur von Auguste Rodin.

Mißachtung der gesellschaftlichen Normen und seinem Machthunger ist er der übersteigerte Skorpion. Er versteht sich als »starker Mann«, aber wenn er bis zum Ende der Zerstörung geht, indem er die Wucherin tötet, muß er sich anschließend stellen, muß er die Sühne auf sich nehmen, um die Erlösung zu finden, geleitet von der Liebe Sofjas: Wiedergeburt, letztlich Erneuerung des Skorpion-Helden. Diese Dualität des Skorpions erlebt ihre große Stunde in *Der Doppelgänger*: »In meinem ganzen Werk habe ich nie etwas Wichtigeres verfolgt als diese Idee.«

Diesem zweifellos ein wenig düsteren und introvertierten Bild des Skorpions, das Dostojewski malt, muß man die Skorpione André Malraux und Albert Camus gegenüberstellen, die ausgehend von einer ihnen gemeinsamen instinktiven Dualität jeweils den Weg des Epos (*Der Königsweg*, *Conditio humana*, *Die Hoffnung*) beziehungsweise die Suche nach Klarheit gewählt haben (*Der Fremde*, *Sisyphos*).

Der Skorpion in der Malerei

Picasso ist »klein, dunkelhaarig, untersetzt, unruhig, beunruhigend, hat dunkle, tiefe, stechende, fast starre Augen« (Fernande Olivier). Er besitzt in höchstem Maße die Anziehungskraft des Skorpions. Es gefällt ihm, zu überraschen, zu provozieren, aber er bleibt undurchdringlich und daher rührt das »Rätsel Picasso«, das ein anderer großer Skorpion, G. H. Clouzot, auf dem Weg über das Bild zu lösen suchte. Verschanzt hinter seiner Maske, kultiviert der Skorpion seine Legende, um den Ruhm für sich zu haben. Apollinaire schrieb: »Picasso gehört zu jenen, von denen Michelangelo sagte, sie verdienten den Namen des Adlers, weil sie alle anderen überflügelten.«

Als erstes »zerstörte« Picasso die gesamte bestehende Malerei; eine nach der anderen untergräbt er alle Techniken der traditionellen darstellenden Kunst. Er verändert sogar große Meisterwerke wie *Las Meninas* von Velasquez, das *Frühstück im Grünen* von Manet, *Die Frauen von Algier* von Delacroix. Picasso greift sie auf, um daraus »Picassos« zu machen: Das ist der strenge Individualismus des Skorpions, der sich weigert, sich in bestehende Formen einzufügen, der sich den Normen widersetzt, um nur sich selbst zu gehorchen. Doch diese Todesmacht ist zugleich Lebenskraft: Nachdem Picasso sich von allen Traditionen befreit hat, beginnt er ganz von vorn und gebiert nur aus sich selbst die moderne Malerei. Er schafft die verschiedenen Kubismen, die Collagen, die Verwendung von Druckbuchstaben und so weiter. Es ist »das größte Unternehmen der Zerstörung und Schöpfung von Formen in unserer Zeit.« (André Malraux)

Dieser Zerstörungs-Schöpfungs-Prozeß bestimmt den Rhythmus seines Schaffens: Picasso wechselt den Panzer und ersteht von einer Periode (blau, rosa, negreske) zur anderen unablässig neu. »Er ist der Phönix, der sich ständig verbrennt, nur um des Vergnügens willen, unermüdlich wieder aus der Asche zu erstehen« (René Huyghe). Eine Abfolge von Metamorphosen, von Wiedergeburten, durch die er doch immer er selbst bleibt.

Die Triebkraft dieser Fruchtbarkeit ist nicht das Besitzstreben des Stiers, es ist die sexuelle Zeugungskraft (die mit dem Skorpion assoziiert wird). Es ist das unaufhörliche Sprühen einer schöpferischen Erotik, die das wichtigste Werk in der Geschichte der Malerei hervorbringt: »Es gibt Gemälde, vor denen man Kin-

der macht«; »die Natur muß schon existieren, damit man sie vergewaltigen kann«. Diese gewalttätige Sexualität tritt ebenso in den Kentauren, Faunen und Satyren seiner Bilder zutage.
Die Ambivalenz des Skorpions manifestiert sich auch in seinem Stil: Wenn er der Maler des Mitgefühls ist (*Barfüßiges Mädchen, Mutter und Kind im Elend, Der alte Gitarrist*), so ist er zugleich doch auch der Maler der Grausamkeit (*Weinende Frau, Mann mit Lutscher*). Doch so erbarmungslos die Karikatur auch ist, reicht sie bei ihm nicht bis zum Spott: Seine Karikatur drückt Zärtlichkeit aus und läßt so das Verhältnis des Skorpions zu Welt erkennen. Er ist gleichzeitig der Maler von *Die Taube* und *Guernica*: Diese Schöpferkraft des Skorpions findet sich auch in den Skulpturen Rodins.

Der Skorpion in der Musik

Die fatale Carmen, ist die Heldin des Meisterwerks von Georges Bizet: eine Oper über Liebe und Tod. Bizet hat die beiden Pole der Welt des Skorpions in Szene gesetzt. Carmen verkörpert ihre Hauptmerkmale: Sie besitzt eine unwiderstehliche Anziehungskraft auf Männer und schlägt Don José in ihren Bann, aber die Liebe, die sie ihm entgegenbringt, birgt in sich Zerstörung: Sie macht ihn zum Schmuggler und Mörder. Carmen, die Zigeunerin, hat ein hohes Idealbild von sich, das sie nicht verraten kann: Da sie ihren Liebhaber nicht mehr lieben kann, zieht sie den Freitod vor, statt ihm zu folgen. Sie fordert ihn heraus, er schlägt sie, aber sie hat keine Angst vor dem Tod.

Bei Alexander Borodin, ebenfalls ein Skorpion, findet sich das Motiv der Jahreszeit, der Novemberlandschaften: *In den Steppen Zentralasiens*. Dagegen ist Niccolò Paganini selbst der »Virtuose des Skorpions«. Kein Geiger hat sein Publikum derart fasziniert; beunruhigend war seine Musik, die die Menge magnetisierte. »In Wahrheit führt der Teufel meine Hand«, sagte er. Seine außergewöhnliche Virtuosität schien dem Instinkt zu entspringen. Die Plakate jener Zeit stellen ihn als Alchimisten, als Phantom dar: Er war sorgsam darauf bedacht, sich mit einem Mysterium zu umgeben.

Beziehungen zwischen Stier und Skorpion

Stier und Skorpion, die im Tierkreis einander gegenüberliegen, ergänzen sich wie alle Zeichen, die im Winkel von 180° zueinander stehen. Beide sind beständige Zeichen, weil sie eine Jahreszeit »realisieren«. Sie sind entschlußfreudig und widerstandskräftig:

♉ Das Element der Erde wird im Stier zur konkreten, materiellen Verwirklichung des Lebens genutzt.	♏ Das Element des Wassers wird im Skorpion zur Verwirklichung der Psyche genutzt, als Übergang von der unbewußten auf die bewußte Ebene.

Den Werten des Besitzes beim Stier, symbolisiert durch den Mund und die Kehle, entsprechen beim Skorpion die Werte der Zerstörung und Schöpfungskraft, symbolisiert durch den Anus und das Geschlecht:

♉ Die Erde, Kybele und Demeter, geben dem Stier Selbstvertrauen in seiner empirischen Vorgehensweise.	♏ Das Wasser Plutos macht den Skorpion zu einem intuitiven Wesen, voll subtilen Scharfsinns.

Ihre energetischen Kräfte sind komplementär und notwendig für den Zyklus des Lebens: Das Selbstvertrauen des Stiers steht dem Zweifel des Skorpions gegenüber.

Welcher Mythos könnte uns jenseits der Physiognomie und der Äußerung von Tendenzen in das Universum des Skorpions eindringen lassen? Ist das nicht *Faust*, »zwischen Gott und Teufel«, in dem man den Helden das Perverse sublimieren und das Erhabene pervertieren sieht? Verkörpert nicht Faust die Absolutheit der Skorpion-Dialektik? Getrieben von einem Machthunger und gezogen von einem Ideal der Erkenntnis, ist Faust gespalten zwischen Mephisto, der sich geschworen hat, ihn auf die Animalität zu reduzieren, und Gott, der ihm die Möglichkeit läßt, sein Heil zu sichern.

»Und fragst du noch, warum dein Herz sich bang in deinem Busen klemmt« (Faust, Goethe). Stich von Peter Cornelius.

Pluto und Proserpina, Herrscher der Unterwelt. Der Regent des Skorpions, Pluto, bewirkt, daß man die verborgene Seite des Lebens sieht.

Der Schütze

22. NOVEMBER – 20. DEZEMBER

»Unsere Geburt an einem beliebigen Ort ist sozusagen erst einmal provisorisch; erst nach und nach schaffen wir uns eine Heimat, um dort noch einmal geboren zu werden, und das jeden Tag klarer.« *Rainer Maria Rilke*

DIE GRUNDLAGEN

Das Symbolbild

↗ Das Symbol ist ein Kentaur – halb Mensch, halb Pferd.	↗ Der Schütze ist zugleich ein instinktives und rationales Wesen.
↗ Diese Darstellung ist in ihrer Art einmalig.	↗ Er ist unabhängig.
↗ Der Kentaur spannt einen Bogen.	↗ Er ist der Meister seiner Energien.
↗ Er richtet seinen Pfeil gen Himmel.	↗ Er hat weitreichende Ambitionen und liebt das Abenteuer.
↗ Der Pfeil wird geführt vom Menschen und erhält seine Triebkraft von der Kraft des Tieres.	↗ Er hat eine menschliche Sicht der Dinge und ist sehr ausrucksstark. Er will über sich hinauswachsen.

November: Herbstende

↗ Die Sonne sinkt immer tiefer. Das Laub ist endgültig gefallen. Im Landschaftsbild gehen Himmel und Erde ineinander über, alles kommt zur Ruhe.	↗ Der Schütze braucht Harmonie. Er versucht, seine Ambitionen mit der Wirklichkeit in Einklang zu bringen. Er hat ein weitreichendes Bewußtsein.
↗ Im November bereitet man sich auf die Kälte des Winters vor.	↗ Er ist ein Mensch der Reflexion, oft ein Philosoph.

Der Herbst im Übergang

↗ Es ist Herbstende, bald wird es Winter: Es ist eine Phase des Übergangs.	↗ Der Schütze will handeln und verändern. Er versucht, die Dinge umzugestalten.

Der Schütze ist ein veränderliches Tierkreiszeichen.

Das Feuer des Geistes

Das Feuer ist das Element des Schützen: das Element der Energie, der Dynamik und Transformation. Seine besonderen Merkmale erhält es im Schützen durch seine Stellung im Tierkreis: In der Trilogie der Tierkreiszeichen des Feuers kommt nach dem kardinalen Feuer des Widders (der Lebensfunke) das beständige Feuer des Löwen (die Flamme des Ego) und dann das veränderliche Feuer des Schützen, in dem er seine Gefühle in die Tat umsetzt. Die Charakterlehre sieht ihn als gallig, sanguinisch, aktiv.

↗ Das Feuer des Schützen ist das Feuer unter der Asche, die rote Glut, die nicht verlöscht.	↗ Der Schütze ist beseelt von einem immer wachen Bewußtsein, das ein inneres Feuer, eine Art Geist, unablässig schürt.
↗ Ein Lufthauch verwandelt die Glut in Flammen.	↗ Er ist ein Enthusiast, der manchmal zu Übertreibungen neigt.

Zeus-Jupiter

Der Schütze wird regiert von Zeus-Jupiter.

↗ Zeus-Jupiter, der Herrscher des Olymp, ist der Gott des Lichts, des klaren Himmels und des Blitzes: Er verteilt das Gute und das Böse und wacht über die Ordnung der irdischen und himmlischen Welt. Er gebietet über die Sterne und die ganze Erde; er verkündet die Orakel, stellt die Gesetze auf und läßt mit seinem Blitz Gerechtigkeit walten.	↗ Der Schütze sucht in allem die Wahrheit: Er will das Gleichgewicht und die Ordnung in Fortschritt und Überfluß herstellen. Er bewahrt die Hierarchie und besitzt Sinn für Autorität.
↗ Zeus, ein Sohn des Kronos (Saturn), der seine Kinder nach der Geburt verschlang, entgeht dem Schicksal seiner	↗ Da der Schütze oft vorhersehende Kräfte besitzt, fühlt er sich gegen Widrigkeiten gefeit. Er will das gute Recht

Der Schütze

Geschwister dank seiner Mutter Rhea. Um ihr Kind zu retten, gibt sie Kronos einen in Windeln gewickelten Stein, den er für seinen Sohn hält und verschlingt.

♐ Er wird den Nymphen anvertraut und mit Milch und Honig genährt.

♐ Als Zeus erwachsen wird, will er Kronos die Macht streitig machen. Vorher bittet er jedoch Metis (die Vorsicht) um Rat. Sie gibt ihm eine Medizin, durch die Kronos all seine Kinder (seine verdrängten Begierden), die er sich einverleibt hat, ausspeit.

♐ Nach einem langen Kampf, der als Titanomachie bezeichnet wird, siegt Zeus mit Hilfe der Kyklopen (instinktive, leidenschaftliche Kräfte), die er aus dem Tartaros befreit hat, über Kronos und die Titanen (Ehrgeiz, Herrschsucht), die er aus dem Himmel vertreibt.

♐ Da aber die Giganten protestieren, und da sie die Titanen rächen wollen, greifen sie Zeus in einem Kampf an, den man die Gigantomachie nennt.

♐ Um die Giganten zu besiegen, bedient Zeus sich der Hilfe eines Menschen: Herakles.

♐ Der härteste Kampf, den er auszufechten hat, ist jedoch der gegen Typhon, »die Geißel der Sterblichen«; ein Ungeheuer, halb Mensch, halb Tier, das das Drängen der entfesselten Begierden symbolisiert.

♐ Zeus hat zahlreiche Liebesaffären, unter anderem mit Themis, der Göttin des Rechts, mit der er die Horen zeugt: Disziplin, Gerechtigkeit und Frieden, die den Bestand der Gesellschaft sichern, und die Moira oder Parzen, die das Schicksal personifizieren.

♐ Mit Blitzen straft Zeus die anderen Götter oder die Sterblichen, die ihren Pflichten nicht nachkommen.

Hüften und Schenkel

♐ Die Körperteile, die dem Schützen entsprechen, sind Hüften und Schenkel, die das Gehen ermöglichen und Annäherungen und Kontakte begünstigen.

♐ In Verbindung mit den Beinen ermöglichen sie das Gehen.

verkörpern und ist ein zuversichtliches, optimistisches Wesen.

♐ Der Schütze entwickelt seine Persönlichkeit gern im Kontakt mit reinen Ideen und zarten Gefühlen. Er ist ein Wesen ohne Bitterkeit.

♐ Er weiß sich im Besitz einer gewissen Anziehungskraft auf andere, die er umsichtig einsetzt, wodurch er deren Gunst erwirbt. Aber die Macht, die er erlangt, will er so einsetzen, daß jeder seine Wünsche verwirklichen kann. Der Schütze sucht Autorität und Freiheit zu vereinen.

♐ Er strebt nicht nach Macht, um seine ehrgeizigen Ziele zu verfolgen, vielmehr sublimiert er so seine Instinkte. Er kämpft für eine bessere Ordnung, in der er keine Konzessionen an die Mittelmäßigkeit machen muß: Der Schütze hat ein sehr hohes menschliches Ideal.

♐ Die Pläne des Schützen können in bezug auf seine Möglichkeiten gelegentlich etwas überzogen sein.

♐ Tatsächlich reicht dieses eine Ideal nicht aus: Die Verwirklichung entspringt immer seiner gesamten Person. Der Schütze versucht, die verschiedenen Tendenzen, die er in sich trägt, zu vereinen: Er hat ein menschliches und ein spirituelles Ziel.

♐ Trotz allem hat er Schwierigkeiten, seinen Instinkten (Typhon) Widerstand zu leisten. Unter dem Druck seiner unmittelbaren Bedürfnisse kann er sein Streben nach Weisheit vergessen und ungeduldig werden.

♐ Der Schütze verlangt Ordnung und Disziplin zum Erhalt der Gesellschaftsstrukturen. Sein Monopol auf Autorität kann ihn zum Gefangenen seiner Verantwortung machen. Er wird dann zum Sklaven seiner selbst durch das Schicksal, das er sich auferlegt (die Parzen).

♐ Aufgrund seines ritterlichen Ideals gerät der Schütze in Zorn über jede Form von Ungerechtigkeit.

♐ Dem Schützen entsprechen die sozialen Werte: Er stellt sich in den Dienst der Gruppe.

♐ Ihm ist auch die Aktivität zugeordnet: Er ist ein Wesen voller Spannkraft und Vitalität.

Diese Grundlagen liefern uns die Tierkreisformel des Schützen: Er ist ein Herbstwesen, veränderlich, feurig, jupiterisch, dem Hüften und Schenkel entsprechen. Diese symbolischen Tendenzen lassen sich folgendermaßen übersetzen:

Die Natur eines Weisen oder eines Abenteurers

Je nach den Informationen, die uns der Rest des Horoskops gibt, haben wir es mit einer Natur zu tun, die entweder auf Konformismus oder Rebellion ausgerichtet ist. Der Schütze versucht je nach Temperament, der Wahrheit zu folgen, die er in sich trägt. Als Philosoph, Priester, Staatsmann oder Unternehmer will er einem Gesetz dienen, das ihm universell erscheint. Christine von Schweden, die Tochter von Gustav-Adolf, kämpfte während ihrer gesamten Regierungszeit gegen die Regeln, die ihre Rolle und ihre Stellung ihr auferlegten. Mit 28 Jahren dankte sie ab, um »alles tun zu können, was ihr gut erschien«. Zur Familie der Schützen zählen zahlreiche Abenteurer, wie der berühmte

Freibeuter Surcouf oder der große Seefahrer Mermoz. Der Schatten Neros lastet auf dem Schützezeichen, dem er angehörte: Durch andere planetare Einflüsse kehrte er die Werte seines Tierkreiszeichens um, indem er mit dem Pfeil des Ideals seine persönlichen Interessen bedrohte. Der Schütze möchte zwischen der Erhabenheit seines Ideals und der Kraft seiner Energien eine Synthese herstellen und ein Übermaß des einen oder anderen vermeiden.

Ein universelles Denken

Als zum Beispiel Ludwik Zamenhof die Kunstsprache Esperanto schuf, bemühte er sich da nicht, ein Kommunikationsmittel für die größtmögliche Zahl von Menschen zu schaffen, um Sprachbarrieren zu beseitigen? Der Schütze versucht, die Welt und die Dinge in einem universellen, allgemeinverständlichen Denken zusammenzubringen. Rainer Maria Rilke sagte, seine größte Aufgabe bestehe vielleicht darin, diese Welt nicht mehr vom Menschen sondern vom Engel aus zu sehen. Der Schütze verfügt über ein klares Denkvermögen, in das zugleich seine menschlichen Bedürfnisse wie auch seine »himmlischen« Bestrebungen einfließen. Er sucht nach einer Hierarchie der Werte, die für alle akzeptabel ist. Obwohl er mit der Menschheit innig verbunden ist, kann sein Denken doch gleichzeitig überaus unabhängig sein – das macht seine Ambivalenz aus.

Glühende Liebe

Der sensible und idealistische Schütze möchte in seinem Partner das finden, was er im Himmel sucht. Er kann gegen die Regeln der Gesellschaft verstoßen und sich von der Gruppe distanzieren, der er angehört. Die Schwierigkeit für ihn ist, einen klaren Verstand zu bewahren, um Traum und Wirklichkeit nicht zu vermengen. Er strebt nach dem Absoluten und der ewigen Liebe. Er schwärmt für das geliebte Wesen wie Alfred de Musset für George Sand. Da er im Objekt seiner Liebe die Personifizierung seines eigenen Ideals sieht, fällt es ihm manchmal schwer, die Realität zu akzeptieren und zu begreifen, daß er in dem geliebten Wesen und in den anderen Eigenschaften hineinprojiziert, die er gar nicht besitzt. Es gibt noch einen anderen Typ von Schützen, der in seiner Liebe nicht weniger glühend ist: Er verwirklicht sein Ideal, indem er das geliebte Wesen unter seinen Schutz stellt. In beiden Fällen ist die Liebe für ihn ein Mittel, über sich hinauszuwachsen.

Das *Ideogramm* des Schützen besteht aus einem Pfeil, dem Symbol der Schnelligkeit und Geradlinigkeit: Der Pfeil macht keine Umwege, er geht geradewegs auf sein Ziel zu. Es ist ein Pfeil, der Erde und Himmel verbindet, er durchquert die »Raum-Zeit« und bringt die Offenheit des Denkens und des Schützen-Charakters zum Ausdruck.

Jupiter, der Herrscher des Olymp und Gott des Lichts, des Himmels und des Blitzes, regiert den Schützen.

DER AUSDRUCK

Der Schütze in der Literatur

Gustave Flaubert, jener realistische Schriftsteller der Illusionen, war Schütze: »Ich bin ein Barbar [...] ich besitze den Elan, den Starrsinn und den Jähzorn eines Barbaren.« Flaubert beschreibt die unseligen Illusionen, die die Romantik erzeugt. Da Theorien immer wieder verworfen werden, will er den Roman zur höchsten Kunst erheben. Die Kunst ist für ihn das einzige Mittel, das es dem Menschen ermöglicht, sich zu erkennen und über sich hinauszuwachsen: »Das ist das einzige, das niemals täuscht.« Dazu muß die Kunst wahr und schön sein. Ebenso wahr, wie der wissenschaftliche Ansatz sein kann: Der Künstler muß hinter der Realität zurücktreten, um nicht auszudrücken, was er empfindet, sondern was er ist. »Der Autor muß in seinem Werk wie Gott im Universum sein, überall präsent, aber nirgendwo zu sehen«, schreibt er in einem Brief an Louise Colet. Die Präzision, mit der er den Charakter seiner Figuren schildert, will Flaubert mit der Schönheit verbinden. Die Schönheit allein spricht die universelle Sprache, durch die der Mensch das Absolute erreichen kann. Ein inneres Feuer verlieh ihm Energie und Mut, die schon fast legendär sind. Flaubert schrieb sechs Jahre an *Madame Bovary* und fünf Jahre an *Salammbô*. In einem Streben nach dem Wahren und Schönen war sein Pfeil auf das Absolute gerichtet. Er bearbeitete und überarbeitete Satz für Satz bis zur Perfektion. Geistig wie auch stilistisch unabhängig, schuf er die Synthese zwischen romantischem Stil und klassischem Geist. Völlig eingenommen von der Freiheit wendet er sich gegen die Abhängigkeit der Bürger vom Geld. Die Künstler und Denker, die als einzige nach Erkenntnis streben, haben eine Mission, nämlich den Menschen die Wahrheit zu zeigen, um die Wertmaßstäbe neu zu überdenken. »Ist es nicht an der Zeit, die Gerechtigkeit in die Kunst einzuführen? Die Unparteilichkeit der Malerei würde dann die Erhabenheit des Gesetzes und die Strenge der Wissenschaft erlangen.« Der Blitz des Jupiter ist hier der Roman: Indem man den Menschen zeigt, was sie eigentlich sind, veranlaßt man sie, sich zu ändern:

»Oh, ich schwärme fürs Meer«, meinte Herr Léon.

»Und finden Sie nicht auch«, fuhr Madame Bovary fort, »daß sich der Geist über dieser endlosen Weite, die keine Grenzen kennt, viel freier aufschwingt? Blickt man auf dieses unabsehbare Wasser hinaus, wird die Seele emporgetragen, und unsere Gedanken erheben sich ins Unendliche, ins Ideal!«[25]

Im Gegensatz zu diesen romantischen Ambitionen, die Flaubert so gut kannte, zeigte er in *Madame Bovary*, was der Preis für solche Illusionen sein kann. Madame Bovary, die sich als Romanheldin bezeichnet, nimmt sich das Leben, da sie die triste Wirklichkeit nicht mehr ertragen kann. In diesem Werk wollte Flaubert auf die Gefahren der Lyrik für »gewöhnliche Seelen« aufmerksam machen. Ein Mensch kann keine Größe erlangen, wenn ihm die erforderliche Charakterstärke und Energie fehlt.

---

25. Gustave Flaubert, *Madame Bovary*, München 1978, S. 110

Der Schütze in der Malerei

Betrachtet er die Welt von einem anderen Planeten aus oder lädt er uns ein, eine neue Welt zu entdecken, die doch die unsere ist und zu der er allein den Zugang kennt? Um auszudrücken, was er sah, mußte Paul Klee eine neue Ausdrucksform der bildlichen Darstellung finden: »Die Kunst reproduziert nicht das Sichtbare, sie macht sichtbar.« Die Schrift, die er verwendete, bestand aus dem Punkt und vor allem aus der Linie, die sich in den Raum ausdehnen ließ. »Die Linie ist der Zimmermann jeder Form«, sagte er. In der Mehrzahl seiner Werke ist der Pfeil zu erkennen, das Symbol des Schützen, der sich emporschwingt und das Universum durchquert, das er uns zeigen will.

Die Beziehung seines Ichs zur Welt geht über die sichtbare Realität hinaus. Jedes Gemälde steht für einen Bruchteil dieser Beziehung und hilft uns, in seine Welt einzudringen. Das Denken durchquert Raum und Zeit, und Klees Kunst öffnet sich der Zukunft, sie modifiziert die Sicht der Dinge, sie dringt ein mittels der Transparenz, sie entdeckt Formeltypen, die der äußere Aspekt uns verborgen hat. In seinen Zeichen, seinen Hieroglyphen faßt Klee die Intuition zusammen, die er von der Welt hat, und ermöglicht es uns, zu einer höheren Bewußtseinsebene zu gelangen. »Man lernt die Vorgeschichte des Sichtbaren kennen. Aber das ist noch nicht die Kunst auf höchster Stufe. Auf der höchsten Stufe beginnt das Geheimnisvolle.«

»Ich lasse nicht ab von meiner großen Aufgabe, die ewigen Welten zu erschließen, die unsterblichen Augen des Menschen für die Welt, von der Poesie bis zur Ewigkeit, zu öffnen – im Schoße Gottes die menschliche Imagination immer weiterentwickelnd.«

Die Gedichte des Schützen William Blake sind ebenso beachtlich wie seine Stiche und Gemälde.

Schon von Jugend an empfand Blake sich als anders, er nahm das Unergründliche wahr, sah das Unsichtbare. Oft hielt man ihn für verrückt: »Mad Blake« wurde er genannt, wenn er versuchte, seine Visionen zu artikulieren. Ohne sich um den Sarkasmus seiner Umgebung zu kümmern, machte er sich daran, das Universum zu »reproduzieren«, zu dem er Zugang hatte. »In einer Wolke versteckt bin ich auf die Welt gekommen«, sagt er. Sein Werk stellt die Mysterien des Todes und des Jenseits dar, die Kräfte des Guten und des Bösen, das er überwinden will, indem er aus beidem die Synthese schafft. Blake hat sich über die irdische Welt erhoben, er betrachtet von außen die »Vermählung von Himmel und Erde«, die Vereinigung der Energien im Menschen.

Später, als er die Druckplatten zum *Grabmal Blairs* fertigt, zeichnet er kein trauriges, makabres Bild des Todes, sondern das einer heiteren, friedvollen Etappe auf der Suche nach dem Wesentlichen. Hat Blake, »Mad Blake«, nicht die Harmonie zwischen Himmel und Erde geschaffen?

Der Schütze erweckt die Welt zum Leben, in der er nicht mehr leben kann. Henri de Toulouse-Lautrec, aufgrund zweier Unfälle kleinwüchsig, behielt zeitlebens die Statur eines Kindes und konnte keinerlei Sport treiben: Zu seinem Zwergwuchs gesellte sich darüber hinaus noch ein groteskes Äußeres. So stellte er mit all seiner Kraft dar, was ihm unmöglich war, Bereiche, die ihm

Der Schütze Blake hat sich über die irdische Welt erhoben, er belegt es mit diesem Gemälde (Das Alter), in dem Gott die Welt erschafft.

ewig verschlossen bleiben würden. Er malte Beine, die sich streckten, die liefen und tanzten, Beine von Akrobaten, Radfahrern, Jockeys, Tänzerinnen. Toulouse-Lautrec scheint uns eine wunderbare Ikonographie der Schütze-Symbolik zu liefern: Schnelligkeit, Drang, der die Hüften und Beine vorwärtstreibt. Doch hier stellt sich eine schmerzliche Frage: Liegt es nicht vor allem an seiner Behinderung, daß er lange schlanke Beine auf die Leinwand bannt und die Muskeltätigkeit zeichnet, die seine Beine ihm versagen? Es fällt uns schwer, zu behaupten, allein seine Zugehörigkeit zum Tierkreiszeichen Schütze habe die Wahl seiner Sujets beeinflußt. Letztlich stellt sich die Frage, wie ein Mensch mit den gleichen körperlichen Voraussetzungen, der aber unter einem anderen Tierkreiszeichen geboren wäre, die Welt gemalt hätte, zu der er keinen Zugang hat: Was hätte ein Löwe oder ein Steinbock unter ähnlichen Umständen gemalt? Die Anlage des Schützen ist vielmehr in dem Energieaufwand zu erkennen, so leben zu wollen, wie er es sich vorstellte, über sich selbst hinauszuwachsen, indem er im Bild Bewegungen festhielt, die ihm versagt waren. Wenn die Wahl der Sujets durch die Körperbehinderung bedingt war (man kann sich im übrigen fragen, wieso gerade die Beine betont wurden und nicht etwa der Zwergwuchs an sich), so gab ihm die symbolische Tendenz die Energie, die Behinderung zu erkennen, und den Stil, sie zu realisieren. Toulouse-Lautrec wählte die Linie, weil sie allein die Fähigkeit besitzt, den Elan, die Anstrengung und die Kraft des Pferdes auszudrücken, das sich in der Welt des Schützen aufbäumt.

Der Schütze in der Musik

Ludwig van Beethoven, der im 19. Jahrhundert die Macht auf dem musikalischen Olymp übernahm, prägte mit seinem Einfluß zahlreiche seiner Nachfolger, auch wenn manche Kritiker in seiner Musik lediglich die Exzesse der Romantik sehen. In jener Epoche mußte das Leben so ereignisreich wie ein Roman sein, über den der Held hinauswächst, ausgerichtet auf das Unerreichbare und Mysteriöse. Beethoven jedoch hatte es nicht nötig, sich eine Tragödie auszudenken, deren Protagonist er sein wollte. Den Stoff für seinen »Roman« lieferte das Leben selbst: Neben unglücklich endenden Liebesgeschichten und unlösbaren Familienproblemen wurde er im Alter von 30 Jahren mit Taubheit geschlagen. Ihm blieben nur zwei Möglichkeiten: aufgeben oder über sich hinauswachsen. Die Stärke sei die Moral der Menschen, die sich vom Gewöhnlichen abheben, und das sei auch seine Stärke, erklärte er.

Von Widersprüchen geplagt, war er zugleich der Höfling von Fürsten und der Aufständische gegen die Sklaverei durch die Großen dieser Welt; er besang die moralische Loyalität und erwies sich zugleich als skrupellos gegenüber den verschiedenen Verlegern, denen er die Exklusivrechte an ein und demselben Werk einräumte. Beethoven ließ all seine Energien in der Musik zusammenfließen, durch die er sich transzendieren wollte. Die Kunst war für ihn eine Möglichkeit, ein Mittel, den größten Sieg über sich selbst zu erringen. Nachdem er objektiv taub war, lauschte er den Klängen und den Stimmen seiner Seele, die ihm den Weg zur Spiritualität wies, und sein Geist nahm den Kampf mit den Titanen der materiellen Wirklichkeit auf: »Und trotzdem will ich einen neuen Weg eröffnen.«

Durchdrungen von einem hohen humanitären Ideal, hielt er daran fest, daß seine Musik den Beginn einer neuen Ära darstellte, in der die Privilegien abgeschafft würden. Er war begeistert von Bonaparte, in dem er den Freiheitshelden sah (und dem er seine III. Symphonie widmete), bis er erfuhr, daß sein Idol sich zum Kaiser hatte krönen lassen. Er wollte nicht zulassen, daß man die Menschenrechte mit Füßen trat, indem man bloß seinem Ehrgeiz gehorchte, um sich über andere zu erheben. Er riß das Deckblatt der Partitur zur III. Symphonie heraus und nannte sie *Eroika*.

Zeit seines Lebens überwand Beethoven die vielfachen Enttäuschungen und Hemmnisse, die ihm in den Weg traten: Allen Schwächen seines Körpers zum Trotz, sollte sein Genie triumphieren! Es ist schwer zu unterscheiden, ob seine Musik die Übermenschlichkeit, die er beweisen wollte, zum Ausdruck bringt, oder die Schwierigkeit, letzten Endes nur allzu menschlich zu sein.

Der Schütze Manuel de Falla vereint all diese Kräfte, um seiner Kunst spanischen Ursprungs eine universelle Bedeutung zu geben. »Falla insgesamt ist in seinem kindlichen Temperament zurückgezogen und schweigsam, ein wenig wild, manchmal realitätsfern.«[26] Schon als Kind verschwand er, schloß sich stundenlang in seinem Zimmer ein und schuf sich ein eigenes Universum, das er »Colomb« nannte. In dieser Zeit entstand vielleicht auch die neue Sprache, die sich über die ganze Welt verbreiten sollte. Er wollte Spanien eine Oper geben, die es nicht besaß, damit seine Kunst nicht länger auf die iberische Halbinsel beschränkt bliebe, sondern deren Grenzen überschreite. Das gelang ihm mit *La vida breve*, einem Werk, das die Quintessenz der spanischen Musik und Volkslieder erkennen läßt, die das Genie Fallas allerdings auf das Niveau der größten Meisterwerke erhob, indem er über ihren Nationalcharakter hinausging.

Falla wurde zum extremen Asketen, der seine innere Glut allein in seinen Werken entflammen ließ, in *Der Dreispitz* oder im *Liebeszauber*, der seine Fieberhaftigkeit, seine innere Hitze zum Ausdruck bringt. »Es gibt in der Kunst etwas, das weit über dem Applaus des Publikums steht«: Sein Bogen war bei dieser Äußerung auf den Himmel gerichtet. Nach und nach entsagte er dem oberflächlichen Leben, um dem Widerhall einer mystischen Welt zu lauschen, die er den Menschen vermitteln wollte. Seine Lyrik entfaltet sich (*Concerto*), und er erreicht einen Stil, der »reine Abstraktion« ist. Die letzten Jahre seines Lebens verbrachte er in Argentinien. Als man ihm die Rückübertragung seiner Rechte anbot, lehnte er ab, »solange die anderen spanischen Künstler, die wie ich freiwillig im Exil leben, ihre Rechte nicht bekommen.« In Argentinien arbeitete er an *Atlandida*, einer Oper, die er für die Krönung seines Schaffens hielt. Er überarbeitete sie sechs Jahre lang und starb, ohne sie vollendet zu haben. Obwohl ein anderer Komponist sie fertigstellte, hatte *La Atlantida* nicht den erwarteten Erfolg. Falla hatte auf seinen Grabstein schreiben lassen: »Die Ehre und der Ruhm gehören nur Gott«.

Beziehungen zwischen Zwilling und Schütze

Zwilling und Schütze, die sich im Tierkreis gegenüberliegen, sind komplementär in ihrem symbolischen Ansatz.

---

26. Luis Campodocino, *Falla*, Seuil

Der Schütze

Beide sind veränderlich, weil sie eine Jahreszeit beenden und den Beginn einer neuen vorbereiten, sie sind von einem Drang zur Veränderung beseelt:

♊ Das Element der Luft setzt den Drang zur Veränderung beim Zwilling in ihren vielfältigen Austauschprozessen um.	♐ Das Element des Feuers gibt dem Drang beim Schützen durch eine Leidenschaft oder ein Ideal nach.

Den Werten des Lebens und der Inspiration, bei den Zwillingen symbolisiert durch die Lunge, entsprechen beim Schützen die Werte der gesellschaftlichen Aktivität, symbolisiert durch Hüfte und Schenkel:

♊ Die Luft und Merkur treiben den Zwilling zur Vervielfachung und Diversität der Ideen.	♐ Das Feuer und Jupiter berufen den Schützen zur Hierarchie der Werte, zu Ordnung und Gerechtigkeit.

Ihre Einstellungen sind komplementär und notwendig für den Zyklus des Lebens: Der Dualität der Zwillinge entspricht der Wunsch nach Einigung beim Schützen.

Die Dualität zwischen Mensch und Welt und Mensch und Gott aufzulösen, ist das nicht das Ziel des Gurus? Verkörpert der Guru nicht die Symbolik des inneren Universums des Schützen: in Harmonie mit Himmel und Erde zu sein?

»Atmen wir den Hauch der Helden.« (Beethoven, Romain Rolland).
Rechts: Porträt Beethovens von Levy Dhurmer.
Unten: Ausschnitt aus einer handschriftlichen Partitur des großen Musikers.

Der Steinbock

21. DEZEMBER – 19. JANUAR

»Wenn man zur Gewißheit gelangt ist, erfährt man eine der größten Freuden, die die menschliche Seele empfinden kann.« — Louis Pasteur

DIE GRUNDLAGEN

Das Symbolbild

♑ Der Steinbock ist ein Tier mit Hörnern.	♑ Der Steinbock ist ein willensstarkes Wesen, das sich zu verteidigen weiß.
♑ Er lebt auf schroffen Felsen.	♑ Er stellt sich allen Widrigkeiten.
♑ Er lebt oft als Einzelgänger.	♑ Er ist eigenständig.
♑ Er besteigt ohne Mühen jeden Gipfel.	♑ Das Unmögliche macht ihm keine Angst: Er trotzt der »Nordseite des Lebens«.
♑ Er greift nach den Sternen.	♑ Sein Ziel ist, die Gipfel der Existenz zu erreichen. Er ist sehr würdevoll.
♑ Immer auf der Hut, flieht er, sobald ein Mensch sich nähert.	♑ Er besitzt ein ausgeprägtes Bewußtsein. Seine Geheimnisse teilt er mit niemandem. Er ist schwer zu verstehen.

Dezember: Winteranfang

♑ Die Sonne hat ihren Tiefststand erreicht, es ist Wintersonnenwende.	♑ Losgelöst von der Welt, scheint er sich selbst gleichgültig zu sein.
♑ Die längsten Nächte paaren sich mit den kürzesten Tagen.	♑ Er sucht die Einsamkeit und innere Sammlung für seine Konzentration. Er hat ein ausgeprägtes Zeitgefühl.
♑ Die Erde wirkt äußerlich unfruchtbar, aber in der Tiefe schlummert unbändige Energie.	♑ Er nutzt sein Verständnis der Zeit zur Verwirklichung seiner persönlichen Moral.
♑ Die Temperaturen sind niedrig, allmählich wird es sehr kalt.	♑ Er wirkt nach außen kalt und unempfindlich, ist dies aber nicht in seinem Inneren.
♑ Die Bäume sind nur noch dunkle Gerippe.	♑ Oft melancholisch und streng, hält er an bewährten Prinzipien fest.
♑ Die Tiere haben sich in ihre Behausungen verkrochen, und viele halten Winterschlaf.	♑ Ist er ängstlich, besitzt er Realitätssinn; ist er vorausschauend, so ist er ausdauernd.

Der kardinale Winter

♑ Es ist Herbstende, der Winter beginnt.	♑ Es ist das Zeichen des Dranges nach mehr Bewußtsein.
Der Steinbock ist ein kardinales Tierkreiszeichen.	

Die Erde: Kristallisation des Bewußtseins

Der Steinbock führt die Tierkreiszeichen der Erde an. Es ist die kardinale Erde; die Erde, in die man die Saat gibt: den Samen des Bewußtsein; anschließend kommt die beständige Erde des Stiers (die nährende Erde, die Erde der konkreten Realitäten), und darauf folgt die veränderliche Erde der Jungfrau (die Erde, die sich reinigt, die Vernunft). In der kardinalen Erde erschüttern die Emotionen nur schwer das Bewußtsein, aber wenn sie ihre Spuren einmal darin hinterlassen haben, bahnen sie sich ihren Weg unterirdisch. Der Steinbock hat einen sanften Blick, eine ruhige Stimme, seine Worte scheinen gezählt: »Reden ist Silber, Schweigen ist Gold« könnte seine Devise lauten. Die Charakterlehre sieht ihn als nervös, nicht erregbar und sekundär.

♑ Die Wintererde enthält den neuen Samen.	♑ Der Steinbock trägt in sich ein Schicksal, das er allein erfüllen zu können meint.
♑ Es ist die Erde, die eine langsame Reifung einleitet.	♑ Er erträgt Ungewißheit nur schlecht und konstruiert sich eine sichere Welt: Freundschaften und Unternehmungen entstehen nach einer langen Reifezeit.

Der Steinbock

- ♑ Es ist eine harte, kalte Erde.
- ♑ Er baut sich einen Schutzwall gegen die Nichtigkeiten des Lebens, schützt sich vor Leidenschaften und Instinkten.

Sein Regent Saturn

Der Steinbock wird regiert von Saturn, dem am weitesten entfernten Planeten des Septenniums; als man im 19. Jahrhundert Uranus entdeckte, wurde er zum zweiten Regenten dieses Tierkreiszeichens.

- ♑ Saturn entmachtet seinen Vater Uranus, indem er ihn mit Hilfe seiner Brüder, der Titanen (Symbol des Ehrgeizes und der geistigen Macht), kastriert.
- ♑ Er kastriert seinen Vater mit einer Waffe, einer Sichel aus Feuerstein (die Sichel der Zeit).
- ♑ Nachdem er König geworden ist, schickt er die Kyklopen (finstere, triebhafte Mächte, die seine Rivalen sein könnten) wieder in den Tartaros (wie es auch sein Vater Uranus getan hat).
- ♑ Aber bevor Uranus stirbt, sagt er Saturn voraus, daß auch er von einem seiner Söhne entmachtet wird. Deshalb verschlingt Saturn all seine Kinder nach ihrer Geburt.
- ♑ »Tatsächlich läßt Jupiter, der einzige seiner Söhne, der dank Rhea gerettet wurde, ihn alles ausspeien, was er verschlungen hat: Pluto, Neptun, Juno ...
- ♑ Jupiter verbannt Saturn, der in Italien Zuflucht findet, wo Janus ihn aufnimmt; dort läßt er einen solchen Wohlstand herrschen, daß man ihm ein Andenken als Herrscher des »goldenen Zeitalters« bewahrt. Die Römer feierten diese Ära jedes Jahr Ende Dezember mit Festen (»Saturnalien«).
- ♑ Der Steinbock kann seine Gefühle weit hinter seinen Ehrgeiz zurückstellen. »Mit kalter Leidenschaft« praktiziert er eine intellektuelle Ethik.
- ♑ Er weiß, daß er mit der Zeit rechnen muß: Der Steinbock ist ausdauernd.
- ♑ Selbstachtung heißt auch, sein Umfeld richtig auszuwählen. Der Steinbock ist zu sich ebenso hart wie auch zu anderen. Er hat kein Mitleid mit jenen, die Schwächen zeigen.
- ♑ Er geht so weit, auf Vergnügungen und Freuden zu verzichten, die ihm das Leben bereiten könnte. Um ein langfristiges Ziel zu erreichen, kann er streng und entsagend sein.
- ♑ Denn er weiß, daß die Fülle der Projekte, die er verzichtet hat, eines Tages realisiert werden. Der Steinbock ist das Wesen der Geheimnisse, die er erst offenbart, wenn sie ausgereift sind.
- ♑ Der äußere Ehrgeiz ist nur ein Mittel, zu eigentlicher Weisheit zu gelangen: Das ist der Grund für die Verschlossenheit des Steinbocks. Wenn er sein Ziel erreicht hat, teilt er gern die moralischen und materiellen Früchte seiner Arbeit.

Seit seiner Entdeckung gilt Uranus als der zweite Planet, der den Steinbock regiert. Er fügt sich tatsächlich in die Symbolik dieses Tierkreiszeichens ein:

- ♑ Uranus drückt das überentwickelte Bewußtsein aus, das Saturn mit seiner Sichel (der Zeit) ihm entreißen wird. Wenn Saturn den Gott Uranus entthront, ist Machthunger nur scheinbar sein Motiv: Was er sucht, ist das ausgeprägte Bewußtsein oder die Macht über sich selbst, die er keinem anderen überlassen will. Nachdem er diese Machtposition innehat, erhält das Symbol der Sichel eine andere Dimension: Von einer Waffe gegen die Zeit wird sie zur Waffe des Reichtums, den man mit der Zeit erwirbt (mit der Sichel mäht man Korn).
- ♑ Hinter dem Verlangen nach Aufstieg und Macht steht der Wunsch nach Erweiterung des Bewußtseins. Die äußere Macht ist für ihn nur Mittel zum Zweck. Indem er die Hindernisse überwindet, die Schwierigkeiten des Lebens meistert, erlangt er auch mehr Herrschaft über sich. Er prüft lange seine Motive, ehe er sich äußert und das teilt und mitteilt, was er erreicht hat.

Die Moral Saturns ist ungefähr folgende: Das ausgeprägte Bewußtsein ist nur dann von Wert, wenn es anderen nutzt.

Die Knochen, das Skelett und die Gelenke

Knochen, Skelett und Gelenke sind symbolisch dem Steinbock zugeordnet.

- ♑ Der Knochen ist das Körpergerüst.
- ♑ Das Skelett ist der primäre Ausdruck unserer Anatomie.
- ♑ Das Skelett symbolisiert das Wissen dessen, der die Schwelle zum Unbekannten überschritten hat.
- ♑ Die Vorzüge des Steinbocks sind Festigkeit, Zähigkeit und Stärke.
- ♑ Es kommen Strenge und die Reduktion auf das Wesentliche hinzu: Der Steinbock neigt zur Askese.
- ♑ Da der Steinbock das Wissen repräsentiert, sind seine Vertreter oft Enzyklopädisten.
- ♑ Die Glieder schließlich ermöglichen die Bewegung und das Handeln selbst.
- ♑ Der Steinbock wird immer auch mit Handeln, Arbeit und Kommunikation in Verbindung gebracht.

Diese Grundlagen liefern uns die Tierkreisformel des Steinbocks: Er ist ein Winterwesen, kardinal, erdig, saturnisch und uranisch, dem das Skelett, die Knochen und die Gelenke entsprechen. Diese Werte lassen sich folgendermaßen übersetzen:

Die Natur eines Bergbewohners
Sein Leben ist das eines Aufstiegs: Maurice Herzog, der Bezwinger des Annapurna, gehörte zu jenen, die das konkret lebten: »Über sich selbst hinauswachsen in der Praxis des Alpinismus.« Unerschütterlich und couragiert folgte der Steinbock Konrad Adenauer den Etappen seiner politischen Karriere. Er stellte sich taub gegenüber seinen Kritikern. Ebenfalls ausdauernd und unerbittlich war Mao Tse-Tung.

Ein enzyklopädisches Denken
Viele Forscher und insbesondere Astronomen, waren Steinböcke: Johannes Kepler, Sir Isaac Newton, Tycho Brahe, aber auch Louis Pasteur und Benjamin Franklin. Das heißt natürlich nicht, daß man, um Forscher zu werden, ein Steinbock-Geborener sein müßte. Das ändert jedoch nichts an der Tatsache, daß in diesem Zeichen der Wissensdrang zu Hause ist – ein Zeichen, aus dem Spezialisten hervorgehen. Das Denken des Steinbocks läßt sich symbolisch darstellen durch eine Enzyklopädie.

Ein beherrschtes Herz
»In meinem Herzen schneit es verborgene Leiden«, sagte der Dichter Henri de Régnier. Der Steinbock möchte sich binden, leidet aber unter der Schwierigkeit, seine Gefühle auszudrücken. Er sehnt sich nach dem Absoluten im geliebten Wesen, hat aber Angst, in ihm nicht die Dimension zu finden, die er sucht. Zudem ist er meist beherrscht und läßt nur manchmal die Zügel schießen, was den Partner entweder mürbe macht oder erschreckt. Die Liebe ist für ihn das Sakrament der Reinheit und des Bewußtseins, so schlossen Theresia von Lisieux und Johanna von Orléans einen Ehebund mit Gott.

Das *Ideogramm* des Steinbocks besteht aus einer zu sich selbst zurückkehrenden Linie. Sie steht für die Windung des Bewußtseins, über die man einen oft unerreichbaren Punkt der Innenwelt zu erlangen sucht. Die Linienführung ist verdreht wie die verschlungenen Wege der Selbstfindung: Es ist das Symbol der Introversion.

Saturn, das Symbol des Intellekts, regiert den Steinbock.

DER AUSDRUCK

Der Steinbock in der Literatur

»Die großen Ambitionen«, »Die langfristigen Aussichten«, »Die ehrenwerten Kälteempfindlichen«, »Die Angst zu lieben«, »Die Mönchsklause« – Autor dieser Kapitel ist der Steinbock Graf von Saint-Simon, der 32 Jahre lang (1691 bis 1723) den Hof Ludwigs XIV. und seine Regierung beobachtete. Seine *Memoiren* liefern eine echte Enzyklopädie der Sitten und Gebräuche seiner Zeit. Man könnte ihm seinen Mangel an Unparteilichkeit vorwerfen, aber er wollte ein historisches und kein literarisches Werk schaffen. Er mochte übrigens Romanautoren nicht, »diese Bücherschreiber«, denn vor allem suchte er Wahrheit: Hinter dem Ereignis wollte er die verborgenen Motive des Handelns begreifen. Um uns die Psychologie der beobachteten Personen besser begreiflich zu machen, war er bei der Darstellung von Fakten oft sorglos und ungenau.

Kein einziges bezeichnendes Detail entging ihm, und manchmal fügte er auch noch einige hinzu, die ihm nützlich erschienen für das Verständnis der inneren Welt. Saint-Simon war völlig erfüllt von einer Idee: »Meine lebhafteste und teuerste Leidenschaft ist meine Würde und meine Stellung.« Er haßte die »Kommis«, die Höflinge, die den untersten Rang am Hofe Ludwigs XIV. bekleideten. Er achtete nur den Schwertadel, der sich seine Titel und Stellung verdient hatte.

Der Steinbock in der Malerei

Künstler sein, Maler sein – heißt das nicht die Welt so wiederzugeben, wie man sie empfindet und sieht? Wie wird ein Mensch, der im Dezember oder Januar geboren ist, die Natur symbolisch darstellen? Wie wird er sich in die Welt projizieren, die ihn umgibt, um sie zu erfassen, zu verstehen und sich durch sie verständlich zu machen?

Im Dezember ist die Natur auf ihren schlichtesten Ausdruck reduziert; der Steinbock Paul Cézanne wollte sie im Gegensatz zu seinen Vorläufern nicht länger subjektiv interpretieren, sondern versuchte immer, sie in der Nacktheit ihrer Realität darzustellen. Er distanziert sich von den Impressionisten, die ein Bild nicht konstruierten, sondern ihre konfusen Eindrücke zum Ausdruck brachten. Ein Werk braucht seiner Ansicht nach jedoch einen Aufbau: Selbst wenn man die Natur malt, ist doch das Ziel, die Ordnung des Universums zu rekonstruieren. »Er will die Natur zusammensetzten aus dem Zylinder, der Kugel, dem Kegel, alles in Perspektive gesetzt, so daß jede Seite eines Objekts, einer Ebene, sich auf eine zentrale Ebene richtet.«[27] Die Kunst Cézannes ist das Produkt eines langsamen Reifungsprozesses, und man kann sagen, daß es eine Malerei der Konzentration ist: Nicht ein Punkt, nicht ein Farbtupfer sind zufällig, gehen auf etwas Imaginäres zurück, das der flüchtige Augenblick hätte hervorrufen können. Nein, alles ist durchdacht: Das Sujet resultiert ebenso aus der Askese wie Form und Stil. Cézanne wählt nicht ein beliebiges Sujet, er betrachtet, prüft, wägt ab, bis zu dem Augenblick, in dem er, losgelöst von täuschenden Lichteffekten, das Wahre, den Kern eines Objekts findet, und erst dann beginnt er zu malen. Denn für ihn besitzt alles in der Natur einen Punkt (er sagt »einen Kulminationspunkt«), ein Zentrum, um das herum sich der Rest organisiert. Wie der im Boden verborgene Samen, der mit bloßem Auge nicht zu sehen ist, aus dem aber Bäume und Blumen erwachsen, die unser Gesichtsfeld füllen werden, so muß der Künstler das »Samenkorn« entdecken, das die anderen nicht gesehen haben, und über die äußere Erscheinung der Dinge zum Wesentlichen vordringen. Wenn man diesen Kulminationspunkt erreicht hat, kennt man die »Architektur« des Ganzen.

Die Malerei Cézannes muß man eher verstehen als fühlen, außer jenen, die die gleiche Weltsicht wie er haben. Sein bevorzugtes Thema war *Der Gebirgszug Sainte-Victoire*; haben die Berge nicht immer sowohl die Beständigkeit als auch die Transzendenz symbolisiert: Die Berge, die man bezwingt, um über sich hinauszuwachsen? Was beinhaltet der Berg, wenn nicht unsere Innenwelt, und ihn zu ersteigen, heißt einen höheren Bewußtseinsgrad erlangen zu wollen; das Gebirge ist also ein dem Steinbock durchaus gemäßes Sujet, aber ist es nicht auch aufschlußreich in Hinblick auf den Menschen Cézanne?

Henri Matisse, der 37 Jahre lang Cézannes *Drei Badende* besaß, sagte über dieses Werk: »Ich habe daraus meinen Glauben und meine Ausdauer bezogen.« Der Steinbock Matisse scheint mit seinen leuchtenden Farben auf den ersten Blick weit vom verschlossenen Cézanne entfernt zu sein. Es stellt sich jedoch heraus, daß an beiden Männern der gleiche Ehrgeiz nagte, obwohl sie ihn nicht auf die gleiche Weise umsetzten. Aber die Position der Sonne verweist lediglich auf das Symbol des Ideals. Und um zu erkennen, wie der Betreffende mit diesem Ideal umgeht, ob er ihm dient oder es verwirft, muß man wissen, welchen Einfluß die psychischen Kräfte anderer Planeten haben, das heißt, welche Aspekte die Planeten mit der Geburtssonne bilden. Wenn wir einfach nur wissen, daß Cézanne unter einem Januarhimmel und Matisse unter einem Dezemberhimmel geboren wurden, kann daraus nicht geschlossen werden, welche genauen Formen ihr künstlerisches Schaffen annehmen wird. Aber es ist sicher, was sie damit anstreben: »Das Kunstwerk [...] ist ein Werk meines Geistes«, sagte Matisse, der die Solidität der Leichtigkeit, die Kondensation und Dauer dem flüchtigen Aspekt der Formen vorzog. Er war ein methodischer und willensstarker Mensch, und seine Kunst entwickelte sich immer weiter, indem sie manches ablegte, um klarer und präziser seine Empfindungen wiederzugeben. »Es gibt eine innere Wahrheit, die man von der äußeren Erscheinung des darzustellenden Gegenstandes lösen muß.« Mit der Zeit zeigten seine Sujets sich in ihrem einfachsten Ausdruck, als habe ihr Maler endlich das Wesentliche in ihnen gefunden.

Der Steinbock in der Musik

La Tosca, *La Bohème* oder *Madame Butterfly* sind allem Anschein nach vom Stil des Steinbocks weit entfernt. Die Lyrik Giacomo Puccinis verrät jedoch in gewissen Aspekten die Handschrift seines Tierkreiszeichens: »Ich liebe Menschen, die ein Herz wie unseres haben [...], die weinen ohne zu heulen und lei-

---

27. Zitiert nach Fernand Hazan, *Histoire de la peinture moderne*, ed. F. Hazan, S. 51

den ohne jede innere Bitterkeit.« Puccini schuf nicht eine symbolische Oper, sondern wählte Themen aus dem Alltagsleben. Der Komponist ist bestrebt, seine Personen mit einer Wahrheitstreue zu zeichnen, wie sie nur langwieriger und geduldiger Beobachtung entspringt. Nach und nach verändern sich ihre Dimensionen jedoch: Sind sie anfangs fast unbedeutend, so legen sie zunehmend eine Seelengröße an den Tag, die man nicht erwartet hat. Äußerlich erscheinen sie durch ihre Lebensweise oberflächlich, doch man bemerkt eine innere Entwicklung, die sie spiritualisiert. Die Menschen offenbaren eine Kompromißlosigkeit gegen sich selbst, die Respekt fordert.

Das Werk von Skriabine (1872–1918) verdeutlicht – für manche auf überzogene Weise – den Wunsch nach Erhabenheit, der typisch für den Steinbock ist. Das symbolische Verständnis der Tierkreiszeichen ist abhängig von der Epoche: Heute wird dieses Zeichen mit Ehrgeiz und Macht in Verbindung gebracht; doch früher war der Steinbock ein Symbol für Erhebung zur Spiritualität. Wie im Saturnmythos zu sehen, trägt der Steinbock diese beiden Tendenzen in sich, wobei die Macht eine Wandlung des Wesens begünstigt.

Aber vielleicht können unter heutigen Lebensbedingungen nicht beide mit gleicher Intensität erlebt werden, und vor allem wird der Macht möglicherweise nur die eine Funktion zugebilligt, die ihr in der modernen Symbolik des Steinbocks zugeschrieben wird. Skriabine wollte durch seine Musik die spirituelle Dimension, die er in sich trug, vermitteln: »Ich will durch die Ekstase zur Vereinigung mit dem Kosmos gelangen.« Er fühlte sich hingezogen zu Philosophie, Religion und Theosophie und setzte seine Bestrebungen ebenso sehr in der Wahl seiner Themen wie in seinem beschwörenden Stil um.

Er schrieb drei Symphonien, darunter *Poème de L'Extase* und *Prometheus*, die die Werte des Uranus zum Ausdruck bringen, des zweiten Steinbock-Regenten.

Beziehungen zwischen Krebs und Steinbock

Krebs und Steinbock stehen sich im Tierkreis gegenüber und ergänzen sich: In beiden vollzieht sich eine wichtige Etappe in der Drehung der Erde um die Sonne: Der eine markiert die Sommersonnenwende, der andere die Wintersonnenwende. Im Krebs befindet sich die Sonne – von der Erde aus gesehen – in ihrem Kulminationspunkt; im Steinbock steht sie an ihrem niedrigsten Punkt. Beide sind kardinale Zeichen, weil sie eine Jahreszeit einleiten, sie sind erfüllt von einer gleichgerichteten Energie, der Begeisterung oder des Fortschritts:

| ♋ Das Element des Wassers setzt diese Energie im Krebs ins Imaginäre um: Es ist der Fortschritt in der Welt der Träume. | ♑ Das Element der Erde setzt sie im Steinbock in Bewußtsein um: Es ist der Fortschritt in Richtung »höhere Realitäten« des Lebens. |

Den Werten der Mütterlichkeit und des Schutzes, symbolisiert beim Krebs durch die Brust, entspechen beim Steinbock die Werte der Ausdauer und Strenge, symbolisiert durch Knochen und Skelett.

| ♋ Mond und Wasser machen den Krebs labil und anhänglich an Lebewesen und Dinge. | ♑ Erde und Saturn machen den Steinbock zu einem stabilen, von der Welt losgelösten Wesen. |

Ihre polaren Energien sind komplementär und absolut notwendig für den Zyklus des Lebens: Während der Krebs alle Energie in die Innenwelt fließen läßt, fließen beim Steinbock alle Energien nach außen.

Die Figur des Alchimisten würde sich gut in das tiefe Universum des Steinbocks einfügen. Abgesehen von der Verwandlung von Blei in Gold »ist es eine wahre und solide Wissenschaft, die die Erkenntnis und Bedeutung des Zentrums aller Dinge lehrt, das man in göttlicher Sprache den Geist des Lebens nennt.« (Pierre-Jean Fabre, *Les Secrets alchimiques*, 1636). Was der Alchimist sucht, ist im Prinzip die Verwandlung seiner selbst.

Einband zu dem Gedicht Der Rabe *von E. A. Poe, illustriert von Gustave Doré, beide waren im Zeichen des Steinbocks geboren.*

Der Wassermann

20. JANUAR – 18. FEBRUAR

»Wenn ihr erkannt haben werdet, daß die Welt unwirklich und vergänglich ist, werdet ihr sie nicht mehr lieben, euer Geist wird sich von ihr lösen, ihr werdet ihr entsagen und euch von euren Begierden befreien.« Rama Krishna

DIE GRUNDLAGEN

Das Symbolbild

≈ Einziges Symbol des Tierkreises, das durch einen Mann dargestellt wird (Zwillinge: zwei Männer).	≈ Sollte es sich bei dem elften Tierkreiszeichen um einen verwirklichten Menschen handeln?
≈ Es ist ein Mann reiferen Alters.	≈ Der Wassermann ist ein Wesen, das eine gewisse Lebenserfahrung gesammelt hat. Er ist vertrauenerweckend.
≈ Er hat einen lebhaften Blick, scheint ihn aber auf nichts zu richten.	≈ Er ist auf der Suche nach etwas anderem außerhalb der anerkannten Normen: Er weiß, daß er anders ist.
≈ Sein Körper ist sehr abgemagert.	≈ Er wirkt oft zerbrechlich.
≈ In den Händen hält er eine oder zwei Amphoren.	≈ Aber seine Zerbrechlichkeit ist nicht bedrohlich: Er trägt noch eine Lebensreserve in sich.
≈ Er schüttet das Wasser aus, das sich in einer von ihnen befindet: Es handelt sich um das Wasser der Erkenntnis.	≈ Der Wassermann bringt neue Ideen in Umlauf. Er ist eine Energiequelle und strebt nach Allgemeingültigkeit der Erkenntnis.

Februar: Wintermitte

≈ Die Sonne scheint nur wenig.	≈ Der Wassermann ist diskret.
≈ Es ist kalt.	≈ Er bringt seine Empfindungen selten zum Ausdruck. Er wirkt losgelöst von der Welt, nachdenklich, zurückhaltend.
≈ Die Saat ist mit Boden bedeckt.	≈ Er interessiert sich wenig für Äußerlichkeiten und gehorcht auch nicht seinem Instinkt.
≈ Die Entwicklung neuen Lebens bleibt dem menschlichen Blick verborgen.	≈ Geistige Werte sind ihm wichtig: Der Wassermann ist Idealist. Er formuliert gern, was anderen unklar ist. Er ist ein antizipatorisches Wesen.
≈ Aber es ist die Zeit, in der der Keimprozeß beginnt.	≈ Wenn er manchmal weltfremd wirkt, weiß er doch für sich, daß er ein Mensch des Bewußtseins ist.

Der beständige Winter

≈ Es ist die Mitte des Winters. Der Winter »entfaltet« sich.	≈ Der Wassermann ist ein resolutes, beständiges Wesen, das seine Ideen verwirklicht; dabei kann er eigensinnig sein.
Der Wassermann ist ein fixes Zeichen.	

Die Luft

Die Luft ist das Element des Wassermanns, das Element des Austauschs, der Mobilität und der Diffusion. Ihre besonderen Merkmale erhält sie im Wassermann durch seine Stellung im Tierkreis. In der Trilogie der Tierkreiszeichen der Luft liegt zwischen der kardinalen Luft der Waage (gefühlsmäßige Bindung) und der wandelbaren Luft der Zwillinge (freundschaftlicher Austausch) die beständige Luft des Wassermanns, in der die Dinge intuitiv wahrgenommen werden. Daraus resultiert eine sichere Urteilskraft. Die Charakterlehre sieht ihn als intuitiv, leidenschaftlich, parasentimental oder paranervös.

≈ Die Luft des Wassermanns ist die klare Winterluft.	≈ Der Wassermann ist motiviert von einem Hang zu moralischer Perfektion.
≈ Die Luft ist eine unsichtbare Schicht zwischen Himmel und Erde.	≈ Er hat einen zugleich ernsten und sanften Blick.
≈ Der Himmel ist blau, ohne jede Unreinheit, jeder kann in ihr atmen.	≈ Oft hat er ein spirituelles Ideal.

Der Wassermann

≈ Es ist auch ein Himmel, an dem plötzlich Gewitter und Regen aufziehen können.

≈ Das absolute Ideal erfüllt sich in der universellen Brüderlichkeit. Der Wassermann pflegt Freundschaften. Er bricht gern mit allgemein Anerkanntem, manchmal in Form heftiger Wutausbrüche.

Uranus und Saturn

Der Wassermann wird regiert von Uranus und Saturn.

≈ Am Anfang war das Chaos – das Undifferenzierte, das Mysterium. Dann erschien die Erdmutter Gaia und gebar ihren Sohn Uranus.

≈ Uranus, der Gott des Himmels, zeugt die Erde mit seiner Mutter, indem er »fruchtbaren Regen über ihre geheimen Öffnungen« sprüht.

≈ Er zeugt viele Kinder mit Gaia, unter anderem die Kyklopen, die er in den Tartaros wirft, einen der Orte, die am weitesten von der Erde entfernt sind, und die Titanen, die er von der Macht ausschließt.

≈ Da Uranus ein allzu strenges Regiment führt, stachelt Gaia die Titanen an, sich gegen ihn zu erheben.

≈ Einer seiner Enkel, Prometheus, stiehlt das Himmelsfeuer aus der Schmiede des Hephaistos, um es den Menschen zu bringen. Zeus straft ihn, indem er ihn auf dem Kaukasus anketet und einen Adler seine Leber fressen läßt.

≈ Herakles befreit Prometheus von seinen Ketten, und Zeus nimmt ihn in den Kreis der Götter auf.

≈ Saturn ist der zweite Regent des Wassermanns. Er ist der Sohn des Uranus und entmachtet seinen Vater mit einer Sichel (Symbol der Zeit), um seine Brüder und Schwestern, die Titanen, zu rächen. Nach einiger Zeit wird Saturn selbst entthront und findet in Italien Zuflucht, wo er seinen Erfahrungsschatz verteilt.

≈ Angesichts des Geheimnisses der Existenz will der Wassermann dem Leben einen neuen Sinn geben. Seine Äußerungen sind oft kühn und gewagt, aber sein Denken ist klar.

≈ Der Wassermann braucht unbegrenzten Raum zum Leben, physisch ebenso wie intellektuell, denn er fühlt sich zum Absoluten berufen. Sein fruchtbarer und einfallsreicher Geist macht ihn zu einem Wesen der Avantgarde.

≈ Die Kyklopen repräsentieren die Dämonen des Unbewußten, die finsteren Instinkte, und die Titanen den Ehrgeiz, der im Gegensatz zur Spiritualität steht. Man könnte diesen Mythos mit dem Verhalten des Wassermanns vergleichen, der auf der Suche nach der reinen Idee ist, deren Verwirklichung ihn nicht unbedingt interessiert. Er läßt sich von seinen Instinkten nicht beeinflussen.

≈ Wenn der Wassermann den Kult des Geistes bis zum Äußersten treibt, kann er sich von anderen isolieren, sich unverstanden oder sogar verfolgt fühlen.

≈ Prometheus, den Enkel des Uranus, kann man als einen Teil von ihm sehen; der Wassermann ist oft versucht, den »Zauberlehrling« zu spielen. Er möchte mehr wissen, um den Menschen Erleuchtung und Erkenntnis zu bringen. Er geht Risiken ein und kann zum Opfer seiner Begeisterung werden.

≈ Aber er ist imstande, seine Schwächen zu besiegen. Er ist Herr seiner selbst.

≈ Auch wenn der Wassermann über sich selbst hinauswächst in der Eroberung neuer Ideen (Räuber des Himmelsfeuers), ist er sich doch der Zeit, seiner Pflichten und seiner Verantwortung sehr wohl bewußt. Das macht seine Ambivalenz und die Schwierigkeit aus, die beiden Tendenzen miteinander in Einklang zu bringen. Er ist oberflächlich expansiv, in der Tiefe aber verschlossen. Er ist ein humanitäres, altruistisches Wesen.

Der Blutkreislauf

≈ Die Körperfunktion, die dem Wassermann entspricht, ist der Blutkreislauf. Das Blut trägt das Leben durch den ganzen Organismus.

≈ Der Wassermann steht für Diffusion, Übertragung und Kommunikation. Er verbreitet Leben und Wärme.

Diese Grundlagen liefern uns die Tierkreisformel des Wassermanns: Er ist ein Winterwesen, beständig, luftig, uranisch und saturnisch, dem der Blutkreislauf entspricht. Diese symbolischen Tendenzen können sich folgendermaßen umsetzen:

Eine unabhängige und humanitäre Natur

Als uranischer Mensch hat er häufig keinen Respekt vor Tradition und Konventionen. Überlegungen, die er für zweitrangig hält, bleiben oft gänzlich unberücksichtigt. Er ist spontan und handelt manchmal unüberlegt. Sein Verhalten kann überraschend sein, weil er eine ewige Jugend in sich trägt. Die Karriere und das Temperament James Deans sind symptomatisch für diese Geisteshaltung: Mit seinem engelsgleichen Aussehen »stürzte er auf das Absolute zu«. Er ist ein Wesen, das Unterschiede bewahrt und die Besonderheit eines jeden Menschen anerkennt. Er ist sehr humanitär, so wie Abraham Lincoln in seinem Kampf gegen die Sklaverei. Einerseits ruhig und gelassen wie der klare Januarhimmel, war der uranische Einfluß ebenso unverkennbar: Er führte die Vereinigten Staaten auf den Weg zur Gleichberechtigung der Rassen.

Ein intuitives Denken

Es wird nicht überraschen, daß sich unter den Entdeckern und Erfindern zahlreiche Vertreter des Wassermann-Zeichens befanden: Galileo Galilei und Charles Darwin, die es uns ermöglichten, die Welt nach einer anderen »Ordnung« zu begreifen, der erstere auf makroskopischer, der zweite auf mirkoskopischer Ebene. André Marie Ampère, Thomas Edison und die Brüder Montgolfier schufen die Grundlagen für eine bessere Kommunikation. Der Wassermann ist antizipatorisch und denkt analytisch. Aber das Ideal, das ihn beseelt, kann ihn auch zum Mystiker machen: Meister Eckhart und der heilige Franz von Assisi waren Wassermann-Geborene. Wird er zum Zauberlehrling, der zum Opfer seiner Fehlschläge werden (Prometheus) oder auf dem Weg der Erfahrung über sich selbst triumphieren könnte (Saturn)? Wird aus ihm ein Wesen, das seine Augen auf der Suche nach Erleuchtung gen Himmel richtet? Nur der Rest des Geburtshoroskops und vor allem die Beziehungen der Sonne im Wassermann zu den anderen Planeten, den psychischen Kräften, kann uns Aufschluß über die Wesensmerkmale dieses Typs geben.

Das Herz

Der Wassermann verbindet Liebe und Freiheit: Er will gleichzeitig lieben und frei sein können. Wenn er sich eingesperrt fühlt, wird er melancholisch. Er ist kein Mensch der Leidenschaft. Er kennt ihre Gefahren und zieht das vor, was manche als freundschaftliche Liebe zu einem Gleichgesinnten mit ähnlichen Idealen bezeichnen würden. Er beurteilt einen anderen weder allein nach dem Handeln noch allein nach der äußerlichen Attraktivität, sondern nach dem Sinn, den er dem Leben gibt. Dem Partner räumt er die gleiche Freiheit ein, die er sich selbst nimmt. Die Wahrheit der Liebe liegt in einer Übereinstimmung des Geistes.

Das *Ideogramm* des Wassermanns besteht aus zwei leicht geneigten schwingenden Wellen, sie symbolisieren den Energiestrom oder die Essenz der Erkenntnis. Sie können auch für elektrischen Strom stehen: Der Wassermann nimmt Dinge schnell wahr.

Goethe sagte über Füssli, den Maler dieses Bildes, er sei ein Sterblicher, mit den Kräften der Götter ausgestattet. Sein Stil verschmilzt mit dem Ideal, das ihn beseelt. Die Frauen von Hastings *von J. H. Füssli.*

DER AUSDRUCK

Der Wassermann in der Literatur

Lord Byron stammte aus einer illustren Familie, er nahm keine Rücksicht auf die Traditionen. Er stellte sich im Oberhaus selbst vor, um seinen Eid abzulegen, und als man ihn beglückwünschen wollte, nahm er die Hände, die sich ihm entgegenstreckten, nur äußerst kühl an. Nachdem er gegen die Konventionen verstoßen und einen Skandal heraufbeschworen hatte, mußte er ins Exil gehen. Doch schon in seiner Jugend hatte er einen zumindest originellen Charakter unter Beweis gestellt. Er war von aufbrausendem Temperament, das ihn dazu trieb, sich zum Anführer der Schwachen gegen die Starken zu machen. Während er zahlreiche leidenschaftliche Freundschaften pflegte, brachte er jenen, die sein Ideal nicht teilten, einen unerbittlichen Haß entgegen. Er war ein Mann, der die Menschheit als ganzes liebte, aber die Individuen größtenteils verachtete. Man verstand diese seltsame Natur nicht immer, die von sich reden machte und zugleich voller Stolz, Güte, Verachtung und Seelenadel war.

Er unterschied sich von seinen Zeitgenossen ebenso sehr in seinem Charakter wie in seinem Schaffen. Als Weltreisender berichtete er uns von seinen verschiedenen Abenteuern, und als er des literarischen Ruhms müde wurde, beschloß er, sich der Poesie zuzuwenden und verließ Italien in Richtung Griechenland. Er wollte sich an der Befreiung der Hellenen beteiligen und zeichnete sich in Schlachten aus. Er starb an einem Gehirnschlag. England und Griechenland stritten sich um seine Asche: Schließlich kehrten die sterblichen Überreste des Dichters und Märtyrers der Unabhägigkeit wieder in seine Heimat zurück.

Der Wassermann in der Malerei

Johann H. Füssli, romantischer Schweizer Maler des ausgehenden 18. Jahrhunderts, war zuerst reformierter Theologe, sagte sich aber nach der Lektüre Rousseaus von der Religion los. Sein Ideal richtete sich nun auf den Einklang zwischen Mensch und Gesellschaft, auf die Versöhnung mit der Welt und den Kräften, die sie birgt. Sein Werk drückt anhand ewiger Themen der Mythologie eine Suche nach einem neuen Menschen in einer neuen Welt aus. So versuchen die Sujets, die er auswählt, den Menschen allein in seinen ewigen Werten darzustellen: Das Böse oder das Gute, verkörpert durch Satan oder die Engel. Nach und nach erlangen selbst deren Darstellungen eine körperlose Transparenz. »Das Gefühl hat nichts Pathetisches oder Rührendes für Füssli, es stellt ein moralisches Ereignis dar«, sagt G. C. Argan. Wenn er sich Märchenillustrationen zum Thema nimmt, so stellt er die Hexen in den Gewändern seiner Epoche dar. So schafft er eine Satire der Welt, in der er lebt, und versucht sich der falschen Überzeugungen vieler Menschen bewußt zu werden.

Er begnügt sich allerdings nicht mit den schlichten Feststellungen: Wie Uranus, der die Kyklopen in den finsteren Tartaros warf, ruft Füssli den Menschen auf, sich von seinen finsteren Instinkten zu befreien. Wenn der junge Mann in dem Bild *Die Tu-*

gend ermutigt die Jugend, das Laster aufzugeben recht passiv bleibt, so scheint der Maler die Frage zu stellen: Was braucht es noch mehr, damit sie begreifen?

In anderen Werken flieht der Satan bereits beim Anblick des Lichts. Goethe sagte über Füssli, er sei ein Sterblicher, der mit den Kräften der Götter ausgestattet sei. In *Satan flieht die Lanze Ithurels* flüchtet der Teufel mit einem animalischen Sprung, den Füssli durch eine Verzerrung der Raumperspektive darstellt. Sein Stil verbindet sich mit seinem Ideal: Er besitzt die Macht des Blitzes und trägt eine Revolution in sich, nämlich die einer noch nicht vorhandenen Welt, in der Leidenschaften und Instinkte vergeistigt sind. So gehen *Romeo und Julia* in Form und Position über die rein menschliche Leidenschaft hinaus.

Die Konturen der Zeichnung sind nicht starr, sie scheinen einem Mehr entgegenzustreben, sie schwingen sich empor über Zeit und Raum: Das ist die brüderliche, universelle Liebe.

Der Wassermann in der Musik

Goethe sagte über Felix Mendelssohn Bartholdy zu dessen Lehrer Zelter, die Phantasie dieses Jungen und seine leichte Auffassungsgabe für Lektüre grenzten an ein Wunder, er habe das bei einem so jungen Kind nie für möglich gehalten. Man könne seinen Schüler in dem, was er bereits verwirklicht habe, mit dem jungen Mozart vergleichen.[28] Viele verglichen dieses frühreife Wunderkind mit Mozart, der ebenfalls Wassermann war.

Als Felix Mendelssohn Bartholdy noch ein Kind war, fiel er durch seinen ernsten, ruhigen Blick auf. Er setzte sich ans Piano und improvisierte unablässig. Er hatte das Glück, einer reichen deutschen Bürgerfamilie zu entstammen, die es ihm ermöglichte, seine Laufbahn in dem ihm gemäßen Rhythmus zu verfolgen, ohne es an etwas fehlen zu lassen, was seiner musikalischen Entwicklung förderlich war. So konnte er nach Frankreich, Italien und England reisen, um andere Arten des Empfindens kennenzulernen und seine neuen Erfahrungen auf künstlerischer Ebene umzusetzen. Er umgab sich mit vielen Freunden, mit denen er einen regen Briefwechsel unterhielt.

Er kam in einer Zeit zur Welt, die vom strahlenden Glanz und Ruhm Beethovens und Schuberts erfüllt war, die bald dahinscheiden sollten, während neue Musiker die Szene betraten: Chopin, Schumann, Liszt, Wagner, Verdi ...

Der junge Mendelssohn Bartholdy prägte indes die zeitgenössische Kunst mit seiner Originalität, indem er der Romantik eine klassische Form gab, wenn man so will, oder ihr eine gewisse Strenge verlieh. Er war im übrigen der Wegbereiter eines neuen musikalischen Genres, einer Verquickung von Symphonie und lyrischem Ausdruck: der symphonischen Dichtung.

Seine Schwester Fanny sagte über die musikalische Anlage des *Oktetts Opus 20* ihres Bruders Felix, die Tremolos, die Triller, alles sei neu, fremd und nichtsdestoweniger so ätherisch, daß es den Eindruck erwecke, als hebe ein leichter Hauch den Zuhörer in die Welt des Geistes. Man sei versucht, selbst auf den Besenstiel einer Hexe zu steigen, um den Himmelsschwärmen besser folgen zu können.

---

28. Siehe Rémi Jacob, *Mendelssohn*, Seuil

Der Wassermann

In *Ein Sommernachtstraum*, seinem ersten Erfolg, verbindet Mendelssohn Bartholdy seine ätherische Sensibilität mit einer großen Meisterschaft der Instrumentaltechnik. Er ist ebenso sehr ein Künstler der Komposition wie ein Meister der Orchestrierung. Der *Sommernachtstraum*, nach einem Werk von Shakespeare benannt, spielt in einem Traumwald, in dem Luftgeister und Feen wohnen und in dem zwei Menschen sich begegnen und sich gegenseitige Liebe schwören. Das Genie des Komponisten schuf musikalisch wahrhaftige Feen, die ein immaterielles Universum von unglaublicher Poesie beseelen. Nachdem Robert Schumann die Ouverture gehört hatte, sagte er über Mendelssohn Bartholdy, er sei ein sprudelnder Quell der Jugend. Später drückte er in *Paulus* und *Elias* seinen Glauben aus. Der Prophet Elias ist gespalten zwischen göttlicher Berufung und dem Ruf seiner Brüder. Es ist das reife Werk Mendelssohn Bartholdys.

Beziehungen zwischen Löwe und Wassermann

Löwe und Wassermann, die sich im Tierkreis gegenüberstehen, ergänzen sich dennoch. Beide sind fixe Zeichen, weil sie eine Jahreszeit »realisieren«. Sie sind beseelt von Entschlossenheit und der Fähigkeit zur Koordination:

♌ Das Element des Feuers setzt im Löwen beides in der Selbstverwirklichung um.

♒ Das Element des Wassers setzt im Wassermann beides zur Verwirklichung anderer ein.

Den Werten der Zentrierung, beim Löwen symbolisiert durch das Herz, entsprechen beim Wassermann die Werte der Diffusion, symbolisiert durch das Blut.

♌ Feuer und Sonne machen den Löwen zu einem leidenschaftlichen zentralistisch ausgerichteten Menschen.

♒ Luft und Uranus machen den Wassermann zu einem Wesen, das dazu neigt, sich vor Leidenschaftlichkeit in acht zu nehmen und sich dezentral auszurichten.

Ihre energetischen Kräfte sind komplementär und notwendig für den Zyklus des Lebens: Was der Löwe um sich herum organisiert, verbreitet der Wassermann in seiner Umgebung.

Der junge Hirte Ganymedes rührte Zeus mit seiner Schönheit und Reinheit. Der Herrscher des Olymp erhob ihn in die Lüfte, um ihn zum Mundschenk der Götter zu machen. Er schenkte ihnen Ambrosia aus, den Trunk der Unsterblichkeit. Durch seine Reinheit den Göttern gleich zu werden und ihr Lebensquell zu sein, gewissermaßen zur Wahrheit zu werden, die Unsterblichkeit verleiht – dieser Mythos scheint uns in mancher Hinsicht beim Wassermann wiederaufzuleben.

Schubertiaden, *Graphik von Moritz von Schwind, einem Freund Schuberts (der ebenfalls Wassermann war), und Zuhörer seiner musikalischen Improvisationen.*

Der Gott Neptun

Die Fische

19. FEBRUAR – 20. MÄRZ

»Meine Seele mit tausend Stimmen, die der Gott, den ich bewundere/
In das Zentrum von allem gelegt hat wie ein sonores Echo.«
Victor Hugo

DIE GRUNDLAGEN

Das Symbolbild

⋇ Der Fisch lebt im Wasser. Wasser ist seine Lebensgrundlage.

⋇ Der Fisch lebt von dem Zusammenspiel von Sinneswahrnehmung und Empfindung. Er zeigt eine extreme Sensibilität.

⋇ Er ist schwer zu fassen.

⋇ Er scheint schwer zu fassen, kennenzulernen und zu verstehen zu sein.

⋇ Er folgt den Strömungen des Wassers, ohne je innezuhalten.

⋇ Er ist da und zugleich anderswo.

⋇ Da er schutzlos ist, zieht er es vor, Hindernissen auszuweichen.

⋇ Er fühlt sich anderen schutzlos ausgeliefert, zieht es vor auszuweichen.

⋇ Er atmet das Wasser, in dem er lebt und aus dem er seinen Sauerstoff bezieht.

⋇ Er paßt sich seinem Umfeld an, indem er alle möglichen Eindrücke aufnimmt.

⋇ Er ist ein Wirbeltier mit biegsamen, fragilen Gräten. Er besteht aus wenig festem Fleisch.

⋇ Er hat Schwierigkeiten, eine Richtung zu finden, auf seinem wahren Weg zu bleiben.

⋇ Das Symbol besteht aus zwei miteinander verbundenen Fischen.

⋇ Der Fisch hat die Fähigkeit, beide Seiten der Dinge zu sehen: Er ist der geborene Vermittler, ein ambivalentes Wesen.

Februar: Winterende

⋇ Nach den rauhen Prüfungen des Winters ist der Mensch starr vor Kälte. Es ist die Zeit der Schneeschmelze; Winterregen lassen die Bäche zu Flüssen anschwellen, deren Hochwasser die Erde überschwemmt.

⋇ Das Bewußtsein des Fisches löst sich auf im Universum, das ihn umgibt. Er hat ein erweitertes Bewußtsein, kann sich von der Umgebung einnehmen lassen, ohne eine Richtung einzuschlagen. Er scheint manchen irrational.

⋇ Nur langsam kehrt die Wärme zurück, die Tage werden länger. Unmerklich spürt man das Leben wiederkehren: Es gibt neue Düfte in der Natur, aber noch nimmt nichts Gestalt an.

⋇ Er ist ein Wesen, das sich von vielfältigen Energien erfüllt sieht und überläßt sich ihnen grenzenlos. Der Fisch entwickelt sich im Formlosen, Unbestimmten, jenseits der Normen.

⋇ Man sieht die Samen nicht. Auch wenn man ahnt, daß sie in diesem feuchten Klima keimen, weiß man noch nicht, welche Gestalt sie annehmen werden, da alles diffus ist. Ein neuer Jahreszeitenzyklus wird vorbereitet.

⋇ Der Fisch lebt in einer hypothetischen Welt; es fällt ihm schwer, sich zwischen den Möglichkeiten zu entscheiden, die sich ihm bieten. Er ist oft unentschlossen und ungenau; von seinem Universum absorbiert, ist er blind gegenüber praktischen Konsequenzen.

Der veränderliche Winter

⋇ Der Winter geht zu Ende. Es ist eine Phase des Übergangs.

⋇ Der Fisch entscheidet sich intuitiv und sucht die Ekstase, die ihn mit der Welt vereint.

Der Fisch ist ein veränderliches Zeichen.

Der Ozean

Das Wasser ist das Element der Fische, das Element des Austauschs und der Ausdehnung. Seine besonderen Merkmale erhält es in den Fischen durch ihre Stellung im Tierkreis. In der Trilogie der Tierkreiszeichen des Wassers kommt nach dem Urwasser des Krebses (der Quelle, der Emotivität) und dem beständigen Wasser des Skorpions (den Sümpfen, dem Unbewußten) das veränderliche Wasser der Fische.
Der Fisch ist ein Wesen, das in seinen vielfältigen Empfindungen lebt. Die Charakterlehre sieht ihn als sentimental und lymphatisch. Seine Augen sind oft vorstehend (wie beim Fisch). Er hat einen wäßrigen Blick, der abwesend wirkt, und eine sanfte Stimme.

⋇ Der Ozean erstreckt sich ins Unendliche; der Horizont scheint sich ständig zu entfernen.

⋇ Die Motivationen des Fisches sind nicht präzise, weil er nach dem Unendlichen, dem Spirituellen strebt.

⋇ Am Horizont gehen Himmel und Erde ineinander über.

⋇ Es gibt keine Grenzen zwischen ihm und anderen. Er ist kein Individualist. Er ist »alle« gleichzeitig, ohne je wirklich er selbst zu sein. Vom Kollektiv angezogen, kann er sehr hingebungsvoll sein.

⋇ Die Tiefe des Ozeans birgt manchmal Abgründe.

⋇ Seine große Empfänglichkeit macht ihn verwundbar.

⋇ Der Ozean durchdringt alle möglichen Bodenarten.

⋇ Er ist überall und nirgendwo, bezieht keine Position, weil seine Gefühle von so unterschiedlicher Natur sind.

⋇ Der Fisch badet im ständigen Strom seiner Gefühle, das macht ihn biegsam und tolerant.

⋇ Er tränkt seine Emotionen durch den ständigen Fluß und Rückfluß der Gezeiten.

Neptun (und Jupiter)

Die Fische werden von Neptun regiert und als zweitem Planeten von Jupiter.

⋇ Nach dem Sturz Saturns bestimmen seine Söhne die Aufteilung der Welt durch das Los. Jupiter erhält so den Himmel, Pluto die Unterwelt und Neptun die Meere.

⋇ Zeus-Jupiter repräsentiert die Welt des Geistes, Pluto die Welt der Triebkräfte, Neptun die des unergründlichen Unbewußten. Der Fisch fühlt sich in der begrenzten Welt der reinen Vernunft nicht wohl.

⋇ Neptun richtet sich auf dem Grund des Meeres ein. Er besitzt mehrere Schimmel, das Symbol des beherrschten Triebs (Rappen stehen für unkontrollierte Triebe), deren Mähnen aus Gold sind, dem Symbol des Drangs zur Spiritualität, und die eherne Hufe haben, das Symbol der Kommunikation.

⋇ Im Inneren verfügt er über großen spirituellen Reichtum. Er vermittelt den Sinn der universellen Interdependenzen, die er intuitiv erfaßt hat. Er wird zum Verbindungsstück zwischen den unterschiedlichsten Individuen. Die Gesellschaft des Fisches ist angenehm, weil er Ruhe und Heiterkeit ausstrahlt.

⋇ Der Gott des Meeres erfindet die Pferderennen.

⋇ Er weiß, daß der Zustand der Fülle sich jeden Augenblick ändern kann. Der Fisch läßt sich leicht von seinen negativen unbewußten Kräften mitreißen.

⋇ Eines Tages entbrennt er in wahnsinniger Liebe zu Medusa und erobert sie in einem Tempel der Göttin Athene (der Weisheit). Erzürnt verwandelt Athene Medusa in ein Ungeheuer. Ihr Haupthaar wird zu Locken aus Schlangen. Alle, die Medusa ansehen, werden auf der Stelle versteinert.

⋇ Besonders wenn der Fisch sich unter dem Einfluß von Sinneswahrnehmungen oder Gefühlsregungen befindet, die die Grenzen des Realen sprengen, kann er zum Opfer gefährlicher Illusionen werden. Wenn er dann Verbindung mit anderen herstellt, kann er eine verzerrte Sicht von sich selbst bekommen, die ihn vor Schreck erstarren läßt und ihm Alpträume verursacht.

⋇ Nach alten Darstellungen wird Neptun von monströsen Meereswesen umgeben. Wie jedes Symbol haben sie sowohl einen positiven als auch einen negativen Aspekt.

⋇ Der Fisch ist von seltsamen Phantasien erfüllt, die ihm das Schlimmste oder Beste vorgaukeln können.

⋇ Unter den Ungeheuern, die Neptun umgeben, ist auch Chimära, ein Zwitterwesen mit Ziegenkörper, das eine entartete, kapriziöse Sexualität symbolisiert, mit einem Schlangenschwanz, der der Perversion und Eitelkeit entspricht, und einem Löwenkopf, der für Herrschsucht steht.

⋇ Die Meereswesen, die Neptun umgeben, sind Produkte seines Unbewußten. Sie erscheinen nur jenen als Ungeheuer, die Angst vor sich selbst haben: Angst, daß ihre Tiefen perverse, beherrschende und eitle Triebe freisetzen könnten. Der Fisch, der in der Welt des Unbewußten lebt, ist für andere aufschlußreich.

⋇ Unter den Ungeheuern Neptuns befindet sich auch die Hydra von Lerna, eine Schlange mit neun Köpfen, die nachwachsen, wenn man sie abschlägt.

⋇ Er kann von Ängsten beherrscht werden, die er nur durch die Befriedigung seiner Phantasien besiegen zu können glaubt.

⋇ Der Kerberos, ein weiteres gefährliches Ungeheuer mit 100 Köpfen, symbolisiert den Schrecken des Todes, die innere Hölle.

⋇ Manchmal hat er gar Angst vor sich selbst.

- ♓ Auch die Sphinx gehört dazu, jenes geheimnisvolle Tier, das Passanten Rätsel aufgibt und jene verschlingt, die sie nicht lösen können.

- ♓ Neptun ist ein großer Liebhaber, er verführt zahlreiche Nymphen.

- ♓ Er ist ein bedeutender Eroberer: Er beansprucht die griechischen Provinzen Attika, Troizen, Ägina, Naxos und Korinth. Als die anderen Götter seine Ansprüche nicht befriedigen, rächt er sich mit Überschwemmungen.

- ♓ Das Attribut Neptuns ist ein Dreizack, der die drei Elemente symbolisiert, die den Menschen ausmachen: Körper, Geist und Seele. Er steht auch für Vergangenheit, Gegenwart und Zukunft. Der Dreizack ist der symbolische Schlüssel, der die Augen für das Unsichtbare öffnet und Zugang zu den anderen Welten schafft.

- ♓ Neptun ist der Vater zweier Pferde: Pegasus, das geflügelte Pferd, das unter einem seiner Hufe eine Quelle entspringen ließ, und Arion, das wilde Pferd.

- ♓ Der Fisch kann sich selbst und anderen ein Rätsel sein, das allein mit dem Intellekt nicht lösbar scheint. Seine Art der Kommunikation und des Verständnisses vollzieht sich subtil über das Unbewußte.

- ♓ Der Fisch mag keine Einschränkung in der Liebe. Es drängt ihn zu vielen Liebesaffären.

- ♓ Er hat eine Vorliebe für das Grenzenlose und gibt sich leicht Illusionen hin. Die Befriedigung seiner Begierden kann ihn zu unüberlegten Handlungen verleiten, zu Ausschweifungen, die für ihn und seine Umgebung schädlich sind.

- ♓ Der Fisch nimmt Vergangenheit, Gegenwart und Zukunft nicht getrennt voneinander wahr. Diese eigenartige Weltsicht fördert entweder seine körperlichen Bedürfnisse (Sinnlichkeit), seine Geisteskraft (vor allem sein scharfsichtiges Urteilsvermögen) oder sogar den Ruf der Seele (Spiritualität). Seine großen inneren Reichtümer begünstigen eine Mystik von ungewöhnlicher Kraft.

- ♓ Die Kreativität des Fische-Geborenen kann sich in dichterischer Inspiration (etwa am Beispiel des Pegasus) oder in wirresten Träumen äußern. Der Fisch kann sich von der Verderbtheit zur Heiligkeit wenden (oft hat er von beidem etwas).

Jupiter ist der zweite Planet, der dieses Zeichen und auch den Schützen regiert.

- ♓ Jupiter, der Gott des Olymp, hat eine väterliche und wohlwollende Persönlichkeit. Er gibt müden Helden wieder Mut; als Bewahrer des Blitzes läßt er Gerechtigkeit walten.

- ♓ Neptun, die Welt des Unbewußten, und Jupiter, die Synthese des Geistes, sind wie die beiden Fische zwei gegenläufige psychische Kräfte, die sich in Fische-Geborenen vereinen.

- ♓ Der Fisch ordnet sich gern in eine Gemeinschaft ein und richtet andere psychisch auf. Gerechtigkeit ist ihm sehr wichtig.

- ♓ Er sucht die Selbstverwirklichung in der Synthese seiner Anlagen. Dank Jupiter kann er seine Werte hervorheben: Er ist geleitet von der Intuition des Richtigen, nutzt seine Möglichkeiten, um ein reinigendes Ideal zu erreichen.

Das lymphatische System

Der Körperteil, der den Fischen entspricht, ist das lymphatische System.

- ♓ Die Lymphe wird vom Blut abgesondert und lagert sich im Gewebe ab.

- ♓ Sie breitet sich über durchlässige Gefäße in allen Organen aus.

- ♓ Den Fischen sind die Werte der Spiritualisierung zugeordnet.

- ♓ Die Werte der Auflösung und Kollektivierung werden ihr zugeschrieben.

Diese Grundlagen liefern uns die Tierkreisformel der Fische: Der Fisch ist ein Winterwesen, veränderlich, wäßrig, neptunisch und jupiterisch, dem das lymphatische System entspricht. Diese Formel kann man folgendermaßen übersetzen:

Eine Natur mit vielfältigen Resonanzen
Man möchte ihn zu fassen bekommen, doch es gelingt nicht. Der Fisch ist sehr real, scheint aber gleichzeitig in der Atmosphäre aufzulösen. Er ist hier und anderswo, er scheint alles aufzunehmen, was andere empfinden. Er erlebt nicht den Schmerz eines einzelnen auf individueller Ebene, sondern auf kollektiver Ebene: Ein trauriges Herz repräsentiert ihm die gesamte leidende Menschheit. Ebenso steht die Freude eines einzelnen für vollendete Harmonien. Mit einer solchen Natur stellen sich universelle Fragen wie bei Gabriele D'Annunzio. Der Fisch begeistert sich für das Absolute, was er in der Eroberung neuer Horizonte konkretisiert wie die Forscher Jacques Cartier und Henri de Montcalm oder die Kosmonauten Juri Gagarin und Walentina Tereschkowa.

Ein kosmisches und spirituelles Denken
Nicht die Logik leitet ihn, sondern die reine Intuition. Nicht die durchdringende Intuition des Widders, sondern eine Vision allumfassender Gesamtheiten: Seine Denkweise ist globalisierend und läßt sich leichter in Symbolen und Metaphern ausdrücken als im methodischen Diskurs.
Er interessiert sich mehr für die himmlische, vergeistigte Welt als für die irdische Welt, und er braucht eine gewisse Selbstbeherrschung, um der Realität nicht immer wieder zu entgleiten. Wenn Fische-Geborene ihr Denken konkret umsetzen, können große Astronomen aus ihnen werden: Kopernikus, Flammarion, Galilei, Le Verrier, Schoch und viele mehr sind Beispiele hierfür. Doch der spirituelle Ruf ist manchmal so stark, daß einige ihr Leben voll und ganz Gott weihen, wenn auch der Rest des Horoskops dies begünstigt: Clemens VIII., Julius III., Leo XIII., Paul II., Pius XII. und so fort; viele Päpste wurden im Zeichen der Fische geboren.
Ein Mann verdient besondere Aufmerksamkeit: Rudolph Steiner, der Begründer der Anthroposophie, versuchte die Synthese zwischen dem Denken des Orients und des Okzidents herzustellen, um zu seinem Universalismus zu gelangen. Er ging davon aus, daß es ein kosmisches Denken oder eine universelle denkende Realität gibt, an der der Mensch unbewußt teilhat. Er versuchte, dieses Denken wieder ins allgemeine Bewußtsein zu rücken, um in engerer Verbindung mit dem Universum zu leben.[29] Das Denken des Fische-Geborenen ließe sich symbolisch durch ein Teleskop darstellen, durch das der Blick sich auf das Absolute richtet.

Aufopfernde Liebe
Der Fisch kann sich so stark in die Gefühle und Eindrücke des anderen hineinversetzen, daß er Gefahr läuft, seine eigene Person zu vergessen. Er handelt, als sei er in der Situation des geliebten Wesens. Wenn er liebt, ist er mehr der andere als er selbst.
Er ist sehr leicht zu beeindrucken, und schon ein Nichts berührt ihn und wirkt auf ihn wie ein schwerer Stein, der in ein stilles Wasser geworfen wird und hohe Wellen schlägt. Es fällt ihm jedoch schwer, seine eigenen Gefühle auszudrücken. Da er weiß, wie zerbrechlich er ist, wehrt er manchmal allzu heftige Gefühlen ab: Sein Verhalten ist nicht immer logisch. Für ihn hat der Mensch keine Grenze, kein klares Profil: Er kann sich Menschen anschließen, die völlig anders sind als er (wie Frédéric Chopin an George Sand), und durch seine gleichbleibende Hingabe erstaunen.

Das *Ideogramm* der Fische besteht aus zwei durch ein Band miteinander verbundenen Fischen, die in entgegengesetzte Richtungen schwimmen. Man kann darin die Verbindung von zwei Arten des Lebens oder Denkens sehen. Sie bringen aber auch eine Wechselbewegung von oben nach unten und von unten nach oben zum Ausdruck: Er ist ein Wesen, das hinauf zum Absoluten strebt, nachdem es in die Materie hinabgestiegen ist; es kommt aber nie zum Stillstand der Bewegung zwischen diesen beiden gegensätzlichen Polen. Die Fische lösen die Widersprüche der Natur auf.

Der Fisch ist ambivalent, sensibel und schwer zu fassen.

---

29. Rudolph Steiner, *Die Geheimwissenschaft*, Leipzig 1910

Die Fische

DER AUSDRUCK

Der Fisch in der Literatur

Victor Hugo wurde mit der Sonne und zwei Planeten im Zeichen der Fische geboren. Er ist in erster Linie der Dichter des Ozeans, des Meeres und des Horizonts. »Ach, laßt mich! Das ist die Stunde des dunstigen Horizonts ... die Stunde des Riesengestirns, das sich rötet und vergeht.« (*Rêverie*). Er läßt sich völlig durchdringen von Menschen und Dingen, um sie von innen zu erleben, da, »wo die Schattenflut in mir erbebt.« (*Toute la lyre*). Vielfältige Anregungen (»man fühlt sich schwach und stark ... ist eine Woge in der Menge, eine Seele im Sturm« – *Die Betrachtungen*) und Träume von fernen Horizonten verursachen Schwingungen im Dichter: »Die Füße hier, die Augen dort« (*Strahlen und Schatten*). Und nachdem er das Scheitern aller Philosophien und Idole konstatiert hat (»Die Philosophie wagt es, den Himmel zu erklimmen [...] eine Art finsteren Felsens des Abgrunds«), strebt er nach dem Absoluten: »Eingehen würde ich in den furchtbaren Tabernakel des Unbekannten [...] bis zu den visionären Pforten des heiligen Himmels.«

Er ist von überschäumender Phantasie und bedient sich nicht der Sprache der Logik, sondern läßt seine Metaphern in sich an- und abfließen wie Ebbe und Flut. Seine Sujets werden zu Mythen in einer literarischen Lyrik, die es ihm ermöglicht, jede Art von Bewußtsein zu erlangen. Victor Hugo hat nicht ein »Ich«, er hat viele, und sein Werk repräsentiert das kollektive Unbewußte.

In *Die Weltenlegende* nimmt er die sukzessiven Entwicklungsstufen der Menschheit in sich auf. Mit diesem Werk wollte Victor Hugo die Veränderung der Menschheit von Jahrhundert zu Jahrhundert zeigen, »den Menschen, der aus der Finsternis zum Ideal aufsteigt«, wo das Gute über das Böse erst jenseits der Zeit in einer göttlichen Zukunft siegt. Er ist ein Dichter der einfachen Menschen und voller Mitgefühl für die Schwachen: »Beleidigt keine Frau, die fällt! Wer kennt die Bürde, die die arme Seele niederdrückt!« (*Dämmerungsgesänge*).

Victor Hugo hat sich nach und nach zum Sprecher der gesamten Menschheit gemacht und erlangte sogar manchmal prophetische Gaben in Hinblick auf kommende Jahrhunderte. Er zeigte die symbolischen Tendenzen der Fische und realisierte sie in einem unfangreichen dichterischen Werk, das es ihm vermutlich ermöglichte, über seine Ambivalenzen hinauszuwachsen: die Eigenliebe, die Eitelkeit und die Liebe zu anderen.

Ein anderer Fische-Geborener, der uns zeitlich näher ist, André Breton, wollte das Denken des Menschen und seine Stellung im Universum revolutionieren, indem er die Kräfte des Unbewußten befreite. In seinem *Manifest des Surrealismus* verteidigt er die Imagination und verurteilt den »absoluten Rationalismus«, der nichts als den »unmittelbaren Nutzen« zum Ziel hat und die Gedanken in einen Käfig sperrt.

Breton will den Traum ins allgemeine Bewußtsein rücken, der seine Realität im Geist des Menschen hat. Wenn er rät, »diese beiden scheinbar so gegensätzlichen Zustände, Traum und Wirk-

»O Herr, öffne mir die Pforten der Nacht.« (Victor Hugo); oben: Festung, *gezeichnet vom Dichter.*

lichkeit, in einer Art absoluter Realität – der Surrealität« zu verbinden, scheint er damit tatsächlich die Ambivalenz der Fische aufzulösen.

Der Fisch in der Malerei

Der berühmte Maler Michelangelo wurde im Zeichen der Fische geboren. Sein Verständnis der Kunst war das eines Mystikers, der Zeit seines Lebens Gott, den Schöpfer, zu imitieren suchte, um die vollkommene Kunst zu erreichen. »Nie hat ein Auge die Sonne gesehen, ohne selbst der Sonne gleich zu werden.« Nur Gleiches kann Gleiches erkennen. Michelangelo gelang seine Vereinigung mit dem Göttlichen, bald erschien er selbst wie ein Halbgott. Diese Identifikation resultierte aus der Suche nach Ästhetik, denn nur wenn man wie Gott ist, kann man die absolute Schönheit sehen. Und die Körper Michelangelos, die sich in der Schwerelosigkeit befinden, geben nicht die äußere Natur des Menschen wieder, sondern sein inneres Wesen, seine Seele. Jenseits der äußeren Erscheinung des Realen strebt der Künstler eine Vereinigung mit dem göttlichen Wesen an, das er im Menschen sieht. Die Körper, die er malt oder als Skulpturen schafft, sind die Überlagerung seiner Schwingungen mit dem Kosmos und dem Universellen.

Thomas Crane war englischer Symbolist des ausgehenden 19. Jahrhunderts , der im Zeichen der Fische geboren wurde. Sein Ziel war es, die Kunst den Massen zugänglich zu machen. Anhand seiner *Pferde Neptuns*, die sich mit einer »Welle des Unbewußten« vergleichen lassen, wird die innere Welt ein wenig verständlicher, in der der Fische-Geborene lebt. Antoine Wiertz, der Belgien ein Museum mit seinen Werken hinterließ, verdeutlicht in seinen Bildern ebenfalls gewisse Fische-Tendenzen, zum einen durch die Abmessungen seiner Gemälde (er fand nie ein Atelier, das für deren Realisierung groß genug war, zum Beispiel *Die Erhebung der Engel*), vor allem aber durch seine Sujets, die den Bereichen Religion, Mythologie und Geschichte entnommen waren, und nicht zuletzt durch ihn selbst, der sich für einen Missionar der Kunst hielt. Er versuchte, seinen Zeitgenossen schwerwiegende psychologische und gesellschaftliche Probleme leicht verständlich zu machen (*Gedanken und Halluzinationen einer Guillotine, Waisenkinder*). Und schließlich brachte er die Bedeutungslosigkeit des Individuums (*Eine Sekunde nach dem Tod, Der Trost der Lehre von der Unsterblichkeit*) und die Werte einer brüderlichen Vereinigung (*Parteien vor dem jüngsten Gericht*) zum Ausdruck.

Der Fisch in der Musik

Ebenso wie Frédéric Chopin und Maurice Ravel war auch Georg Friedrich Händel, der Komponist des *Messias*, der 40 Opern schrieb, ehe er sich dem Oratorium widmete, im Zeichen der Fische geboren. Er war ein unermüdlicher Arbeiter mit überschäumender Vorstellungskraft, der sein Leben in den Dienst der Kunst stellte, und die Kunst in den Dienst Gottes. Geboren wurde er in Halle, und nach zahlreichen Reisen wählte er England als Heimat. Allerdings erzeugten seine Werke nicht immer die Resonanz, die er erwartet hatte. Trotz der Enttäuschungen glaubte er inbrünstig an die Kunst, die er seinen Zeitgenossen nahebrachte,

und schrieb unermüdlich weiter. Seine Inspiration versiegte nie. Vor dem *Messias* hatte er bereits für seine Opern wie *Esther, Athalia, Saul* und *Joshua* heroische oder biblische Gestalten als Themen aufgegriffen. Beim *Messias* jedoch handelt es sich nicht mehr um eine bloße Nacherzählung der Geschichte, denn mittels der Person Christi entfaltet sich ein ganzheitlicher Gesang, der uns die Pforten zur Ewigkeit öffnet. Als er das *Halleluja* schrieb, habe er zu sehen geglaubt, wie sich der Himmel auftat und Gott vor ihm erschienen sei, erklärte Händel.[30] *Der Messias* ist das Werk der Erlösung: Bis dahin wirkte Händel, der in seinen Werken bislang unterschiedlichste Themen bearbeitet hatte, noch »vielfältig«, doch mit diesem Oratorium ist er nur noch eins mit dem Herrn, und vor allem nimmt er die Hauptsymbolik der christlichen Religion an und bestätigt die Erlösung und den Zugang zur Ewigkeit. Er bringt seine Hoffnung auf eine erlösende Liebe zum Ausdruck und bekennt sich zum Glauben an Christus. Dieses Werk von großer Tragweite fand bei seinen Zeitgenossen in England nicht immer wohlwollende Aufnahme, sie warfen Händel vor, er wolle die Theater in Kirchen verwandeln; doch das schien ihn nicht zu treffen, denn er komponierte bis zu seinem Tod nur noch Musik, die seine spirituelle Erhebung erkennen ließ.

Beziehungen zwischen Jungfrau und Fischen

Jungfrau und Fische, die sich im Tierkreis gegenüberstehen, sind nicht weniger komplementär. Beide sind veränderlich, da sie eine Jahreszeit beenden und eine neue vorbereiten; sie sind in einer Art Wechselbewegung getragen von einem Gefühl der Wandlung oder Entwicklung:

♍ Das Element der Erde setzt dieses Gefühl in der Jungfrau konkret durch die Vernunft um.	♓ Das Element des Wassers führt die Fische über das Gefühl der Wandlung zur Spiritualität.

Die Eigenschaft eines Filters, die bei der Jungfrau durch die Nieren symbolisiert ist, entspricht bei den Fischen der Wert der Diffusion, symbolisiert durch das lymphatische System.

♍ Erde und Merkur führen bei der Jungfrau zur Analyse und zum Realitätssinn.	♓ Das Wasser und Neptun führen beim Fisch zur Inspiration und zum Traum.

Während die Jungfrau innerhalb der Grenzen des Irdischen lebt, neigt der Fisch dazu, in der Unbegrenztheit des Absoluten zu schweben. Ihre energetischen Kräfte sind komplementär und notwendig für den Zyklus des Lebens: Was die Jungfrau ordnet und koordiniert, löst der Fisch auf.

Die Arche Noah symbolisiert den Übergang zwischen zwei Zeitaltern, eines endet durch die Sintflut, das andere kann dank der verschiedenen Spezies entstehen, die Gott in der Arche rettet. In vielen Kulturen findet sich der Mythos der Sintflut als Vorstufe des Weltheils, die ein neues Zeitalter ankündigt. Ist nicht die Symbolik Noahs vergleichbar mit dem Universum der Fische, die den Tierkreiszyklus beenden und die Hoffnung auf eine bessere Welt in sich tragen?

Psyche, die Personifizierung der unsterblichen Seele, vom Fische-Geborenen Max Klinger.

30. Jean Gallois, *Händel*

213

Anhang

Berechnung und Konstruktion des Geburtshoroskops[1]

Das Geburtshoroskop ist die graphische Darstellung des Standes von Sonne, Mond und Planeten zum genauen Zeitpunkt der Geburt mit Bezug auf den Geburtsort. So kann man auch das Horoskop eines beliebigen Ereignisses darstellen, wie zum Beispiel die Gründung einer Gesellschaft, den Beginn eines Projektes, die Geburtsstunde einer Republik, einer Verfassung, einer Partei oder auch eines Tieres und so fort.[2]

Das Horoskop eines Ereignisses umfaßt:

a) Sonne, Mond und Planeten, deren Position auf der Ekliptik (oder dem Tierkreis) allein abhängig ist vom Zeitpunkt der Geburt, gemessen nach der Weltzeit (WZ) oder mittleren Greenwich-Zeit (MGZ);

b) den Horizont (Aszendent–Deszendent) und den Meridian (Himmelsmitte–Himmelsgrund), die die Projektion des lokalen Raumes (Ort und Stunde der Geburt) auf die Ekliptik darstellen und berechnet werden nach:

– Datum;

– mittlerer Sonnenzeit (MSZ), während die Geburtsstunde zumeist in der geltenden Ortszeit des Landes oder der Zeitzone angegeben wird (OZ);

– dem Ort, definiert durch Längen- und Breitengrad;

– der Sternzeit oder siderischen Zeit, die die Rotation der Erde um die eigene Achse mißt.

Zur Konstruktion des Geburtshoroskops braucht man: ein Blatt Papier, einen schwarzen, einen roten und einen blauen Stift, ein Buch über die Zeitfestlegung der ganzen Welt[3], die Ephemeridentafeln[4], eine Tabelle der Planetenhäuser[5], einen Stempel des Tierkreises und ein Stempelkissen. Wenn man einen solchen Stempel nicht besitzt, kann man sich den Tierkreis selbst zeichnen, indem man nach dem Muster des Horoskops von C. G. Jung einen Kreis in zwölf gleiche Teile unterteilt, die die zwölf Tierkreiszeichen darstellen. Die Konstruktion eines Geburtshoroskops erfolgt in sechs Schritten, die nachfolgend erläutert werden. Anfangs braucht man dazu sicher eine Dreiviertelstunde, doch mit Übung schafft man es später in nur einer Viertelstunde. All jenen, die eine Berufung zur Astrologie verspüren, sei gesagt, daß es kleine Computer gibt, deren Programme die Berechnungen übernehmen (Geburtshoroskop, Transits, Progressionen, Umlaufbahnen der Sonne und des Mondes). Doch ehe man sich einen solchen Rechner zulegt, ist es ratsam, die folgenden Schritte zu kennen (und möglichst einige Horoskope zu stellen, um das Programm leichter zu bedienen).

1. Berechnung der Weltzeit (WZ oder MGZ), auf der Basis von Datum und Stunde der Geburt nach geltender Ortszeit;

2. Berechnung der mittleren Sonnenzeit (MSZ) des Ortes, ausgehend von der Weltzeit und dem Längengrad;

3. Berechnung der siderischen Ortszeit (SOZ), ausgehend von der Weltzeit und der mittleren Sonnenzeit des Ortes (Zuhilfenahme der Ephemeriden);

4. Position des Aszendenten, der Himmelsmitte und der Häuser auf der Ekliptik (nachzuschlagen in der Tabelle der Häuser nach siderischer Ortszeit und Längengrad);

5. Position von Sonne, Mond und Planeten auf der Ekliptik (in den Ephemeridentafeln unter dem Datum nachschlagen und eventuelle Interpolationen nach der Weltzeit vornehmen);

6. Konstruktion des Horoskops und Verifikation.

Ehe Sie nun Ihr eigenes Geburtshoroskop stellen, sollten Sie sich einige geographische Begriffe ins Gedächtnis rufen, die bei den astrologischen Berechnungen Verwendung finden und die im Lexikonteil des Anhangs erklärt sind: Zeitzone, Weltzeit, geltende Ortszeit und so fort. Dort finden Sie auch Elemente, die zur Berechnung der Weltzeit (1. Schritt), der mittleren Sonnenzeit (2. Schritt) und der siderischen Ortszeit (3. Schritt) für Deutschland, Österreich und die Schweiz erforderlich sind, und wonach Sie mit Hilfe einer Tabelle den Aszendenten für Geburtsorte in diesen Ländern bestimmen können.

1. BERECHNUNG DER WELTZEIT, AUSGEHEND VON DATUM UND STUNDE DER GEBURT

Der Zeitpunkt der Geburt eines Menschen wird fast immer in der jeweils in diesem Land gerade geltenden Ortszeit angegeben (der Zeit, die die Uhren anzeigen). Wir müssen also wissen, welche Ortszeit jeweils in einem Land in einer bestimmten Epoche galt, um die Zeitverschiebung (ZV) zu kennen, die auf die Ortszeit (mit positivem oder negativem Vorzeichen) anzurechnen ist, um die Weltzeit zu bestimmen. Nachzuschlagen ist das zum Beispiel in dem Buch von Henri Le Corre, *Régimes horaires pour le monde entier*, das neben der Zeitverschiebung und den Sommerzeitregelungen für alle Länder der Welt auch die Längen- und Breitengrade der größten Städte angibt. Selbst wenn man einen Computer benutzt, ist es unerläßlich, ein solches Buch zur Verfügung zu haben, da die Rechnerprogramme nicht vom Geburtsdatum ausgehen, sondern die Eingabe der Weltzeit und des Längen- und Breitengrades verlangen.

A) OHNE SOMMERZEIT

westlich von Greenwich WZ = OZ + ZV	östlich von Greenwich WZ = OZ – ZV
Beispiel: In Kalifornien/USA ist es 10.10 Uhr (Zeitzone: 8 Std. westlich von Greenwich); die entsprechende Weltzeit ist: WZ = 10 h 10 + 8 h = 18 h 10	Beispiel: In Ostchina ist es 12.55 Uhr (Zeitzone: 8 Std. östlich von Greenwich); die entsprechende Weltzeit ist: WZ = 12 h 55 – 8 h = 4 h 55

B) MIT SOMMERZEIT

westlich von Greenwich WZ = OZ + ZV – 1 Std.	östlich von Greenwich WZ = OZ – ZV – 1 Std.

Für die beiden oben genannten Beispiele ergäbe sich folgende Weltzeit:
WZ = 10 h 10 + 8 h – 1 h = 17 h 10 h   WZ = 12 h 55 – 8 h – 1 h = 3 h 55
In Lexikonteil finden sich die Angaben zur Berechnung der Weltzeit für Deutschland, Österreich und die Schweiz.

2. BERECHNUNG DER MITTLEREN SONNENZEIT, AUSGEHEND VON WELTZEIT UND LÄNGENGRAD

Ist die Geburtsstunde in Weltzeit gemessen, kann die Position von Sonne, Mond und Planeten auf der Ekliptik (Tierkreis) unter Zuhilfenahme der Ephemeridentafeln berechnet werden: Diese Positionen sind unabhängig von dem Ort auf der Erde, für den man das Horoskop stellt, sie hängen ausschließlich vom Zeitpunkt der Geburt, ausgedrückt in Weltzeit, ab.

---

1. Siehe S. de Mailly-Nesle, *Le Thème astral*, Nathan, 1989
2. Die wesentlichen Passagen sind entnommen aus: Daniel Vernay und Serge Quiasby, »Calcul et montage du thème d'un événement«, in: *Le Séminaire d'astrologie*, 1976. (Im Handel nicht erhältlich.)
3. Henri le Corre, *Régimes horaires pour le monde entier*, Ed. Traditionelles, 1975
4. *The complete Planetary Ephemeris from 1900 to 2000 AD*, The Heratic Publishing Co.
5. *Tables des Maisons »Chacornac« pour les latitudes de 0° à 57°*, Ed. Traditionelles, 1975

Wollen wir dagegen die Bezugspunkte auf der Ekliptik bestimmen, die man Aszendent, Himmelsmitte und so weiter nennt und die uns die Ausrichtung des Horoskops und die Lokalisierung der Planetenkonstellationen in bezug auf diese Orientierung ermöglichen, so müssen wir die mittlere Sonnenzeit (MSZ) des Ortes berechnen, von der wir die siderische Ortszeit (SOZ) herleiten können. Die mittlere Sonnenzeit eines Ortes ist der exakte Längengrad des Geburtsortes, ausgedrückt in Zeit. Das System der Zeitzonen (siehe Lexikon) ist eine Einteilung der Erde in Sektoren von je 15 Längengraden, die jeweils einem Zeitabschnitt von einer Stunde entsprechen. Diese Einteilung ist jedoch zu grob, wenn wir die genaue Zeitverschiebung zwischen dem Geburtsort und Greenwich bestimmen wollen. Um ausgehend von der Weltzeit und dem Längengrad die mittlere Sonnenzeit eines Ortes zu bestimmen, genügt die Formel:

westlich von Greenwich	östlich von Greenwich
MSZ = WZ − Längengrad	MSZ = WZ + Längengrad

Der Längengrad mißt den Winkel, den der Meridian eines Ortes mit dem Meridian von Greenwich (dem Nullmeridian) bildet. In Atlanten wird er östlich von Greenwich in positiven und westlich von Greenwich in negativen Winkelgraden von 0° bis 180° angegeben. Um die mittlere Sonnenzeit eines Ortes zu bestimmen, müssen wir die Winkelgrade in Zeitintervalle umrechnen, ausgehend von dem Wissen, daß ein Längengrad vier Minuten entspricht; Henri Le Corre gibt in seinem Buch für die größten Städte die Längengrade in Zeitangaben mit der Genauigkeit an, die für astrologische Berechnungen erforderlich ist. Wenn man einen Rechner benutzt, verlangen manche Programme die Eingabe der Längengrade, andere wahlweise ihre Eingabe in Winkelgraden oder Zeitangaben (Umwandlung von Grad- in Zeitangaben: siehe Lexikonteil des Anhangs).

Die Abweichung zwischen der geltenden Ortszeit und der mittleren Sonnenzeit beträgt im allgemeinen nicht mehr als eine Stunde, kann aber gelegentlich auch bis zu zwei Stunden erreichen.

Zone ZV west	MGZ	Zone ZV ost
OZ + ZV →	WZ	← OZ − ZV
MSZ ← − Länge	WZ	+ Länge → MSZ
Meridian des Ortes		Meridian des Ortes

Für die oben angeführten Beispiele ist die mittlere Sonnenzeit (2. Schritt):

IM WESTEN:	IM OSTEN:
für Sacramento, Kalifornien, bei −121°29' westlicher Länge, entspricht zeitl. − 8 h 5 m 56 s	für Peking in Ostchina bei +116°28'15" östlicher Länge, entspricht zeitl. + 7 h 45 m 53 s
ohne Sommerzeit:	ohne Sommerzeit:
18 h 10 − 8 h 05' 56"	4 h 55 + 7 h 45' 53"
= 10 h 04' 04"	= 12 h 40' 53"
mit Sommerzeit:	mit Sommerzeit:
17 h 10 − 8 h 05' 56"	3 h 55 + 7 h 45' 53"
= 9 h 04' 04"	= 11 h 40' 53"

Im lexikalischen Teil des Anhangs finden Sie die Längengrade der größten Städte von Deutschland, Österreich und der Schweiz.

3. BERECHNUNG DER SIDERISCHEN ORTSZEIT (SOZ), AUSGEHEND VON WELTZEIT UND MITTLERER SONNENZEIT

Die siderische Ortszeit (oder Sternzeit) gibt einen Winkel an, anhand dessen für jeden Augenblick die Rotation der Erde um ihre eigene Achse in bezug auf die Himmelssphäre oder die Sterne gemessen werden kann (daher auch die Bezeichnung Sternzeit oder siderische Zeit). Sie gibt den Winkel zwischen dem Nullgradpunkt des Widders (Gammapunkt) und dem Ortsmeridian zeitlich wieder.

Die Ephemeriden geben für jeden Tag die siderische Ortszeit für Greenwich um 0 Uhr WZ an (SGZ); um die siderische Zeit für einen bestimmten Meridian zu einer bestimmten Tageszeit zu ermitteln, muß man also die mittlere Sonnenzeit des Ortes und die Tageszeit (in WZ) berücksichtigen.

Die siderische Ortszeit ist die Summe aus drei Elementen:
SOZ = MSZ + SGZ + I
SGZ ist die siderische Zeit in Greenwich um 0 Uhr WZ, angegeben in den Ephemeriden, und I (Interpolation) steht für die Korrektur, um die Zeit zu berücksichtigen, die seit 0 Uhr WZ verstrichen ist. Man kann diese Korrektur (I) vernachlässigen, wenn man eine leichte Abweichung (von 4 Min.) bei der Berechnung der siderischen Zeit in Kauf nimmt. Es ist allerdings ratsam, sie zu berücksichtigen, wenn man eine Häufung von Ungenauigkeiten (bei Länge, siderischer Zeit und so fort) vermeiden will.
Die tägliche Variation der siderischen Greenwichzeit beträgt 3 Minuten 57 Sekunden, also knapp 4 Minuten. Sie macht also 10 Sekunden in der Stunde aus. Die Interpolation erfolgt, indem man den Zeitpunkt des Ereignisses in WZ mit 10 Sekunden multipliziert. Wenn das Ereignis um n Uhr WZ eingetreteten ist, ist die Korrektur durch Interpolation: n × 10 Sekunden. Beispiel: Für eine Geburt am 16. Juli 1988 um 16.20 Uhr in Paris wäre die Korrektur: 10 s × 16 = 160 s = 2'40". Und die siderische Ortszeit wäre:

WZ	16 h 20'
+ Länge Paris	+ 9' 21"
MSZ	= 16 h 29' 21"
+ SGZ um 0 Uhr	+ 19 h 36' 11"
+ I	+ 2' 40"
	= 36 h 08' 12"
	− 24 h
SOZ	**= 12 h 08' 12"**

Man zieht 24 Stunden ab, falls sie bei der Berechnung überschritten werden. Im lexikalischen Teil des Anhangs findet sich eine Tabelle, die die Berechnung der siderischen Ortszeit ermöglicht.

4. POSITION DES ASZENDENTEN, DER HIMMELSMITTE UND DER HÄUSER AUF DER EKLIPTIK

Nun sind die nötigen Elemente berechnet, um die lokalen Bezugspunkte oder Achsen des Horoskops auf der Ekliptik oder dem Tierkreis zu bestimmen. Es sind:
– der Horizont: Aszendent–Deszendent,
– der Meridian: Himmelsmitte–Himmelsgrund.
Schlagen Sie die Tabelle der Häuser auf der Seite auf, die dem Breitengrad des Geburtsortes entspricht, machen Sie die Linie aus, die die Sternzeit angibt, die Ihrem Ergebnis am nächsten kommt (evtl. gerundet), und tragen Sie auf dem Tierkreis (siehe 6. Schritt), den Sie gezeichnet oder gedruckt haben, folgendes ein: den Aszendenten, der dem I. Haus entspricht, das II. Haus im II. Haus, das III. Haus im III. Haus, das X. Haus in der Himmelsmitte, das XI. Haus im XI. Haus, das XII. Haus im XII. Haus. Das VII. (Deszendent), VIII., IX., IV. (Himmelsgrund), V. und VI. Haus befinden sich jeweils im gleichen Gradbereich des gegenüberliegenden Tierkreiszeichens wie ihre oben genannten Pendants.
Wenn das I. Haus (Aszendent) bei 15° im Skorpion liegt, so befindet sich der Deszendent bei 15° im Stier; wenn das II. Haus bei 18° im Schützen liegt, befindet sich das VII. Haus bei 18° in den Zwillingen und so weiter. Die Achse des Meridians bleibt für eine bestimmte siderische Ortszeit auf allen Breitengraden gleich, während der Aszendent und die anderen Häuser in Abhängigkeit von Sternzeit und Breitengrad variieren.

GEBURTSORTE AUF DER SÜDLICHEN ERDHALBKUGEL (IN SÜDLICHEN BREITEN)

Bei der Achse Himmelsmitte–Himmelsgrund (Meridian), die nicht vom Breitengrad anhängt, verfährt man wie in der nördlichen Hemisphäre.
Bei der Achse Aszendent–Deszendent (Horizont) und den übrigen Häusern:
– zur siderischen Ortszeit (3. Schritt) werden 12 Stunden addiert;
– schlagen Sie in der Charcornac-Tabelle der Häuser einen nördlichen Breitengrad nach (oder den ihm am nächsten kommenden), der der jeweiligen südlichen Breite entspricht;
– machen Sie die Linie aus, die ihre neue Sternzeit angibt (gegebenenfalls gerundet), und kehren Sie die Häuser um: das I. Haus steht hier für den Deszendenten, das II. Haus für das VIII., das III. Haus für das IX., das XI. Haus für das V. Der Aszendent befindet sich demnach im glei-

chen Gradbereich des gegenüberliegenden Tierkreiszeichens wie der Deszendent, das II. Haus im gleichen Gradbereich des gegenüberliegenden Tierkreiszeichens wie das VIII. Haus und so fort.

5. POSITION VON SONNE, MOND UND PLANETEN AUF DEM TIERKREIS

Die im Handel erhältlichen Ephemeriden geben die Positionen von Sonne, Mond und Planeten an, allerdings noch nicht die des schwarzen Mondes. Um sie zu bestimmen, braucht man das Buch von Joëlle Gravelaine, *Le Retour de Lilith, la Lune noire*[6], für die mittlere Laufbahn, oder das Buch *La Lune noire, éphéméride*[7], für die reale astronomische Position. Machen Sie die Linie für das jeweilige Geburtsdatum aus, und tragen Sie die Tierkreispositionen nach dem Beispiel des Horoskops von C. G. Jung ein. Bei den langsamen Planeten (von Jupiter bis Pluto), die nur eine schwache tägliche Positionsveränderung aufweisen (von einer bis mehreren Minuten), nimmt man unmittelbar den Längengrad, eventuell mit einer schätzungsweisen Korrektur, wegen der Zeitspanne, die je nach der genauen Geburtszeit in WZ bereits verstrichen ist.

Bei den schnellen Planeten (Mars, Venus, Merkur) ist es ratsam, genauer vorzugehen – vor allem bei Merkur und Venus, die sich pro Tag um 2° und mehr verschieben können – und eventuell eine ungefähre Interpolation, abhängig vom Zeitpunkt des Ereignisses in WZ, vorzunehmen.

Für die Sonne ist eine genaue Berechnung erforderlich, wenn man den exakten Zeitpunkt der Geburt kennt und sich die Möglichkeit vorbehalten möchte, die Umlaufbahn der Sonne zu bestimmen.

Für den Mond, dessen Bewegungen schnell und äußerst unregelmäßig sind, ist die Interpolation ebenfalls sorgfältig zu berechnen.

Für eine Geburt am 4. August 1988 um 12 Uhr WZ zum Beispiel sucht man die Verschiebung des Mondes innerhalb von 24 Stunden heraus:

Position des Mondes am 5. August um 0 Uhr	= 15° 43' im Stier
Position des Mondes am 4. August um 0 Uhr	= 2° 04' im Stier
Weg des Mondes in 24 Stunden	= 13° 39'
Weg des Mondes in 12 Stunden	= 6° 49' im Schnitt

Die Position des Mondes am 4. August 1988 um 12 Uhr WZ ist:

Position um 0 Uhr	= 2° 04'
+ Weg in 12 Std.	= 6° 49'
	8° 53' im Stier

In der Regel haben die Ephemeriden einen Anhang mit Interpolationstabellen, die Ihnen diese Berechnungen ersparen.

6. KONSTRUKTION UND VERIFIKATION

Um die Lesbarkeit des Horoskops zu vereinfachen, empfiehlt es sich, die Achse von Aszendent (links) und Deszendent (rechts) horizontal auf dem Blatt zu plazieren. Den Stempel richtet man nun am Aszendenten aus. Anschließend markiert man die Häuser mit einem Strich auf dem Tierkreis, und zwar nach dem Muster des Horoskops von C. G. Jung jeweils bei der in der Tabelle der Häuser angegebenen Gradzahl. Am Ende trägt man die Position der Planeten ein.

VERIFIKATION DES HOROSKOPS

Die Konstruktion des Horoskops läßt sich auf zweierlei Art überprüfen:
– Die Position der Sonne in bezug auf den Horizont muß der Geburtsstunde entsprechen: Bei einer Geburt in der Nacht muß sie unterhalb des Horizonts stehen, bei einer Geburt am Tage oberhalb; so lassen sich grobe Fehler erkennen.
– Es dürfen keine Aspekte auftreten, die unmöglich sind wie zum Beispiel eine Opposition von Merkur und Sonne, da Merkur sich nie um mehr als eineinhalb Tierkreiszeichen von der Sonne entfernt, oder Aspekte zwischen langsamen Planeten, die zur Geburtszeit nicht vorkommen können (z.B. eine Opposition Neptun/Pluto im 20. Jh.).

KENNZEICHNUNG DES HOROSKOPS

Nicht vergessen: den Namen, Geburtsort und -zeit, die geographischen Koordinaten, Weltzeit; mittlere Sonnenzeit und siderische Ortszeit angeben!

DIE ASPEKTE

Dissonante Aspekte trägt man mit einem Rotstift ein: Opposition, Quadratur, Halbquadratur; sogenannte harmonische Aspekte werden mit blauem Stift eingezeichnet: Trigon, Sextil-Schein, Halb-Sextil-Schein. Der Quincunx wird mit einer getrichelten rot-blauen Linie markiert.

Die Berechnung der Aspekte ist eine Sache der Übung; man beginnt beim Aszendenten und überprüft für den gesamten Tierkreis, welche Himmelskörper mit ihm einen Aspekt bilden. Anschließend untersucht man die Aspekte des ihm am nächsten stehenden Planeten und so fort, um keinen Aspekt zu übersehen. In der Regel trägt man die Aspekte mit dem Himmelsgrund und dem Deszendenten nicht ein, um die Zeichnung nicht zu unübersichtlich zu gestalten, da beide als Pendant zur Himmelsmitte und zum Aszendenten gelten (die wiederum selbst durch einen Aspekt verbunden sind). Die Berechnung der Aspekte erfolgt mnemotechnisch, indem man nach Tierkreiszeichen und halben Tierkreiszeichen vorgeht und die Toleranz des Winkelabstandes berücksichtigt.

Aspekt	Winkelabstand	Abstand der Tierkreiszeichen	Toleranz
Konjunktion	0°	im gleichen Zeichen	10°
Opposition	180°	6 Zeichen	10°
Quincunx	150°	5 Zeichen	2°
Trigon	120°	4 Zeichen	8°
Quadratur	90°	3 Zeichen	6°
Sextil-Schein	60°	2 Zeichen	4°
Halbquadratur	45°	1 1/2 Zeichen	2°
Halb-Sextil-Schein	30°	im nächsten Zeichen	1°

Übersicht

Gedächtnisstütze
– Name des Betreffenden
– Geburtsort (geographischer Längen- und Breitengrad)
– Zeitpunkt der Geburt (Datum, geltende Ortszeit)

westlich von Greenwich	östlich von Greenwich

1. Schritt

$$WZ = OZ + ZV\ (-\ Sommerzeit) \qquad WZ = OZ - ZV\ (-\ Sommerzeit)$$

2. Schritt

$$MSZ = WZ - Längengrad \qquad MSZ = WZ + Längengrad$$

3. Schritt

(Berechnung der siderischen Ortszeit)

a) SGZ: in den Ephemeriden die siderische Zeit für Greenwich um 0 Uhr WZ nachschlagen;
b) I: Pro Stunde, die seit 0 Uhr WZ bis zum Zeitpunkt der Geburt verstrichen ist, 10 Sekunden zurechnen;
c) SOZ = MSZ + SGZ + I

4. Schritt

(Achsen des Horoskops)

In der Tabelle der Häuser nachschlagen:
a) Himmelsmitte in der Rubrik »X. Haus« für die SOZ;
b) Aszendent in der Rubrik »I. Haus« für SOZ und geographische Breite des Ortes.

5. Schritt

(Himmelskörper)

a) In den Ephemeriden die Position der Himmelskörper zum entsprechenden Datum (um 0 Uhr vor dem Zeitpunkt des Ereignisses) nachschlagen;
b) bei Sonne und Mond in jedem Fall Interpolation für den Zeitpunkt des Ereignisses in WZ;
c) bei den anderen rasch veränderlichen Himmelskörpern eventuell Interpolation für den Zeitpunkt des Ereignisses in WZ.

6. Schritt

Konstruktion des Horoskops;
Verifikation.

---

6. Joëlle Gravelaine, *La Lune noire, Le Retour de Lilith*, Ed. Espace bleu, 1985
7. *La Lune noire, éphéméride de 1880 à 2020*, Méridien informatique, Toulon, 1986

Lexikon

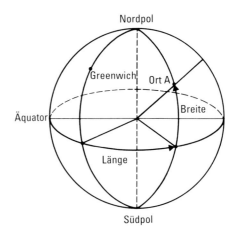

WELTZEIT
Wie allgemein bekannt, ist die Erde in 24 Zeitzonen unterteilt, die jeweils 15 Längengrade umfassen; jede Zone entspricht der Erdrotation um ihre eigene Achse innerhalb einer Stunde. Seit Anfang unseres Jahrhunderts gilt der Meridian von Greenwich bei London als Ausgangspunkt der Zeitzonen und irdischen Längengrade (0°); die mittlere Zeit dieses Meridians (Greenwich Mean Time oder MGZ) steht heute für die Weltzeit.

GELTENDE ORTSZEIT UND SOMMERZEIT
Die geltende Ortszeit jedes Landes oder jeder Region ist je nach Zugehörigkeit zur jeweiligen Zeitzone definiert durch eine bestimmte positive oder negative Zeitverschiebung im Verhältnis zur Weltzeit: OZ = WZ ± ZV.

Es gilt für **Zeitzonen**

westlich von Greenwich	östlich von Greenwich
OZ = WZ – ZV	OZ = WZ + ZV

So ist zum Beispiel in Rio de Janeiro (Brasilien), wo die Zeitverschiebung – 3 Stunden beträgt (gemäß seiner geographischen Länge: 45° westlich von Greenwich) die Ortszeit 9 Uhr, wenn es nach Weltzeit 12 Uhr ist.
In Peking (China, geographische Länge: 120° östlich von Greenwich), wo die Zeitverschiebung + 8 Stunden beträgt, ist die geltende Ortszeit 20 Uhr, wenn es nach Weltzeit 12 Uhr ist.

Gute Atlanten enthalten in der Regel eine Karte der Zeitzonen, aus der für das jeweilige Land, für das man ein Horoskop erstellt, die zeitliche Abweichung von Greenwich zu ersehen ist. Das reicht allerdings nicht aus, da die Behörden aus verschiedenen Gründen (ökonomischen, touristischen etc.) für einige Monate im Jahr oder ständig eine geltende Ortszeit einführen, die von der Zeitzone abweicht: die Sommerzeit.
Die Sommerzeit gilt während der »langen« Tage des Jahres. Man rechnet dann zu der Ortszeit eine Stunde hinzu (und zwar gleichermaßen für die Zonen östlich und westlich von Greenwich).

westlich	Greenwich	östlich
Rio		Peking
OZ = WZ – ZV + 1h	WZ = 12 h	OZ = WZ + ZV + 1h
= 12h – 3h + 1h		= 12h + 8h + 1h
= 10 h		= 21h

In bestimmten Fällen kann die Sommerzeit auch für längere Zeiträume gelten, so beispielsweise in Frankreich während der Besatzungszeit im Zweiten Weltkrieg.

MITTLERE SONNENZEIT
Die mittlere Sonnenzeit ermöglicht es uns, den Horizont und den Meridian des Horoskops zu berechnen; es ist die genaue Differenz zwischen der Greenwichzeit (WZ) und der mittleren Sonnenzeit des Meridians am Geburtsort; sie drückt die geographische Länge in Zeit aus.

DIE GEOGRAPHISCHEN KOORDINATEN: LÄNGE UND BREITE
Jeder Punkt der Erdoberfläche ist in seiner Lage definiert durch die beiden geographischen Koordinaten, die Länge und Breite.

1. DEFINITION
Die geographische Länge eines Ortes A ist der Winkel, der zwei Ebenen trennt, die durch die von den Erdpolen gebildete Achse verlaufen:
– die Ebene des Meridians von Greenwich,
– die Ebene des Meridians des Ortes.

Der Längengrad wird von Greenwich (Nullmeridian) aus berechnet von 0° bis 180°, und zwar nach Osten positiv und nach Westen negativ. Ausgedrückt wird die Länge in Winkelgraden oder Stunden (siehe unten). Die geographische Breite ist der Winkel, den die vertikale Lage des Ortes mit der Ebene des Erdäquators bildet; sie wird vom Äquator (Breite 0°) jeweils bis zu den Polen (Breite 90°) gerechnet, und zwar nach Norden positiv und nach Süden negativ (man spricht allerdings meist nur von nördlicher oder südlicher Breite). Für astrologische Zwecke genügt es, die geographische Breite mit einer Genauigkeit von etwa 10° zu kennen, manchmal reicht sogar die Genauigkeit von einem halben Breitenkreis aus.

2. ÄQUIVALENZ UND UMRECHNUNG VON GRAD UND ZEIT (FÜR LÄNGENGRADE)
Die Erde dreht sich in 24 Stunden einmal um ihre Achse, wobei ihre 360 Längengrade ein festes stellares Bezugssystem passieren. Nach der folgenden Tabelle lassen sich Gradangaben in Zeitangaben umwandeln:

	Grad	Zeit	
	360°	24 h	
	180°	12 h	
	15°	1 h	1 h = 60 m = 3600 s
1° = 60' = 3600"	1°	4 m	
	15'	1 m	1 m = 60 s
1' = 60"	1'	4 s	
	15"	1 s	

Umrechnungsbeispiel Grad-Zeit:	Umrechnungsbeispiel Zeit-Grad:
Länge von Peking:	Länge von Kenosha:
116°28'15" Ost	5 h 51 m West
116° = 15° × 7 + 11°	5 h = 15° × 5 = 75°
= 1 h × 7 + 4 m × 11 = 7 h 44 m	
28' = 4 s × 28 = 112 s = 1 m 52 s	51 m = 4 m × 12 + 3 m
15" = 1 s	= 1° × 12 + 3 × 15' = 12° 45'
116°28'15" = 7 h 45 m 53 s	5 h 51 m = 87° 45'

217

Berechnung der Weltzeit oder MGZ für Deutschland, Österreich und die Schweiz

A) VOR 1890

Die Ortszeit entsprach der mittleren Sonnenzeit jeder Stadt (definiert durch die geographische Länge). Hier entnimmt man der nachfolgenden Tabelle der größten Städte Deutschlands die geographische Länge und subtrahiert sie von der mittleren Sonnenzeit, um die Weltzeit zu erhalten (da alle deutschen Städte sich östlich von Greenwich befinden).

WZ = OZ ± Länge

Beispiel: Eine Uhrzeit von 9.15 Uhr in Dresden 1887 entspricht

WZ = 9 h 15 – 55' = 8 h 20

B) VON 1890 BIS ZUM 1. APRIL 1893[8]

Ab 1890 wurde in ganz Deutschland zunehmend die mitteleuropäische Zeit eingeführt. Über einen gewissen Zeitraum galt allerdings nur für die Eisenbahnfahrpläne MEZ, während die Bevölkerung sich weiterhin nach der Sonnenzeit richtete.

Für Geburten, die innerhalb dieses Zeitraums liegen, muß man daher wissen, ob der angegeben Zeitpunkt sich auf die Sonnenzeit oder MEZ bezieht; in diesem Fall erhält man die WZ, indem man eine Stunde abzieht. Hier einige nähere Angaben:

– ab dem 30. 7. 1890 übernahmen die Eisenbahnen die mitteleuropäische Zeit (Meridian 15° Ost): WZ + 1 h.

– vom 15. 3. 1891 bis zum 31. 3. 1892 galt in:

Baden:	WZ + 0 h 34
Bayern:	WZ + 0 h 46
Rheinland-Pfalz:	WZ + 0 h 34
Württemberg:	WZ + 0 h 37

– am 1. 6. 1891 übernahmen die preußischen Eisenbahnen MEZ: WZ + 1 h

– am 1. 4. 1892 übernahm Süddeutschland (Baden, Bayern, Rheinland-Pfalz, Württemberg) MEZ: WZ + 1 h

– am 1. 4. 1893 galt in ganz Deutschland MEZ: WZ + 1 h.

C) SOMMERZEIT

1) Erster Weltkrieg

1916: vom 30. 04., 23 Uhr bis zum 01. 10., 1 Uhr: WZ + 2 h
1917: vom 16. 04., 2 Uhr bis zum 17. 09., 3 Uhr: WZ + 2 h
1918: vom 15. 04., 2 Uhr bis zum 16. 09., 3 Uhr: WZ + 2 h

2) von 1919 bis 1939 gab es keine Sommerzeit: WZ + 1 h

Ausgenommen hiervon ist die französische Besatzungszone, wo die französische Zeit galt, also Mainz, Koblenz, Köln, Wiesbaden, Mannheim (Saargebiet siehe D):
ab 1. 1. 1919, 23 Uhr: WZ

Sommerzeit:

1919: vom 01. 03., 23 Uhr bis zum 06. 10., 0 Uhr: WZ + 1 h
1920: vom 14. 02., 23 Uhr bis zum 24. 10., 0 Uhr: WZ + 1 h
1921: vom 14. 03., 23 Uhr bis zum 26. 10., 0 Uhr: WZ + 1 h
1922: vom 25. 03., 23 Uhr bis zum 08. 10., 0 Uhr: WZ + 1 h
1923: vom 26. 05., 23 Uhr bis zum 07. 10., 0 Uhr: WZ + 1 h
1924: vom 29. 03., 23 Uhr bis zum 05. 10., 0 Uhr: WZ + 1 h
1925: vom 04. 04., 23 Uhr bis zum 04. 10., 0 Uhr: WZ + 1 h
1926: vom 17. 04., 23 Uhr bis zum 03. 10., 0 Uhr: WZ + 1 h
Ab dem 9. 4. 1927, 23 Uhr: WZ + 1 h

3) Zweiter Weltkrieg

Vom 1. 4. 1940, 2 Uhr bis zum 2. 11. 1942, 3 Uhr: WZ + 2 h
1943: vom 29. 03., 2 Uhr bis zum 04. 10., 3 Uhr: WZ + 2 h
1944: vom 03. 04., 2 Uhr bis zum 02. 10., 3 Uhr: WZ + 2 h
1945: vom 02. 04., 2 Uhr bis zum 16. 09., 2 Uhr: WZ + 2 h
Berlin und sowjetische Besatzungszone:
1945: vom 24. 05., 2 Uhr bis zum 24. 09., 3 Uhr: WZ + 3 h
1945: vom 24. 09., 3 Uhr bis zum 18. 11., 2 Uhr: WZ + 2 h

4) Ab 1946 (für Ost- und Westdeutschland):

1946: vom 14. 04., 2 Uhr bis zum 07. 10., 3 Uhr: WZ + 2 h
1947: vom 06. 04., 3 Uhr bis zum 11. 05., 3 Uhr: WZ + 2 h
1947: vom 11. 05., 3 Uhr bis zum 29. 06., 3 Uhr: WZ + 3 h
1947: vom 29. 06., 3 Uhr bis zum 05. 10., 3 Uhr: WZ + 2 h
1948: vom 18. 04., 2 Uhr* bis zum 03. 10., 3 Uhr: WZ + 2 h
1949: vom 10. 04., 2 Uhr* bis zum 02. 10., 3 Uhr: WZ + 2 h

5) Ab 1950 galt für Ost- und Westdeutschland: WZ + 1 h.

6) Ab 1980 galt für Ost- und Westdeutschland:

1980: vom 06. 04., 2 Uhr bis zum 28. 09., 3 Uhr: WZ + 2 h
1981: vom 29. 03., 2 Uhr bis zum 27. 09., 3 Uhr: WZ + 2 h
1982: vom 28. 03., 2 Uhr bis zum 26. 09., 3 Uhr: WZ + 2 h
1983: vom 27. 03., 2 Uhr bis zum 25. 09., 3 Uhr: WZ + 2 h
1984: vom 25. 03., 2 Uhr bis zum 30. 09., 3 Uhr: WZ + 2 h
1985: vom 31. 03., 2 Uhr bis zum 29. 09., 3 Uhr: WZ + 2 h
1986: vom 30. 03., 2 Uhr bis zum 28. 09., 3 Uhr: WZ + 2 h
1987: vom 29. 03., 2 Uhr bis zum 27. 09., 3 Uhr: WZ + 2 h
1988: vom 27. 03., 2 Uhr bis zum 25. 09., 3 Uhr: WZ + 2 h
1989: vom 26. 03., 2 Uhr bis zum 24. 09., 3 Uhr: WZ + 2 h
1990: vom 25. 03., 2 Uhr bis zum 26. 09., 3 Uhr: WZ + 2 h

Ab 1981 gilt in Deutschland die Sommerzeit jeweils vom letzten Sonntag im März um 2 Uhr bis zum letzten Sonntag im September um 3 Uhr.

D) ZEITREGELUNG IM SAARLAND

Bis Ende des Ersten Weltkriegs gehörte das heutige Saarland zu Deutschland und hatte daher die gleiche Zeit.

Vom 1. 4. 1893 an galt in ganz Deutschland MEZ = WZ + 1 h.
Sommerzeiten: MEZ + 1 h (siehe oben: C1).
Ab dem 11. 11. 1918 war das Saargebiet französisch besetzt und wurde nach dem Referendum von 1935 wieder deutsch.

Von 1918 bis 1925 galt gewöhnlich die französische Zeit, doch ein großer Teil der Bevölkerung hielt sich nicht an diese Regelung, zumal im Sommer. Es ist daher überaus schwierig, genaue Angaben über diesen Zeitraum zu machen. Marianne S. Brunner hat Recherchen über diese Zeit angestellt, die Ulrike Voltmer in ihr Buch *Lebendige Astrologie* aufgenommen hat, auf das wir an dieser Stelle verweisen möchten.[9]

Die offizielle französische Zeit war ab dem 11. 11. 1918 die WZ, die deutsche Zeit war durchgängig MEZ = WZ + 1 h

Französische Sommerzeiten:
1919: vom 01. 03., 23 Uhr bis zum 06. 10., 0 Uhr: WZ + 1 h
1920: vom 14. 02., 23 Uhr bis zum 24. 10., 0 Uhr: WZ + 1 h
1921: vom 14. 03., 23 Uhr bis zum 26. 10., 0 Uhr: WZ + 1 h
1922: vom 25. 03., 23 Uhr bis zum 08. 10., 0 Uhr: WZ + 1 h
1923: vom 26. 05., 23 Uhr bis zum 07. 10., 0 Uhr: WZ + 1 h
1924: vom 29. 03., 23 Uhr bis zum 05. 10., 0 Uhr: WZ + 1 h
1925: ab dem 31. 1., 23 Uhr gilt MEZ = WZ + 1 h
MEZ ist jetzt offizielle Zeit im damaligen Saargebiet.

Nach der Volksabstimmung 1935 wurde das Saargebiet erneut deutsch. Ab 1940 gab es wieder Sommerzeiten beziehungsweise auch durchgängig osteuropäische Zeit (WZ + 2 h). 1945 wurde das Saarland wieder von den Franzosen besetzt. Am 15. 2. 1947 trat die saarländische Verfassung in Kraft, und ab 1. 4. 1948 gab es eine Zollunion mit Frankreich. Bis 1947 galt im Saarland die deutsche Zeit. Ab 1948 herrschte durchgängig MEZ ohne die deutschen Sommerzeiten, die es bis 1949 gab. Am 1. 1. 1957 wurde das Saarland als 10. Bundesland in die BRD aufgenommen. In der Bundesrepublik gab es erst wieder ab 1980 Sommerzeiten (Die deutschen Sommerzeiten von 1940 bis 1947 siehe oben C3 und C4).

---

* Ostdeutschland 3 Uhr

8. Siehe *Deutsche Ephemeride von Friedirich Jacob*, Scherz Verlag, Bern und München, 1982

9. Ulrike Voltmer, *Lebendige Astrologie. Raum und Umwelt in den 12 Horoskop-Feldern*, Arum Verlag, Braunschweig, 1990

BERECHNUNG DER WZ ODER MGZ FÜR ÖSTERREICH

A) VOR 1891
Die Ortszeit entsprach der mittleren Sonnenzeit jeder Stadt (definiert durch die geographische Länge).
Siehe Abschnitt A für Deutschland.

B) VON 1891 BIS 1893
– Ab dem 1. 10. 1891, 12 Uhr übernahmen die Eisenbahnen MEZ (die Zeit für den Meridian 15° Ost): WZ + 1 h.
– Ab dem 1. 4. 1893 galt MEZ in ganz Österreich: WZ + 1 h.

C) AB 1916
Sommerzeit:
1916: vom 30. 04., 23 Uhr bis zum 01. 10., 1 Uhr: WZ + 2 h
1917: vom 16. 04., 2 Uhr bis zum 17. 09., 3 Uhr: WZ + 2 h
1918: vom 15. 04., 2 Uhr bis zum 16. 09., 3 Uhr: WZ + 2 h
1920: vom 05. 04., 2 Uhr bis zum 13. 09., 3 Uhr: WZ + 2 h
1940: vom 01. 04., 2 Uhr bis zum 02. 11., 3 Uhr: WZ + 2 h
1943: vom 29. 03., 2 Uhr bis zum 04. 10., 3 Uhr: WZ + 2 h
1944: vom 03. 04., 2 Uhr bis zum 02. 10., 3 Uhr: WZ + 2 h
1945: vom 02. 04., 2 Uhr bis zum 18. 11., 3 Uhr: WZ + 2 h
1946: vom 14. 04., 2 Uhr bis zum 07. 10., 3 Uhr: WZ + 2 h
1947: vom 06. 04., 2 Uhr bis zum 05. 10., 3 Uhr: WZ + 2 h
1948: vom 18. 04., 2 Uhr bis zum 03. 10., 3 Uhr: WZ + 2 h
1980: vom 06. 04., 0 Uhr bis zum 28. 09., 3 Uhr: WZ + 2 h
1981: vom 29. 03., 2 Uhr bis zum 27. 09., 3 Uhr: WZ + 2 h
1982: vom 28. 03., 2 Uhr bis zum 26. 09., 3 Uhr: WZ + 2 h

Außerhalb der Sommerzeiten gilt: WZ + 1 h.
Seit 1981 gilt die Sommerzeit jeweils vom letzten Sonntag im März um 2 Uhr bis zum letzten Sonntag im September um 3 Uhr.

BERECHNUNG DER WZ ODER MGZ FÜR DIE SCHWEIZ

1) Vor dem 1. Juni 1894
In der Schweiz galt die Zeit von Bern (Meridianzeit von Bern: 30' Ost), ausgenommen für Genf (Meridianzeit von Genf: 24'38" Ost). Für die ganze Schweiz, ausgenommen Genf, galt: WZ + 30'.
Für Genf: WZ + 24'38".

2) Ab dem 1. Juni 1894
Es galt für die ganze Schweiz (einschließlich Genf) MEZ, also: WZ + 1 h.

Sommerzeit:
1941: vom 05. 05., 2 Uhr bis zum 06. 10., 0 Uhr: WZ + 2 h
1942: vom 04. 05., 2 Uhr bis zum 05. 10., 0 Uhr: WZ + 2 h
1981: vom 29. 03., 2 Uhr bis zum 27. 09., 3 Uhr: WZ + 2 h

Ab 1981 gilt die Sommerzeit von WZ + 2 h jeweils vom letzten Sonntag im März um 2 Uhr bis zum letzten Sonntag im September um 3 Uhr.

BERECHNUNG DER SIDERISCHEN ORTSZEIT
Die siderische Ortszeit erhält man (falls keine Ephemeride zur Hand ist), indem man zu der mittleren Sonnenzeit der Geburt die siderische Greenwich-Zeit addiert (um 0 Uhr), die der folgenden Tabelle zu entnehmen ist:
SOZ = MSZ + SGZ um 0 Uhr

STERNZEIT

Tag	Januar	Februar	März	April	Mai	Juni	Juli	August	Sept.	Okt.	Nov.	Dez.
1	6 h 37	8 h 38	10 h 33	12 h 36	14 h 33	16 h 35	18 h 34	20 h 37	22 h 39	0 h 37	2 h 39	4 h 38
2	6 h 40	8 h 42	10 h 37	12 h 40	14 h 37	16 h 39	18 h 38	20 h 41	22 h 43	0 h 41	2 h 43	4 h 42
3	6 h 44	8 h 46	10 h 40	12 h 44	14 h 41	16 h 43	18 h 42	20 h 45	22 h 47	0 h 45	2 h 47	4 h 46
4	6 h 48	8 h 50	10 h 44	12 h 48	14 h 45	16 h 47	18 h 46	20 h 49	22 h 51	0 h 49	2 h 51	4 h 50
5	6 h 52	8 h 54	10 h 48	12 h 52	14 h 49	16 h 51	18 h 50	20 h 53	22 h 53	0 h 53	2 h 55	4 h 53
6	6 h 56	8 h 58	10 h 52	12 h 56	14 h 53	16 h 55	18 h 54	20 h 57	22 h 59	0 h 57	2 h 59	4 h 57
7	7 h 00	9 h 02	10 h 56	13 h 00	14 h 57	16 h 59	18 h 58	21 h 00	23 h 03	1 h 01	3 h 03	5 h 01
8	7 h 04	9 h 06	11 h 00	13 h 04	15 h 01	17 h 03	19 h 02	21 h 04	23 h 07	1 h 05	3 h 07	5 h 05
9	7 h 08	9 h 10	11 h 04	13 h 08	15 h 05	17 h 07	19 h 06	21 h 08	23 h 11	1 h 09	3 h 11	5 h 09
10	7 h 12	9 h 14	11 h 08	13 h 12	15 h 09	17 h 11	19 h 10	21 h 12	23 h 14	1 h 13	3 h 15	5 h 13
11	7 h 15	9 h 18	11 h 12	13 h 16	15 h 13	17 h 15	19 h 14	21 h 16	23 h 18	1 h 17	3 h 19	5 h 17
12	7 h 19	9 h 22	11 h 16	13 h 20	15 h 17	17 h 19	19 h 18	21 h 20	23 h 22	1 h 21	3 h 23	5 h 21
13	7 h 23	9 h 26	11 h 20	13 h 24	15 h 21	17 h 23	19 h 22	21 h 24	23 h 26	1 h 25	3 h 27	5 h 25
14	7 h 27	9 h 30	11 h 24	13 h 27	15 h 24	17 h 27	19 h 26	21 h 28	23 h 30	1 h 29	3 h 31	5 h 28
15	7 h 31	9 h 33	11 h 28	13 h 31	15 h 28	17 h 31	19 h 30	21 h 32	23 h 34	1 h 32	3 h 35	5 h 32
16	7 h 35	9 h 37	11 h 32	13 h 35	15 h 32	17 h 34	19 h 38	21 h 40	23 h 42	1 h 40	3 h 43	5 h 40
17	7 h 39	9 h 41	11 h 36	13 h 39	15 h 36	17 h 38	19 h 42	21 h 44	23 h 46	1 h 44	3 h 47	5 h 44
18	7 h 43	9 h 45	11 h 40	13 h 43	15 h 40	17 h 42	19 h 42	21 h 44	23 h 46	1 h 44	3 h 47	5 h 44
19	7 h 47	9 h 49	11 h 44	13 h 47	15 h 44	17 h 46	19 h 46	21 h 48	23 h 50	1 h 48	3 h 50	5 h 48
20	7 h 51	9 h 53	11 h 48	13 h 51	15 h 48	17 h 50	19 h 49	21 h 52	23 h 54	1 h 52	3 h 54	5 h 52
21	7 h 55	9 h 57	11 h 52	13 h 55	15 h 52	17 h 54	19 h 53	21 h 56	23 h 58	1 h 56	3 h 58	5 h 55
22	7 h 59	10 h 01	11 h 55	14 h 59	15 h 56	17 h 58	19 h 57	22 h 00	0 h 02	2 h 00	4 h 02	5 h 59
23	8 h 03	10 h 05	11 h 58	14 h 03	16 h 00	18 h 02	20 h 02	22 h 04	0 h 06	2 h 04	4 h 06	6 h 03
24	8 h 07	10 h 09	12 h 02	14 h 07	16 h 04	18 h 06	20 h 06	22 h 08	0 h 10	2 h 06	4 h 10	6 h 07
25	8 h 11	10 h 13	12 h 06	14 h 11	16 h 08	18 h 10	20 h 10	22 h 12	0 h 14	2 h 12	4 h 14	6 h 11
26	8 h 15	10 h 17	12 h 10	14 h 15	16 h 12	18 h 14	20 h 14	22 h 16	0 h 18	2 h 16	4 h 18	6 h 15
27	8 h 19	10 h 21	12 h 14	14 h 19	16 h 16	18 h 18	20 h 18	22 h 20	0 h 23	1 h 20	4 h 22	6 h 19
28	8 h 23	10 h 25	12 h 18	14 h 23	16 h 20	18 h 22	20 h 22	22 h 24	0 h 26	2 h 24	4 h 26	6 h 22
29	8 h 26	10 h 29	12 h 22	14 h 27	16 h 24	18 h 26	20 h 26	22 h 27	0 h 30	2 h 28	4 h 30	6 h 26
30	8 h 30		12 h 26	14 h 31	16 h 28	18 h 30	20 h 30	22 h 31	0 h 34	2 h 32	4 h 34	6 h 30
31	8 h 34		12 h 30		16 h 32		20 h 33	22 h 35		2 h 36		6 h 34

Tabelle der Längen- und Breitengrade für die größten Städte Deutschlands

	nördl. Breite	geogr. Länge
Aachen	50 N 46	0 h 24 m 24 s O
Aalen	48 N 50	0 h 40 m 28 s O
Augsburg	48 N 21	0 h 43 m 36 s O
Bad Godesberg	50 N 41	0 h 28 m 40 s O
Baden-Baden	48 N 45	0 h 33 m 00 s O
Bamberg	49 N 54	0 h 43 m 36 s O
Bayreuth	49 N 27	0 h 46 m 20 s O
Bergen	54 N 26	0 h 53 m 48 s O
Berlin	52 N 32	0 h 53 m 40 s O
Bielefeld	52 N 02	0 h 34 m 08 s O
Bonn	50 N 44	0 h 28 m 24 s O
Bremen	53 N 05	0 h 35 m 12 s O
Bremerhaven	53 N 33	0 h 34 m 20 s O
Celle	52 N 37	0 h 40 m 20 s O
Chemnitz	50 N 50	0 h 51 m 40 s O
Cottbus	51 N 43	0 h 57 m 24 s O
Darmstadt	49 N 52	0 h 34 m 36 s O
Dessau	51 N 51	0 h 49 m 00 s O
Detmold	51 N 56	0 h 35 m 28 s O
Dortmund	51 N 32	0 h 29 m 48 s O
Dresden	51 N 03	0 h 55 m 00 s O
Duisburg	51 N 26	0 h 27 m 00 s O
Düsseldorf	51 N 13	0 h 27 m 08 s O
Erfurt	50 N 58	0 h 44 m 08 s O
Erlangen	49 N 36	0 h 44 m 08 s O
Essen (Ruhr)	51 N 27	0 h 27 m 48 s O
Esslingen	48 N 45	0 h 37 m 16 s O
Frankfurt/Main	50 N 06	0 h 34 m 44 s O
Frankfurt/Oder	52 N 20	0 h 58 m 08 s O
Freiburg	48 N 00	0 h 31 m 28 s O
Gera	50 N 31	0 h 48 m 44 s O
Görlitz	51 N 09	1 h 00 m 00 s O
Göttingen	51 N 32	0 h 39 m 48 s O
Hagen	51 N 22	0 h 29 m 48 s O
Halle	51 N 28	0 h 47 m 52 s O
Hamburg	53 N 33	0 h 40 m 00 s O
Hannover	52 N 23	0 h 38 m 56 s O
Heidelberg	49 N 25	0 h 34 m 48 s O
Ingolstadt	48 N 46	0 h 45 m 48 s O
Jena	50 N 56	0 h 46 m 20 s O
Karlsruhe	49 N 00	0 h 33 m 36 s O
Kassel	51 N 18	0 h 38 m 36 s O
Kiel	54 N 20	0 h 40 m 32 s O
Koblenz	50 N 21	0 h 30 m 24 s O
Köln	50 N 56	0 h 27 m 48 s O
Landau (Hessen)	51 N 21	0 h 36 m 20 s O
Landau (Rheinland)	49 N 12	0 h 32 m 28 s O
Leipzig	51 N 20	0 h 49 m 20 s O
Leonberg	48 N 48	0 h 36 m 04 s O
Lübeck	53 N 52	0 h 42 m 40 s O
Ludwigshafen	49 N 29	0 h 33 m 48 s O
Magdeburg	52 N 08	0 h 46 m 28 s O
Mainz	50 N 00	0 h 33 m 04 s O
Mannheim	49 N 30	0 h 33 m 52 s O
München	48 N 08	0 h 46 m 20 s O
Münster	51 N 58	0 h 30 m 28 s O
Neubrandenburg	53 N 33	0 h 53 m 04 s O
Nürnberg	49 N 27	0 h 44 m 20 s O
Oldenburg	53 N 08	0 h 32 m 52 s O
Oranienburg	52 N 46	0 h 53 m 00 s O
Paderborn	51 N 43	0 h 34 m 56 s O
Pforzheim	48 N 53	0 h 34 m 44 s O
Plauen	50 N 29	0 h 48 m 32 s O
Potsdam	52 N 24	0 h 52 m 16 s O
Ravensburg	47 N 47	0 h 38 m 28 s O
Regensburg	49 N 01	0 h 48 m 28 s O
Rostock	54 N 06	0 h 48 m 36 s O
Saarbrücken	49 N 15	0 h 27 m 52 s O
Schwerin	53 N 38	0 h 45 m 40 s O
Stuttgart	48 N 47	0 h 36 m 48 s O
Suhl	50 N 37	0 h 42 m 52 s O
Torgau	51 N 34	0 h 52 m 04 s O
Trier	49 N 45	0 h 26 m 36 s O
Tübingen	48 N 32	0 h 36 m 16 s O
Ulm	48 N 24	0 h 40 m 00 s O
Wiesbaden	50 N 05	0 h 33 m 00 s O
Wuppertal	51 N 15	0 h 28 m 40 s O
Zwickau	50 N 43	0 h 50 m 00 s O

Tabelle der Längen- und Breitengrade für die größten Städte Österreichs

	nördl. Breite	geogr. Länge
Bregenz	47 N 31	0 h 39 m 04 s O
Eisenstadt	47 N 50	1 h 06 m 08 s O
Graz	47 N 05	1 h 01 m 28 s O
Innsbruck	47 N 17	0 h 45 m 40 s O
Klagenfurt	46 N 38	0 h 57 m 20 s O
Lienz	46 N 51	0 h 51 m 20 s O
Linz	48 N 19	1 h 57 m 12 s O
Salzburg	47 N 48	0 h 52 m 12 s O
Wien	48 N 13	1 h 05 m 28 s O

Tabelle der Längen- und Breitengrade für die größten Städte der Schweiz

	nördl. Breite	geogr. Länge
Aarau	47 N 24	0 h 32 m 16 s O
Aigle	46 N 20	0 h 27 m 52 s O
Altdorf	46 N 35	0 h 34 m 32 s O
Appenzell	47 N 20	0 h 37 m 40 s O
Baden	47 N 28	0 h 33 m 18 s O
Basel	47 N 33	0 h 30 m 32 s O
Bellinzona	46 N 12	0 h 36 m 08 s O
Bern	46 N 57	0 h 28 m 44 s O
Brugg	47 N 28	0 h 33 m 16 s O
Bulle	46 N 37	0 h 28 m 16 s O
Burgdorf	47 N 03	0 h 30 m 32 s O
Chur	46 N 52	0 h 38 m 08 s O
Davos-Dorf	46 N 48	0 h 39 m 28 s O
Davos-Platz	46 N 47	0 h 39 m 20 s O
Frauenfeld	47 N 34	0 h 35 m 56 s O
Fribourg	46 N 50	0 h 28 m 40 s O
Genf	46 N 13	0 h 24 m 36 s O
Glarys	46 N 44	0 h 39 m 04 s O
Gruyers	46 N 35	0 h 28 m 20 s O
Herisau	47 N 23	0 h 37 m 08 s O
Lausanne	46 N 32	0 h 26 m 36 s O
Liestal	47 N 29	0 h 28 m 52 s O
Linthal	46 N 55	0 h 36 m 00 s O
Locarno	46 N 10	0 h 35 m 12 s O
Lugano	46 N 01	0 h 35 m 48 s O
Luzern	47 N 03	0 h 33 m 08 s O
Montreux	47 N 27	0 h 27 m 40 s O
Neuchâtel	46 N 59	0 h 27 m 40 s O
Porrentruy	47 N 25	0 h 28 m 24 s O
Sankt Gallen	47 N 22	0 h 38 m 12 s O
Schaffhausen	47 N 42	0 h 34 m 32 s O
Schwyz	47 N 02	0 h 34 m 16 s O
Sion	46 N 14	0 h 29 m 28 s O
Solothurn	47 N 13	0 h 30 m 08 s O
Stanz	46 N 57	0 h 33 m 32 s O
Suhr	47 N 23	0 h 32 m 20 s O
Uster	47 N 21	0 h 35 m 16 s O
Winterthur	47 N 38	0 h 35 m 00 s O
Zug	47 N 10	0 h 34 m 04 s O
Zürich	47 N 23	0 h 34 m 12 s O

BERECHNUNG DES ASZENDENTEN

Anhand der errechneten siderischen Ortszeit (SOZ) läßt sich aus den nachfolgenden Tabellen der Aszendent des Sternzeichens für die geographische Breite des Geburtsortes ablesen. Da eine ausführliche Liste den Rahmen dieses Buches sprengen würde, besteht im Übergang von einem Sternzeichen zum anderen die Gefahr von Ungenauigkeiten; in diesem Fall empfehlen wir, eine Tabelle der Häuser zu Rate zu ziehen.

NORDDEUTSCHLAND
53° nördliche Breite, etwa Bremen, Wittenberge

Siderische Ortszeit	Aszendent
0 h 11 bis 3 h 06	Löwe
3 h 06 bis 6 h 00	Jungfrau
6 h 00 bis 8 h 57	Waage
8 h 57 bis 11 h 56	Skorpion
11 h 56 bis 14 h 30	Schütze
14 h 30 bis 16 h 12	Steinbock
16 h 12 bis 17 h 16	Wassermann
17 h 16 bis 18 h 00	Fische
18 h 00 bis 18 h 47	Widder
18 h 47 bis 19 h 52	Stier
19 h 52 bis 21 h 33	Zwillinge
21 h 33 bis 0 h 11	Krebs

SÜDDEUTSCHLAND
49° nördlicher Breite, etwa Karlsruhe, Regensburg

Siderische Ortszeit	Aszendent
0 h 29 bis 3 h 18	Löwe
3 h 18 bis 6 h 00	Jungfrau
6 h 00 bis 8 h 45	Waage
8 h 45 bis 11 h 34	Skorpion
11 h 34 bis 14 h 03	Schütze
14 h 03 bis 15 h 51	Steinbock
15 h 51 bis 17 h 03	Wassermann
17 h 03 bis 18 h 00	Fische
18 h 00 bis 19 h 00	Widder
19 h 00 bis 20 h 12	Stier
20 h 12 bis 22 h 00	Zwillinge
22 h 00 bis 0 h 29	Krebs

DEUTSCHLAND-MITTE
51° nördlicher Breite, etwa Köln, Dresden

Siderische Ortszeit	Aszendent
0 h 22 bis 3 h 14	Löwe
3 h 14 bis 6 h 00	Jungfrau
6 h 00 bis 8 h 49	Waage
8 h 49 bis 11 h 41	Skorpion
11 h 41 bis 14 h 10	Schütze
14 h 10 bis 15 h 59	Steinbock
15 h 59 bis 17 h 07	Wassermann
17 h 07 bis 18 h 00	Fische
18 h 00 bis 18 h 56	Widder
18 h 56 bis 20 h 04	Stier
20 h 04 bis 21 h 53	Zwillinge
21 h 53 bis 0 h 22	Krebs

ÖSTERREICH UND SCHWEIZ
Zwischen 46° und 48° nördlicher Breite

Siderische Ortszeit	Aszendent
0 h 36 bis 3 h 18	Löwe
3 h 18 bis 6 h 00	Jungfrau
6 h 00 bis 8 h 45	Waage
8 h 45 bis 11 h 26	Skorpion
11 h 26 bis 13 h 51	Schütze
13 h 51 bis 15 h 42	Steinbock
15 h 42 bis 16 h 59	Wassermann
16 h 59 bis 18 h 00	Fische
18 h 00 bis 19 h 05	Widder
19 h 05 bis 20 h 21	Stier
20 h 21 bis 22 h 12	Zwillinge
22 h 12 bis 0 h 36	Krebs

Inhalt

Einleitung 6

Kapitel 1:
Die Symbolik der Astrologie 10

Die Ursprünge: Die Welt der Muttergottheiten 12
Die Wissenschaft vom Göttlichen 13
Die Tonleiter der Symbole 14
Die Einheit der Symbole 15
Das kollektive Unbewußte 16
Der innere Himmel 16
Die Astrologie – eine Religion? 18

Kapitel 2:
Der Aufbau 20

Die Astralreligion 22
Die Planetengötter 22
Die Planetenbahnen 24
Die Tierkreissymbolik 27
Die Sternbilder 28
Die Logik der Sterne 32
Der Beitrag der Griechen 34
Die Charakterlehre des Tierkreises und der Planeten 38
Das Geburtshoroskop 42
Von den vier Eckpunkten des Himmels zu den zwölf Häusern . . . 42
Mikrokosmos und Makrokosmos 48
Vom Mikrokosmos zum Geburtshoroskop 49
Die astrologische Bibel: Das Werk des Ptolemäus 53

Kapitel 3:
Die geschichtliche Entwicklung 54

Mesopotamien: Eine Astralreligion 57
Griechenland: Von der Astralreligion zur Logik der Sterne 58
Ägypten: Esoterisches Wissen 63
Rom: Der Einsatz politischer Macht 64
Die Anfänge der christlichen Welt: Zeichen oder Ursachen 69
Die arabische Welt: Eine sehr genaue und fatalistische Astrologie 69
Das Mittelalter: »Astra inclinant, non necessitant« 72
Die Renaissance: Die Astrologie an der Macht 76
Esoterische und exoterische Astrologie 76
Die Herrscher und ihre Astrologen 79
Die Astrologie der Landwirtschaft 81
Die medizinische Astrologie 82
Astrologie und Kunst 84
Das 18. und 19. Jahrhundert: Die Finsternis 85

Das 20. Jahrhundert: Eine Renaissance der Astrologie 88
Die esoterische und spirituelle Astrologie 89
Die wissenschaftliche Astrologie 90
Die empirische und pragmatische Astrologie 91
Die reformierte Astrologie 92
Die symbolische und psychologische Astrologie 92
Die mundane Astrologie 94
Die zehn Haupttypen der mundanen Astrologie 94

Kapitel 4:
Astrologie und Wissenschaft 96

Korrelationen zwischen Himmel und Erde 101
Sonne und Mond 101
Die Planeten 102
Die Astrologie auf dem Prüfstein der Statistik 105
Astrologie und Wissenschaft:
Zwei entgegengesetzte Paradigmen 109
Zwei Paradigmen 112
Zwei Zielsetzungen 113
Unterschiedliche Prinzipien 113
Unterscheidbarkeit 113
Objektivität 113
Determinismus 113
Kausalität 114
Kausalität und Stofflichkeit 114
Kausalität und Zeit 118
Zwei Einstellungen des Forschers 119
Astrologie und Wissenschaft:
Zwei komplementäre Paradigmen 120
Die wesentlichen Unterschiede 121
Neue Perspektiven 122

Kapitel 5:
Interpretation und Praxis
der Astrologie 124

Die Technik der Interpretation 128
Die Grundbegriffe 129
Die Planeten 129
Die Tierkreiszeichen 131
Die Häuser 132
Die Aspekte 133
Die Interpretation 135
Das Leitmotiv 138
Die Struktur des Horoskops 138
Die Analyse 140

Die Sonne	140		Die Zwillinge	162

Die Sonne 140
Der Mond 142
Praxis der Konsultation 144
Die Interpretation 145
Die Gegenüberstellung 145
Die Suche nach dem Sinn 146

Kapitel 6:
Die Tierkreissymbolik 148

Der Widder 154
Der Stier 158

Die Zwillinge 162
Der Krebs 166
Der Löwe 170
Die Jungfrau 176
Die Waage 182
Der Skorpion 188
Der Schütze 194
Der Steinbock 200
Der Wassermann 204
Die Fische 208

Anhang: Berechnung des Geburtshoroskops 214
Lexikon 217

Bildnachweis

Umschlag: Bibliothèque Nationale, Paris, Grafikabteilung; J.-P. Nacivet/Explorer. S. 6: Roland. S. 8: Bouquiniaud/TOP. S. 9: Nasa/Explorer. S. 10: British Museum, London, Abteilung Manuskripte. S. 12: Bouquiniaud/TOP (Museum Bagdad). S. 13: Roger Viollet. S. 14: Roger Viollet. S. 15: Bibliothèque Nationale, Paris, Abteilung Manuskripte. S. 17: Nationalbibliothek, Wien. S. 20: Nationalbibliothek, Wien. S. 22: Staatliche Museen, Berlin. S. 23: RMN, Abteilung für orientalische Antiquitäten. S. 24: Archäologisches Museum, syrisch-hetitische Stele/ G. Dagli Orti. S. 25: Zao Wou-Ki/Foto J. Hyde/Artcurial/ADAGP. S. 26: Roger Viollet. S. 27: Bayerische Staatsbibliothek, München. S. 28: Rollsiegel/Musée du Louvre (Sammlung de Clerq)/RMN; Bibliothèque Nationale, Paris, Abteilung Manuskripte. S. 29: Bibliothèque Nationale, Paris, Abteilung Manuskripte. S. 30: Zeichnung Antoine Parédès. S. 31: Bibliothek Estense, Modena. S. 32: Bibliothèque Nationale, Paris, Druckbestand. S. 33: Bayerische Staatsbibliothek, München. S. 37: Bibliothèque Nationale, Paris, Abteilung Manuskripte. S. 38: British Museum, London, Abteilung Manuskripte; Roger Viollet. S. 39: Bibliothèque Nationale, Paris, Druckbestand; Privatsammlung. S. 40: Keramik IV Cotyle, Musée du Louvre. S. 41: Scala, Florenz. S. 43: Zeichnung Antoine Parédès. S. 44: J.-J. Grandville/J.-L. Charmet. S. 45: J.-J. Grandville/J.-L. Charmet. S. 46: Bibliothèque Nationale, Paris, Grafikabteilung. S. 47: Bibliothèque Nationale, Paris, Grafikabteilung. S. 48: Roger Viollet. S. 49: Roger Viollet. S. 51: Erich Lessing/Magnum/Brooklyn Museum, New York. S. 52: Christie's. S. 54: Tizian/Palazzo Barberini, Rom/Roger Viollet. S. 55: Bouquiniaud/TOP (Museum Bagdad). S. 57: British Museum, London, Abteilung orientalische Antiquitäten. S. 59: British Museum, London, Abteilung orientalische Antiquitäten. S. 61: Alinari/Viollet/Musée du Louvre. S. 62: Erich Lessing, Magnum, Museum Kairo. S. 63: RMN. S. 64: Alinari/Viollet/Musée du Louvre. S. 65: Stiftung preußischer Kulturbesitz, Staatliche Museen, Antikenabteilung, Berlin. S. 66: G. Meguerditchian. S. 67: Stiftung preußischer Kulturbesitz, Staatliche Museen, Antikenabteilung, Berlin. S. 68: Bibliothèque Nationale, Paris, Druckbestand. S. 70: Bibliothèque Nationale, Paris, Abteilung Geographie. S. 71: Bibliothèque Nationale, Paris, Abteilung orientalische Manuskripte. S. 73: Nationalbibliothek, Wien. S. 74: Bibliothèque Nationale, Paris, Abteilung Manuskripte. S. 75: Bibliothèque Nationale, Paris, Abteilung Manuskripte. S.76: Metropolitan Museum of Art, New York. S. 77: J.-L. Charmet. S. 78: Bibliothèque Nationale, Paris, Abteilung Manuskripte. S. 79: Bibliothèque Nationale, Paris, Abteilung Manuskripte. S. 80: G. Meguerditchian; Ader-Picard-Tajan. S. 81: Bibliothèque Nationale, Paris, Grafikabteilung. S. 82: Roger Viollet. S. 83: Bulloz. S. 84: Privatsammlung. S. 85: Bibliothèque Nationale, Paris, Druckbestand. S. 86: Vermeer/Musée du Louvre/Bulloz. S. 87: Andrea Mantegna/Musée du Louvre/RMN. S. 88: Bulloz. S. 90: Delacroix/Musée du Louvre/Bulloz. S. 91: Victor Hugo/Musée Victor Hugo/Bulloz. S. 93: Bulloz (Privatsammlung). S. 95: Hiroshige/Privatsammlung/Bulloz. S. 96: Schulke/Nasa/Rapho. S. 99: Hale Observatories/Photo researchers. S. 100: J.-L. Charmet (Privatsammlung) S. 101: Bulloz. S. 103: Victor Hugo/

Musée Victor Hugo/Bulloz. S. 104: Diaz/Rapho. S. 105: J.-L. Charmet. S. 107: G. Gerster/Rapho. S. 109: Nasa/BSNY/Rapho. S. 110–111: Nasa, Washington. S. 113: Goldman/Rapho. S. 115: J.-L. Charmet (Privatsammlung). S. 116: Musée G. Moreau/Bulloz. S. 117: Musée G. Moreau/Bulloz. S. 121: Königliche Bibliothek, Kopenhagen. S. 123: Roland und Sabrina Michaud/Rapho. S. 124: Magritte/Sammlung Zeisler, New York/Edimédia/ADAGP. S. 127: Auguste Rodin/Musée d'Orsay. S. 128: Museum der Zentralbank/G. Dagli Orti. S. 129: D.R. S. 132: Bibliothèque Nationale, Paris/J.-L. Charmet. S. 136: Osbert/Privatsammlung/Bulloz/ADAGP. S. 137: Zao Wou-Ki/ADAGP. S. 139: Picadilly Gallery, London. S. 141: Edimédia. S. 143: Bulloz. S. 144: Otto Dix/Privatsammlung S. 145: Dandes (Privatsammlung). S. 147: Gustave Courbet/Musée d'Orsay/RMN. S. 148: Bibliothèque Nationale, Paris, Abteilung Manuskripte. S. 150: Bibliothèque Nationale, Paris, Abteilung Manuskripte. S. 151: Bibliothèque Nationale, Paris, Abteilung Manuskripte. S. 152: Jongkind/Petit Palais/Bulloz. S. 153: Bibliothèque Nationale, Paris, Abteilung Manuskripte. S. 154: Bibliothèque Nationale, Paris, Abteilung Manuskripte. S. 155: Bibliothek Estense, Modena. S. 156: Bulloz. S. 157: Bulloz. S. 158: Bibliothèque Nationale, Paris, Abteilung Manuskripte. S. 159: Bibliothek Estense, Modena. S. 160: Bulloz. S. 161: Jean-Antoine Watteau/Musée du Louvre/RMN. S.162: Bibliothèque Nationale, Paris, Abteilung Manuskripte. S. 163: Bibliothek Estense, Modena. S. 164: Bulloz. S. 165: Bulloz. S. 166: Bibliothèque Nationale, Paris, Abteilung Manuskripte. S. 167: Bibliothèque Nationale, Paris, Abteilung Manuskripte. S. 168: Gesellschaft Musikfreunde, Wien. S. 169: Sotheby's Belgravia; Bulloz, (Sammlung Robert Walker). S. 170: Bibliothèque Nationale, Paris, Abteilung Manuskripte. S. 171: Bibliothek Estense, Modena. S. 172: Bibliothèque Nationale, Paris, Abteilung Manuskripte. S. 174: Bibliothèque Nationale, Paris, Abteilung Manuskripte. S. 175: Bulloz (La Malmaison). S. 176: Bibliothèque Nationale, Paris, Abteilung Manuskripte. S. 177: British Museum, London, Abteilung Manuskripte. S. 178: G. Meguerditchian (Sammlung M.R.). S. 179: Bulloz (Sammlung Manoukian). S. 182: Bibliothèque Nationale, Paris, Abteilung Manuskripte. S. 183: Bibliothèque Nationale, Paris, Abteilung Manuskripte. S. 185: Bulloz. S. 186: Bulloz. S. 187: Bulloz. S. 188: Bibliothèque Nationale, Paris, Abteilung Manuskripte. S. 190: Sotheby's Monaco. S. 193: Bibliothèque Nationale, Paris, Abteilung Manuskripte. S. 194: Bibliothèque Nationale, Paris, Abteilung Manuskripte. S. 195: Bibliothek Estense, Modena. S. 197: Willi/TOP/British Museum. S. 199: Library of Congress, Washington; Bulloz. S. 200: Bibliothèque Nationale, Paris, Abteilung Manuskripte. S. 201: Bibliothek Estense, Modena. S. 203: N. Marchand, New York (Privatsammlung). S. 204: Bibliothèque Nationale, Paris, Abteilung Manuskripte. S. 205: Bulloz (Privatsammlung). S. 207: Erich Lessing, Magnum, Nationalbibliothek, Wien. S. 210: Bibliothèque Nationale, Paris, Abteilung Manuskripte. S. 211: Bulloz/Musée Victor Hugo. S. 213: Bulloz/Galerie Gaubert. S. 215: ADAGP, René Magritte. S. 216: Zeichnung Antoine Parédès. S. 218: Zeichnung Antoine Parédès.